印欧語比較文法

高津春繁著

序

　印歐語比較文法が十九世紀初頭に誕生して以來，この語族の豐富な，紀元前に遡る文獻資料と，この語族の特殊な，比較方法に好都合な語の構造——語の獨立性が強いこと，語根・接尾辭・語尾が全體で語を形成していて，切り放ち難いのに，なおこれらの要素が相互に獨立を保っていること等——によって，印歐語族は比較方法に最好の領土を提供し，ために印歐語比較文法は文字通りに日進月步，僅かに一世紀の間に長足の進步を遂げた．これに伴って言語の研究方法も一般的に大きな轉換を行い，ここに新らしい言語學が發達すると共に，比較方法も亦同時に進步したのである．二十世紀に至って，それまでは言語の研究卽ち史的研究と考えられがちであった傾向は一轉して，方法論的研究の主力はむしろ言語の同時的な姿の面，卽ちその機能と構造の探索にむかったのであるが，史的研究も比較研究も以前に劣らず熱心に續けられて來た．印歐語族の領域では，トカラ語とヒッタイト語との二つの新らしい言語の發見解讀によって，多くの新問題が提出された．殊に紀元前千數百年に遡る古い言語であるヒッタイト語の，他の印歐語族の言語とは著るしく異る姿によって，印歐語族の比較文法は大きな衝擊をうけ，今や一轉換期に面している．また言語地理學の方法論は，語族という觀念，新らしい言語の形成，言語變化に對する考え方など，あらゆる點で言語の史的研究方法を改新しつつある．

　このような流動轉換期にあたって，新らしく印歐語比較文法を世に問うのは，或いは無謀であるかも知れない．しかし印歐語比較文法なるものの基本的な資料とその根底となっている比較方法そのものには變りは餘りないのであって，本書の與えんとするところはこの基本的なものである．更に最近の發展を眞に理解し，その價値を了解するには，この基本的な知識がなくては不可能であるし，かつ

これは他の語族の比較研究の方法論的基礎となるべきものであり，進んでは言語の研究方法一般の理解にも亦不可缺である．近代の印歐語族の諸言語の研究に必須の知識であることは言うまでもあるまい．從って，本書では，新らしい發展の方向に留意しつつも，これが monograph ではなくて，むしろ現在の研究成果を出來るだけ正確公平に紹介するのが大切であると考えたので，著者自身の考えのみならず，廣く諸家の說を紹介することに努力した．そのために屢々煩雜な記述に陷り，脚註が長くなったが，これはやむを得なかった．自說のみを述べて，それに對する反證や都合の悪い資料を默殺すれば，明快ですっきりとしたものとなるけれども，強いて之を求めず，あえて曖昧な記述をした箇所の多いのは，このような理由による．同樣に，諸說が別れて，未だ何らの決定的な結論が得られていない場合には，これも亦出來るだけその理由を擧げ，明らかにするように努めた．研究の興味は，何が判っているかよりは，何が不明であるかを知ることによって生れるものであり，之を明瞭に認知することが新らしい研究への第一步であるから，之も亦本書の義務と考えたからである．

　同じ理由により，本書では，目下ヒッタイト語の與える新資料によって著るしく發展し，印歐共通基語の全構造の觀念に根本的な改新を齎らしつつある，所謂 laryngales 說による印歐語共通基語の體系の說明を避け，一應は之を考慮の外においた古典的體系を紹介した上で，新說によれば如何に解釋し得るかを簡單に說明することとした．現在の段階では，新說は目下各々の印歐語族の言語の專門家による詳細な檢討と，ヒッタイト語そのものの更に精密な文獻學的研究の時期にあるからである．

　限られた紙幅で印歐語比較文法の如き複雜多岐に亙る問題をあます所なく論述することは困難で，遂に豫定の殆んど二倍に近い長さになったが，これを快くうけ入れ，かつ困難な印刷にあたって，著者のすべてのわがままな要求を通すことを許された全書關係の諸

氏，波木居齊二氏，更に索引作製の言い知れぬ勞苦を引きうけられた東大文學部言語學研究室の風間喜代三氏に心からの謝意を表したい．しかしなお多くの誤りがあるであろう．その責任は言うまでもなく著者にある．大方の叱正をまつ所以である．

　　昭和29年5月10日

　　　　　　　　　　　　　　　　　　　　　高　津　春　繁

目　次

序

序　説 …………………………………………………… 1
　第1章　歴史比較方法の方法論的基礎 ………………… 1
　第2章　印歐語族の諸言語 …………………………… 7

本　論 …………………………………………………… 59

第1部　音　論 ………………………………………… 59
　第3章　印歐共通基語の音韻 ………………………… 59
　　閉　鎖　音 …………………………………………… 59
　　摩　擦　音 …………………………………………… 75
　　母　　　音 …………………………………………… 96
　　母音交替 ……………………………………………… 109
　　附 Laryngales (Schwa consonanticum) 説 ………… 122
　第4章　語根及び音節の構造 ………………………… 134

第2部　形　態　論 …………………………………… 147
　第5章　共通基語の語 ………………………………… 147
　第6章　名　詞 ………………………………………… 154
　　名詞語幹 ……………………………………………… 154
　　合　成　語 …………………………………………… 188
　　曲　　　用 …………………………………………… 196
　　　1. 子音語幹 ………………………………………… 216
　　　2. -*ā-, -*yā/ə- 語幹 ……………………………… 223
　　　3. -e/o- 語幹 ……………………………………… 229
　　　4. -i-, -u- 語幹 …………………………………… 236
　　　5. -ī-, -ū- 語幹 …………………………………… 241

形容詞……………………………………………… 241
第7章　代名詞………………………………………… 244
　　a. 指示，疑問，不定代名詞その他 ……………… 244
　　b. 人稱代名詞 ………………………………… 249
第8章　數詞…………………………………………… 255
第9章　動詞…………………………………………… 262
　　動詞語幹…………………………………………… 281
第10章　不變化詞…………………………………… 303

第3部　語群………………………………………… 313
第11章　文と語群…………………………………… 313
第12章　文の結合…………………………………… 334

附　印歐諸言語の近親關係 ………………………… 339

參考書………………………………………………… 349

補　遺………………………………………………… 358

索　引………………………………………………… 359

別　表………………………………………………… 442

序　　説

第 1 章　歴史比較方法の方法論的基礎[1]

1. 言語は常に變化しつつあって，その音韻，語形，文の構造，意味等すべて變化をまぬかれない．變化は相次ぐ時代に於ては微々たるものであるけれども，年を經るに從って大となり，終には全く異る樣相をさえ呈するに至るのである．

言語は傳達の手段たる性質上，唯一人で行われるものではなく，必ず話す人と聞く人とを前提とするのであるから，個人の恣意的な音や音連續と意味との結合より成るものではない．それはある言語團體に於て豫め與えられている結合であって，言語行爲をしようとする者は必ず之に從わなくてはならない．言語のこの性質は風習に等しく，言語の表現手段は子々孫々相繼がれ，幼兒は年長者と同じように話すことを習得するために長い年月を要するのである．同一の言語團體に屬する人々はすべて同じ方法によることを要求せられるのであるから，言語はある時間と空間との限度內に於て略ゝ單一でなくてはならない．そして言語は前時代の言語活動の記憶，即ち繼承せられた表現法の知識をその根柢としているのである．

上述の如き言語は，從って，個人にとってはその使用を無條件に強要せられる一つの客觀的實在に等しいのであるが，しかしこの客觀性は嚴密な意味のものではない．例えば音韻の場合，ある言語團體內に於て，ある音がその團體內で使用せられている音韻であると認められさえすればよいのであって，その物理的性質が如何ようであろうとも，またその發生的順序が何んであろうとも，言語行爲に

---

(1) これに關しては，高津春繁：比較言語學（岩波全書 122）に詳しいから，之を參照．

は差支えがない．すべての言語には一定數の使用する音があって，各々の音が音韻として通用する限界が定まっている．ある音韻にはその中核となる代表的なものがあって，その周圍にそれとは多少異るが，同じ音韻と認められる音群があり，その限界は飽まで主觀的で，唯その音韻として通用することだけが條件である．言語使用者はその言語が認めている音韻だけを識別するのであって，例えば日本語では [la] も [ra] も共に《ら》と認められるが，[l] と [r] とを音韻として有する言語では，兩者は識別せられる．更に音韻は通常は單獨に現われることがない．殆んど常に他の音韻と連らなって用いられるのであって，その結合の條件によって色々に異る形を取る．例えば同じ k 音と認められるものも，その後に續く母音によって閉鎖位置を異にし，我々はある一定の限界内での [k] をかかる音韻として許すのであって，その絶對的性質は云々しないのである．

語の意味の場合に例をとれば，之は更に明瞭となる．我々は中心をなす意味をめぐって，之に樣々なニュアンスを與えるのみならず，更に之を擴大し，或は縮小して用いる．即ちここにも音韻と同じように意味の中核の周圍に動搖がある．この現象は言語のあらゆる相に認められ，從って言語は個人によって常にある程度の差を示すと同時に，同一人に於ても常に變動がある．かかる言語の性質が言語の要求する單一性，同一性にもかかわらず，我々の氣付かぬ間に次第に變化を招來するのである．

言語は，しかし，傳統的なものであるから，一度變化すれば，その變化はそのまま次の時代に繼承される．次の時代の變化はこの繼承した狀態を基として行われる．例えばギリシア語に於て，長い ā はアッティカとイオーニアの方言に於て ē に變ったが，この變化はこの二方言がギリシア語全體の標準語となったために，紀元前2世紀の頃には全ギリシア語に及び，ついで ē は更に狹い音に轉じ，[i] となって今日に及んでいる．かくの如くであるから，言語の變化は

一つの繼續性を有するのであって，逆に言えば言語はその中に過去の記憶を保存していると言えよう．これが言語の歷史的比較的研究の可能にしてかつ必要な所以である．

2. 言語は常に流動してやまないものであるが，また常に離合集散の過程を取っている．言語はある社會集團の成員の相互傳達の手段であるから，集團の變化に伴って言語も亦變化をまぬかれない．言語はかかる集團內の個人の言語意識中の體驗としてのみ存在するのであり，唯その中の諸要素の相對的な價値付けのみによって成立しているものであるから，言語集團は無限に同一ではあり得ず，自ら種々の相をなすのである．この言語の言わば遠心的傾向は社會的接觸による求心力によって制せられて，言語の安定が保たれているのであるが，何らかの原因によって求心力が弱められると，分化の現象が生ずる．この原因には言語が廣い地域に擴がった場合，河川，山嶽，海洋等によって相互間の交流を阻まれた場合の如き地理的原因以外に，政治的宗敎的その他の社會的原因が大きな力となって働く．

地理的分裂の代表的なものは言語の所有者の移動によるものである．民族の移動そのものは言語變化の直接の原因ではないが，空間的に隔離せられ，異った環境におかれた同一言語が相互に異る變化過程を辿るのは當然であって，原住地と移住地との言語の差は次第に大となり，終には相互間の理解を許さなくなり，異る言語となる．歷史以前の時代に印歐語民族は屢々大移動を行ったが，之が印歐語分化の一つの重要な素因となった．歷史時代に於てはケルト族の移動，ゲルマン族の移動があり，例えばアングロ・サクソン族は大陸より英國に移り，ここに大陸のゲルマン語とは全く異る發達をとげている．

かくの如き突然の或は全くの分離がない，即ち言語が次第に外延を擴大した場合にも，ある程度以上の廣い地域に擴がると，分化を

生じ易い．色々の變化が同じ言語地域內の方々の地に起り，その周圍に波紋のように擴がって行く．かくして同一言語の多くの變種を生ずる．これと同時に種々の原因によって分化した言語の中に勢力の消長があり，新たな中心點を生じ，言語の統合が行われる．印歐語族中イタリック語派と呼ばれる一派は (36 頁參照)，多くの方言に別れていたが，その中のラテン語が中部イタリア，ティベル河畔の一小地域 Latium の言語より，ローマ帝國の政治的文化的發展と共に，先ずイタリアの半島內の諸言語を消滅せしめ，更にヨーロッパのライン，ダニューブ兩河以南，アフリカの北岸に擴がり，幾多の異る言語を滅ぼし，紀元前後より四世紀までは當時の世界の共通語として行われたが，ローマ帝國の崩壞と共に再び幾多の方言に分化し，之が近世國家の誕生と共にポルトガル，スペイン，フランス，イタリア，ルーマニア等の諸國語に統一せられつつあるのは，このよい例である．かくして上述の諸言語はいずれもラテン語の變化體であり，之を歷史的に遡れば，ラテン語の俗語に達する．その分化の原因或は有樣が如何ようであろうとも，かかる關係にある諸言語を同系 (英 related, cognate, 獨 verwandt, 佛 parent)，ラテン語の如き位置にあるものを共通基語又は祖語 (英 parent speech, primitive language, 獨 Ursprache, Grundsprache, 佛 langue commune) と稱する．

3. 分化しつつある言語は各々全く獨立の變化を行う如くであるけれども，變化は常に次第にある傾向が強くなって，終に表面化するものであって，下位諸言語の變化は共通基語中の同一の傾向を繼承している．例えばラテン語の語末の -m は旣に古典時代以前から甚だ弱い音であって，紀元前3世紀の碑文上には殆んど表記されていないのである．ラテン文學の形成の際に，-m は語源的な考慮によって再びラテン語中に持ちこまれたのであるが，作詩法上では母音の hiatus は防ぎ得なかった．この傾向は，しかし，引きつづ

きラテン俗語には存在し，語末の -m は全く消失し，從って名詞の對格の形は格より失われた．語末の -s も亦同じ傾向にあったし，同じことは [h] の消失，二重母音の單音化，長短母音の性質その他多くの點に認められ，いずれも現代のラテン語の變種たる上述諸言語の中に繼承せられている．(1)

　分化した言語は，前述の如く，前時代の言語行爲の記憶の保持者であり，また變化の傾向をも同じくする傾きがあるのであるから，共通要素を多分にもっている．かかる共通要素を求めて比較研究すれば，そこに一定の對應（英 correspondence, 獨 Entsprechung, 佛 correspondance）を得る．之によって分化の過程，下位諸言語間の近親關係，下位諸言語と共通基語との關係，分化以前の言語の姿等を知り得るであろう．

　言語が風習の如くに傳統的であることは，言語が異るに從い發表方法が異ることである．從って異る言語と言語との間に共通の要素

---

(1) 例えば Vergilius: *Aeneis*. I. 3. の

　　lītŏră'; mūltum īl'le ēt tēr'rīs iāc'tātŭs ĕt' āltō

の mult(um) ille に於けるが如くに，-um は ille の前に於て省略せられ，mult' ille と發音される．之は -m が弱いために multu(m) ille に於ける母音 -u i- の接觸 (hiatus) を生ずるためであり，かかる場合 -um は -uᵐ，即ち -u の後に弱い鼻音を有する形で發音されたものと思われる．また古典期以前のラテン語に於ては，語末の -s は屢々表記されていない．之は -s が非常に弱かったためであって，この事實は又紀元前 239-169 年の詩人 Ennius が，例えば

　　ūt făcĕ'rēt făcĭ'nūs, lĕvĭs' aūt mălŭs', dōctŭs, fĭ'dēlĭs

に於けるが如くに，詩の脚にアクセントのある場合には facin'ūs lĕvĭs' に於けるが如くに，-us le- によって -s を勘定に入れながら，アクセントのない所では mălŭs' dōctŭs fĭ'delis の如くに無視している事によっても知られる．-s は古典期に入って之を發音するのが正しい形となったために復活したのであるが，しかし俗語では昔のままであり，之が後の，例えばイタリア語などの形に大きく影響している．他の場合は今日のフランス語の綴りと發音とを比較すれば直ちに明らかとなるであろう．

が發見されれば，偶然の散發的な一致を除けば，かかる要素は源を一つにしていると見なしてよい・更にかかる共通要素が多くの言語に亙り多くの點に認められる時には，この可能性は更に強くなる・例えば

 Skt. pitár- : Gr. πατήρ : Lat. pater : Goth. fadar
 Skt. mātár- : Gr. μάτηρ : Lat. māter : O. Norse moðer
 Skt. svásar- : Lat. soror : Goth. swistar : Lith. sesuõ
 Skt. duhitár- : Gr. θυγάτηρ : Goth. daúhtar : Lith. duktĕ

は各々《父》,《母》,《姉妹》,《娘》を意味する語であるが，かくの如き著るしい意味と語形の一致對應は同一語の異った形 (variant) と考えざるを得ない・この種の對應が音韻，語形，語彙等の言語の全般に亙って認められる場合には，かかる對應を示す諸言語はある一つの或はそれに近い言語の分化體であると認めざるを得ない・比較方法は言語のかかる性質を利用する歷史的硏究の一方法である・

　從って現在歷史比較文法と稱せられるものは，ある一群の源を同じくする諸言語の比較硏究によって，同系統に屬する言語間の相似異同を檢討し，もってその關係を明らかにし，進んで源をなす言語の姿を明らかにし，この言語と下位諸言語との歷史的發生的關係を考究し之を記述することを目的とする・

第 2 章　印歐語族の諸言語

　4.　印歐語族[1]とは東は中央アジアより西はヨーロッパの西端に、また現在ではアメリカ大陸、濠洲その外に擴がっている一大言語群に與えられた名稱である．アメリカ大陸その外への發展は近世に於けることに屬するから、之は暫くおき、舊大陸に於けるこの語

---

　[1]　英 Indo-European, 獨 Indogermanisch, 佛 indo-européen. ドイツ語の「インド・ゲルマン語族」なる名稱はこの語族の擴がっている地域の東西兩端に位するインド及びアイスランドの言語を以ってこの語族全體を代表せしめたものであるが、かかる名稱はその中間にある同じ語族の多くの重要な言語を表わし得ないのみならず、歐洲最西端の印歐語族の言語はケルト語派のアイルランド語であり、從ってこの主張によれば「インド・ケルト語族」、「インド・アイルランド語族」の如くならなければならない．また近年インドより更に東方にあるトカラ語が發見されたために、「トカラ・ケルト語族」と呼ばなくてはならない．しかしこの語族の中でさして重要でもない言語を以って語族全體を代表させることは當を得ないから、漠然と東はインド、西はヨーロッパに主として擴がっている語族の意味で、英佛語に一般に行われている「印歐語族」なる名稱の方が當を得ているし、又この語族の擴がっている地域をよりよく示していると言えよう．次に「アーリア語」なる名稱が古くより行われているが、これは今日ではインド・イラン語派に限定され、印歐語族の意味には用いない．「アーリア民族」なる名稱もまぎらわしいから、インド・イラン語の所有者に限定する方がよい．更に近年ヒッタイト語の解讀と共に、この言語が印歐語族中に占める特異な位置より、之は印歐語族と對等の立場にある言語で、最初にこの言語と他の印歐語族の諸言語の祖たる言語とが二つに別れたものであるとの考えより、ヒッタイト語を含めた場合に「インド・ヒッタイト語族」と稱すべきであるとの説が E. Forrer (MDOG. 61. 26 f. [1921]) によって提案せられ、アメリカの Sturtevant (*Journ. of the Amer. Or. Soc.* 47. 174–177 [1927]) もこの説に賛成し、今日に至るまで之を固持しているが、他の學者の大部分は之に反對している．(50頁脚註[1]參照)．

族の最東部にあるのは，最近發見されたトカラ語を除き

5. インド・イラン語派 (英 Indo-Iranian, 獨 Indoiranisch,[1] 佛 indo-iranien) の諸言語である．この言語の所有者は自ら「アーリア人」(Ārya) と稱し，イラン又はエーラン (Iran, Eran) なる名稱は「アーリア人の地」を意味する Airyāna[2] より生じたものである．兩言語の最古層は非常によく似ていて，殆んど方言とも稱すべく，源は一言語であったことが明らかである．アーリア人は旣に紀元前千年代の初めに小アジアの各地に現われ，その人名は小アジア出土の楔形文字文獻に殘っている．この外にも紀元前 1350 年頃のヒッタイト王 Šuppiluliuma とミタンニ (Mitanni) 王 Mattiwaza との間の條約中に於ける誓いの對象となった神々の凡そ百番目に Mitraššil, Uruwaššil, Indar, Nasa(ttiya)nna の神々が擧げられているが，これは明らかにインドの Mitra, Varuṇa, Indra, Nāsatya の神々であり，更にミタンニの Kikkuli の名の下に傳わる競馬馬調敎の書中には，專門語としての數詞に aika, tera, panza, šapta, nava(nā) があるが，之はサンスクリット語の eka, tri, pañca, sapta, nava《1, 3, 5, 7, 9》であり，かつすべての數詞は wartana＝サンスクリット語 vartana《廻ること》と共に用いられ，これらの事實はインド人がこの地方にかつて居住していたことを示す如くである．このことはアーリア人の原住地の問題に重大な意味を有す

---

(1) ドイツ語では屢 ‹ Arisch と稱するが，この名はまた人類學，考古學，歷史等で用いられる「アーリア民族」なる名稱と混同し易いから，避けた方がよい．

(2) 之はギリシア語の Ἀριάνη (Lat. Ariana) であって，アレクサンドロス大王の死後，その後繼者の時代にペルシア帝國を更によく知るに至った結果，この名はイラン東方の高原の名となった (*Strabon* II. 78, 130, XV. 720–24). また Megasthenes と Apollodoros は Medoi 人及び Persai 人の支配階級を Ἀριανοί と呼んでいる．更に現在の「イラーク」('Irāq) も亦 airyaka《アーリアの》より出た地名である．

る．從來の大部分の學者は東イラン說に傾いていた (特に Sogdiana 及び Baktria)．之を支持する資料として，歷史時代のイラン人の移動がすべて東より西にむかっていること，イラン高原の原住民が西，北，南イランに多いのに，東イランに少いこと，アヴェスタ聖典に擧げられている地名 (例えば Av. harōyu=Ἄρειος, harahvatī=Skt. sarasvatī?, Arghandāb=Ἀραχῶτος) がインドにも現われていることなどが擧げられている．しかしアーリア人 (またはその一部) は西方のカフカーズ山脈を越えてアルメニア及びメーディアに入ったとも考え得るのであって，上述の小亞に於ける紀元前 1500 年前後のアーリア人 (恐らくインド人) の存在を示す證據はこの說を支持する如くである．近年に於けるカフカーズ地帶及びイラン高原，バルーチスターン，インドのシンド地方からの出土資料によれば，インド・イラン語の所有者の原住地はカフカーズの西邊よりウクライナ東端地方にあり，一部分が小アジアに入り，他の部分がイラン高原を東進して，バルーチスターンよりインダス河流域に入ったものと考えてよいであろう．[1]

---

[1] J. Friedrich: "Das erste Auftreten der Indogermanen in Kleinasien." *Hirt Festschrift* II., Heidelberg 1936, 215 ff.; A. Götze: *Kleinasien.* (Handb. d. Altertumswiss. hrg. von W. Otto, III. 1. 3. 3. 1.) München 1933; A. Christensen: Die Iranier. (上揭書中 209 ff.); A. Götze: *Hethiter, Churriter und Assyrer.* Oslo 1936, 29 f.; Brandenstein: "Kleinasiatische Ursprache." *PWRE.* Suppl. VI. (1934), 165–181; N.D. Mironov: "Aryan Vestiges in the Near East of the 2nd Millenary B.C." *Acta Orientalia* XI (1935), 144 ff.; H. Schmökel: *Die ersten Arier im Alten Orient.* Leipzig 1938; E. Unger: *Altindogermanisches Kulturgut in Nord-Mesopotamien.* Leipzig 1938 參照．神名には上述の四神以外にも KUB. VIII. 28, I_{16}, II_{17} に agniš なる名が見えるが，之がインドの火神 agni- かどうかは疑問．なお考古學に關しては，S. Piggott: *Prehistoric India to 1000 B.C.* (Penguin Books.) 1950. が小册子ではあるが，要領のよい展望を與えてくれる．

6. 古代インド語は古代インドの文學語であって，これを大別してヴェーダ (Veda) 語と古典サンスクリット語 (Sanskrit) とする. 前者はリグ・ヴェーダ (Ṛgveda) を最古とし，ウパニシャッド (Upaniṣad) の最古層を最新とする尨大な婆羅門の聖典文學の言語であって，紀元前千年以前より紀元の數世紀前までの時代に屬する. 最古のものは印度の西北，五河地方 (Punjab) に於て作られたものであるらしい. ヴェーダの言語はヴェーダが形成せられるに要した時間を反映して，年代的に差があり，最古たるリグ・ヴェーダ中にも亦新古の差がある. この言語はギリシアのホメーロスと共に印歐語族の文獻中最も古風なものであり，極めて複雜な構造を有する. リグ・ヴェーダを初めとして，古いヴェーダは多くは詩であるが，後代のものは散文に移り，ブラーフマナ (Brāhmaṇa) に至って純然たる散文となった. 之は宗敎上の儀式の說明を主とし，古い時代の印歐語の文構成法の硏究によい資料を提供する. ブラーフマナも亦數世紀の間に亙っているので，その言語も次第に古典サンスクリットに近づきつつあり，ウパニシャッドでは殆んど全くと言ってよい程古典サンスクリットに近くなっている. 古典時代の古代インド語は多くの劇，詩，散文の文學や學術書によって傳わっている. インド人はこの言葉を「華語」(Saṃskṛtam) と呼び，之に對して日常の會話語をプラークリット語 (Prākṛtam) と言い，之は多くの方言に別れていた. サンスクリット語は紀元前 5〜4 世紀頃に文學語として明確に規定せられ，インド文學語はここに固定し，次第に日常語より遊離し，ために變化を蒙らず，中世ラテン語の如くに學者文人の言語として，インドのみならず，セイロン，ボルネオ，ジャヴァに至るまで行われた. 之に反して俗語は古くよりサンスクリット語と並存し，佛陀も之によって說法したと傳えられ，その中で特に佛敎聖典の言語となったものがパーリ語 (Pāli) である. この言語による三藏は今日もなお南方佛敎の聖典として用いられている. その他のプラークリット語は碑文及びサンスクリット劇中の人物の

社會的階級を示すために使用せられたものによって知り得る．卽ち神々，婆羅門，王，劇の主人公はサンスクリット語を話すのに對して，女主人公その外の高貴な女性は特別のプラークリット語，更に下層の人物はまた別のプラークリット語を使用するというように，特別の規約があった．しかし劇中のプラークリットは旣に文學語としての變化をうけ，本當の當時の俗語の形を傳えるものではない．之を最も忠實に傳えているのは阿育王 (Aśoka, 前 263-222) の碑文である．彼は佛法弘通の目的の下にその國土內の各地に當時の俗語によって碑を立てたのであって，之はインドの實物の殘っている最古の文獻である．プラークリットはサンスクリットに對して中世インド語と稱せられ，多くの方言に別れていたが，その中の主なるものは Māhāraṣṭrī, Śaurasenī, Māgadhī, Paiśācī 及び Ardhamāgadhī (=《半マーガディー語》) と稱するシャウラセーニーとマーガディーとの中間の方言であり，この區別は今日のインド諸方言の分布とよく一致する．しかしインドの近代語の方言はプラークリットより出た Apabhraṃśa と稱する俗語が母體となっている．Śaurasenī は Śurasena の方言で，西部インドに行われ，現在の西 Hindī, Pañjābī, Gujarātī 等の方言の，Ardhamāgadhī は中部の方言で東 Hindī, Marāṭhī 等の方言の母體となり，Māgadhī は Bihar 地方に行われ，今日の Bengalī, Bihārī に Paiśācī は Kaśmīrī, Kāfir につながっている．近代インド語の特殊な變形にジプシーの言葉があるが，之は西北インドの方言に酷似して，その故鄕を明らかにしている．[1]

---

(1) ジプシーなる名は，英 Gypsy, 獨逸の十六世紀の文獻中の Aegypter, スペインの Gitano, 現代ギリシア語の γύφτος が示す如くに，「エジプト人」の意である．彼らはまた Faraon (ルーマニア), Phárao Nephka (ハンガリア), 卽ち「ファラオ人」とも呼ばれ，之は彼らがエジプトに發しているという假定を示している．この名の由來は，西ヨーロッパにジプシーが擴がった際に，自らエジプト

印歐語比較文法に用いられるのはサンスクリット語 (主としてヴェーダ) であるが，この言語は現在では Devanāgarī と稱する固有の文字で誌されているので，ローマ字に轉寫して用いる。この文字は次の如き組織より成っている。

短母音　　a i u r̥ l̥
長母音　　ā ī ū r̥̄ e (<*ai), o (<*au)(1)
二重母音　ai au (<*āi, *āu)
半母音 (sonant)　y v r l (v は齒唇音)。ヴェーダには l̤ があり，之は cerebral.(2)

閉鎖音　　無聲　無聲帶氣　有聲　有聲帶氣　鼻音
唇音　　　p　　ph　　　　b　　bh　　　　m

───────────────

より來たものと稱したためであって，之は小アルメニアをエジプト (又はペロポネーソス) と混同したためであろう。彼らの今一つの名は Ἀτσίγγανοι (ギリシア)，Tsigan (ブルガリア，セルビア，ルーマニア)，Czigany (ハンガリア)，Zigeuner (ドイツ)，Zingari (イタリア) で，英語の Tinker (Tinkler は之を俗解的に變えた形) は恐らく Zigeuner の變形であろう。この名の由來は Miklosich によれば Ἀθίγγανοι 《觸れるべからざる人々》であって，之は既に 9 世紀のビザンティンの史家 Timon Presbyter (335) に見出され，小亞の Phrygia と Lykaonia に於ける異端の徒を指し，彼らは Melki-Zedekites (Μελχι-σεδεκῖται) と呼ばれ，他敎徒の人に接する時には穢れると考えて，之を嫌ったという。この外にもフランス語の Bohémiens 等樣々の名があるが，彼らは自らは Rom (f. Romni)，他民族人を Gaži と稱する。彼らの言語に關しては F. Miklosich: *Ueber die Mundarten und die Wanderung der Zigeuner Europa's.* Wien 1872-80; J. Sampson: *The Dialect of the Gypsies of Wales.* Oxford 1926. 參照。

(1) 印歐語比較文法に於ては，文獻的證據がない形を星印 (アステリスク) * を附して示す。

(2) cerebral (又は cacuminal, retroflex) とは齒齦より少し奧の硬口蓋の部分で行う卷き舌による破裂音。音聲學に關しては服部四郎：音聲學 (岩波全書) を參照。

齒音	t	th	d	dh	n
cerebral	ṭ	ṭh	ḍ	ḍh	ṇ
口蓋音	k	kh	g	gh	ṅ
半閉鎖音					
硬口蓋音	c	ch	j	jh	ñ

spirant　s, ṣ, ś

氣　音　　h (有聲),　ḥ (無聲)

なお ṃ は先行母音の位置に於て發音される鼻音を表わす.

參考書

J. Wackernagel: *Altindische Grammatik. I. Lautlehre.* 1896;
II. 1. *Einleitung zur Wortlehre. Nominalkomposition.* 1905; III.
(A. Debrunner と共著) *Deklination der Nomina, Zahlwörter, Pronomina.* 1929-30. Göttingen.

L. Renou: *Grammaire sanskrite.* 2巻 Paris 1930.

L. Renou: *Grammaire védique.* Paris 1952.

A.A. Macdonell: *Vedic Grammar.* Strassburg 1910.

J. Bloch: *L'indo-aryen du Véda aux temps modernes.* Paris 1934.

R. Pischel: *Grammatik der Prākrit-Sprachen.* Strassburg 1900.

W. Geiger: *Pāli Literatur und Sprache.* Strassburg 1916.

Grierson: *Linguistic Survey of India.* Calcutta 1903-22. X—IX, XI.

J. Bloch: *La formation de la langue marathe.* Paris 1920.

世界言語概說　上卷（研究社　1952）中の「梵語」(辻直四郎),「パーリ語」(水野),「ヒンドスターニー」(井筒俊彥),「ペルシア語」(八木龜太郎)の項.

7. イラン語は歷史に現われた時に旣に多くの方言に別れていたが, 古代イラン語はその中の二つの方言によって知られている.

一つは古代ペルシア帝國の言語で，Darius, Xerxes, Artaxerxes 等の諸王が岩石に残した楔形文字碑文（前 520–350 年頃）によって傳えられている．彼らは自らを Pārsa と稱したのであって，今日の Persia なる語形は，ā を ē に變化せしめることを特徴としたギリシアのイオーニア方言を經て傳わったものである．碑文中の主なるものは Behistun のダリウス王の大碑文（バビロニア及びエラムの言語と共に並記されている）及び Naxš-i-Rustam のダリウス王の墓碑銘である．ダリウス王とクセルクセース王の碑文は正確であるが，それ以後のものは文法上の誤りが多く，既にこの言語が古い時代の姿を變えて，中期ペルシア語に遷りつつあったことを示している．他は古代ペルシア語とは異る方言に屬する Avesta の言語である．この言葉が何處で話されていたかは不明であるが，これはギリシア人がゾーロアストレース（Ζωροάστρης）と呼んだ Zaraθuštra を教祖とする宗教の聖典の言語で，その中の最古層たる Gāθā（《歌》）と稱する部分は略ゝ紀元前 1000–600 年の間に歸し得べく，殘餘は略ゝ前 500–300 年の間に出來上ったものらしい．聖典は一度既にペルシア帝國時代に編纂されたが，帝國崩壞の時に失われ，その中の Gāθā 及びその外の編纂がササン王朝時代，紀元後 3～4 世紀頃に再び行われた．この際にテクストは傳統的發音に從って固定されたのであって，アラミ語の文字より新たに甚だ複雜なアルファベットが作られ，すべての母音及び古いアラミ文字では表記出來ない子音を區別する記號が附加せられたために，アヴェスタ聖典の表記法と實際の發音との關係は複雜を極め，甚だ困難な問題をアヴェスタ語研究家に課している．現存するものは 1. Gāθā (Zaraθuštra の韻文の説教), 2. Yašt (個々の神々への呼びかけ), 3. Vidēvdat (掟の書), 4. Yasna (祈禱書) の四部に別れ，原典の四分の一にすぎない．以上の外に，ヘーロドトス等の古代ギリシア史家によって傳えられるスキュティア人（Σκύθαι）は，クリミア半島及びその北方平原に住み，壯麗な墳墓に遺品を留めているが，僅

かに殘っている固有名詞や若干の語彙によれば，イラン語派に屬する言語をもっていたらしい。(1)

古代ペルシア語が中期ペルシア語に移ったのは紀元前400年以後であり，之を Pāhlavī と稱し，Paikūli の大碑文（後293 又は 294年）その外の碑文，アヴェスタの註釋書等によって知られる。この外中期イラン語で文獻を殘しているのは佛教，マニ教，キリスト教の文獻の東トルケスタン及びその東方に發見されたものの中に傳存するソグド語 (Sogdian, Sogdisch, sogdien)，同じく東トルケスタン出土の文獻によって知られるサカ族 (Śaka) の言語である。(2) 現代イラン語は現代ペルシア語，クルド語 (Kurdish, Kurdisch,

---

(1) Herodotos IV. 11 によれば彼らは元來アジアの住民で，後に Massagetai に追われて Kimmerioi 人の地（ドニエプルとドニエストル河流域）に入ったものである。彼らは Hippokrates の「風土氣候論」91–102 によれば，肥えていて，柔毛で，毛が少く，赤かったという。この敍述によって彼らをモンゴル又はトルコ・タタルである，或はフィンであるとする說もあるが，後になってイラン民族とする說が有力となった。之は言語の面からである。例えば $ἐνάρεες$ Hdt. IV. 67 = $ἀνδρόγυνοι$, Hippokr. de aere 106 $ἀναν-δριεες < α(ε)$-privativum + nara. この外固有名詞に $Ἀρσάκης, Βα-δάκης, Οὐαπαδάκης, Ἀξιάκης, Δαδάκης, Σπαδάκης, Φαρνάκης$ の如くにイラン系のものが多い。スキュティア語はまた Sarmatia 人の言語に酷似し，現今のオセット人はサルマティア人の後であると言われる。cf. K. Kretschmer, PWRE. II. A. 1. 923–942.

(2) 彼らはパミール地方に住む古い一民族で，自ら Šaka と稱し，ベヒストゥーン大碑文上には Saka (= バビロニア, エラム語の Gimiri), ギリシア語の $Σάκας, Σάκης, Σάκκαι$, ラテン語の Sac-(c)ae は之である。彼らの言語は固有名詞によれば東イラン語の一派で，その中に多くの方言があったらしい。H. Lüders : "Die Šakas und die 'nordarische' Sprache." SBBerl. Ak. 1913, 406 –427 = Philologica Indica. Ausgewählte kleine Schriften. Göttingen 1940, 236–254 ; Herrmann, PWRE. I. A. II. 1770–1806 ; Sten Konow : Saka Studies. Oslo 1932. 參照。

kurd), カフカーズのオセット語 (Ossetan, Ossetisch, ossète), アフガン語 (Afghān 又は Puštu), バルーチスタンのバローチー語 (Balōčī) 及びパミール高原に行われている若干の弱小な言語よりなっている. この中文學的に重要なのは現代ペルシア語のみである.

印歐語比較文法に用いられるのは以上の中主としてアヴェスタ語 (と稀に古代ペルシア語) であるが, 之は上述の如く特殊な文字で誌されているため, ローマ字に轉寫して引用する. これは次の如くである.

母音　a ā, i ī, u ū, e ē, o ō (但し e: ē, o: ō は長さの相違ではない), ə, ą (鼻母音), å, ǻ (ao に似た音)

子音
　唇音　p b f w m
　齒音　t d θ ð n (θ ð は摩擦音)
　口蓋音　k g χ γ (χ γ は摩擦音)
　ṭ (之は t の一種で, 子音の前又は語末の音節の最後に於てのみ用いられる), č, ǰ, ṇ (歯の後の部分で造られる鼻音), ṅ (前口蓋鼻音), s, z, š, ž, h (多くの表記法あり), y, v, r (l は古代ペルシア語のみ).

参考書
Grundriss der iranischen Philologie, I. Strassburg 1895–1901.
Bartholomae: *Altiranisches Wörterbuch*. Strassburg 1904. (なお *Indogerm. Forsch*. 19. "Zum iranischen Wörterbuch." 参照).
A. Meillet et E. Benveniste: *Grammaire du vieux-perse*[2]. Paris 1931.

8. スラヴ語派 (Slavic, Slavisch, slave) はインド・イラン語派に隣接する一大語群である. スラヴ族の原住地は明らかでないが, 恐らくカルパティア山脈地方であったと思われる. Tacitus や

第2章　印欧語族の諸言語

Plinius 等のローマの作家中に見える Venedi (Veneti) はカルパティア山脈の北東部に居住し，スラヴ族であって，この名は Wenden なる形の下に今日もなおドイツ北東部にスラヴ族の名として殘っている.⑴

ゲルマン民族の移動と共にスラヴ族も亦移動を起し，南下した一部はビザンティン帝國と交渉をもつに至った．スラヴなる名はスラヴ族中の一民族名 Slověne がビザンティン帝國のギリシア人によって傳えられたものであって，スラヴ人は o を a に近く發音して

───────

⑴　Tacitus: *Germania*. 46; Plinius: *Nat. Hist*. IV. 79. なお Ptolemaios: *Georg*. III. 5. 7-8 には Οὐενέδαι なる名の下に同じ民族が見出される．Venadi も亦同じく ヴェネティである．この民族については或はイリュリア人 (Kossinna, *Mannus* 4. 287)，或はケルト人 (Šachmatov: "Zu den ältesten slavisch-keltischen Beziehungen." *Arch. f. slav. Philologie* 33, 51 以下) とする說もあるが，スラヴ族と想定するのが最も適當であると思われる．但し名稱そのものはイリュリア名がスラヴ族に誤用されたものらしい．Veneti はスラヴ族の外に，古代史家によって他の民族名として傳えられ，その中で最も明らかなのは，相當數の碑文を殘している，ヴェネチアにその名を與えた民族で，碑文の言語より察するに甚だしくラテン語化されたイリュリア語である．この問題に關しては Ebert: *Reallexikon der Vorgeschichte*. XII. 272-291. の P. Diels の "Slaven, B. Sprache" の項, L. Niederle: *Manuel de l'antiquité slave*. I. Paris 1923, 31 ff., Schrader-Nehring: *Reallexikon der idg. Altertumskunde*². の "Slaven" の項，又 Veneti に關しては H. Krahe: "Der Anteil der Illyrier an der Indogermanisierung Europas." *Die Welt als Geschichte*. 6. (1940), 68 ff.; ib.: "Germanisch und Illyrisch." *Hirt Festschrift*. II. 565-578; ib.: *Die Indogermanisierung Griechenlands und Italiens*. Heidelberg 1949; Fr. Altheim: *Geschichte der lateinischen Sprache, von den Anfängen bis zum Beginn der Literatur*. Frankfurt am M. 1951, pp. 32-92, 125-160 を參照．

いたために，aと聞かれて，スラヴとなったものである。(1) Moesia 及び Thracia 地方に入ったスラヴ族はアジアより侵入したブルガリア人に征服せられたが，言語的にはスラヴ語が勝利を得，今日のブルガリア語となった．西紀後9世紀にテッサロニケのギリシア人 Kyrillos 及び Methodios の兩僧によって當時のスラヴ語に翻譯せられた聖書がスラヴ語最古の文獻となっている．これを古代(敎會)スラヴ語 (Old Church Slavic 又は Slavonic, Altkirchenslavisch) と稱する。(2) これは福音書，祈禱書その他を含み，その言語は分化以前のスラヴ共通基語ではなく，むしろ南スラヴ語，特にブルガリア語に近いが，その直接の祖とも言えない．しかしこの言語はスラヴ共通基語に近い古形をよく保存していて，多少の方言的色彩を除去すれば容易にその代用となり得るため，スラヴ語派の史的研究の出發點であるのみならず，印歐語比較文法の重要な資料となっている．この言語は敎會の公用語として非常な影響をスラヴ諸言語に及ぼしたために，スラヴ諸言語はすべて古代敎會スラヴ語の形を取り

---

(1) ギリシア語 $\Sigma\kappa\lambda\alpha\beta\eta\nu o i$, $\Sigma\kappa\lambda\acute{\alpha}\beta o\iota$, ラテン語 Sclaveni, Sclavi (ギリシア語の β はこの時代の發音では [v])＜Slověninŭ, pl. Slověne. この名の語源は slava《名聲》よりはむしろ slovo《言葉》に求むべきであるらしい．これに關しては Niederle の前註に引用した書の35頁以下，R. Trautmann: *Die slavischen Völker und Sprachen.* Göttingen 1947, pp. 21-25 參照．なおこの外にも $\Sigma\kappa\lambda\alpha\beta\tilde{\iota}\nu o\iota$, Sclavini ; $\Sigma\theta\lambda\alpha\beta\eta\nu o i$ $\Sigma\theta\lambda\alpha\beta\iota\nu o i$, Stlaveni ; $\Sigma\kappa\lambda\alpha\beta\tilde{\omega}\nu o\iota$, Sclavones の如き形もある．

(2) これはまた古代ブルガリア語 (Old Bulgarian, Altbulgarisch, vieux bulgare), 古代スラヴ語 (Altslavisch, vieux slave) とも稱するが，現代ブルガリア語が古代敎會スラヴ語の直系か否かが疑問である上に，古代スラヴ語は餘り漠然としていて，恰もスラヴ語派の中間共通基語を意味する如くであるから，共に適當な名稱ではない．之に反して古代敎會スラヴ語は，丁度「新譯聖書ギリシア語」の如く，的確に，しかもどのスラヴ語とも關係なしに，具體的にこの言語を示すことを得るから，この方がより適當である．

入れて文語を作り上げ，從ってこれらのスラヴ語の古文獻の言語史の資料としての價値を著るしく減少させている．また古代敎會スラヴ語の寫本は原物は傳存せず，手寫の折に手寫者のスラヴ語によって常に多少の變化を蒙っているために，各々の寫本の手寫された場所を知り，その地の言語の影響を考慮しつつ校訂して，原典を再建する必要がある．

　古代敎會スラヴ語以外のスラヴ語は，南方ではブルガリア語，セルボ・クロアティア語 (Serbo-Croatian, Serbo-kroatisch, serbo-croate)，スロヴェニア語 (Slovenian, Slovenisch, slovène) であって，後二者は相互に酷似し，ユーゴースラヴィア及びその西と北の地方に話されている．また最近マケドニア語も亦スラヴ語の獨立の一言語と認められるに至った．[1] 但し之は古代のマケドニア語とは何らの關係のない言語である．この外ドイツとロシアとの中間にあるものを西スラヴ語と言い，之に屬するのはスロヴァキア語 (Slovak, Slovakisch, slovaque)，チェック語 (Czechish, Tschechisch, tchèque)，ポーランド語 (Polish, Polnisch, polonais)，ヴェンド語 (Wendish, Wendisch, vende) 又はソルビア語 (Sorbian, Sorbisch, sorabe) であり，最後のものはドレスデンの北東部の小地域に行われているにすぎない．ゲルマン民族の移動後スラヴ族はその空白地帶に入って，エルベ河附近にまで進出し，シャルルマニュ帝時代にはベルリン，ライプチッヒを含む地方をも領有していたのであるが，次第にゲルマン民族に同化或は驅逐せられて，今日僅かに餘喘を保っているのがソルビア語である．

---

(1) マケドニアのスラヴ語が獨立の文學語として認められたのは 1943 年 9 月 29 日の，ヤイツェに於ける AVNOJ（ユーゴースラヴィア民族解放反ナチス會議）の席上であって，1944 年 8 月 2 日に聖プロホル・プチンスキ僧院の議會に於て獨立の言語を有する獨立の民族としてユーゴースラヴィアの新しい聯邦に加盟した．文法，參考書，この言語の歴史に關しては，R.G.A. de Bray: *Guide to the Slavonic Languages*. London 1951, pp. 243–312 を參照．

以上のスラヴ語はポーランド語以外には弱少なものが多いのに反して，ロシアの標準語たる大ロシア語 (Great Russian, Grossrussisch, grand-russe) は強大な帝國の言語として，廣い地域に通用し，秀れた文學の用語として，世界で最も有力な言語の一つである．これに近似しているウクライナ地方に行われている小ロシア語 (Little Russian, Kleinrussisch, petit-russe) 或はウクライナ語 (ルテニア語ともいう) 及び大ロシアとポーランドとの間に行われている白ロシア語 (White Russian, Weissrussisch, blanc-russe) と大ロシア語との相違は殆んど方言的と言ってもよい位のものである．

　印歐語比較文法に主として用いられるのは，以上の中，古代教會スラヴ語であるが，之は二つの異る文字によって書かれている．引用の折には通常ローマ字に轉寫するが，その方法は次の如くである．

母音，硬母音　　a　o　u　y　ŭ　ǫ　(ą とも書く，鼻母音)
　　　軟母音　　ě　e　i　ĭ　ę　(鼻母音)⁽¹⁾

子音　　　　p　　　b　　m
　　　　　　t　　　d　　n
　　　　　　k　　　g　　—
　　　　　　c (=[ts])　dz　—
　　　　　　č (=[tʃ])
　　　　　　s　　　z
　　　　　　š　　　ž
　　　　　　x (=獨 ch), v, r, l

　j 即ち半母音 ĭ は特別な文字をもたないが，種々の結合書體によって表わされている．子音にも亦母音と同じく軟硬の別があり，之は次に來る母音によって定められる．

---

　(1) y=ロシア語 ы，ŭ と ĭ はキリル文字で ъ, ь と書かれている音で，非常に短い輕い母音．

參考書

F. Miklosich: *Vergleichende Grammatik der slav. Sprachen.* 四卷. Wien 1874-79.

W. Vondrák: *Vergleichende slav. Grammatik*^{2}. 二卷. Göttingen 1924-28.

A. Vaillant: *Grammaire comparée des langues slaves.* I. (Coll. les langues du monde. Série grammaire, philologie, littérature. VI.) Lyon 1950.

A. Meillet: *Le slave commun.* 2. éd. revue et augmentée avec le concours de A. Vaillant. Paris 1934.

M. Vasmer und R. Trautmann: *Grundriss der slav. Philologie und Kulturgeschichte.* Berlin 1925—.

M. Braun: *Grundzüge der slav. Sprachen.* Göttingen, (年代なし, 1948?).

R.G.A. de Bray: *Guide to the Slavonic Languages.* London 1951.

R. Trautmann: *Die slav. Völker und Sprachen. Eine Einführung in die Slavistik.* Göttingen 1947.

W. J. Entwistle and W. A. Morison: *Russian and the Slavonic Languages.* London 1949.

A. Leskien: *Handbuch der altbulgarischen (altkirchenslavischen) Sprache.* Heidelberg 1910; ib.: *Grammatik der altbulgarischen (altkirchenslavischen) Sprache.* Heidelberg 1909.

P. Diels: *Altkirchenslavische Grammatik.* Heidelberg 1932-34.

A. Vaillant: *Manuel du vieux slave.* 2 voll. Paris 1948.

世界言語概説（研究社　1952）「ロシア語」（井桁貞敏）の項.

9. バルト語派 (Baltic, Baltisch, baltique) はスラヴ語派に西接し，之に最も近い關係にあるため，インド・イラン語派と同じく，バルト・スラヴ兩派を一語派として呼ぶこともあるが，その關係は

インド・イラン語派の如くに密接ではない。⁽¹⁾ バルト語派中最も重要なのはリトアニア語 (Lithuanian, Litauisch, lituanien) であって，最古の文獻は 1547 年に遡るにすぎないが，古形をよく保存していることでは現代語中隨一で，殊に母音，アクセント及び名詞の形では印歐共通基語に近い形をもっている。ラトヴィア語 (Lettic, Lettisch, lette) はリトアニア語に隣接していて，最古の文獻は 1586 年である。之は低，中，高の三方言に別れ，中が標準語となっている。リトアニア語に比して變化が甚だしい。この外に旣に 17 世紀に死滅した，今日の東及び西プロシアのバルト海に面している地方に行われていた古プロシア語 (Old Prussian, Altpreussisch, vieux prussien) があり，之は 1545 年のルーテルの教會問答書の二種の飜譯，1561 年の Enchiridion《教會問答提要》及び 14 (或は 13?) 世紀の Elbing 語彙中の 802 の語，16 世紀のドミニコ派の僧 Simon Grunau によって記錄された百の語彙によって知られている。二つの教會問答書は二つの方言の存在を想わせるが，飜譯者の Abel Will がこの言語をよく知らなかったために，言語資料としての價値は著るしく減少されている。この語派の文獻はこのように新しく，かつ乏しいが，古形をよく保っている點は驚くべきものがあり，殊にリトアニア語は印歐語比較文法の重要な資料である。

この語派はローマ字を用いているので，轉寫の必要はないが，比

⑴ A. Meillet の如きは兩者の類似點は並行的發達の結果であるとして，その古い時代の單一性を否定している。A. Meillet: *Le slave commun*². Paris, 1934, §8; ib.: *Les dialectes indo-européens*². Paris 1922, 40–48 頁參照。之に對して多くのドイツの學者や H. Pedersen: *Le groupement des dialectes indo-européens* (Kgl. Danske Vidensk. Selskab. Hist.-filol. Meddelelser XI. 3.) Kopenhagen 1925, §3 は兩者がかつて一つであったことを認め，その時代はインド・イラン語派單一時代よりは遙かに古い時代に遡ると考えている。なお E. Fraenkel: *Die baltischen Sprachen*. Heidelberg 1950 を參考。

較文法書中では色々な綴り法が用いられているためと，また特殊な記號があるために，以下この二點を簡單に述べる．

母音

ė (又は ē) 狹い長母音 e．e は [æ]．

ą ę 鼻母音．但し現代の標準語たる西リトアニア語では鼻音はなく，單なる長母音．į ų も亦同じ．

y=[iː]

ie (又は ë), uo (又は ů) は一音節で發音され，最初の音が甚だ短い二重母音．a, e, i, u+l, r, m, n (al, ar, am, an 等) も亦二重母音．

アクセントは三つの種類がある．ˋ (gravis) は短母音の，′ (acutus) は長母音の (下降) アクセントを，˜ (circumflexus) は長母音のアクセントの最高點が最後の部分にあることを示す．

例 à á ã, áu aũ, án añ, ìr ir̃ 等．從って acutus と circumflexus はギリシア語の用法とは反對であることに注意．

子音で注意すべきは š=[ʃ], č=[tʃ] で，之はまた sz, cz とも綴られることがある．c=[ts]．

參考書

R. Trautmann: *Baltisch-Slavisches Wörterbuch*. Göttingen 1923.

R. Trautmann: *Die altpreussischen Sprachdenkmäler*. Göttingen 1910.

A. Leskien: *Litauisches Lesebuch mit Grammatik und Wörterbuch*. Heidelberg 1919.

Baranowski und Specht: *Litauische Mundarten*. 2 卷. Leipzig 1920-22.

J. Endzelin: *Lettische Grammatik*. Heidelberg 1923.

K. Mühlenbach, J. Endzelin: *Lettisch-Deutsches Wörterbuch*. 4 卷. Riga 1923-32.

E. Fraenkel: *Die baltischen Sprachen: Ihre Beziehungen zu einander und zu den idg. Schwesteridiomen als Einführung in die baltische Sprachwissenschaft.* Heidelberg 1950.

10. アルバニア語 (Albanian, Albanisch 又は Albanesisch, albanais) はアルバニア以外の地，卽ちギリシア及びピンドス山脈以北のバルカン諸地方にも話され，また 15 世紀以後にはイタリア及びシシリーにもアルバニア人の植民が行われ，この言語の範圍は 1913 年に外交的な關係から造り上げられたアルバニアとは同一ではない。アルバニアには今日なお古い風習がそのまま殘っていて，法律も部落によって異り，法の強制も部落が單位で，父權，身代金，敵討等が未だに存在している上に，地勢的にも山が多く，かつ山塊が亙大な脊を成して通路となるべき谿谷がなく，部族は孤立して非常に強い單位をなし，他部族と對立している。そのために狭いアルバニア中には多くの方言があるが，之を北部及び中部と南部に二大別し得る。この地は地勢的には非常に近づき難い所であるにもかかわらず，古來常に他民族の支配下にあり，ローマ人，ゴート人，スラヴ人，ビザンティン帝國，トルコ人が次々にこの地の主權を握り，アルバニア人が自己の支配權を有したのは，近年を除けば，15 世紀に於ける Skanderbeg によって得られた短い獨立の期間にすぎない。從ってアルバニア語にはこれらの支配者の言語の影響が著るしく，特にラテン・ロマン語の要素が多い。アルバニア語最古の文獻はシシリーのパレルモの僧院に保存せられている 1555 年に作られた Dom Gon Buzuk の聖書の飜譯である。この言語の系統に關しては古來色々な說が提唱せられたが，近年ではこの言語は古代のバルカン半島のみならず，深くダニューブ河流域より東歐洲全體に擴がっていたイリュリア語の後裔であろうとする說が有力である。[1]

---

(1) 之に關しては既にライプニッツの考察以來色々な說があり，A. E. Pott の如き人は之を印歐語の影響をうけた他語族のものである

參考書

G. Meyer: *Etymologisches Wörterbuch der albanesischen Sprache*. Strassburg 1891.

ib.: *Albanesische Studien. III. Lautlehre der idg. Bestandteile des Albanesischen*. 1892 (*SBWA*. phil.-hist. Cl. 125).

M. Jokl: *Albanisch* (*Geschichte der idg. Sprachwissenschaft*. II. 3) Strassburg 1917.

11. 歷史時代にはイリュリア人 (Illyrian, Illyrier, illyrien) なる名稱はバルカン半島の北西部やパンノニアの民族を指すにすぎなとし，之に反して Fr. Bopp (*Ueber das Albanesische in seinen verwandtschaftlichen Beziehungen*. Abh. Preuss. Ak. 1854), A. Schleicher (*Die Sprachen Europa's*. 1850) 等は印歐語の一つと考え，G. Meyer までは定說がなかった．Meyer はアルバニア語をイリュリア語の後であり，イリュリア語はペラスギ語 (Pelasgisch) と同一であるとした (*Grundriss der roman. Philologie*. I², 1038). P. Kretschmer はイタリアのイリュリア人たるメッサピア (Messapia) 人の碑文を考慮に容れつつ，之との比較によって，アルバニア語をイリュリア語と同一であることを證明せんとした (*Einleitung in die Geschichte der griech. Sprache*. 262 ff.). 彼はまた今一つのイリュリア人である Veneti の言語が Centum 語 (本書66頁以下參照) なることより，之を北イリュリア方言であるとし，之に對してアルバニア語を含む南イリュリア方言を立てた．之に對して Pedersen (*Kuhns Zeitschrift*. 36. 200 f.) は更に一步進んで，Veneti の言語がイリュリア語であることを全面的に否定したが，之は行き過ぎで，實は，著るしくラテン語系統の言語の影響を蒙ったイリュリア語であるらしい (27頁註[1]參照). Hirt はアルバニア語はトラーキア語を祖とすると說いている (*Festschrift Kiepert*. 181 ff.) が，この言語がアルバニア語に大きな影響を與えたことは，兩者の相對的位置を考えれば當然であり，兩方の地名に共通のものが多い事によっても明らかであるが，兩者を同一視するには證據不充分である．しかしトラーキア，イリュリア兩語が甚だ近い關係にあったことは疑いがない．

いが，紀元前千年頃には**イリュリア語**は甚だ廣い範圍に亙って行われていたらしく，イリュリア語系の地名民族名はヨーロッパ各地に見出され，南方ではイタリア，ギリシア，小アジアに深く侵入し，考古學的にもこの民族のものと推定される遺物が廣い地域に跨って出土する．彼らの故土は中部歐州のラウジッツ文化(Lausitzkultur)の地に求むべく，ここより彼らは紀元前千年以前に四方に擴大進出し，西方への進出は南ドイツを經て南歐に，南東への進出はトラーキアより小亞に，南方への進出はアドリア海より深くギリシアを經てエーゲ海諸島に，南西への進出はアペニン半島に及んだ．イリュリア人の各地への大移動は，これらの地の民族の移動を將來し，この大移動の結果歷史時代の諸民族の居住地が定まったのである．(1)
この語派に屬するものの中，現存碑文を殘しているのは，南イタリアのカラブリア，アプーリアのメッサピア語 (Messapic, Messapisch, messapien)，ヴェネチア地方のヴェネト語 (Venetic, Venetisch, vénète) である．前者の出土碑文は相當に多い中，三つはかなり長文であり，他に十の語彙と多くの固有名詞が傳わっている．(2)
ヴェネト語は多くの固有名詞，僅少の語彙及び Este, Padua, Piave 谿谷, Gurnia より出土の二百に及ぶ碑文によって知られている．(3)
その言語は明らかに印歐語であるが，ギリシア語，イタリック語派，ゲルマン語派，ケルト語派等の周圍のいずれの言語とも異るので，この地方に古代に於て話されていた他の印歐語たるイリュリア語と關係づけるのが一應尤もと考えられ，また兩者間には多少の相似も認められるのであるが，もしイリュリア語がアルバニア語の祖先で

---

(1) Fr. Altheim: *Geschichte der lat. Sprache.* Frankfurt am Main 1951, pp. 32–92. 參照．

(2) K. S. Conway, G. Whatmough and S. Johnson: *The Prae-Italic Dialects of Italy* (London 1933), II. 258 頁以下にこの言語の資料が集められている．

(3) *The Prae-Italic Dialects.* I. 1 頁以下參照．

あるならば，イリュリア語は Satəm 語（本書66頁以下參照）に屬すべきであるのに，ヴェネト語は Centum 語の特徵を示し，ここに大きな困難がある。しかし古いイリュリア語は明らかになお k 音の系列を保存しており，また labio-velar と guttural とを區別しているのであり，之はまたメッサピア語碑文にも認められる特徵であるから，イリュリア語が Satəm か Centum かは未だ解き得ない謎となっている。(1) イリュリア人の居住地はケルト人のそれと重っていたために，兩者は屢ゝ古代に於て混同せられ，また文化的にも兩者の考古學的遺物に類似性が强い。

參考書

N. Jokl: Eberts *Reallexikon der Vorgeschichte*, VI. 33-48頁 (1925) の"Illyrier" B. Sprache の項.

H. Krahe: *Die alten balkanillyrischen geographischen Namen auf Grund von Autoren und Inschriften*. Heidelberg 1925.

ib.: *Lexikon altillyrischen Eigennamen*. Heidelberg 1927.

ib.: "Der Anteil der Illyrier an der Indogermanisierung Europas." *Die Welt als Geschichte*. 6 (1940) 54-73 頁.

ib.: *Die Indogermanisierung Griechenlands und Italiens*. Heidelberg 1949.

---

(1) 最近の M.S. Beeler: *The Venetic Language* (University of California Publication in Linguistics. Vol. 4, Nr. 1.) Berkeley and Los Angels. Univ. of Calif. Press. 1949 の研究によれば，ヴェネト語はイタリック語派に屬し，ラテン語と酷似し，唯一つの重要な差は語末の -n: Lat. -m である。更にメッサピア語とは著るしい差がある。然しヴェネト語を直ちにラテン・ファリスキ語の一つとすることは無理であって，Fr. Altheim: *Gesch. d. lat. Spr.* pp. 124 ff. が言うように，歷史以前の時代にこの語派と密接な交涉があったためにラテン語の影響を深く蒙ったイリュリア語とすべきであろう。なおこの問題に關しては更に Fr. Altheim: *Römische Geschichte. Die Grundlagen* I. Frankfurt am Main 1951, pp. 13 ff. を參照。ここに極めて簡單な彼の見解の要約がある。

Fr. Altheim: *Geschichte der lat. Sprache.* Frankfurt am Main 1951, pp. 32–92, 125–160.

J. Pokorny: *Zur Urgeschichte der Kelten und Illyrier.* (Sonderabdruck aus *Zeitschr. f. celt. Philologie.* 22, Heft 2, 3; 21, Heft 1) Halle 1938.

12.　トラーキア語 (Thracian, Thrakisch, thracien) はイリュリア語及びマケドニア語と隣接し，小アジアの**ブリュギア語** (Phrygian, Phrygisch, phrygien) と同系であったらしい。トラーキア語と目し得る唯一の言語的遺物はブルガリアの Philippopolis 附近の Ezerovo 出土の黄金の指輪上にイオーニア式アルファベットで彫られた銘であって，文字より察するに前5世紀に屬する。[1] ブリュギア人[2] は紀元前 1200 年前後にトラーキアの地より，イリュリア人大移動の波に押されて小亞の，後に Phrygia と呼ばれるに至った Halys 河以西の高原に移動したのであって，これがヒッタイト帝國崩壞の原因となった。その言葉は二つの年代の異る碑文によって知られている。一つは古ブリュギア語と呼ばれ，紀元前 7～6 世紀頃のもので，ギリシア文字を多少改變した文字を用い，近代の學者はギリシア文字とローマ字を併用して轉寫する。他は新ブリュギア語と言い，ギリシア文字により，紀元後最初の數世紀に屬し，全體がブリュギア語ではなく，ギリシア語（但し甚だひどいギリシア語）墓碑銘に呪いの文句がブリュギア語で加えられているものである。明らかに印歐語であるにもかかわらず，古ブリュギア語碑文の解釋には不明の點が多い。

参考書

Jokl: Eberts *Reallexikon der Vorgeschichte.* X. 141 ff. (1927)

---

[1] J. Friedrich: *Kleinasiatische Sprachdenkmäler.* Berlin 1932, p. 148 参照。

[2] 彼らは自らは Βρίγες（古ラテン語 Bruges）と稱した。

の "Phryger" A. Sprache の項.

J. Friedrich: *Kleinasiatische Sprachdenkmäler.* Berlin 1932, pp. 123-140 (詳細な文獻).

13. マケドニア語 (Macedonian, Makedonisch, macédonien) の遺りは固有名詞と約百四十の語彙にすぎない. この民族はマケドニア大帝國の建設者であるにもかかわらず, 古くよりギリシアの甚大な影響下にあり, 言語的にもギリシア語化して仕舞ったために, この言語に關しては資料が甚だ乏しいのである. マケドニア語では印歐共通基語の有聲帶氣音はギリシア語やラテン語の如くに無聲化せず, 有聲音になっており (例 Bερενίκη: ギ $Φ$ερενίκη, Bίλιππος: ギ $Φ$ίλιππος), これはイリュリア語, トラーキア語, プリュギア語と共通の特徴である. この點以外では傳存するマケドニア語の語は多少の例外を除いてはギリシア語に酷似し, それもテッサリア方言に近い. 古代作家はマケドニア人はギリシア人と同じであると言い, またすべての傳存語彙がギリシア語からの借用とも考えられないから, 恐らく彼らはギリシア語に近い關係にあった言語を用いていたのであろう.[1]

參考書

O. Hoffmann: *Die Makedonen, ihre Sprache und ihr Volkstum.* Göttingen 1906.

P. Kretschmer: *Einleitung* 283 ff., *Glotta* 22. 100 ff., 特に 109 ff.

A. Debrunner: Eberts *Reallexikon der Vorgeschichte* 中の

---

[1] 有聲帶氣音の取扱い方がギリシア語と異っているのは, マケドニア語がずっと古い時代, 即ち未だに有聲帶氣音を保存していた頃にギリシア語より別れて, トラーキア語, プリュギア語, イリュリア語の話されていた地域に留まったために, 歴史時代に至るまで有聲音の特徴を保ったのであろう.

"Griechen" B. Sprache §§ 20-21.

Beševliew: "Zur Frage nach dem Volkstum der alten Makedonen." (*Annuaire de l'univ. de Sofia*, hist.-phil. cl. 28. 8 [1932]). 新らしい資料の蒐集.

14. アルメニア語 (Armenian, Armenisch, arménien) は古代の傳承によればプリュギア語と同じであると言うことであり，アルメニア人はプリュギアよりの移住者と傳えられているが，[1] 古プリュギア語の文獻資料が餘りにも僅少であり，かつアルメニア語の資料との間に約千年の開きがあるためか，兩者の關係は未だ言語的に證明されていない．彼らは紀元前 6 世紀以來 Ararat 山, Van 湖の地に住み，多年に亙る迫害にもかかわらずこの地を守っている．彼らは自ら Hay (pl. Haykh)[2] と稱し，古代ペルシアの碑文は彼らを Armina-, Arminiya-, ギリシア人は之より Ἀρμένιοι と呼んでいる．古い時代のアルメニア語の遺物はギリシア，ラテンの作家中に傳えられるアルメニアの地名，人名のみである．アルメニア文字以前のアルメニア語はペルシア，シリア，又はギリシアの文字で誌されたが，之はアルメニア語を寫すに適當でないので，Mesrop がアルメニア國字を創り上げた．所傳によれば之は紀元後 5 世紀の初めである．この文字が如何なる文字を基としたかについては多くの説があって一定しないのは遺憾である．[3] というのは現代アルメ

---

(1) Hdt. VII. 73 Ἀρμένιοι Φρυγῶν ἄποικοι.

(2) P. Kretschmer は之を Boğazköy 碑文中の Hayaša と同一視しているが，甚だ疑わしい (*Anzeiger der Wiener Akad.* 1932. 28 ff.)．なおアルメニア人以前にヴァン湖地方に住んでいた Urartu 人の言語は楔形文字によって書かれて傳存しているが，之は印歐語とは全く異る言語である．J. Friedrich: *Einführung ins Urartäische.* Leipzig 1933. 參照．

(3) P. de Lagarde は之を 23 のギリシア文字，4 のコプト文字，2 のシリア文字，7 の起源不明のものに分けている (*Gött. ge-*

ニア語の發音では古い時代の發音はよく判明せず，從ってアルメニア文字の起源は古典アルメニア語の發音の問題にとって重要だからである．アルメニア語は古アルメニア語では全く方言を示さず，單一の言語によって傳えられているために，文獻以前の形を推定することが出來ない．古アルメニア語は5世紀にキリスト教の要求に基いて文字に書かれたものであるために，最初から文法も綴り法も見事に整備されているが，この言語の基礎となった方言が何處で話されていたかは不明である．

アルメニア人は紀元前6世紀以來メーディア人，ペルシア人，パルティア人等のイラン族に次々に支配され，特にパルティアの支配時代 (66—387 年) に非常に大きな言語的影響を蒙り，從ってイラン語よりの借用語にみちている．借用年代は借用形が古代ペルシア語や Parsīk ではなくて，Pahlavīk 方言のそれであることによって知られる．この分量が餘りに多いので，Hübschmann 以前の學者の多くはアルメニア語をイラン語派の一方言と思い誤った程であった．ギリシア，シリア兩語よりの借用は主として教會及び學術上の用語で，アルメニア語全體としては大したものではない．アルメニア語は非常に強い強弱アクセントをもっているために，音節の脱落など語形の變化が著るしく，ゲルマン語やケルト語と同じく音韻

---

lehrte Anz. I. [1883], 281). Fr. Müller は 22 のシリア文字に Mesrop が 7 の子音文字を附加し，またセム語系の文字にない母音を表わす 7 文字をギリシア文字にならって加えたとする (*WZKM.* 2. [1888], 245; 4. [1890], 284; 8. [1894], 155 ff.). 但し彼は母音記號の源を Avesta の文字に求めている．之に反して Hübschmann, Gardthausen (*ZDMG.* 30 [1876], 62, 74 ff., *Armen. Etym.* 323, Anm. 1), A. Meillet (*Esquisse d'une gramm. comp. de l'arm. class.*² Vienne 1936, 13 ff.), P. Peeters ("Pour l'histoire des origines de l'alphabet arménien." *Rev. des ét. arm.* 1929, pp. 203–237.) 等はギリシア文字起源論を探っている．J.G. Février: *Histoire de l'écriture*. Paris 1948, pp. 423–426 參照．

古アルメニア語は中期アルメニア語に 10 世紀頃移り，Kilikia の アルメニア王國 (1198—1375) に於て最も榮えた．この中期アルメニア語中最も主な方言たるキリキア方言は古アルメニア語の直系であるらしい．近代アルメニア語は 15 世紀以後に屬し，東西兩方言に別れ，西方言の大部分はキリキア方言より出ている．これはキリキア方言と同じく第二の音韻推移を行っていて (b, d, g＞p, t, k; p, t, k＞b, d, g)，この點で東アルメニア方言と異る．

アルメニア語はローマ字による轉寫で引用される．

母音　a e i o u (u はギリシア語の ου＝[u] にならって ow と書かれる)，ē (元來二重母音で常にアクセントを取り，e よりは狭い音で，長母音ではない)，ə.

子音　p　ph　(p' とも書く)　　b　m
　　　t　th　(t')　　　　　　　d　n
　　　k　kh　(k')　　　　　　　g　—
　　　c　ç　(又は c'＝ch)　　　j　—
　　　č　ç̌　(又は č'＝čh)　　　ǰ　—
　　　s　z;　š　ž;　x　v　w　y　l　ł　r　ṙ
　　　h　(aspir.)

參考書

H. Hübschmann: *Armenische Grammatik*. I. Teil. Armenische Etymologie. Leipzig 1897.

A. Meillet: *Esquisse d'une grammaire comparée de l'arménien classique*². Vienne 1936 (1re éd. 1903)

Artaches Abeghian: *Neuarmenische Grammatik. Ost- und Westarm. mit Lesestücke und einem Wörterverzeichnis. Im Anhang: Deklinations- und Konjugationstabellen des Altarmenischen nebst Erläuterungen.* Berlin-Leipzig 1936.

H. Zeller: *Armenisch. Geschichte der idg. Sprachwiss.* II. 4.

2; ib.: *Festschrift Streitberg.* 290 ff.

H. Pedersen: "Armenisch," Eberts *Reall. d. Vorgesch.*;
ib.: *Rev. des ét. arm.* Paris 1920.

15. ギリシア語 (Greek, Griechisch, grec) は上述のバルカン半島の諸言語と同じく先ず同半島の南部に行われていたが，後エーゲ海域，黒海沿岸，イタリア半島南部，シシリー島に植民によって擴がり，更にマケドニア帝國の時代以後東はバクトリア，南はエジプト，キレナイカ，北はクリミア半島，西はイベリア半島及びヌミディアの地にまで話された，古代に於てラテン語と共に文化世界を支配した大言語となった．ギリシア語は甚だ古い文獻を有し，その國民的敍事詩 Ilias と Odysseia とは少くとも紀元前800年のものであり，その後今日に至るまで絶えることなく文獻が續いている．

ギリシア語は多くの方言に別れていた．之を大別すれば，東ギリシア方言に屬するイオーニア・アッティカ方言 (Ionic-Attic, Ionisch-Attisch, ionien-attique)，アルカディア・キュプロス方言 (Arcado-Cyprian, Arkadisch-Kyprisch, arcado-cypriote), Aiolis-Lesbos- Thessalia- Boiotia 方言群と，西ギリシア方言たる北西ギリシア方言 (Lokris, Phokis, Delphoi, Aitolia 等の方言), Elis, Achaia, 及びドーリスの諸方言 (Korinthos, Argolis, Lakonia, 等のペロポネーソス半島より Melos, Thera, Kreta, Rhodos 等のエーゲ海南部の諸島の方言) となる．この中最初にギリシア本土に入ったのは東ギリシア方言の所有者で，彼らはここに既に紀元前2500年頃よりクレータを中心として發達していた輝かしい文化に接し，急速に之を吸收同化して，紀元前14世紀以後はペロポネーソスを中心として自己の文化の主導者となった．これがギリシア神話に傳えられる英雄時代であり，この文化をクレータ・ミュケーナイ文化と稱する．西ギリシア方言の所有者は紀元前12世紀の終り頃から北方のイリュリア民族と共に數次の波となって南下し，アッ

ティカを除く中部ギリシア地方及びアルカディアを除くペロポネーソス半島の東ギリシア方言の所有者を征服し，更にエーゲ海南部の島々を席卷して遠く小亞に及んだ．エーゲ海東端のキュプロス島方言がペロポネーソス半島の山中にあって歷史時代には海へ出る道を全く持っていなかったアルカディア方言と酷似していることは，この時代の烈しい動亂の名殘である．(357 頁を見よ)

　ギリシア諸方言中最初に文學を發達せしめたのは東方小亞の植民地たるイオーニアとアイオリスの方言で，ホメーロスに殘る敍事詩の言語はこの兩方言を基としている．ついで抒情詩の時代 (前7～6世紀) に至って，アイオリス方言とドーリス方言とが詩の乘輿として發達し，次の世紀に至ってペルシア戰爭後のアテーナイの發展と共にこの地の方言が優秀な文學語となった．散文も先ず前6世紀にイオーニアに興り，5世紀には一時全ギリシアの散文の用語となったが，この面でもアテーナイはすぐれた文學をもつに至り，ここにこの地の方言たるアッティカ方言による所謂古典時代を現出し，ギリシア標準語としての位置を獲得した．前4世紀に於けるアッティカ方言の他方言への侵入は著るしく，この世紀後半にアッティカ方言にイオーニア方言を加え，アッティカ方言にのみ特有な形を除去したものに種々の方言に共通なものを加味した一つの共通語 ($Κοινὴ\ διάλεκτος$) が出來上り，之がマケドニア帝國の勃興と共にその廣大な版圖に擴がり，紀元前3世紀以後のヘレニズム時代の東地中海の共通語となった．これより古典古代崩壞に至るまで約八百年間この言語はラテン語と共に古代社會の公用語，共通語，敎養語として廣く行われ，原始キリスト敎會の用語も亦之に外ならず，あらゆる民族の人々によって用いられ，他のギリシア方言は殆んどすべて之に吸收せられた．紀元後6世紀に至ってコイネーは殆んど現代ギリシア語に近い形態をもつに至り，これが現代ギリシア諸方言の源となった．ギリシア語は中世を通じてビザンティン帝國の國語として，ギリシア正敎の用語として，東地中海より近東諸地方に共

通語としてなお勢力を有し, 文化の傳播者として大きな役割を務めたが, コンスタンティノポリスの陷落後, トルコの勢力の擴大と共に次第にその通用範圍を狹められ, 各地間の交流が絶たれたために再び方言化を始めた. 第一次大戰後のトルコの國民運動によってギリシア人はその長年の間の地盤であった小アジアより追われ, 現在ではバルカン半島南部, イスタンブールとその附近, エーゲ海上の諸島に極限せられるに至った. 古代ギリシア語は古形をよく保存し, 殊に母音に關する限りギリシア語は大部分の場合に決定權をもっていると言えよう. またホメーロスの詩は動詞の形に於て特に重要で, インドのヴェーダ文獻と共に印歐語比較文法の最も重要な資料である.

ギリシア語は轉寫せずにギリシア文字のまま引用する. この際に屢々方言形が引かれるが, 普通の所謂ギリシア語と稱せられるイオーニア・アッティカ方言とは異る綴り方を用いるものが多い上に, 特に注意すべきはこの方言にはない F (digamma) と Ϙ (koppa) であって, 前者は兩唇音 [w], 後者は o と u の前にある [k] である.

參考書

Ed. Schwyzer: *Griechische Grammatik*. I. Allgemeiner Teil. Lautlehre. Wortbildung. Flexion. München 1939. II. Syntax und syntaktische Stilistik, vervollständigt und hrg. von A. Debrunner. 1950 (Handb. der Altertumswiss. II. 1. 1.). III. Register (D. J. Georgacas) 1953.

K. Brugmann—A. Thumb: *Griechische Grammatik*[4]. München 1913 (Handb. d. Altertumswiss. II. 1.)

H. Hirt: *Handbuch der griech. Laut- und Formenlehre*[2]. Heidelberg 1912.

G. Meyer: *Griechische Grammatik*[3]. Leipzig 1896.

E. Kieckers: *Historische griech. Grammatik*. 4 册. 1925–26 (Sammlung Göschen).

R. Kühner—F. Blass: *Ausführliche Grammatik der griech. Sprache.* I. Elementar- und Formenlehre. 2 冊. 3. Aufl. von Fr. Blass. Hannover 1890, 1892. II. Satzlehre. 2 冊. 3. Aufl. von Bernh. Gerth. Hannover 1898, 1904.

A. Meillet: *Aperçu d'une histoire de la langue grecque*[4]. Paris 1934.

O. Hoffmann—A. Debrunner: Gesch. d. griech. Sprache. I. 1953 (Samml. Göschen).

M. Lejeune: *Traité de phonétique grecque.* Paris 1947.

P. Chantraine: *Morphologie historique du grec*[2]. Paris 1947.

J. Humbert: *Syntaxe grecque.* Paris 1945, 2版, 1954.

M. Grammont: *Phonétique du grec ancien.* (Collection les langues du monde. Série: Grammaire, philologie, littérature. 3). Lyon 1948.

Ch. Bally: *Manuel d'accentuation grecque.* Berne 1945.

世界言語概説（研究社 1952）「ギリシア語」(高津春繁) の項.

16. イタリック語派 (Italic, Italisch, italique 又は italiote)[1] はアペニン半島に行われ，多くの方言に別れていた印欧語族の一派であって，その中最も重要なのがラテン語である．ラテン語はこの語派の中のラテン・ファリスキ方言 (Latin-Faliscan, Lateinisch-Faliskisch) に属し，これはティベル河下流の附近に行われていた

---

(1) イタリアなる名称はこの半島の南部，シシリー島に面する地方の名で，本来は Vitel(l)iú であったのが，南イタリアのギリシア人によって傳えられて Viteliā を經て語頭の v- を失い，第二音節の e が a となって，Italia となったものである．Fr. Altheim: *Gesch. d. lat. Spr.* pp. 17-32 によれば之は牡牛を崇拜する南イタリア突端の民族名であった．従って之はオスク語というよりは Siculi 族の名である．

一小方言群にすぎず、ローマの外 Felerii や Praeneste より僅少の古い時代の碑文が出土している。この外にこの語派の中にはオスク・ウムブリア方言 (Osco-Umbrian, Oskisch-Umbrisch, osco-umbrien) と稱する大きな一派があり、オスク語はブリンディシからサムニウム地方に亙る南部イタリアのカムパニアを中心とする地方に擴がり、ウムブリア語はその名の如くにウムブリア地方に行われていた。更にサムニウム地方には Volsci, Marrucini, Paeligni, Vestini, Aequi, Marsi, Sabini 等の部族があり、各々異る方言を用いていた。これらはオスク語と近い關係にあった。ウムブリア方言の主なる文獻は前 400-90 年の間に數次に亙って彫りつけられた七枚の銅板より成る Iguvium 出土の宗教上の規約であって、I—IV, Va—Vb 7 はウムブリア文字で、Vb7—18, VI, VII はローマ字で綴られている。オスク語は多くの碑文（前 5～後 1 世紀）によって知られているが、中でも重要なのは南伊アプーリアの小邑 Bantia 出土の銅板法で、之は前 100 年頃に屬する。この外ポムペイ市出土の多くの落書はオスク語で書かれ、紀元後にもこの言語がなお盛んに行われていたことを物語っている。

アペニン半島には、しかし、この外にも多くの言語が行われていた。この中で印歐語族に屬するものには、シシリーと南イタリアに多くの植民地をもっていたギリシア人、紀元前6世紀頃にポー河流域に北方より侵入したガリア人 (Galli) がある。半島の北西部にいたリグリア人 (Ligures) の言語の文獻は甚だ貧弱で、その固有名詞や二三の語彙には印歐語らしいものもあるが、その形はイタリア語派にもケルト語派にも屬さず、文化的な遺物の系統は非印歐語族たるイベリア文化の流れを引いているから、恐らく之ら兩者の混合體であろう。(1) 次にコモ、ルガノ、マジョレ、オルタの湖水地方の少

---

(1) K.S. Conway, J. Whatmough and S. Johnson: *The Prae-Italic Dialects* (London 1933), II. 157 ff., ib. Addendum 631 ff.; Fr. Altheim: *Gesch. d. lat. Sprache*. pp. 169–172 參照. Alt-

數の碑文によって知られている Lepontii 族の言語,[1] ブレンネル峠の南北地方出土碑文によって知られる Raeti 族の言語も亦印歐語族に屬するらしいが，その所屬は不明である．後者は或はラテン語に近い關係のものかとも思われる．[2] シシリー島にあった Siculi と呼ばれる民族の中には二つの分子があったらしく，その殘している碑文, 50 の語彙，神名，人名，地名は確かに印歐語であり，恐らくラテン語とかなり近い關係にあったらしい．[3] 北方の Veneti 及び南部の Messapii については既に述べた (26 頁參照)．この外にアドリア海に面する Picenum 地方より南北二群に分ち得る碑文の言語が傳わっていて，之を古サベリ語 (Old Sabellian) と假稱しているが，之はオスク語を話す Sabelli 民族とは關係なく，印歐語かどうかも不明であり，印歐語であっても，イタリア，ケルト，ギリシア，イリュリアの語派とは關係なく，また後に述べるエトルリア語でもない．この言語の碑文は前 700 年 (?) に遡るイタリア出土最古の文獻を含んでいる．[4]

しかしこれらとは比較にならぬ程イタリアの古い文化の形成に重要な意味をもっているのは，Etruria 即ちイタリア中部のトスカナ地方を中心として，一時は全半島に勢力を振っていた Etrusci 人

---

heim は Ligures は本來全く非印歐語民族であったと斷定している．

(1) この言語では $*k^w > p$ (例 -pe $< -*k^we$, cf. Lat. -que, Gr. τε), $g^w > w$ 又は b. *The Prae-Italic Dialects* II. 65 ff.; J. Whatmough: *Foundation of Roman Italy* (London 1937), 104–107, 129–132. 參照．

(2) Fr. Altheim: *Gesch. d. lat. Sprache.* pp. 92–123. 參照．

(3) *The Prae-Italic Dialects.* II. 431 ff.; Altheim: *Gesch. d. lat. Spr.* pp. 17–32. 參照．

(4) *The Prae-Italic Dialects.* II. 207 ff., 530; Whatmough: *Foundations,* 97, 107–8, 256–298; Altheim: *Gesch. d. lat. Sprache.* pp. 180–192. 參照．

である．この民族は紀元前 1000-800 年頃の間にイタリアに入ったもので，その言語は西ギリシア文字を基とした文字によって書かれた一萬に近い碑文や Agram の博物館所藏のミーラを卷いたパピルスに書かれてある宗敎上の文獻，固有名詞（多くのローマ人の名は之を繼承している），語彙によって知られているが，今日まで知られている如何なる言語とも關係なく，かつ確實に印歐語でもない．唯一の例外は小亞に近い Lemnos 島出土の一碑文で，これは明らかにエトルリア語であるか，又はそれと甚だ近い關係にある言語で書かれている．この事實はヘーロドトス (I. 28-30) 以下の多くの古代作家が Etrusci (Tusci, ギリシア語の $Τυρσηνοί, Τυρρηνοί$) は東方小亞の Lydia からの移住者であるという言葉，更に多くの小亞の固有名詞とエトルリアのそれとの一致やエーゲ海域に於けるこの民族居住の傳承とよく一致する．(1) 彼らはギリシア文化を借用して獨特の文化を築き，ローマ市も亦一時はその領有する所となり，ローマ初代の諸王はエトルリア人であった．その言語は多くの學者の銳い研究にもかかわらず未解讀のまま現在に至っている．(2)

　ローマが發展して領土を擴大するにつれてラテン語も亦勢力を增し，先ずラテン語に近い關係にある諸言語を吸收，イタリア半島全

---

(1) Helbig: *Kleinasiatisch-etruskische Namengleichungen.* SB Bay Ak. 1914, Abh. 2.; P. Kretschmer: *Einleitung* 334. 參照．

(2) エトルリア語に關する文獻は甚だ多いが，この言語の研究の基礎となるのは *Corpus Inscriptionum Etruscarum.* Leipzig, I. 1893–1902, II. 1. 1. 1907, II. 1. 2. 1923, II. 1. 3. 1936, II. 2. 1. 1919–21. であり，ここに彼らの言語的遺物が完全に集められている．なおエトルリア問題については P. Ducati: *Le problème étrusque.* Paris 1938; F. Schachermeyr: *Etruskische Frühgeschichte.* Berlin-Leipzig 1929; R. S. Conway: *Cambridge Ancient History.* IV. Chapt. XII (pp. 383–432); J. Whatmough: *Foundations.* 102 ff., 224–35; Skutsch: *PWRE.* VI. 1 (1907) の " Etruskische Sprache " の項; Eva Fiesel: *Etruskisch.* (Gesch. d. idg. Sprachwiss. II. 5. 4.) Berlin-Leipzig 1931. 參考．

部に勢力を延ばした．東部地中海を圍む帝國の東半部ではこの地方の共通語たる文化的に遙かに高い段階にあり，自己も亦その甚大な影響下にその指導によって發達したギリシア語を壓することは出來なかったが，帝國の西半部に於てはライン河北岸の邊境地方を除き，ラテン語は公用語として，ついで日常會話語として漸次土俗語を消滅せしめ，イベリア半島では現在ではスペインとフランスの國境地方に僅かに餘喘を保っているバスク語の祖先と思われるイベリア語に，北伊，フランス及びスヰス地方ではケルト語に代って，この地方の言語となった．邊境地方ではラテン語の勢力はその政治的勢力と同じく餘り大きくなく，ダーニューブ河流域ではルーマニアに於て勢を得たのみ，イングランドとライン河附近では一時は政治的に有力であったが，その期間が短く，ラテン語は土俗のゲルマン語やケルト語を消滅せしめるに至らなかった．アフリカ北岸一帶もエジプトを除きラテン化した．かくして南歐には言語分布上大變動を生じたのであったが，西紀後第四世紀頃よりローマ帝國が崩壊の道を辿り始めるに從い，政治と文化の中心を失ったラテン語はこのように廣い地域に於ては最早や單一性を保持することが出來ず，分化し始めた．紀元後の時代になるとイベリア半島，ガリア地方は既に古くよりラテン文化を輸入していたため，文化的に，少くとも大都市に於ては，ローマに劣らなくなっていた．多くの皇帝，政治家，將軍はこの地方の出身であり，また學者文人にもこの地方出身で名をなした者が少くない．かかる事情であった所へ，少くとも名義上は中心であったローマ市の勢力が衰えたのであるから，各地方は獨立の中心をもつに至り，ラテン語は各々獨立の變化を蒙り，紀元後 10 世紀になっては，かつて一つであったラテン語は明らかに異る多くの方言に分化し，今日のロマン (Romance, Romanisch, roman) 諸言語が生じたのである．ロマン語群は歐洲に於ては略々次の如き地域に擴がっている．

　　イベリア半島に於けるポルトガル語，スペイン語，その東フラン

スとの國境地方のカタロニア語，フランス，スウィスのジュネーヴ，ヴォー (Veaux)，ニューシァテル (Neuchâtel) の三縣，ベルギーの一部，ルクセンブルクの小部分に行われているフランス語，フランス南部のプロヴァンス語，スウィスのテサン縣 (Tessin)，イタリア半島，シシリー島，サルディニア島，コルシカ島等に著るしい方言的差異を示しつつ行われているイタリア語，スウィスのグリゾン縣の一部とイタリアのアルプス谿谷中にアオスタを中心として話されているレト・ロマン語 (Rhaeto-Romance, Rhätoromanisch, réto-roman),(1) サルディニア島のサルディニア語，ルーマニア及び他のバルカンの諸所に散在しているルーマニア語が之であり，この外に今は既に死滅したダルマティア語があった．ポルトガル語はブラジルの，スペイン語はブラジルを除く中南米の言語として廣く行われ，フランス語は北米カナダのケベック州と合衆國のルイジニア地方に今日もなお日常語として用いられ，文化語として世界に於ける共通語として有力である．歐州のロマン語の分布は古代ローマの版圖の西半部とよく一致していて，異るのはスラヴ族が楔の如くに割り込んでルーマニアを孤立せしめた地方のみである．なおアフリカ北岸はゲルマン民族の移動によるヴァンダル族の侵入の後，アラビアの進出によってイスラムの勢力圏内に入り，ラテン語はこの地方から完全に驅逐せられた．

　印歐語比較文法に用いられるのはラテン語，オスク語，ウムブリア語であるが，ラテン語は言うまでもなくローマ字で綴られ，オスク語とウムブリア語とはローマ字或はギリシア文字を改變した固有のアルファベットで書かれたものからの引用は間隔のあいたローマ字で，ローマ字のものからの引用はイタリック書體で引かれる（但し本書ではこれらの區別を用いなかった）．なお固有のアルファベッ

----

　(1)　之はまた佛語で roumanche 或は ladin (獨 Ladinisch) とも呼ぶ．

トで í ú で轉寫されるのはギリシア文字より作られた特殊な文字を意味し, 發音は狹い [e], [o] である.

參考書

M. Leumann und J. B. Hofmann: *Lateinische Grammatik*[5]. München 1928 (1955 年中に改版の豫定).

Lindsay: *Latin Language.* Oxford 1894.

A. Ernout: *Morphologie historique du latin*[2]. Paris 1927.

M. Niedermann: *Précis de phonétique historique du latin*[3]. Paris 1931.

F. Sommer: *Handbuch der lat. Laut- und Formenlehre*[3]. Heidelberg 1948.

R. Kühner: *Ausführliche Grammatik der lat. Sprache.* I. Elementar Formen- und Wortlehre, neubearb. von F. Holzweissig, II. Syntax, neubearb. von C. Stegmann. Hannover 1914.

A. Ernout et A. Meillet: *Dictionnaire étymologique de la langue latine. Histoire des mots*[2]. Paris 1939.

A. Walde: *Lateinisches etymologisches Wörterbuch.* bearb. von J.B. Hofmann. I (A-L) 1930, Heidelberg (以下目下續刊中).

A. Meillet: *Esquisse d'une histoire de la langue latine*[3]. Paris 1933.

F. Stolz—A. Debrunner: Gesch. d. lat. Sprache. 1953 (Samml. Göschen)

Thesaurus linguae latinae. Leipzig 1900—.

E. Löfstedt: *Syntactica. Studien und Beiträge zur historischen Syntax des Lateins.* I. II. Lund 1928, 1933.

オスク・ウムブリア語

R. von Planta: *Grammatik der oskisch-umbrischen Dialekte.* 2 卷 Strassburg 1892–97.

R.S. Conway: *The Italic Dialects.* 2 卷 Cambridge 1897.

C.D. Buck: *A Gram. of Oscan and Umbrian*². Chicago 1929.
E. Vetter: *Handb. d. italischen Dialekte*. I. Heidelb. 1953.
その他のイタリアの諸言語
The Prae-Italic Dialects. London 1933. I. 1. R.S. Conway, I. 2. S. E. Johnson, J. Whatmough, II. 3. J. Whatmough, III. Indexes.
J. Whatmough: *The Foundations of Roman Italy*. London 1937.
Fr. Altheim: *Gesch. der lat. Sprache*. Frankfurt am M. 1951.
世界言語概説　研究社　1952.「ラテン語」の項（高津春繁）．

17. ケルト語派　(Celtic, Keltisch, celtique) はアイルランド語，ウェールズ語 (Welsh, Welsch 又は Kymrisch, gallois), フランスのブルターニュのブルトン語 (Breton, Bretonisch, breton) 等を含む．現在ではこのように局限された地域に殘存しているこの語派は，かつては勢力のあった言語で，紀元前の數世紀の頃にはスコットランド，イングランド，アイルランド，フランス，スウィス，スペインの一部，ボヘミア，オーストリアのみならず，一分派はイタリア半島北部の Po 河流域 Gallia Cisalpina 地方をも領有し，紀元前 391 年にはローマ市に迫り，別の一分派は遠くギリシア，バルカンを經て小亞の地にまで進出し，ここに Galatea の名を殘すに至った．ケルト人の原住地は恐らくイリュリア人のそれと接し，この時代にイタリック語派，ゲルマン語派の所有者と密接な關係にあり，後者とは多くの語彙を共通にしているのみであるが，前者とは文法的にもかなり顯著な特徴を共通にするために，兩語派を一つに見て，イタロ・ケルト語派を想定し，かつて兩者は一語派であったと考える人もある．⑴ しかしこの關係はインド・イラン語派やバルト

⑴　ゲルマン語派とケルト語派との關係については J. Whatmough: *The Foundations of Roman Italy* (London 1937.), pp.

語派とスラヴ語派の如くに密接なものとは思えない。

　古い時代の大陸ケルト語は多くの人名，地名，語彙及び七十八の短い碑文によって知られている。この外にかなり多くの落書があり，主として La Graufesenque に殘っている。[1] しかし唯一の長い文獻は「コリニィ (Coligny) 曆」と呼ばれる斷片である。これらの資料は大凡前 3 より後 2 世紀 (?) に屬し，文字はギリシア又はラテンのアルファベットを用いている。これによって我々は名詞の變化の大凡は知ることが出來るが，動詞については知る所が少い。ローマ人に征服されて後はこの言語は漸次死滅して行ったが，後 4 世紀に於てもなお聖ヒエローニュモス (Hieronymos) はアンカラのガラテア人はトレーヴ (Trèves) のガリア人と根本的には同じ言葉を話していると言うことが出來た。

　今日のケルト語派はアイルランド，スコットランド，マン島のそれ (之を Goedelic 又は Gaelic と呼ぶ) と，ウェールズ，コンウォール及びブルターニュのそれ (Brythonic 又は Britannic) とに二大別せられる。この區別は印歐共通基語の labio-velares と呼ばれる英語の qu- に似た音 (67 頁參照) を，前者は q のまま保っているに反して，後者は p に變えていることに基礎をおいている。大陸ケルト語は p- 群に屬していた。[2]

116–7 に要領のよい概説がある。ケルト，イタリック語派の關係については A. Walde: *Ueber älteste sprachliche Beziehungen zwischen Kelten und Italikern.* Rektoratsschrift Innsbruck. 1917; P. Kretschmer: *Einleitung* 125 ff.; J. Vendryes *MSL.* 20 (1918), 256 ff.; A. Meillet: *Esquisse d'une histoire de la langue latine*³. Paris 1931, Chap. III (pp. 16–47); J. Whatmough: *Foundations,* 116 參照。

　(1) F. Hermet: *La Graufesenque (Condatomago).* 2 卷, Paris 1934. 參照。

　(2) 例えば《4》を意味する印歐共通基語の $*k^wetwer$-, $*k^wetur$-, $*k^wetr$- は，古アイルランド語 cethir, 大陸ケルト語 petru- (de-

アイルランド語最古の文献は Ogham 碑文で，年代は 5～6 世紀に屬し，之はローマ字の組織を特殊の表記法によって誌したものであって，アイルランドに三百，ブリテン島に六十ばかり出土している．この外に 8～11 世紀頃の聖書及びラテン作家に對する語彙を主とする古文獻があり，最古のものは 7 世紀に遡るらしく，以上を古アイルランド語と呼ぶ．中世時代のアイルランド語には優秀な文學があった．現代アイルランド語は Munster, Leinster, Connacht, Ulster の四方言に別れ，19 世紀の初めまではアイルランドの全人口の五分の四までこの言語を話していたが，その後急激に英語化せられ，今では西海岸の極く一部分にしか行われていない．Eire 共和國設立と共に政府は大いに努力してアイルランド語を日常用語として復興する運動を行っている．この際に標準語となったのは Munster 方言である．スコットランドに行われているゲーリック語は 5 世紀以後アイルランドより輸入されたもので，之に數方言あり，この外にスコットランドよりの移民によってアイスランド，Cape Breton, Nova Scotia に於て相當數の者によって話されている．マン島のケルト語たるマンクス (Manx) 語の最古の文獻は 1625～30 年の間に譯された祈禱書で，1895 年に初めて發表された．この言語は今では僅かに數百人がマン島で用いているのみで，急速に滅びつつある．

　p- 群中で最も有力なのはウェールズ語で，文獻は 800 年頃に始まる．中世時代のウェールズ語は相當な文學を發達させた．現代ウ

---

cametos)《第十四番目の》，古ウェールズ語 petguar (中期ウェールズ語 pedwar)，コンウォール語 peswar，ブルトン語 pevar となっている．この二つの區分は又イタリック語派にも認められ，ラテン語では《4》は quattuor であるのに反して，オスク語では petiro-pert《四回》の如くに p- になっていて，イタロ・ケルト語派説を持する學者はこの差を兩語派單一時代に生じたものであるとする．

ェールズ語は今日もなおウェールズの地に廣く行われ，Anglesey, Carnarvon, Merioneth, Cardigan, Carmarthen, Glanmorgan の方言に別れている。コンウォールのケルト語は 18 世紀の終り又は 19 世紀初頭頃に死滅して仕舞った。フランスのブルターニュのケルト語は古代の大陸ケルト語の名殘りではなくて，アングロ・サクソン侵入後ケルト人がイングランドより移住して齎らしたもので，從ってウェールズ語に近い關係にあり，Trégorois, Léonard, Carnouaillais, Vannetais の四方言に別れている。この言語も亦急速にフランス語に吸収されつつある。

ケルト語派中印歐語比較文法に用いられるのは古アイルランド語である。之は元來ローマ字を用いているから，轉寫の必要はない。發音上注意すべきは，多くの破裂音がゲルマン語の如くに摩擦音に變っていることで，th=$[\theta]$, ch=$[\chi]$, 母音間の b, d, g は一般に $[\mathrm{b}]$, $[\mathrm{d}]$, $[\gamma]$ と發音される。

参考書

H. Pedersen: *Vergleichende Grammatik der keltischen Sprachen.* I. Lautlehre 1908–09, II. Morphologie 1911–13. Göttingen.

H. Lewis and H. Pedersen: *A Concise Comparative Celtic Grammar.* Göttingen 1937.

R. Thurneysen: *Handbuch des Alt-irischen.* Heidelberg 1909.

R. Thurneysen—M. Duignan: *A Grammar of Old Irish.* Dublin 1946 (上掲書の英譯改訂版).

W. Stokes—A. Bezzenberger: *Wortschatz der keltischen Einheit, urkeltischer Sprachschatz.* Göttingen 1894 (R. Fick: *Vergl. Wörterb. der idg. Sprachen*[4]. II.)

18. ゲルマン語派 (Germanic, Germanisch, germanique) は東はスラヴ語派，西はケルト語派に接する大言語群である。この語派の最古の資料はスカンディナヴィアとデンマルク出土の多くのル

ーン文字碑文で，この外に古代作家中の固有名詞及びフィンランド語に入った若干の借用語中の文獻以前の古形である．之に次ぐのは後4世紀に Wulfila (Ulfilas) 僧正の手に成ったギリシア語よりゴート語 (Gothic, Gotisch, gotique) への四福音書の翻譯である．[1] ゴート語はゲルマン語派中の東ゲルマン語に屬し，この外に Skeireins と稱する註釋，暦の斷片，法律文書中の署名及びカルル五世の使者として16世紀にコンスタンティノポリスに赴いたフレミング人 Ogier Ghislain van Busbecq の集めた六十語ばかりのクリミアのゴート語の語彙がこの言語の殘存物のすべてで，今日では死滅して仕舞っている．

北ゲルマン語の古層は古ノルド語 (Old Norse, Altnordisch, vieux norrois) と呼ばれるルーン碑文 (Runic inscriptions, Runeninschriften, inscriptions runiques) 及び12世紀よりの厖大な古アイスランド語の文獻によって知られる．この外この一群に屬するノールウェー語にも亦略ゝ同じ位に古い文獻があり，スウェーデンとデンマルク語も13世紀以降の文獻を傳えている．ノールウェー語は中世に文語としては用いられなくなり，その代りにデンマルク語が通用し，之は Riksmaal と呼ばれている．之に對してノールウェー語は Landsmaal と言われ，近年また標準語たる位置を囘復しつつある．これらの四つの言語は現在もなお互に酷似し，殆んど同一言語の方言に近い．

西ゲルマン語は英語，オランダのフリースラントのフリジア語，ドイツ語，オランダ語の四つに現在ではなっているが，多くの方言に別れている．これはゲルマン語派の第二音韻推移の有無によって高地と低地の二つに別れ，古高地ドイツ語は現代の標準ドイツ語の祖であって，多くの方言に別れ，8世紀以後の文獻によって知られ

---

(1) ウルフィラはアリアン派の人で Dacia の僧正であった．彼自身は西ゴート人であり，この地に移動して來たゴート人のためにこの聖書を作ったのである．

ている．古低地ドイツ語では古サクソニア語で書かれた 9 世紀の文獻を最古のものとする．今日の標準ドイツ語は東フランコニア方言に主としてよっている．現代オランダ語は低地フランコニア方言を標準として發達した．英語はアングロ・サクソンとジュート族によってシュレスヴィヒ・ホルシュタイン地方より英國に齎らされたもので，それ以前にはこの島にはケルト語が行われていた．古英語の文獻は主として西サクソン語のもので，之に最も近い關係にあるのはフリジア語である．後スカンディナヴィアのゲルマン族の侵入によって北ゲルマン語の著るしい影響を蒙り，更にフランスよりノルマン人の侵入と共にフランス語が勢力を得て，一時は公用語となったが，14 世紀頃より再び英語が勢力を回復，ここに文法的には古英語を基礎として，以上の諸言語が多分に混入して生じたのが現代英語である．

ゲルマン語派の中印歐語比較文法に主として用いられるのはウルフィラの聖書である．これはルーン文字より造られた特殊のアルファベットで綴られているが，普通はローマ字に轉寫して引用する．この際注意すべきは次の諸點である．母音では e と o とは常に長い非常に狹い音，ei は ī を表わす．ai は普通は二重母音を表わすが，aí とアクセントの符號がある時は，短い [æ] を表わす．au と aú (=[ɔ]) の差も亦同じ．子音では þ=[θ]，w は子音的な u, j は子音的な i, h (hw) は英語の wh- に等しく，q は qu, b, d は母音間では有聲摩擦音 [ƀ], [đ] である．g も亦同じ條件で摩擦音となったらしい．-gg- はギリシア語と同じく屢々 [ŋ] を表わしている．ゴート語についでよく用いられるのは古アイスランド語で，ここに注意すべきは á, í 等のアクセント符號は長母音 ā, ī を，ǿ と y とは o と u との Umlaut を表わしていることである．古高地ドイツ語の z は [ts] と [s] の兩者を表わしている．

参考書

Grundriss der germanischen Philologie. I.² Strassburg 1897.

第 3 版以後は各々の項が分册單行.

W. Streitberg: *Urgermanische Grammatik.* Heidelberg 1896. 最近寫眞複刻版が出た.

H. Hirt: *Handbuch des Urgermanischen.* 3 卷, Heidelberg 1931-34.

A. Meillet: *Caractères généraux des langues germaniques*[4]. Paris 1930.

R. Loewe: *Germanische Sprachwissenschaft*[3]. Berlin-Leipzig 1933 (Samml. Göschen).

E. Prokosch: *Comparative Germanic Grammar.* Philadelphia 1939.

C. Karstien: *Historische deutsche Grammatik.* I. Heidelberg 1939.

R. Priebsch and W. E. Collinson: *The German Language*[3]. London 1948.

S. Feist: *Vergleichendes Wörterbuch der gotischen Sprache*[3]. Halle 1939.

E. Kieckers: *Handbuch der vgl. got. Grammatik.* München 1928. 「世界言語槪說」研究社 1952 ドイツ語（相良守峯），オランダ語，ノールウェー語，スウェーデン語，デンマルク語（前島儀一郎）の項.

以上の古來知られている諸言語の他に最近發見解讀された二つの新らしい印歐語族の言語がある．その一つは

19. トカラ語 (Tocharian, Tocharisch, tokharien) で，之はトルケスタンに發見せられ，かなり豐富な文獻を傳え，A と B の兩方言に別れている．

これはインドの Brāhmī 文字で書かれ，ローマ字轉寫によって引用される．轉寫法はサンスクリット語のそれに等しいが，唯 ä 丈が特殊で，之は一種の弱い母音を示す．この外にも正確な發音不明のものが相當にある．

參考書

Sieg und Siegling: "Tocharisch" *SBPreussAK*. 1908, pp. 915-934.

S. Lévi et A. Meillet: Etudes des documents tokhariens de la mission Pelliot. *Journ. asiat.* 1911, *MSL*. 17-18.

A. Meillet: Le tokharien. *Idg. Jb.* I (1914), pp. 1 ff.

Schulze-Sieg-Siegling: *Tocharische Grammatik*. Göttingen 1931.

S. Lévi: *Fragments de textes koutchéens*. Paris 1933.

E. Schwentner: *Tocharisch*. Berlin-Leipzig 1935 (*Gesch. der idg. Sprachwiss.* II. 5. 2.).

W. Schulze: "Die tocharische Sprachreste" *DLZ*. 1923, pp. 47 ff.=*Kleine Schriften* 717 ff.

H. Pedersen: *Tocharisch vom Gesichtpunkt der i. e. Sprachvergleichung*. Kopenhagen 1941.

W. Krause: *Westtocharische Grammatik*. I. Heidelberg 1952.

20. ヒッタイト語 (Hittite, Hethitisch, hittite) はアンカラの東方 150 キロの地, Boğazköy 出土の紀元前 1500-1200 年頃の間にヒッタイト帝國の王達が楔形文字によって煉瓦上に殘した文獻であって, 1906 年に發見せられ, 1917 年にチェッコの Hrozný によって解讀せられた結果印歐語族に屬することが明らかとなり, つづいて主としてドイツの學者によって研究が行われている。この言語は小アジアの諸言語, 殊に彼らの侵入以前の先住民族たるハッティ人, フリト人の言語及びセム語の大きな影響をうけているが, 名詞, 形容詞, 代名詞によく古形を傳え, その外, 動詞の變化にも印歐語の古い形を殘している部分が多く, 幾多の新らしい問題を印歐語比較文法に投じている。[1] 同じ場所より出土の文獻中にはヒッタ

---

(1) この言語の, 特に動詞の形は他の印歐諸語と非常に異ったも

イト以外の多くの言語のものが見出されているが，その中ルヴィア語 (Luwili) と呼ばれる言語はヒッタイト語と近い關係にある，之よりも更に古い言語層に屬するものらしい。(1) なおヒッタイトの象

のをもっている。この外にもヒッタイトの文法に從來知られていた印歐語族のものとは著るしく異るものがあるために，Forrer はこれを印歐語族の共通基語と同じ段階にある姉妹語であり，これら二つの更に一段と古いインド・ヒッタイト共通基語をおくべきであると言い，アメリカの E. H. Sturtevant 及びその門下の若い學者達はこの說を支持しているが，容易には首肯し難く，H. Pedersen の如き人もこの點を詳細に檢討した後，否定している。ヒッタイト語は他の印歐諸言語と同列の，印歐共通基語より出た一語派と考えてよいであろう。なお小アジアにはこの外に Lykia, Lydia の言語に多少印歐語族に近い形を留めており，P. Kretschmer (*Glotta.* 14. 300 ff.) 及びその門下の人々は，印歐語族の到來以前の遙かに古い時代にこの語族より分派した民族が先ず小アジアに入ったのが Lykia 人であると唱えているが，これを證明すべき十分な資料はなく，全くの臆測にすぎない (E. Schwyzer: *Griech. Gramm.* I. 58–65 參照)。これらの民族を總稱してクレッチメルは Protindogermanen と稱するが，もし眞にかかるものがあったとすれば，それは次に述べるルヴィア語の所有者であろう。之に關しては高津春繁「ギリシア民族と文化の成立」（岩波 昭和 25 年）57 頁以下を參照。なおこの問題に關しては E. H. Sturtevant: *Trans. of the Amer. Philol. Assoc.* 9. (1929) 25 ff.; ib.: *Comparative Grammar of the Hittite Language*, 29 ff.; ib.: *The Indo-Hittite Laryngeals*, pp. 23–28; A. Cuny, *Rev. hitt. et asianique*, 13/14 (1934), 199 ff.; G. Bonfante, *IF.* 52 (1934), 221–226; ib.: *Rev. belge de philologie et histoire*, 18 (1939), 381–392; ib.: *Class. Philol.* 39 (1944), 51–57; J. Friedrich: *Heth. u. "kleinas. Spr."* 38 ff.; A. Meillet, *BSL.* 32, 3; H. Pedersen: *Hittitisch und die andern indo-europ. Sprachen*; ib.: *Tocharisch vom Gesichtpunkt der indo-europ. Sprachvergleichung*, 4 f.; A. B. Terracini: *Riv. di filol.* class. 49, 403 f.; V. Pisani: *Prehistoria delle lingue indoeuropee*, 93 參照。

(1) 兩者の關係は未だ明らかでないが，とにかくルヴィア語がヒッタイト語と同時代に，特に小アジアの南部地方に話されていたこ

形文字と呼ばれる南方はシリアに至る地域に出土，年代も前8世紀に下る碑文の言語も漸く最近になって判讀の緒についたばかりで，よくは判らないが，これまた印歐語であるらしく，ヒッタイト語，ルヴィア語と近い關係にあるらしい．(1)

ヒッタイト語は楔形文字で書かれているために，すべてローマ字轉寫によっているが，多くの點で實際の音が不明で，例えば e と a，有聲無聲の別，母音の長短等，屢〻不確かで，必要な場合には楔形文字を轉寫したそのままの形を用いる．

参考書

J. Friedrich: *Hethitische und "kleinasiatische" Sprachen*. Berlin-Leipzig 1931 (*Gesch. der idg. Sprachwiss.* V. 1.).

J. Friedrich: *"Altkleinasiatische Sprachen,"* Eberts *Reallexikon der Vorgeschichte*. 1.

J. Friedrich: *Hethitisches Elementarbuch*. I. *Kurzgefasste Grammatik*. 1940, II. *Lesestücke in Transkription mit Erläuterungen und Wörterverzeichnissen*. 1946, Heidelberg.

J. Friedrich: *Hethitisches Wörterbuch*. Heidelberg 1952-54.

L. Delaporte: *Eléments de la grammaire hittite*. Paris 1929.

とは確かである．ルヴィア語が古代小亞の最も有力な言語層の一つであったらしいことは，ギリシア時代のこの地の地名になおルヴィア語の痕跡が認められることによっても知られる．ルヴィア語の硏究は漸く緒についたばかりであるので，この言語が他の印歐諸言語と如何なる關係にあるのかは不明であるが，多くの點でヒッタイト語と相通ずる所がある．しかしある點ではヒッタイト語よりルヴィア語の方が古い形を保ち，またある點では異る形をとっている．

(1) 之に關しては J. Friedrich: *"Entzifferungsgeschichte der hethitischen Hieroglypheninschrift."* Sonderheft 3, *Die Welt als Geschichte*, Stuttgart 1939. を見よ．最近フェニキア語との對譯碑文出土．Th. Bossert, *Oriens* 1 [1948] 1633 ff., *AO*. 18 [1950] 10-42.

E.H. Sturtevant: *Comparative Grammar of the Hittite Language.* Philadelphia 1933.; rev. ed. New Haven 1951.

E.H. Sturtevant: *Hittite Glossary*². Baltimore 1936.

H. Pedersen: *Hittitisch und die andern indoeuropäischen Sprachen.* Kopenhagen 1938 (=KDVS/M xxv. 2.)

F. Sommer: *Hethiter und Hethitisch.* Stuttgart 1947.

O. G. Gurney: *The Hittites.* (Pelican Books) 1952.

21. 印歐語族の故土 印歐語共通基語が何處で話されていたかの問題に關しては實に樣々な說が唱えられていて，未だ定說がない．この問題は言語的，考古學的，人類學的研究が相互に相援けて，その結果の一致を見て初めて解決し得る問題である．

初期比較研究の時代にはすべて古いものはアジアにあり，また印歐共通基語に最も近いのがサンスクリットであるという見解から，印歐語民族の故土も亦アジアに求むべきであると先入的にきめられていたが，サンスクリットは古い形を多く保存しているけれども，また多くの點で異っており，更に最も古めかしい言語が故土に最も近い所に住んでいた人々によって話されるというわけのものでもないのであるから，かかる故土問題の解決法は全く誤りである．之に反して初めてヨーロッパ說を唱えたのは R.G. Latham (*Elements of Comparative Philology.* 1862) である．ここにアジア說とヨーロッパ說とが別れ，更にその中の何處が故土であるかが盛んに論議せられた．

言語の研究による故土問題に對する鍵は，先ず全語派の中より共通基語に遡り得る語彙とその意味とを集めて，之によって共通基語の語彙を求め，その中にある種々の語によって故土の環境を決定し，かかる環境の地が實際何處に最もよくあてはまるかを考究するにある．例えば《雪》を意味する語は

Gr. acc. νίφα, Lat. nix, M. Ir. snechta, Goth. snaiws, Lith.

sniēgas, OChSl. sněgŭ

の如くにすべての語派に共通であるから、印歐共通基語を話していた民族は雪のある地方に居住していたであろうと考える。また英語の beech にあたる語は

Gr. φᾱγós《樫の木》, ONorse bōk, OHG. buohha, Goth. boka《文字》(cf. Russ. buzina)

の如くに意味は異っているが共通であるから、少くともギリシア、イタリック、ゲルマン三語派は「ぶなの木」の生えている地方、即ちケーニヒスベルクからクリミアをつなぐ線より西方に歴史以前に住んでいたとする。之に反して《海》を表わす語は

Lat. mare, OIr. muir, Goth. marei, OChSl. morje, Lith. mãrės

の如くにゲルマン、スラヴ、ケルト、バルト語派に共通であるが、それ以外の語派は異る語を用いている。(1) かかる操作を地形,氣候,動植物名等の語彙のすべてに行うことによってある程度まで故土の情態を推測することを得るが、この方法によるものはどうしても漠然としていて、確實に何處であるかを決定することは不可能である上に、語は借用によって全語族に擴がることがあり、意味も上例の「ぶなの木」の場合の如くに環境と共に容易に變り得るから、これは甚だ危険な方法であると言わざるを得ない。また先史考古學は惜しいことに出土品の所有者の名を確實に教えてはくれないし、人類學に至ってはこの問題については殆んど無力であって、言語と民族とが全く別物であることは既に周知の事實であり、最近の研究は青眼

―――――――――

(1) Skt. maryādā《海岸》, Gr. Ἀμφί-μαρος (ポセイドーン神の子の名), の如き語が之と關係があるかどうかは甚だ疑問である。この外ギリシア語には βρύξ (語根 βρυχ-)《海の深み》, βρύχιος《深い》<*μβρυχ-<*μρυχ- (cf. βροτός《死すべきもの,人間》<*μροτ-<*mr̥t-=Lat. mort-alis) の如くに、同語源かとも思われる語がある。

金髪の所謂ノルド型が，必ずしも印歐語民族の特徴ではないことを益々強く示しつつある．

この外，他語族からの借用語 (例 Skt. paraśu, Gr. πέλεκυς: Assyr. pilakku) や他語族への印歐語族からの借用によって，古い時代の他語族との接觸を知ることが出來る．例えばフィン・ウゴル語族は明らかに印歐語族より相當量の語彙を輸入している．しかしこれも亦，故土時代にまで借用が遡り得るか否かが甚だ疑わしい上に，言語の所有者は移動し得るのであるから，借用の正確な年代と場所とは故土問題と同じく疑問なのである．

從って故土の問題は現在のところ確定的な解答は未だ與えられていないのであるが，前に述べた共通基語の語彙による判斷の外に，各語派の先史時代の移動はすべて東ヨーロッパの內部或はウクライナの方面より或は西，或は南，或は東にむかっているのであって，甚だ漠然とはしているが，考古學的にも亦同じ方向への文化移動の跡を辿ることを得るのであるから，恐らく我々はウクライナよりカルパティア山脈に至るかなり幅の廣い帶狀地帶に印歐語民族の共通基語の最後の時代の居住地を求めてもよいのであろう．

22. 印歐語族單一時代の年代 印歐語族の分化以前の年代に關しては，未だ推測の境を出ない．しかし現在の諸語派の歷史より各語派の最古の年代を知ることによって，近似の觀念を得ることが出來る．インド・イラン語派の最古の文獻たるリグ・ヴェーダは少くともその一部分は紀元前千年以前のものであり，アーリア民族の人名は前二千年に近い頃に旣に小アジア及び近東の楔形文字文書に見出され，最古のものは二千年以前にも及ぶらしい．[1] イラン語派の最古の文獻たるアヴェスタ中のガーサの部分も亦同じく前 1000-600 年の頃のものである．之らの點より察するにインド・イラン語

---

[1] E. Unger: *Altindogermanisches Kulturgut in Nordmesopotamien.* Leipzig 1938, pp. 15–18.

派の單一時代は少くとも紀元前二千年より相當に古い時代と考えなくてはならない。またヒッタイト語の文獻は紀元前 1500 年以前のものが實際に現存し，彼らの國は前 1600 年頃には立派に存在していたのである上に，この言語と近い關係にあり，更に古いと思われるルヴィア語も亦小アジアに於て行われていたのであるから，この語派も亦前二千年よりも遙かに古いとしてよいであろう。ギリシア人の遺した文獻はホメーロス以前には遡らないけれども，最近のエーゲ海及びその周邊の地の考古學的研究はギリシア人が少くとも前 1600 年以前にギリシア本土に入っていたことを確信をもって主張し得るのであって，彼らの文化は更に古くはダニューブ河流域のものとつながるのである。イタリック語派の民族も亦考古學的研究によって前一千年には既にイタリアにあり，イリュリア人の移動は同じく前一千年以前に始まっている。しかもこれらの言語は既に非常に異った發達をしていて，相互間の近親關係の如きは自覺されていないのであるから，これらの隣接言語は既に獨立の言語として發達していたと考えるべきである。[1] しかしそれ以前に何年位を印歐語族單一時代 (但しこの單一は嚴密な意味ではなく，かなり幅の廣いものと考えなくてはならない) までに推定すべきかには全く之を量るべき方法がない。しかし印歐語族に共通な語彙によって察し得る單一時代の文化段階は後期石器時代 (地中海文化圈に於ては前凡そ 2500 年以前) であるから，單一時代は少くとも三千年以前であることは想像されるのであるが，しかし之とても勿論全くの推測の境を出ないのである。

參考書

O. Schrader: *Sprachvergleichung und Urgeschichte*[3]. Jena 1907.

O. Schrader und H. Krahe: *Die Indogermanen*[2]. Leipzig

---

(1) この問題に關しては高津春繁「ギリシア民族と文化の成立」(岩波 昭和 25 年) 參照。

1935.

H. Hirt: *Die Indogermanen.* I. II. Strassburg 1905, 1907.

S. Feist: *Kultur, Ausbreitung und Herkunft der Indogermanen.* Berlin 1913.

V.G. Childe: *The Aryans. A Study of Indo-European Origins.* London 1926.

P. Kretschmer: *Einleitung in die Geschichte der griech. Sprache.* Göttingen 1896. Kapp. I—III.

J. Hoops: *Waldbäume und Kulturpflanzen im german. Altertum.* Strassburg 1905, pp. 112 ff.

Die Indogermanen und Germanenfrage. Neue Wege zu ihrer Lösung, hrg. von W. Koppers (Wiener Beiträge zur Kulturgeschichte und Linguistik IV). Salzburg-Leipzig 1938. (之に對しては Fr. Specht: "Die Urheimat der Indogermanen und Germanen." *Geistige Arbeit* 1934, No. 16 及び *KZ.* 64 所載の論文參照).

H. Güntert: *Die Ursprung der Germanen.* Heidelberg 1934.

W. Schulz: *Indogermanen und Germanen.* Leipzig-Berlin 1938.

W. Brandenstein: *Die erste "Indogermanische" Wanderung.* Wien 1936 (Klotho Bd. 2.).

Festschrift Hermann Hirt. *Germanen und Indogermanen.* I. Heidelberg 1936.

Pisani: *Paleontologia Linguistica.* Cagliaú 1938.

V. Pisani: *Allgemeine und vergleichende Sprachwissenschaft—Indogermanistik* (Wissenschaftliche Forschungsberichte. Geisteswissenschaftliche Reihe 2.) Bern 1953, 77–81, 88 に 1937–50 年のこの問題に關する鳥瞰がある。

W. von Wartburg: *Die Ausgliedrung der roman. Sprach-*

räume. Halle 1936 (*Zeitschr. für rom. Philologie* 56). 方法論
この外に印歐語民族の文化に關しては

O. Schrader—A. Nehring: *Reallexikon der idg. Altertumskunde*[2]. Berlin 1917-23.

Eberts *Reallexikon der Vorgeschichte*. I—XV. Berlin 1924-32. 中の項目を參照.

本　　論

第 1 部　音　　論

第 3 章　印歐共通基語の音韻

23. 印歐共通基語のもっていたと推測される音韻は次の如くである．

子　音

閉鎖音	p	t	k	k^w
	b	d	g	g^w
	bh	dh	gh	g^wh
	ph	th	kh	k^wh
摩擦音	s,	ʕ₁ ʕ₂ ʕ₃ (?)	(p, đ, j ?)	
鼻　音	m	n		
流　音	r	l		
半母音	y	w		

母　音

音節を形成する流・鼻音　r̥ l̥ m̥ n̥ (er, re 等)
　　　　　　　　　　　　r̥̄ l̥̄ m̥̄ n̥̄ (erə, reə 等)

母　音　ĕ ŏ ă ĭ ŭ ə ə² (e, o, a)

閉　鎖　音

24. 印歐語共通基語の子音中最も完全に備わっているものは閉鎖（破裂）音である．即ちそれは

無聲	p	t	k	k^w
有聲	b	d	g	g^w

有聲帶氣　bh　　dh　　gh　　gʷh
無聲帶氣　ph　　th　　kh　　kʷh
より成っている．之を發音に際して行われる閉鎖位置よりみれば
　唇音 (labiales)　　p　　b　　bh　　ph
　齒音 (dentales)　　t　　d　　dh　　th
　中・後口蓋音 (gutturales)　k　　g　　gh　　kh
　唇・後口蓋音 (labio-velares)　kʷ　　gʷ　　gʷh　　kʷh
の四種に分ち得る．

　p, t, k, kʷ の列はゲルマン，アルメニア，ケルトの如くに音韻推移を行った語派に於ては摩擦音に，またインド・イラン語派，スラヴ語派などに於ては部分的に口蓋化した音に變っている．

　b, d, g, gʷ の中，b は印歐語共通基語にまで遡り得る對應の實例が殆んどなく，從って b は共通基語に於て音韻としての重要性があまりなかったと考えられる．

　有聲帶氣音はサンスクリット語に於てのみ現われ，ギリシア語に於ては無聲帶氣音，イタリック語派に於ては無聲摩擦音，その他の語派に於ては單なる有聲音によって對應を示す．かかる對應より共通基語に於けるこの音韻の正確な性質を推知することは困難であって，種々の異說が提唱せられている．[1] が，ここでは通說に從い，

――――――――――
　[1] A. Walde, *KZ.* 34. 461 ff. は ƀ, đ, γ 即ち有聲の摩擦音を立て，Arntz: *Sprachliche Beziehungen zwischen Arisch und Baltisch-Slavisch*. 1933. 10 ff. は之に贊成している．之に對して E. Prokosch, *Germanic Review* 1. 47 ff. は無聲摩擦音 f, þ, χ を主張する．彼の *A Comparative Germanic Grammar*. Philadelphia 1939, 39–41 參照．更に Bartoli, *Riv. della Soc. filol. friul. G.I. Ascoli* (1921), 161 ff. (*Idg. Jb.* 11. 74, nr. 21) は b, d, g であったとしている．とにかく bh, dh, gh 等の氣音が甚だ弱いものであったことは多くの語派によって失われていることによっても察せられるのであって，この系列の音韻はその破裂も亦極めて輕いものであったために，次に有聲の h を件ったものであるらしい．從って氣音の安定性は甚だ弱かったのであろう．

第 3 章　印歐共通基語の音韻　　　61

かかる對應を示す音韻の原型として有聲帶氣閉鎖音の系列を設定した．

無聲帶氣音はギリシア語の無聲帶氣音に對して，サンスクリット語が有聲帶氣音によってではなく，無聲帶氣音を以って對應している少數の例外的な場合の說明のために設けられたものである．例えば

Skt.　sphal-:　　Gr.　$\sigma\varphi\acute{\alpha}\lambda\lambda\omega$
　　　vettha :　　　　 $o\overset{?}{\iota}\sigma\theta\alpha < *Foι\delta\text{-}\sigma\theta\alpha$

しかしサンスクリット語の無聲帶氣音はまた他語派の單なる無聲音とも對應する．例えば

Skt.　pr̥thúḥ:　　Gr.　$\pi\lambda\alpha\tau\acute{u}s$
　　　panthāḥ :　　　 $\pi\acute{o}\nu\tau os$
　　　sthā-:　　　　　$\overset{\text{'}}{\iota}\text{-}\sigma\tau\eta\text{-}\mu\iota$ (語根 $\sigma\tau\bar{\alpha}\text{-}$), Lat. stāre

從って無聲帶氣音の共通基語に於ける存在は甚だ疑わしく，また第二の對應に對しては全く異る說明も亦可能である．[1]

25. 印歐語諸言語の閉鎖音對應表

次の表は最も普通な場合の對應にすぎず，之には例外がかなりあるが，ここでは省略する．ギリシア語に於ては *k^w, *g^w, *g^{w}h, *k^{w}h は i と e の母音の前では τ, δ, θ に，α と o 及び子音の

---

[1] K. Brugmann: *K. vgl. Gr.* 180; Lagerkrantz: *Lautgeschichte.* 86 f.; J. Wackernagel: *Ai. Gr.* I. 121 ff.; A. Meillet, *MSL.* 10, 276; ib.: *Dial. i.-e.* 81 ff.; E. Schwyzer: *Griech. Gramm.* I. 298, 293 參考．第二の場合の th : t の如き對應は，t の後に文獻時代までは殘らなかったある喉音の名殘であるとも解し得るが，この說はヒッタイト語の中の ḫ (ḫḫ) の發見によって有力な支持をうけている．之に關しては本書 127 頁以下，F. de Saussure: *Receuil* 603; H. Pedersen: *La cinquième declinaison latine.* (DVS/M XI. 5 [1926]) 48; J. Kuryłowicz: *Et. i.-e.* 46 ff. を見よ．

IE.	Gr.	Lat.	Ir.	Goth.	Hitt.	Toch.	Skt.	Av.	Lith.	OChSl.	Arm.
*p	π	p	○	f (b)	p	p	p	p	p	p	h (w)
*b	β	b	b	p	p (b)	p (?)	b	b (ḅ)	b	b	p
*bh	φ	f (b)	b	b	p (b)	p	bh	b (ḅ)	b	b	b
*t	τ	t	t	þ (d)	t	t (c)	t	t	t	t	th
*d	δ	d	d	t	t (d)	t (c)	d	d (ḍ)	d	d	t
*dh	θ	f (b,d)	d	d	t (d)	t	dh	d (ḍ)	d	d	d
*k	κ	c	c, ch	h, g	k	k (ś)	ś	s	š	s	s
*g	γ	g	g	k	k (g)	k	j	z	ž	z	c
*gh	χ	h, g	g	g	k (g)	k	h	z	ž	z	g (j)
*kw	π, τ, κ	qu, c	c, ch	h, h	ku	k	k (c)	k (č)	k	k (č, c)	kh
*gw	β, δ, γ	qu, v, g	q, k	q, k	ku (?)	k	g (j)	g (j)	g	g (ž, dz)	k
*gwh	φ, θ, χ	f, gu, v, g	g	gw, g, w	ku (gu)	k	gh (h)	g (j)	g	g (ž, dz)	g (j)

Centum 群: Gr., Lat., Ir., Goth., Hitt., Toch.
Satem 群: Skt., Av., Lith., OChSl., Arm.

前では π, β, φ に, u の前では κ, γ, χ で殘っている．ケルト語では *p は *f を經て語頭で消え去った．ゴート語では母音間で b, d は [ƀ], [đ] である．アルメニア語では *p は語頭で h- に，母音間では -w- となった．ラテン語では *bh>*ph>f, *dh>*th>f, *gh>*kh>h となったが，語中では *bh>b, *dh>b (r の前後，l の前，u の後等の條件がある) 又は >d (上の場合を除く) となっている．

26. 音韻推移 (Lautverschiebung, Consonant Shift) 他の語派 (例えばイタリック語派, ケルト語派) に於ても認められるが, 特にアルメニア及びゲルマンの二語派と他の語派との間の閉鎖音の著るしい相違は, 所謂「音韻推移」が行われたためである．アルメニア語に於ては

 IE. *p, t, k, kʷ>ph, th, kh
    *b, d, g, gʷ>p, t, k
    *bh, dh, gh, gʷh>b, d, g

となり, ph は更に h となって消失することもある．th と kh とはそのまま保存されている．このアルメニア共通基語に於ける音韻推移について, 西アルメニア語では第二の推移が起り, 之によって

    p, t, k>b, d, g
    b, d, g>p, t, k 又は ph, th, kh

となった．

 ゲルマン語派に於ては

 IE. *p, t, k>*ph, th, kh>f, ᵽ, χ (>h), *kʷ>*χw>h
    *b, d, g, gʷ>*p, t, k, kw (=Goth. q)
    *bh, dh, gh, gʷh>*ƀ, đ, γ, γw (=Goth. b, d, g, gw)

となった．

 之によって明らかな如くに, この一聯の變化は互に關聯しており, 無聲閉鎖音は有聲に, 有聲閉鎖音は無聲に, 有聲帶氣音は有聲閉鎖

音になっているのであって，三者が一つずつ言わばずれて，他の系列に移り，その系列のものがまた他に移っているのであるために，之を「音韻推移」と稱するのであるが，之には多くの例外があり，ギリシア語とラテン語とゲルマン語との對比によって之を法則化した J. Grimm の考えた如くに簡單なものではない。(1) 以上の推移の中で，ゲルマン語で IE. の無聲閉鎖音が無聲の摩擦音となって現われるのは語頭及び共通基語のアクセントが直前の音節にあった時に限り，その外の場合，即ち共通基語のアクセントがその直後の音節或は一音節以上前にあった場合には，無聲摩擦音は有聲化している（例 Skt. pitár-, Gr. πατήρ: Goth. fadar と Skt. bhrátar-, Gr. φράτηρ: Goth. broþar-)．この條件をその發見者によって「Verner の法則」という．また鼻音の後では有聲摩擦音は更にゲルマン語共通基語時代に既に有聲閉鎖音 b, d, g, gw となっていたものと思われる．

27．氣音の喪失 サンスクリット語とギリシア語に於ては二つの氣音が同一音節にある，又は直ちにつづく音節の初めにある場合には最初の氣音は失われる．例 Gr. πεύθεται, Skt. bodhati＜*bheudh-, Gr. πείθω＜*bheidh-; Lat. fīdō, Goth. bidjan (MHG. bitten)．また Gr. ἔχω＜*seghō: Skt. sah- (cf. Gr. fut. ἕξω＜*segh-sō)．

28．唇 音
IE. *p: Gr. πατήρ, Lat. pater, Ir. athir (大陸ケルト語 Ater-onius 參照), Goth. fadar, Toch. pācer, Skt. pitár-, Av. pitar-, Arm. hayr《父》

---

(1) この推移をその發見者の名によって「グリムの法則」とも呼ぶが，しかし彼より前に，例えばデンマルク人 Rasmus K. Rask (1787–1832) の如き人は既に明らかに之を認めていた．

Gr. πούς, Lat. pēs, Goth. fōtus, Skt. pǎd-, Av. padəm 《跡》《足》

Gr. πρό, Lat. pro, Ir. ro-, Goth. fra-, Hitt. pra, Skt. pra-, OChSl. pro-, Lith. pra- 《前に》

IE. *b: Gr. βάρβαρος, Skt. barbaraḥ 《舌のよく廻わらぬ》 (Lat. balbus, Slov. brbrati, Lith. biřbti 《ぶんぶんと言う》參照). IE. *b の語頭の對應の例は殆んどなく, 語中の例も亦稀で, 多くの場合語源が疑わしい. 上例の如きも擬音語で, Gr. と Skt. 以外のものも亦同語源かどうか疑問である. これ以外に *b は, 例えば Gr. ἐπί-βδ-αι 《祭の翌日》, Skt. upa-bd-aḥ 《足踏》<-*pd- (pe/od- 《足》の母音のない形) の如くに新しい音韻の結合によって生じた同化作用に原因するものがある.(1)

IE. *bh: Gr. φέρω, Lat. ferō, OIr. biru, Goth. baíra, Skt. bharāmi, Av. barāmi, OChSl. berǫ, Arm. berem, Alb. bie, Toch. pär- 《運ぶ》

Gr. φράτηρ, Lat. frāter, OIr. brāthir, Goth. bropar, Skt. bhrā́tar-, Av. OPers. brātar-, Lith. broter-ělis (縮小形), OPruss. brote, brāti, OChSl. bratrŭ, bratŭ 《兄弟》

Gr. νέφος, Lat. neb-ula, OHG. nebul (=MHG. Nebel), Skt. nabhaḥ, OChSl. nebo (《天》), Hitt. nepiš (《天》) 《雲》

29. 齒 音

IE. *t: Gr. τρεῖς, Lat. trēs, OIr. trī, ON. prīr, Skt. trayaḥ, Av. θrāyō, Lith. trỹs, OChSl. trĭje 《3》

---

(1) Johansson, KZ. 36, 342 ff., Hirt: *Idg. Gramm.* I. 214 f. 參照

　　　　Gr. τανaός, Lat. tenuis, Ir. tan(a)e, ON. punnr (NE. thin), Skt. tanuḥ, OChSl. tĭnŭkŭ (Russ. tonkij), Lith. (方言) tenvas 《細い，薄い》

*d: Gr. δέκα, Lat. decem, OIr. deich, Goth. taíhun, Skt. daśa, Av. dasa, Lith. dešimtis, OChSl. desętĭ, Arm. tasn-, Toch. A. śäk, B. śak 《10》

　　　　Gr. ὀ-δοντ-, Lat. dent-, OIr. dān, Goth. tunpus, Av. dantan-, Lith. dantìs 《齒》

*dh: Gr. θῡμός (《心，怒り》), Lat. fūmus, Skt. dhūmáḥ, Lith. dúmai (pl.), OChSl. dymŭ, MIr. dumach(ŭ) 《煙，蒸氣》

　　　　Gr. μέσος < *μεθιος, Lat. medius < *medhyos, Goth. midjis, 大陸ケルト語 Medio-lanum (=Milano), Skt. madhyaḥ, Av. maiδyō-, OChSl. mežda (《街道》), Arm. mej 《眞中の》

30. Gutturales[1] 印歐語族の諸言語はトカラ語を除き各々二つの印歐共通基語の gutturales より出た音韻をもっている．その一つはギリシア，ラテン，古アイルランド，ゴート，ヒッタイトの諸語，即ち大凡西部に位する印歐諸言語に於て k 音となって現われ，サンスクリット，アヴェスタ，リトアニア，古代敎會スラヴ，アルメニア，アルバニア等の東部に位する印歐諸言語に於ては s (ś) となって現われる音である．この音の原形は，從って，口蓋の比較的前方に於て閉鎖の行われる k であって (palatales), 之を《100》を

---

(1) 之は k, g の如き後口蓋破裂音の總稱として印歐語比較文法で用いる．之は音聲學的には現在では用いず，また不適當な名稱でもあるが，k の系列の音には種々のものがあり，調音の位置が異るために，之を一々區別せずに總稱するには，かかる漠然たる名稱が欲しいので，敢えて之を用いることとした．

表わす共通基語の *km̥tom に例をとれば

　　Gr. (ἑ)-κατόν, Lat. centum, OIr. cēt, Goth.*hund, Toch. känt: Skt. śatám, Av. satəm, Lith. šim̃tas, OChSl. sŭto′¹⁾ の如くであり，東方諸言語では *k- は口蓋化された音となって現われている．通常この區別を以って印歐語族の二大方言別と目し，v. Bradke (*Ueber Methode und Ergebnisse der arischen Altertumswissenschaft.* Gießen, 1890, p. 64) に從い，前者をラテン語を代表者として centum 語，後者をアヴェスタ語を代表者として satəm 語と稱する．しかしこの區別は彼の時代に考えられていた程根本的なものではなく，またヒッタイト語やトカラ語が發見されて，centum 語に屬することが判明した今日では，共通基語の東西兩群の地理的關係を確實に反映するものとも言えない．⁽²⁾

　今一つの gutturales は labio-velares と呼ばれ，前揭表中では *kʷ, *gʷ, *gʷh を以って表記せられている．この音は centum 諸言語に於ては Lat. qu, Hitt. ku の如くにそのまま或は近い形で保存せられているか，或はその變形（例えばオスク語の p, ギリシア語の π, τ）となっているが，satəm 諸言語に於ては單なる gutturales またはそれから口蓋化された形になっている．今ここに IE. *kʷi, *kʷe, *kʷo の形を有する疑問不定代名詞の一群に例をとれ

---

(1) ヒッタイト語には《百》を意味する語が未だ發見されていないが，今後發見されれば，恐らく k を語頭にもっているであろう．アルメニア語では《百》は hariur であって語源不明．アルバニア語の kint はラテン語よりの借用語である．なおこの言語の gutturales の扱い方には未だ多くの疑問がある．

(2) なお P. von Bradke: *Beitr. zur Kenntnis der vorhistorischen Entwicklung unseres Sprachstamms.* 1888. を見よ．H. Pedersen: *Le groupement des dialectes indo-européens.* (DVS/M. XI. 3 [1925]); E. H. Sturtevant: *Language* 2, 25 ff. ("unteable"); J. Whatmough: *Language* 4, 132 ("arbitrary and unnecessary") を參照．

ば，Lat. quō《何處へ?》, quis, Hitt. kuiš, Goth. has《誰?》の如くに，k 音と兩脣音たる w の二つの要素をもっているのに對して，ギリシア語は τίs《誰?》, πῶs《如何に?》の如くに一方では脣音の要素を有するに反して，他方では口蓋に於ける閉鎖位置が i 音に引かれて前方に動いて，齒音の位置に移っている。またオスク語系では pis《誰?》，ウェールズ語では pwy《誰?》となり，脣音の要素のみを保存している。之に反して Skt. ka-, Lith. kàs, OChSl. kŭ-to, Alb. kɛ《誰?》はすべて脣音の要素を全く失い，單なる gutturales となっている。卽ちこの一群は前述の gutturales と同じ地理的分布を示している。以上の例によっても明らかな如く，ギリシア，イタリック，ケルト，ゲルマン，ヒッタイトの諸語に於てのみ脣音の要素があり，インド・イラン，スラヴ，バルト，アルメニア，アルバニアの諸語に於ては閉鎖位置が普通の gutturales よりは更に奥にあったためか，口蓋化に對して比較的よく抵抗を示す gutturales となって現われている。これらの諸點より考えて，この音韻の原形は口蓋の奥の方で閉鎖を造る，卽ち velares であること，それが同時に脣をつぼめることによって生ずる脣音の要素を伴ったことが推測出來る。しかしこの音韻は k, g, gh+w ではない。というのは，k+w は，例えば Skt. aśvah, Gr. ἵππos, Lat. equus《馬》の如くに常に二つの音韻として現われているに對して (但しラテン語では兩者は混同している)，この音韻は，例えば Lat. sequor, Gr. ἕπομαι, Skt. sac-《從う，後について行く》の如くに常に一個の音韻として現われているからであって，從って之は velares に圓脣を同時に伴った，いわば一種の，[tʃ] 等と同じ性質の，半摩擦，半閉鎖音と考え得る。之を $*k^w, *g^w, *g^wh$ で表わす。

　以上の二つの外に，今一つ centum 諸言語に於ては palatales と，satəm 諸言語に於ては labio-velares と全く同じく，從って印歐語族全體を通じて gutturales の性質を保っている音がある。例えば

Gr. κρέας《肉》, Lat. cruor《血》, Welsh crau《血》, ONorse hrar (MHG. roh): Skt. kraviḥ《生肉》, OChSl. krŭvǐ《血》, Lith. kraũjas《血》

Gr. στέγος《屋根》, Lat. tegō《蔽う》: Lith. stógas《屋根》, Skt. sthágati《(彼は) 蔽う》

Gr. στείχω, Goth. steiga《歩む，行く》: Skt. stighnóti《上る》, Lith. staigýtis《急ぐ》(inf.), Lett. steigtis《急ぐ》(inf.)

の如くであって，この對應を示す諸音韻の原形として通常は palatales の外に純粹の velares を豫定するのであるが，これは印歐諸言語全體を見渡した場合に於てのみ必要な區別であって，個々の語派に關する限りでは二つ以上の gutturales の種類を想定するには及ばないのである。gutturales を含むある語が centum 諸言語にのみ保存されている場合には palatales と velares との區別はすることが出來ない。例えば Gr. κάπρος, Lat. caper, ONorse hafr《猪》の如くであり，更に velares には Lith. akmuõ : Skt. áśman-《岩，石》; OPruss. pecku : Skt. paśu (cf. Lat. pecus《家畜》) の如くに同じ satəm 言語群内に於ても一方は velares，一方は palatales の如き對應を示す場合も相當にある。またサンスクリット語に於ては palatales の口蓋化現象は *k に於てのみ完全であって，*g 及び *gh は j と h となって現われている。またギリシア語に於ては labio-velares は上述の如くに e 及び i の前では t となって現われ，サンスクリット語の ca, cid<*kʷe, *kʷid (: Gr. τε, τί) と同じ口蓋化を行いながら，palatales 及び velares はよく保存せられ，之に反してサンスクリット語は velares を *kʷe, *kʷi の場合と同じく口蓋化して ca, ci に變じているのである。これによってみるに，ギリシア語及びサンスクリット語に於て同じく行われた labio-velares の口蓋化は，velares のそれよりは古い時代，即ち共通基語時代に行われたと考えるべきであり，この關係はスラヴ語派やバルト語派に於ても同じである。

かくの如き對應の狀態からは，三つの gutturales を二つに還元しようとする試みが行われるのも怪むに足りない。H. Hirt (*Idg. Gramm.* I. p. 227) は palatales より velares が生れたものであるとし，A. Meillet (*BSL.* 33, c-r. 22, ib. 8. 267 ff., *Introd.*[8] 91 ff.) は逆に velares を palatales がある特殊の條件の下に保存せられたものと考え，Reichelt (*IF.* 40, 40-80. "Die Labiovelare") は labio-velares を centum 諸言語に於てのみ發達した，gutturales の特別の場合の形であると結論したのである。本書に於ても單に gutturales 中に labio-velares の外に唯一つのみを立て，velares と palatales との區別は同一音韻が異る條件下に現われた二つの形と考えた。というのは labio-velares は上述の如くに非常に古い時代に既に存在したことが明らかであり，かつ同じ satəm 群中に於て velares は屢々 palatales の如き變化の對應を示しているからである。但しこの兩者への分化の條件は不幸にして未だ明らかにし得ない。本書では二者を區別する必要ある時には *k に對して velares を *k₂ の如くに表わすが，それ以外では兩者を共に *k で表わす[1]。

───────

(1) この問題に關しては多くの論があって，印歐語比較文法の一つの難點となっている。A. Schleicher は未だに唯一つの k のみを立てたにすぎなかったが，次の時代に至って三つが區別せられた。Fr. Bechtel: *Hauptprobleme.* 291 ff.; H. Hirt: *BB.* 24, 218-291; Ascoli: *Fonologia.* 96 ff., 170 ff.; A. Fick: *Die ehemalige Spracheinheit der Indogermanen Europas*, 1873, 4-34 (二つの gutturales); H. Collitz: *BB.* 3, 221 ff.; J. Schmidt: *KZ.* 25, 65 ff.; Bezzenberger: *BB.* 16, 234 ff. (三つ); Osthoff: *MU.* 5, 63 ff. (三つ); Bugge: *Etruskisch und Armenisch* I. 108 (三つ); Havet: *MSL.* 2, 267 ff.; F. Ribezzo: *Il problema capitale delle gutturale indo-europee.* Memoria Napoli 1903; Zupitza: *KZ.* 37, 398; E. Hermann: *KZ.* 41, 32; H. Sköld: *KZ.* 52, 147; Mansion: *Les gutturales grecques.* Gand-Paris, 1904; Jacobsohn: *Festschrift Wackernagel*, 204 を參考。この問題に關する資料と文獻は K. Brugmann: *Grundr.* I². 543; E. Schwyzer: *Griech. Gramm.*

例

IE. *km̥tóm : Gr. ἑκατόν, Lat. centum, OIr. cēt, Goth. *hund
: Skt. śatám, Av. satəm, Lith. šim̃tas, OChSl. sūto 《100》

IE. *dékm̥ : Gr. δέκα, Lat. decem, OIr. deich, Goth. taíhun
: Skt. dáśa, Av. dasa, Lith. dēšimt, OChSl. desętĭ (<*dekm̥t-), Arm. tasn 《10》

IE. {*wik- : Gr. (ϝ)οῖκος 《家》, Lat. vīcus 《村》, Goth.
    {*woik-   weihs 《村》
: Skt. viṭ 《家》, Av. vis-, Lith. viẽšpats 《主, 天主》

IE. {*gen- : Gr. γένος 《族》, Lat. genus, Goth. kuni (NE.
    {*gon-   kin)
: Skt. janaḥ, Av. zana-, Arm. cin (《誕生》)

I. 293; M. Leumann: *Lat. Gramm.* 123 を見よ. 最近の諸説中注目すべきものは Ribezzo: *RIGI.* 6, 225 ff.; 7, 41 ff. (三つの區別を全く後代の發達とする); R. Huss: Die sog. idg. Labiovelaren *Atti Congr. Ling. Roma*, 1933, 202–214 (labio-velares は本來 labiales であったとする, cf. *Idg. Jb.* 21, 221, Nr. 116); J. Kuryłowicz: *Etudes i -e.* I. 1–26 (labio-velares は velares より第二次的に生じたものとする, cf. P. Kretschmer: *Glotta* 27, 22; A. Debrunner: *IF.* 56, 58); Georgiev: *KZ.* 63, 104 ff. (元は labio-velares と velares のみであったとする); Bonfante: *Mél. Pedersen*, 25 ff.; Whatmough: *Mél. Pedersen*, 45 ff. (labio-velares を velares と labiares の二つの閉鎖音より成るものとする); Jokl: 同上, 127 ff. (アルバニア語に於ける三つの Gutturalreihe を認める. この論文は H. Pedersen: *KZ.* 36, 277 ff., Jokl: *Gesch. der idg. Sprachwiss.* II. 3. *Albanisch*, 143 ff. の説に對する新資料の提供である.)

IE. *geus- : Gr. γεύω《味う》, Lat. gustus《味う事》, Goth. kiusan《試験する》(cf. NE. choose)
: Skt. juṣ-《…をたのしむ》, Av. zaoša《喜び》

IE. *ghom- : Gr. χαμαί《地上に》, Lat. humus《大地》
: Av. zəmō (g. sg.), Lith. žemė, OChSl. zemlja《地》

IE. *wegh- : Gr. (Ϝ)όχος, Lat. vehō, Goth. (ga)-wigan (《動かす》)
: Skt. vah-, Av. vaz-, Lith. vežù, OChSl. vezǫ《運ぶ (車などで)》

IE. *kʷe/o, *kʷi- : Gr. τίς《誰》, τε《そして, …と》, ποῦ《何處に》, πόθεν《何處から》, Lat. quid《何》, quis《誰》, -que《そして》, OIr. cid《何》, Goth. has, OE. hwaet (NE, what)
: Skt. kaḥ《誰》, ca《そして》, Av. čiš《誰》, Lith. kàs《誰》, OChSl. kŭto, čĭto《誰, 何》

IE. penkʷe : Gr. πέντε, Lat. quīnque (<*penque), OWelsh pimp, Goth. fimf
: Skt. pañca, Av. panča, Lith. penkì, OChSl. pętĭ (<*penkʷti)《5》

IE. leikʷ- : Gr. λείπω, Lat. (re)-linquō, Goth. leihan (《借す》)
: Skt. ric-, Lith. liekù, OChSl. otŭ-lěkŭ (《殘り》=Skt. ati-rekaḥ《餘り, 殘り》)《殘す》

IE. gʷem- : Gr. βαίνω, Lat. veniō, Ir. bēim (《步む》), Goth. qiman (《來る》)

: Skt. gam-, Av. jam- 《赴く,來る,行く》

IE. gʷōus : Gr. βοῦς (Dor. βῶς), Lat. bōs⁽¹⁾, Ir. bō, OE. cū

: Skt. gauḥ, Av. gāuš, Arm. kov, Lett. guows 《牝牛》

IE. gʷhe/on- : Gr. θείνω 《打つ》, φόνος 《殺人》, Lat. (de)-fen-dō, Ir. gonim 《害する》, Hitt. kuenzi 《(彼は) 打つ》, kunanzi 《(彼らは) 打つ》

: Skt. hán-ti 《(彼は) 打つ》, ghn-ánti 《(彼らは) 打つ》, Av. jainti 《(彼は) 打つ》, Arm. gan 《打擊》

IE. *lengʷh-, *lṇgʷh-, *legʷh- : Gr. ἐ-λαχύς 《小さい, 短かい》, ἐ-λαφρός 《輕い》, Lat. levis 《輕い》

: Skt. laghuḥ 《輕い, 速かな》, Lith. leñgvas 《輕い》, OChSl. lĭgŭ-kŭ 《輕い》

IE. k₂reu- : Gr. κρέ(F)ας 《肉》, Lat. cruor 《血》, OIr. crū (<*krovos) 《血》, OE. hrēaw 《raw》

: Skt. kraviḥ 《生肉》, Av. xrūm 《血のついた肉》, Lith. kraūjas 《血》, OChSl. krŭvĭ 《血》

IE. *(s)teg₂- : Gr. στέγος 《屋根》, Lat. tegō 《蔽う》, OWelsh tig 《家》, OHG. dah 《屋根》

: Skt. sthagati 《(彼は) 蔽う》 (文法家), Lith. stégti 《蔽う》 (inf.), stógas 《屋根》, OChSl. o-stegŭ 《着物》

───────────────

(1) この形はローマ近傍の他方言 (オスク語系?) の形が所謂 sermo rusticus (《田舎言葉》) に入って, ラテン語本來の形を驅逐したものである。

IE. *steig₂h-: Gr. στείχω, Goth. steigan
: Skt. stigh- 《歩む，進む》

31. 無聲帶氣音 有聲無聲の閉鎖音並びに帶氣音を四つ完全に具備するのはサンスクリット語のみであって，他の言語に於ては旣に述べた如く (60 頁) 二種の帶氣音の區別はない。かつて存在したとしても，ある言語に於ては有聲帶氣音は無聲化し，また他に於ては單なる有聲閉鎖音となり，識別出來ない。無聲の帶氣音はそれ自身としては珍らしい音ではなく，印歐語族に於ても，例えば英語や北方ドイツ語の t や，ギリシア語の θ, φ, χ 等に認められるのであるが，共通基語に遡り得る音韻としての實例は甚だ少く，從って各語派のこの音韻の對應を確立することが出來ないのである。例えば

Gr. φλεγυνεῖ ἀσυνετεῖ 《(彼は) 愚かである》, Skt. phalgú 《貧弱な，弱い》

Gr. (F)οἶσθα, Skt. vettha, Goth. waist 《(貴方は) 知っている》 < *woid-stha

Gr. κόγχος, Skt. śankha- 《貝の一種》

Gr. ὄνυχ-, Skt. nakhá- 《爪》

Gr. σχίζω, Skt. chid- 《裂く》

Gr. σφάλλω, Skt. skhalāmi 《躓く》 < *skʷh-

Gr. καγχάζω, Skt. kakhati 《笑う》

の如くである。從ってサンスクリット語に於てのみ存在するこの音韻の共通基語に於ける存在を否定する說も相當に有力であると言わざるを得ない。Prokosch (*Modern Philol.* 16, 159; *A Comparative Germanic Grammer.* 39 f.) は兩帶氣音の印歐共通基語に於ける存在を否定して，無聲帶氣音は *p, *t, *k が特に強く發音された場合に，その後に生じた氣音がギリシア語とサンスクリット語に於てのみ獨立の音韻として認められるに至ったのであると考えてい

る．この説は音聲學的に十分可能であって，Meillet も無聲帶氣音の expressif な性質を認めており (*Gramm. Misc. Jespersen*, Kopenhagen, 1930, 341 ff.)，確かに expressif な性質を有する語（例 καγχάζω）にこの音が多く現われているのであるが，例えば Gr. οἶσθα の如き二人稱單數語尾という形態論上の機能を有するものにもかかる原因によって生じた變化を考えることは困難である．

F. de Saussure に始まる印歐共通基語に *h 又は之に類似の音韻を認めんとする説[1] (127 頁參照) によれば，Skt. sthā-: Gr. στᾱ-, Lat. sta-《立つ》の如きサンスクリット語のみに無聲帶氣音が見出される對應は，本來 *p, t, k+h に起因している．例えば Skt. pr̥thúḥ<*pl̥th-ús>Gr. πλατύς の如くであり，之によってサンスクリット語の無聲帶氣音對他言語の單なる無聲閉鎖音の困難な對應は部分的に除かれる．また Gr. οἶσθα: Skt. vettha の如き perfectum の場合にも，最近發見されたヒッタイト語の中には，矢張りここにある種の h 音が存在したらしいことを知り得るのである．從って無聲帶氣音の系列の共通基語に於ける存在は甚だ疑わしいと言わざるを得ない．

摩 擦 音

32. *s 印歐共通基語に於ける摩擦音は，閉鎖音に比して甚だ少く，確實に再建し得るのは *s のみである．*s はしかし各語派に於て多くの變化を蒙り，その中に見出される s はまた必ずしも共通基語に遡らず，第二次的に發生したものもかなり多い．[s] の發音に際して行われる舌と口蓋との間の狹い溝が一定せず，常に動搖し易いことがこの音を不安定にした原因である．從って s が何らかの原因によって安定性を得た場合にはすべての言語に於て保たれているのであって，そのよい例は s が p, t, k 等と結合した場合である．

---

(1) F. de Saussure: *Receuil scientifique.* 603. を見よ．

例えば

 Gr. ἐστί, Lat. est, Goth. ist, Skt. asti, Lith. ēsti, OChSl. jestŭ＝英語の is

之に反して，*s は次の如き變化をうけている。

 (1) 語頭に於て *s はヒッタイト (š と書かれている)，トカラ，サンスクリット，スラヴ，バルト，ゲルマン，イタリック諸言語に於ては保存されているが，イラン，ギリシア，アルメニア，及びケルト語派中のブリタニック群（部分的に）では h- となっている。例えば

 Lat. septem, Skt. saptá, OIr. secht n-, Goth. sibun, Lith. septyni, OChSl. sedmǐ : Gr. ἑπτά, Av. hapta, Arm. ewthn 《7》

 Skt. sánaḥ《老いたる》, OChSl. sen, Lith. sēnas, Lat. senis, senex : Gr. ἕνη (sc. ἡμέρα)《新月の前日》, Av. hana-, Arm. hin (gen. hnoy)

母音間に於て h となった *s はイラン語派では保存されているが，ギリシア語とアルメニア語では消失している。例えば

 Av. manaṅhō (gen. sg.), Gr. μένεος, μένους (gen. sg.) : Skt. manasaḥ《力の》

 Arm. nu, Gr. νυός : Skt. snuṣā́, OHG. snura, OChSl. snŭxa《若妻，義理の娘，嫁》

 (2) 隣接する有聲音の影響によって *s は屢々 z となっている。例えば

 Gr. ὄζος, Goth. asts, Arm. ost《枝》

 Lat. nīdus, MIr. net, OHG. nest, Lith. lizdas, Skt. nīḍáḥ ＜*ni-zd-as《巢》

 Skt. mīḍhám, Goth. mizdō, OChSl. mĭzda, Gr. μισθός《償金》

 更に *s より生じた z はラテン語，ゲルマン語，ギリシア語の方言に於て r に變じている。例えば

Lat. 第一變化の gen. pl. -ārum＜-*āsom
Lat. generis (genus の gen. sg.)＜*geneses: Gr. γένεος, Skt. janasaḥ《氏族の》
ONorse *stainaR, Isl. steinn《石》
Goth. waír《人》=Lat. vir, OIr. fer＜*wiros
Goth. stiur, OIsl. stiōr-r, OE. stēor, OHG. stior＜*steura-z (cf. Gr. ταῦρος, Lat. taurus, Lith. taūras, OChSl. turŭ)= IE. *(s)teur-, *(s)taur-(1)《牡牛》

(3) インド・イラン，スラヴ，リトアニアの諸言語に於ては，ĭ, ŭ, k, r の後にある s は [ʃ] の音に變った．この變化は，このように互に隣接する東印歐諸言語に共通に認められるものであるから，或は共通基語に於ける同語線を傳承しているものであるかも知れない．例えば

Skt. aśveṣu, Av. aspaēšu《馬に》, OChSl. -ixŭ, -uxŭ (loc. pl.)
Skt. tr̥ṣṇā́《渴》, Gr. τέρσομαι, OE. dyrst, Lith. tìrštas (《ねばねばした，半かわきの》)

スラヴ語に於ては上例にも見える如くに，*s は [ʃ] を經て [x] になっている．例えば byxŭ《私は…であった》, prosixŭ《私は要求した》．しかし myší: Skt. mūṣ-, Gr. μῦς《鼠》では š のまま．

(4) 以上の外に語頭に於て *s- が例えば
Gr. στέγος, τέγος《屋根》, Lat. tegō《蔽う》
Goth. skaidan《分つ》, Lat. caedō《切る》

---

(1) ゲルマン共通基語に於て語末の *-s は -*z を經て -r となったものであって，これは古いルーン文字碑文上に特別の文字 (-R によって轉寫する) によって書かれている所より，普通の r とは未だ異る音韻であったらしい．しかし之は，例えばゴート語に於ては *wiros＞*wiraz＞*wirar を經て，*wirr＞waír となり，またノルド語でも *stainaR＞*steinR＞steinn となった．同じく語末の -s はギリシア語の Eretría や Elis の方言では ρ になっている．この現象を rhotacismus と呼ぶ．

Skt. spaś-, Lat. specio, Skt. paś-《見る》
の如くに，ある場合には存在し，ある場合にはないことがある。s-の有無は上掲の例にも認められる如くに，同一言語内に於ても異り，その原因は不明であるが，かかる現象は他の子音にも認められ，恐らくかつて *se 或は之に似た形を有していた接頭辭或はその外の造語法上のある形態の名残であると思われる。[1]

33. その他の摩擦音

(1) 二三の疑うべからざる例に於てギリシア語の語頭の ζ- が他言語の y- に對應することがある。

Gr. ζειά: Skt. yáva-, Lith. jãvas (pl. javaĩ)《穀物》

Gr. ζέω (pass. part. ζεσ-τός)《沸き立つ》: Skt. yayastu, prayasta《沸き立つこと》, OHG. jesan《沸き立つ》 (cf. gären)

Gr. ζυγόν: Lat. iugum, Goth. juk, Skt. yugám, Hitt. yugam (cf. NE. yoke)

Gr. ζωσ-τός《帶をした》: Av. yās-ta-, Lith. júos-tas《帶》, Skt. yauti《縛る》

Gr. ζωμός《濃いスープ》: Lat. iūs《濃いスープ》, Skt. yūṣa-,

---

[1] K. Brugmann: *Grundr.*² I. 724 ff.; ib.: *K. vgl. G.* 195; H. Hirt: *Idg. Gramm.* I. 285, 329 ff.; Siebs, *KZ.* 37, 277 ff.; Lewy, *KZ.* 40, 419 ff.; Schrijnen, *KZ.* 42, 97 ff. 參照。この外に s＋laryngales＋母音: laryngales＋母音の交替が，最近の Hittite の證據によって求められている。この場合には laryngales は非常に夙い時代にヒッタイト以外の諸言語では消失した上に，その次の母音の音色をある場合には變えている（例えば e＞a）から，その對應は甚だ求めにくくなる。Sturtevant: *A Comparative Grammar of the Hittite Language*, rev. ed. 1. 60, H. M. Hoenigswald, *Language*, 28 (1952), pp. 182-185 ("Laryngeals and s Movable.") を參照。s 以外の子音及び子音＋w（稀に y, r, l, n）が同じように變ることがある。

第3章　印歐共通基語の音韻　　　　79

Lith. júšè f.《魚のスープ》, OChSl. juxa《スープ》
ギリシア語に於ては他の印歐語の y- は h- となっているのが普通であるし，またギリシア語の ζ はその音價に關して種々の論がある所であるが，歷史的には印歐共通基語の *sd＞*zd, *dy 及び *gy に由來しているのであるから，Gr. ζ-：他言語 y- の對應は全く例外である．

この例外を說明するために *j を設置する說もあるが，しかしギリシア語以外では y と摩擦音 j との區別は全く認められないのである．この對應が常に語頭にのみ認められること，e 又は u の母音の前にのみ現われることは，ここに特別な音聲學的條件が働いていることを示すかにみえる．恐らくギリシア語に於て *y- がその次に立つ音と區別されるために特に强く發音された結果，*y を發音する際に舌面と口蓋との間の溝が狹くなって，ここに一種の摩擦音を生じたのであろう．しかしこの解釋も唯變化の音聲學的原因を說明するにとどまり，例えば何故に ὑμεῖς《貴方がた》が *ζυμεῖς にならなかったかの如き，個々の場合の異る變化の條件を滿足に與えるものではない．それはとにかくとして，ギリシア語に於てのみ認められる ζ:y- の對應は印歐共通基語に於ける *j を設置するに足る根據とはなし得ない．[1] (但し 133 頁脚註 [1] 參照)．

(2) Skt. h：Gr. γ, Goth. k 等の對應

---

[1] G. Schulze: *Ueber das Verhältnis des ζ zu den entsprechenden Lauten der verwandten Sprachen.* Göttingen 1867； F. Sommer: *Griechische Lautstudien.* Strassburg 1905, 137 ff.； H. Pedersen: *Symbolae philologicae Danielsson oblatae.* Uppsala 1932, 262 ff.； A. Meillet, *BSL.* 22, 194 ff.； E. Schwyzer: *Griech. Gramm.* I. 331； Ribezzo, *RIGI.* 5, 1 ff.； Sturtevant, *Amer. Journ. of Philol.* 48, 250； Marstrander, *Nord. Tidsskr. for Sprogv.* 1, 233； Jacobsohn, *Festschrift Kretschmer.* Göttingen 1926, 72 f.； Bonfante, *KZ.* 64, 127.； W. P. Lehmann: *Proto-Indo-European Phonology.* Austin 1952, 74–79 を參照．

若干の語に於てサンスクリット語の h が他の言語の g に對應する場合がある。

Skt. hanu-《顎》: Gr. γένυς, Lat. genus, Goth. kinnus

Skt. ahám《私》: Av. azəm, OChSl. azū, Gr. ἐγώ, Lat. ego, Goth. ik

Skt. mahi (cf. majmā́): Av. mazō (n.)《偉大》, Gr. μέγα (n.)《偉大な》

Skt. duhitā́《娘》: Av. duɣədā, Lith. duktě, OChSl. dŭštĭ, Gr. θυγάτηρ, Goth. daúhitar, Toch. A. ckācar

この中最初の三つの對應が示す g は，satəm 諸言語では口蓋化されているが，第四の對應では明らかに g が殘っているものもあるから，*g₂ を指示しているかに見える。

この對應に對して共通基語に特別の音韻を立てようとする試みが行われたこともあるが (v. Fierlinger, KZ. 27, 478 Anm., 479 Anm.)，かかる少數の，しかもサンスクリット語のみにある特殊な對應のみを根據として共通基語の音韻を想定することは許されない。サンスクリット語の h は通常 *gh と對應するものであるから，逆に之を考えれば當然 IE. *gh でなくてはならないのであるが，ギリシア語に於ては *gh は常に χ となって現われるのであるから，この矛盾はどうしても解き得ない。(1)

之に對する新しい解釋を出したのは最近の laryngales 説である。之によれば laryngalis *ə₂ (無聲の喉音 h) が *g の後にあった場合に，その喉音が *g を *gh にしたのであって，Skt. mahi: Gr. μέγα; Skt. duhitā́: Gr. θυγάτηρ は Skt. i: Gr. α の對應を示しているのであるから，之は明らかに *ə が本來この音節にあった

---

(1) J. Wackernagel: *Altind. Gramm.* I. 249 (§ 216 b); K. Brugmann: *Grundr.*² I. 634, 626; H. Hirt: *Idg. Gramm.* I. 248 (§ 228); E. Schwyzer: *Griech. Gramm.* I. 293, Zusatz 2 參照。

ことを示している (97 頁參照). 從ってこの場合には Skt. hi: Gr. γα は *g₂ə を意味し得, この關係を甚だ明快に解き得るのであるが, その他の場合の關係は之では十分に解決し得ない. しかしとにかくこの新說は他の多くの問題との關聯に於て大きな光明を投じたものと言わざるを得ない.(1)

(3) 二三の例外的な場合にギリシア語の gutturales の後にある τ が他の言語の y に對應することがある.

Gr. ἰκτῖνος《鳶》: Skt. śyenaḥ《鷲》, Av. saēna《鷲》, Arm. çin《鷹》

Gr. χθές《昨日》: Skt. hyáḥ, M.Pers. dī, dīg (d<*gh-), Lat. heri, Goth. gistradagis《明日》, OE. geostra, OHG. gestaron《昨日》

Gr. ἰχθῦς: Lith. žuvìs, Arm. jukn (j<g)《魚》

之に對して K. Brugmann (*Grundr.* I². p. 794) は印歐共通基語に於ける特殊な摩擦音 *j を考え, この對應を IE. *kj, *gjh によって解かんと試みた. しかしこの對應はギリシア語とサンスクリット語にのみ依存しているのであって, 例えば Av. saēna- では語頭音は元來 *k- であり, Lat. heri- 等は *gh- であったことを示し, 何ら *y- や *j- に類似の音の存在は認め得ない. ギリシア語に於ては *py より πτ が生じた例もあるのであるから, κτ や χθ も亦 *ky, *khy の特殊な發達であると解してよいであろう. 從ってこの場合にも *j を想定する必要はない.(2)

(4) 少數の例に於て, gutturales の後で, 大部分の言語の s に

---

(1) H. Pedersen: *La cinquième declinaison latine*. DVS/M. XI, 5 (1926), 48; J. Kuryłowicz: *Etudes indoeuropéennes* I. Kraków 1935, 53 參照.

(2) Korš, *IF.* 7, Anz. 51; Fortunatov, *BB.* 22, 180 ff.; Pedersen: *Vergl. Gramm. d. kelt. Spr.* I. 176; E. Schwyzer: *Griech. Gramm.* I. 325, Zusatz 3. を參照.

對してギリシア語とケルト語が t を以って對應することがある．

語頭

Gr. κτάομαι《手に入れる》, κτῆμα《所有物》: Skt. kṣáyati《手に入れる,所有する,支配する》, kṣatrám, O.Pers. xšaθra- (n.)《支配＝imperium》, xšāyaθya-《王》

Gr. κτείνω《殺す》: Skt. kṣaṇóti《傷つける》, OPers. axšata-《傷つけられない》

Gr. κτίσις《設置》: Skt. kṣitiḥ, Av. šitiš《住居》

Gr. κτίζω《創設する》: Skt. kṣéti, kṣiyáti, Av. šaēiti《住む》, Lat. situs《場所》, Arm. sini (gen.)《村》

Gr. χθών《地》, χθαμαλός《低い》: Skt. kṣáḥ (acc. kṣā́m, loc. kṣámi, gen. kṣmáḥ)《地》, Av. zå (gen. zmō), Hitt. teekan (gen. taknaš)《地,大地》, Toch. A. tkaṃ《大地,所》, B. keṃ (cf. Gr. ἐπιξένιος ἐπιχθόνιος Hesychios)

語中

Gr. ἄρκτος, MIr. art: Skt. ṛ́kṣaḥ, Av. arəšō, Lat. ursus《熊》

Gr. τέκτων《大工》: Skt. takṣan, Av. tašan, Lat. texere《織る》, Lith. tašíti《切る》, OChSl. tesati (cf. Gr. τέχνη＜*teksnā)

Labio-velares も亦同じ場合をもっている．

Gr. φθίω, φθίνω, φθινύθω《朽ちる》: Skt. kṣiṇóti《破壞する》, Av. xšayo《破壞する》

ギリシア語は普通は IE. *ks, *kʷs 等に對して ξ, ψ (δείξω, πέψω) を以って對應するのであるから，κτ, χθ の對應は例外である．これを説明するために H. Pedersen (*KZ.* 30, 104 ff.) は s, H. Collitz (*BB.* 18, 20 ff.) は š, K. Brugmann (*Grundr.* I² 790 f.) は p, ph, d̯, d̯h を想定した．P. Kretschmer (*Glotta* 20, 67) は Hitt. te-e-kan を tegan であると解して，之と Toch. tkaṃ より，

Gr. χθών は，*dheghóm なる原形が Ablaut (109 頁以下參照) によって第一音節の母音を失った結果生じた *dhghóm となり，共通基語は齒音と gutturalis との結合を發音困難として厭ったために，之が更に音韻轉置によって *ghdhom に變じた形を繼承しているのであり，Hitt. tegan は原形を保っているのであるとした。更に E. Benveniste (*Mélanges van Ginneken*. 1937, 191 ff.) はヒッタイト及びトカラ兩語の形は原形ではなく，n-語幹の接尾辭が附加せられた形であると考えて，この說を否定し，ついで (*BSL*. 38 [1937], 139–147) Skt. takṣan-, Gr. τέκτων の對應より今まで考えられなかった一種の半閉鎖音たる *kˢ, *gᶻ を想定した。

Brugmann によって立てられ，多くの學者によって贊成を寄せられた *kp, *gđ 等の形は，ギリシア語以外には根據のないものである。又ギリシア語に ἐπιξένιος 及び τέχνη の如き形の存することは，ギリシア語に於ても亦サンスクリット語等と同じく *ks があり得たことを證している。また Gr. κτ, χθ, Skt. kṣ に對して他の言語に於ては單なる s が現われていることも少くなく，サンスクリット語に近いイラン語も或は xš，或は š を以って對應しているのであるから，この對應の原形として二つの音韻の代りに一音韻を以ってせんとする Benveniste の說は十分に考慮に價する。

34. 喉音 (Laryngales) 又は schwa consonanticum.

ヒッタイト語に於ては

Hitt. eshar (e-eš-ḫar)[1] : Skt. asr̥-k, Gr. ἔαρ《血》

Hitt. hanz (ḫa-an-za)《前面》, hanti (ḫa-an-ti)《前に，特に》:

---

[1] 括弧内は楔形文字をそのままに轉寫したもの，その前のは之による推定音である。ヒッタイト語は楔形文字によって表記するに餘り適しない子音の重なりが多いために，表記と實際の音とは相當に異っていたらしく，この問題に關しては未だに確實な結論は得られていない。

Gr. ἀντί《…に面して》, ἄντα《…と面して》

Hitt. harkis (ḫar-ki-iš)《白い》: Gr. ἀργός《輝ける》, Skt. arjunáḥ《白い》, Lat. argentum《銀》

Hitt. hastai (ḫa-aš-ta-i)《骨》(pl.): Gr. ὀστέον, Skt. asthi-, Lat. os《骨》

Hitt. pahur (pa-aḫ-ḫur, pa-aḫ-ḫu-ur): Gr. πῦρ《火》

の如くに, 他の印歐諸言語には全く現われないある音韻が ḫ (ḫḫ) によって表わされているのが見出される。h なる音は他の印歐語に於ては, すべて第二次的に生じたものであり, 例えばギリシア語では *y と *s の, アヴェスタ語では *s の, サンスクリット語では *gh, *dh の, ゲルマン語では *k の變化した形であるために,(1) 共通基語にまで遡り得る h 音はなかった。(2) 從ってヒッタイト語の ḫ 及び ḫḫ をも亦第二次的發生として解かんとする試みが行われたが,(3) すべて失敗に終り, 遂に之を共通基語の音韻と認めざる

---

(1) 例えば Gr. ἑπτά: Lat. septem, Skt. sapta; Gr. ἧπαρ: Lat. iecur; Av. haoma: Skt. soma; Skt. hata-: ghnanti; Skt. hitá: Gr. θετός<*dh-; Goth. haírto: Gr. καρδία, Lat. cor.

(2) R. A. Crossland, "A Reconsideration of the Hittite Evidence for the Existence of 'Laryngeals' in Primitive Indo-European." *Transaction of the Philological Society*, 1951, pp. 88–130. を参考。著者はヒッタイト語の與える資料を文獻學的に精密に量って, ḫ と ḫḫ 以外の喉音の共通基語に於ける存在を否定する。

(3) C. J. S. Marstrander: *Caractère indo-eur. de la langue hittite.* (Videnskapsselskapets Skrifter, hist.-filos. Kl. [1918], 2. Christiania 1919) 144, 160 は Hitt. h<IE. *gh (部分的に) であるとし, B. Hrozný (*Actes du premier congrès international de linguistes* 1928, I. La Hague, 159. は之を第二次的に發生した《わたり》の音でありとし, 同じく Petersen (*Amer. Journ. of Philol.* 53, 199) も《わたり》がこの音の幾つかの源の一つであると考えた。之に關しては Sturtevant: *A Comp. Gramm. of the Hitt. Langu.*² Philadelphia 1933, 141 f.; H. Pedersen: *Hitt. und die andern indoeurop. Sprachen* (DVS/M. XXV. 2. Kopenhagen 1938), 170–190 参照。

を得なくなった．ヒッタイト語の楔形文字による表記法をフリト語その外の言語の表記法との比較，またヒッタイト語そのものの語の語源的研究によって，語中に於いて子音が二重に誌されている場合の大部分は無聲音であるらしい所から，ḫ と ḫḫ の場合にも，恐らく有聲と無聲の區別を表わしたものらしく，從ってヒッタイト語の與える證據により我々は少くとも二つ以上の喉音を想定しなければならない．この音韻は印歐語の非常に古い時代に既に失われたために，之を直接に見出し得るのはヒッタイト語及び之に近いルヴィア語等の，所謂アナトリア諸言語に限られているが，他の言語に於てもその痕跡が種々の點に認められる．この音韻の數に關しても未だ定說がなく四種の喉音を認める說より，一種以上は認めない說もある．この音韻は母音に隣接する時にはその音色を變え（例えば e>a），かつ短母音の後に來た場合には，之を長母音化して後に消失しているために，印歐語族の母音の種々の變化を不明ならしめている．この音韻は母音と密接な關係にあり，かつ共通基語に於て他の音韻よりは早く消失したものであるために，他の音韻とは同列には扱い得ないので，母音の後に別項として說明する（122 頁以下を見よ）．

35. *m, *n; *r, *l; *y, *w　これらの音韻は子音としての機能を有すると共に一方に於ては正規の母音，即ち他の母音の助けを借りずして音節をそれ自身で形成する力を有している．かくの如くに音節を形成する場合にはこれらの音韻は *m̥*n̥, *r̥*l̥, *i*u を以って表記せられる．

以上の六音の中 y と w とは他の音とは異り發音に際して發音器管のいずれの部分に於ても閉鎖を形成せず，この意味に於て純粹母音に近く，半母音と呼ばれる所以である．r と l とは所謂「流音」(liquidae) であるが，兩者はその性質が著るしく異っている．m と n とは鼻音である．このようにこれら六つの音は甚だ性質が異るのであるが，母音についでよく響く音である點に於て一致し，これが

その音節を形成する能力のよって來る所であり，從ってこれらを sonant と總稱する．これら六音韻の共通基語に於ける作用は次の點で共通している．

(1) *r, *l, *m, *n : *r̥, *l̥, *m̥, *n̥ の關係は *y, *w : *i, *u の關係に等しく，

(2) *r̥, *l̥, *m̥, n̥ が *er, *el, *em, *en (又は *re, *le, *me, *ne) の弱まった形であることは，*i, *u が *ei, *eu (又は *ye, *we) の弱まった形であることと全く同じ關係にある．例えば

{ Gr. δέρκομαι : ἔδρακον (aor.) : δέδορκα (pf.) 《見る》
{ Skt. ádarśam : ádr̥śam : dadárśa

Gr. λείπω : ἔλιπον (aor.) : λέλοιπα (pf.) 《殘す》

Sonant はその位置によって異る形を取る．母音及び y, w の前に來る場合と子音の前にある場合とではその機能が異るので，sonant (と半母音) は從って

(1) 子音として

(2) 母音として { a. 母音の前の位置
                { b. 子音の前の位置

の三つに分けて取扱う必要がある．

(1) 子音としての sonant と半母音は印歐諸言語に於て次の如き對應を示す．

IE.	Gr.	Lat.	Ir.	Goth.	Skt.	Av.	Lith.	OChSl.	Arm.	Hitt.
y	ʽ○	i, ○	○	j	y	y	j	j	?	y
w	ϝ	u	f	w	v	v	v	v	g(v)	w
r	ρ	r	r	r	r	r	r	r	r	?(r)
l	λ	l	l	l	r(l)	r	l	l	l	l
m	μ	m	m	m	m	m	m	m	m	m
n	ν	n	n	n	n	n	n	n	n	n

*y は語頭に於てかなり多くの語派に於て保存せられ，サンスクリット語，アヴェスタ語，古代ペルシア語，ヒッタイト語 y，イタリック語派 i (=y)，ウェールズ語，ブルトン語 i (=y)，ゲルマン語派 j，バルト語派，スラヴ語派 j の對應を示す。しかし *y はまた舌と口蓋との間の開きが狹くなって遂に純粹の摩擦音となり得ると共に，またこの開きが逆に大となって遂に消失する傾向も强い。ギリシア語に於ては *y- は不明の條件下に ζυγόν: L. iugum の如くに摩擦音となったと共に (78頁以下參照)，多くの場合には無聲化して h となり，更に之が消失するに至っている。例えば關係代名詞 ὅs: Skt. yaḥ, Av. yō, yō<*yos. また語中で母音間にあった場合にも *y はインド・イラン語派，スラヴ語派，バルト語派，ゲルマン語派では保存されているが，ギリシア語，ラテン語，アイルランド語，アルメニア語，アルバニア語では消失した。例えば

Gr. τρεῖs (=τρε̃s), Lat. trēs, ONorse prīr, Alb. tre: Skt. trayaḥ, Av. θrayō, OChSl. trije<*treyes

*w はその u との交代が示す如くに，共通基語に於ては兩脣音であって，脣間の開きは相當に廣かったと推測される。この音は脣の開き方に動搖が容易に生じ，多くの語派に於て變化を蒙り，或は兩脣摩擦音に，或は脣齒摩擦音となっている。また w の調音に際して，後舌の脊が口蓋に非常に近づいた結果遂に閉鎖を伴うに至り，*gʷ となり，ついで g となることがある。これはアルメニア語及びケルト語派中のブリタニック諸言語に認められる變化である。更に兩脣の開きが狹くなって b となることもあり，ペルシア語に於てはある場合にこの現象を生じている。古アイルランド語では語頭の *w- は無聲化して f- となった。ギリシア語に於ては *w は紀元前 4 世紀以前には多くの方言に於て保存せられていて，F (digamma) によって表記されているが，イオーニア・アッティカ方言では古より完全に消失している。

*wrē-《話す》: Gr. Att. ῥήτρᾱ (Kypr. Fρήτᾱ, El. Fράτρᾱ)

《條約》, Skt. vratám《命, 規》, Lat. ver-bum《語》, Goth. waúrd (NE. word), Lith. var̃das《名》, OChSl. vrači《魔法使, 醫師》

*wĭros《男》: Skt. vīráḥ, Av. vīrō, Lith. výras, Lat. vir, Goth. waír, Ir. fer, Welsh gwr.

*woid-《知る》: Skt. veda (pf.)《(私は) 知っている》, Gr. (ϝ)οῖδα, Welsh gwyddom《(我々は) 知っている》, Goth. wait, ONorse veit, OE. wāt, OPruss. waidimai, OChSl. vědě, Arm. gitem.

*sreu-《流れる》: Gr. ῥέω (<*σρέϝω), Skt. sravati, Lith. sravà《流血》; Gr. (Korkyra) ῥhoϝαῖσι (dat. pl.)《流れ》

*m, *n は特別の場合を除き各語派に於て殆んど完全に保存されている。

*m *medhyos《中央の, 眞中の》: Gr. μέσος (Hom. μέσσος), Lat. medius, 大陸ケルト語 Medio-lanum (=Milano《中原》), Goth. midja- (fem.), Skt. madhyaḥ, Av. maiđyō, Lith. mēdis《木》(《中間》>《境界》>《境界の木》>《木》), OChSl. meždu (loc. dual)《…の間の, 中間の》, mežda《街道, 境界》, Arm. meǰ《中央》

この外に *mātēr《母》, *dhūmos《煙》, *mūs《鼠》の例

*n *nŏmen-《名》: Gr. ὄ-νομα, Lat. nōmen, OIr. ainm (pl. anmann), Goth. namo, Skt. nāman-, Av. nāma, OPruss. emmens, emnes, OChSl. imę, Arm. anun, Alb. emεn, Toch. A ñom, B ñem, Hitt. lāman (l-<*n-)

*r, *l も亦一般に極めてよく保存されている。唯インド・イラン語派に於ては *l は *r と混同されがちであって, イラン語派では全く r となり, R̥gveda に於ても r となっている場合が多い。[1]

---

(1) J. Wackernagel: *Altind. Gramm.* I. 214 f. 參照.

*r　*rudh-《赤い》: Skt. rudhiráḥ, Gr. ἐ-ρυθρός, Lith. raūdas, OChSl. *rŭdrŭ>rĭdrŭ, Lat. ruber, rufus (オスク語系方言よりの借用), Goth. raups, OE. rēad, OIr. rūad.

*l　*klutós《聞えたる,有名な》: Skt. śrutáḥ, Gr. κλυτός, Lat. in-clutus

　*leuk-, *louk-, *luk-《輝く,白い》: Gr. λευκός《輝ける,白い》, Lat. lūmen《光》, Goth. liuhap《光》, OE. lēoht (=NE. light), Lett. lūkuot《眺める》, OIr. lōchet《電光》, Arm. luçanem《火をつける》, OChSl. luča《光線》, Toch. A lukśam《光》, Skt. rocate《輝く》, Av. raočah-, OPers. raučah《晝間》

(2) 母音としての sonant と半母音

　a) 母音の前にある場合

印歐共通基語に於て音節を形成する sonant が母音の前に來た時には，短い母音 (多くの場合に a, i, u)+sonant の形となって現われる．かかる場合の sonant は *er, *el, *em, *en (又は *or, *ol 等) の弱まった形であるから，之を *ₑr, *ₑl, *ₑm, *ₑn によって書き表わすことを得るであろう．*ey, *ew+母音は *iy, *uw+母音となって現われる．

IE.	Gr.	Lat.	Ir.	Goth.	Skt.	Lith.	OChSl.	Arm.
r̥(er)	αρ	ar	ar	ur, or	ir, ur	ir, ur	ĭr, ŭr	ar
l̥(el)	αλ	al	al	ul, ol	{ir, ur / il, ul}	il, ul	ĭl, ŭl	al
m̥(em)	αμ	am, im	am?	um	am?	im, um	ĭm, ŭm	am
n̥(en)	αν	an, in	an?	un	an?	in, un	ĭn, ŭn	an

　*ₑr　Gr. βαρύς, Skt. guruḥ, Goth. *kaúrus (aúr=or<*ur, 但し nom. pl. fem. kaúrjos なる形のみ)《重い》

　*ₑl　Gr. βάλλω (: βέλος), Lith. guléti《投げる》

Gr. τάλαντα, Skt. tulá《秤》

*em　*sᵉmos《ある, 誰か》(不定代名詞): Goth. sums, ONorse sumr, OE. sum (cf. NE. some), Skt. samaḥ, Av. hamō, Gr. -άμο- (οὐδ-αμοί《誰でもない》)

*en　Gr. ἐ-μάν-η《(彼は) 氣が狂った》(aor.), Lith. mìne《(彼は) 考えた》, OChSl. mǐně, Goth. muneip, OIr. -mainethar

b) 子音の前に於ける sonant

*y 及び *w は母音として *i, *u となる. この場合には *r̥, *l̥, *m̥, *n̥ は *er, *re, *em, *me 等の二つの場合を考え得るのであって, かつ實際にも二つの場合が見出されるが, その各〻を確實に識別することは殆んど不可能であるために, 便宜上漠然と *r̥, *l̥, *m̥, *n̥ によって兩者の場合を兼用せしめる. その對應は略〻次の如くである.

IE.	Gr.	Lat.	Ir.	Germ.	Skt.	Av.	Lith.	OChSl.	Arm.	Hitt.
r̥	ρα, αρ	or	ri	ur, or	r̥	ərə	iř, uř	rŭ	ar	(ar)
l̥	λα, αλ	ul	li	ul, ol	r̥	ərə	ǐl, ul̃	lǐ, lŭ	ał	(al)
m̥	α	em		um	a	a	im̃, um̃	ę(ū)	am	(a)
n̥	α	en		un	a	a	iñ, uñ	ę(ū)	an	(an)

*r̥　Gr. θάρσος, θράσος《勇氣》, Skt. c̣r̥ṣ-《敢えて行う》, OE. dorste, Lith. dręsù《敢えてする》, OChSl. drŭzŭ《勇敢な》

　　Skt. mr̥táḥ《死せる》, Av. mərətō, [Gr. ἄ-μβροτος《不死の》, βροτός《死すべき (者)》=《人間》<*μροτός アイオリス方言形], Lat. mortuus《死せる》, Goth. maúrpr (n.)《殺人》, Arm. mard《死すべき, 人間》, Lith. mirtìs, OChSl. sŭmrŭtǐ《死》

*l̥　Skt. vŕ̥kaḥ《狼》, Av. vəhrkō, [Gr. λυκός, Lat. lupus], Lith. vil̃kas, Lett. vìlkus, OChSl. vlŭkŭ, Goth. wulfs,

Alb. ul'k[1]

Skt. pr̥thúḥ, Av. pərəθuš, Gr. πλατύs《廣い》, OE. folde《大地》

*m̥   IE. acc. sg. -*m̥ (名詞子音語幹語尾): Gr. -α, Lat. -em, Skt. -am (之は母音語幹の形 -am<*-o-m の類推形)

IE. km̥tóm《百》: Skt. śatám, Av. satəm, Gr. ἑ-κατόν, Lat. centum, Goth.*hund(<*hunđan), Lith. šim̃tas, OChSl. sŭto, OIr. cēt, Welsh cant.

IE. *dékm̥《十》: Skt. daśa, Av. dasa, Gr. δέκα, Lat. decem, Goth. taíhun, Lith. dēšimt, OChSl. desętĭ, Arm. tasn

*n̥   IE. 否定の接頭辭 *n̥- (IE. 否定辭 *nĕ̄, Skt. na, Lat. nefās《言うべからざる》の弱い形): Gr. ἀ- (子音の前), ἀν- (母音の前) ἄ-πιστοs《信ずべからざる》, ἄν-υδρος《水なき》, Skt. a-, an-, a-kr̥taḥ《作られざる》, an-udraḥ (=Gr. ἄν-υδρος), Lat. in- (<*en-), Germ. un-, OIr. in, Arm. an-

---

[1] 二三の例に於て *r̥,*l̥ は Gr. υρ, υλ, Lat. ur, ul, Lith. ur, ul の如き對應を示す。例えば Gr. ἄγυρις《集會》: ἀγείρω<ἀγερ-ιω《集める》; Lat. mulier《女》: mollis《柔かな》。これはまた古代敎會スラヴ語に於ては rŭ と混同しているけれども、ロシア語では明らかに or となって區別されている。例えば OChSl. črŭnŭ<*čĭrnŭ: Russ. cërnyj, Lith. kìrsna, Skt. kr̥ṣṇá-《黑い》に對して、OChSl. krŭma, Russ. korma: Gr. πρύμνη《船尾》の如くである。H. Hirt: *Idg. Gramm.* II. p. 89 ff. 參照。この對應に對して *ur, *ul を別に立てる學者もあり、またスラヴ語の ъ と ь とを用いて ъr, ьr を區別する者 (Hirt その外) もあるが、*ur, *ul の例は極めて僅かであり、かかる例外をこのような方法によって一括するのはよいが、この現象の説明としては根據とはなし得ず、餘りにも弱母音の形にこだわる必要はないと思われる。この際には何れかの原因によって u 音色の *r 又は *l が發生したのであって、その條件は未だ不明である。

IE. acc. pl. -*n̥s（子音語幹語尾，母音語幹では -*ns）: Gr. -as, Lat. -ēs (<-*ens), Skt. -as, Goth. -uns

　　IE. 3. pl. med. -*n̥tai, -*n̥to（子音の後．母音の後では -*nt-）: Gr. -αται, -ατο, Skt. -ate, -ata

　　IE. *gʷm̥-《歩む》: Gr. βάσις《歩み》, βατός《歩まれる》, Skt. gatiḥ, gatáḥ《立ち去れる》, Lat. con-ven-tiō《集り》, Goth. ga-qumps《集り》

36. i, u, ī, ū　印歐諸言語に於ては i, u は獨立の母音というよりは，むしろ sonant として ei, oi, eu, ou 等の弱まった形と考えるべきである．例えば

　　Gr. λείπω, λέλοιπα: ἔλιπον《殘す》(pres., pf., aor.)

　　Gr. φεύγω: ἔφυγον《遁れる》(pres., aor.)

また長母音の前に y 又は w がある場合には，*yā, *wā 等の弱まった形たる *yə, *wə は屢〻實際上には ī, ū となって現われている (116 頁參照). 例えば optativus の形 *yē : *ī (Skt. syām : OLat. siem, siēs : sīmus, sītis, " es- "《存在する，ある》の opt. 1. 2. sg., 1. 2. pl. の形) の如くであって, *yē の弱い形 *yə は ī となっている. また *ēi, *ōi, *ēu, *ōu の弱い形たる *əi, *əu も子音の前では ī, ū となって現われている (但し母音の前では *əy, *əw). 例えば

　　IE. *dhēi-《乳をしぼる》: Gr. θῆλυς《女の》: Skt. dhītáḥ (pass. pt.)

　　*IE. pōi-《飲む》: Gr. πῶμα《飲物》: Skt. pītáḥ (pass. pt.), Gr. πίνω

從って ī, ū は *yə, *wə, *əi, *əu が融合した形であると考えなくてはならない．

以上の如き場合の外に，例えば *mūs《鼠》の如くに，他に何等の之に對應する強い形のないものがあるけれども，これらに關して

は果して他の形が全くなかったのか，それとも他の形が傳存していないために我々が知ることが出來ないのか不明である．

上述の i, u, ī, ū の諸形はその後に子音が來る場合のことで，その各語派の對應は次の如くである．

IE.	Gr.	Lat.	Celt.	Germ.	Skt.	Lith.	OChSl.	Arm.	Hitt.
*i	ι	i	i	i	i	i	ĭ	i	i
*u	υ	u	u	u	u	u	ŭ	u	u
*ī	ῑ	ī	ī	ī	ī	y	i	ī	i
*ū	ῡ	ū	ū	ū	ū	ū	y	ū	u

*i Gr. τί (<*τί-δ), Lat. quid, Ir. cid 《何?》, Goth. hileiks 《如何なる性質の》, OE. hwilc, Skt. cid, OChSl. čĭ-to 《何?》

　　Gr. ἵστημι, Lat. sistō, Skt. tiṣṭhāmi 《立つ》

　　Lat. vir, Goth. waír (Goth. では h, h, r の前の *i>ai), OIr. fer (OIr. では i は ă 又は o の前で e, cf. gen. fir< *wirī)<*wĭros 《男》

*u Gr. ζυγόν, Lat. iugum, Goth. juk, Skt. yugám=NE. yoke

　　Gr. κυνός, Skt. śunaḥ, Lith. šuñs (以上 gen. sg.), Goth. hunds (nom.), OIr. con (gen.) 《犬》

　　Skt. budhyate 《(彼は) 目醒める》, Lith. budéti, OChSl. budĕti (inf.) 《目醒める》

　　Gr. θύρα 《扉》, Goth. daúr, OE. dor, OHG tor<*dhur-

*ī Lat. vīvus, Skt. jīvaḥ, Lith. gývas, OChSl. živū 《生ける》

*ū Gr. μῦς, Lat. mūs, OIr. mūs, OHG. mūs, Skt. mūḥ, OChSl. myšĭ 《鼠》

　　Gr. θῡμός 《心, 怒》, Lat. fūmus 《蒸氣, 煙》, Skt. dhūmaḥ, Lith. dúmai (pl.), OChSl. dymū

37. *r̥, *l̥, *m̥, *n̥ 印歐共通基語に於て子音と子音との間（語頭及び語末の場合も之に準ず）にある種の音又は音群があり，その性質はよくは判りかねるが，發生的に *i : ī, *u : ū の關係と全く同じ關係に，*r̥, *l̥, *m̥, *n̥ と關聯している．卽ち *ī, *ū が *yə (iə), *wə (uə) より融合によって生じたのであるのと同じく，これらの音は本來は *rə, *lə, *mə, *nə（又は *erə, *r̥ə 等）であったらしい．

サンスクリット語に於ては *rə, *lə は ir, ur となって現われる．*nə は ā となっているけれども，*mə が如何に現われるかは確かな證據がないが，恐らく ām であろうと思われる．*r̥, *l̥ はサンスクリット語では ir, ur となっているのであるから，īr, ūr に對しては *r̥̄, *l̥̄ を想定しなくてはならないので，F. de Saussure は共通基語形 *r̥̄, *l̥̄, *m̥̄, *n̥̄ を立てたのであって，その長短兩音の關係は正に *i, u : ī, ū と等しい．しかしこの音はギリシア語に於ては αρα, αλα, αμα, ανα と對應すると共に，ρᾱ (ρω), λᾱ (λω), μᾱ, νᾱ ともなって現われ，前者は恰も融合しない *iə, *uə と等しく，*erə, *elə 又は *r̥ə, *l̥ə の形をそのままに保っているかの如くである．αρα : ρᾱ の關係はラテン語の ari, ali : rā, lā, ケルト語の ara, ala : rā, lā の如き對應にも見出される．

語中に於て *ə が消失する語派に於てはこの音は短い sonant と混同しているが，リトアニア語ではアクセントによって兩者が區別され，

  *r̥ : Lith. ir̃, ur̃

に對して

  *r̥̄ : Lith. ìr, ùr

となっている．例えば gírti《飲む》: gìrtas《醉った》(pass. part.). セルビア語に於ても同じく兩者はアクセントによって區別せられる．リトアニア語のアクセントが弱まった形に於て ˋ となっていることは，サンスクリット語に於て īr, ūr がアクセントのない音節に

のみ現われることと對比して，共通基語に於ける弱い音節がここにあったと考えなくてはならない．然るにギリシア語に於ては $ρā, λā$ 等が弱まらない形を要求する場合にも現われている．例えば $-μα$ なる接尾辭による名詞 $τρῆμα$《孔》の如き場合．サンスクリット語に於ては īr, ūr は Skt. drāghmā (instr. sg.)《長さ》, Av. drajō (neut.)：Skt. dīrghá-《長い》, Av. darəga の如くに rā のアクセントのない音節の形である．從ってギリシア語の $ρā, λā$ 等は *rā と *rə (*erə, *r̥ə) の兩者の混同と考えるべきであろう．ギリシア語には更に今一つ $ρω, λω$ なる對應があり，例えば

    Gr. $στρωτός$：Skt. stīrṇá-《擴げられた》

は形態上は完全な一致を示す．$ρω, λω$ はまた先に述べた $ρā, λā$ 等と同じく，弱まらない形を要求する場合にも現われる．更にギリシア語には $τρητός$《孔を開けられた》の如き $ρη$ なる形をももっており，(1) ここに $ρā, ρη, ρω$ なる三つの形が併存している．このギリシア語の形の原形としては唯一つの *r̥ のみを假設することは許されない．我々は之に對して *r に三つの音色の異る母音の弱まった形が附加されたものと考える必要がある．卽ち之には本來の *rā, *rē, *rō に對する三つの形を想定すべきであって，之に反して Gr. $αρα, αλα$, Lat. ari, ali 等は *erə, 又は *r̥ə なる形に於て三つの異る音色が混同して，そのまま殘ったものであろう．

IE.	Gr.	Skt.	Lat.	Lith.	Celt.
r̥̄ (erə / reə)	$αρα$ $ρā, ρη, ρω$	īr, ūr	ari rā	ìr, ùr	ara (rā)
l̥̄ (elə / leə)	$αλα$ $λā, λη, λω$	īr, ūr	ali lā	ìl, ùl	ala lā

    (1) 之が本來の $ρη$ であることは，ドーリス方言形 $τρηματίκτᾱs$《骰子を遊ぶ人》の如き，全く疑いのない形によって證明せられている．

IE.	Gr.	Skt.	Lat.	Lith.	Celt.
$\overset{\circ}{\bar{\mathrm{m}}}\begin{pmatrix}\mathrm{em}ə\\\mathrm{m}ə\end{pmatrix}$	$αμα$ $μ\bar{α}$	ā (ām)?	ami mā	ìm, ùm	mā
$\overset{\circ}{\bar{\mathrm{n}}}\begin{pmatrix}\mathrm{en}ə\\\mathrm{n}ə\end{pmatrix}$	$ανα$ $ν\bar{α}$	ā	nā	ìn, ùn	nā

*r̥̄　Skt. gīrṇáḥ《飲みこまれた》, Lith. gìrtas《醉える》, Gr. βάραθρον《深淵》

*l̥̄　Skt. ūrṇā, Lat. lāna, Gr. λᾶνος (Dor.), Lith. vìlna, OChSl. vlŭna, Goth. wulla=NE. wool

*m̥̄　Gr. κμᾱτός (Dor.)《疲れた》: κάματος《疲れ》

*n̥̄　Skt. jātáḥ, Av. zāto, OLat. gnātus (Class. Lat. nātus), 大陸ケルト語 -gnātus（人名に於て）《生れた》, Goth. gōda-kunds《貴い氏の》

この外にギリシア語の Dor. θάνατος《死》: θνᾱτός《死せる》, ἐδάμασα (aor.)《屈服させた》: δμᾱτός《屈服させられた》, τάλαντον《タラントン（重量の單位）》: τλᾱτός《忍耐ぶかい》, Lat. lātus <*tlātus の如き例.

母　音

38.　*ĕ, *ŏ, *ă　印歐共通基語に於ては語の不變の部分は子音のみであって，母音は語の機能を表わすために變化した。例えば Gr. λέγω《言う》, λόγος《言葉》; φεύγω《遁れる》(pres.), ἔφυγον《遁れた》(aor.); λείπω《殘す》(pres.), ἔλιπον (aor.), λέλοιπα (perf.), λοιπός《殘りの》の如くである。母音のかかる機能的交替については後に説明するが，かかる變化の中にあって最も重要な母音は *e 及び *o である。この外に共通基語には *a もあったらしいが，この音の對應は極めて稀であって，ギリシア語，ラテン語，

ケルト語，アルメニア語に於てのみ a は o と區別されているにすぎない。更に *a は *e, *o の如くに機能上の作用を有しないかに見える。更に *a はギリシア語，ラテン語，ケルト語等多くの語派に於て *ə 又は *ə₂ と混同し，之を識別することが困難な場合が多い。最近のヒッタイト語の ḫ の研究によれば，*a はこの言語に於てある種の ḫ と隣接している場合に現われているので，之は本來の *e が喉音の影響によって *a となったものであって，音韻としては *e のみであり，*a はこの特殊な音韻結合の場合の現われ (allophone) であるとも考え得るのである (122 頁以下參照)。

39. *ə 以上の外に，インド・イラン語派の i に對して他の語派では a (Slav. *a>o) を以って對應する音韻がある。之は主としてアクセントのない音節に現われる。之を *ə を以って表記する。 *ə の音聲學的性質については，正確なことは言えないが，一種の中舌音であって，之を schwa (primum) と稱する。

インド・イラン語派の i：他語派 a の對應は，上記の如くに，*ə が共通基語にあったことを想わしめるが，この外にギリシア語に於て，Indo-Iran. i: Gr. ε, α, o：他語派 a なる對應を示す場合がある。例えば

　　Gr. στατός: Skt. sthitáḥ, Lat. status 《立てられた》
　　Gr. θετós: Skt. hitáḥ 《置かれた》
　　Gr. δοτós: Lat. datus 《與えられた》

ギリシア語の ε, α, o は長母音 η, ā, ω の弱まった形であることは στατός, θετós, δοτós が夫々 ῐ́-στᾱ-μι, τί-θη-μι, δί-δω-μι のアクセントを失った形に由來していることによって明らかである。このギリシア語の對應に對して次の如き二つの解釋が可能である。

　　a) 共通基語に於ける *ē, *ā, *ō の弱まった形は *ə 一つであり，ギリシア語の ε, α, o の區別は η, ā, ω の類推によるも

のである。[1]

b) 理論的に考えれば，長母音 *ē, *ā, *ō に對して弱まった形は當然三つの音となって現われるべきであるから，Gr. ε, α, o はその唯一の殘存せる形であり，他語派に於ては之らが a 又は i に混同されたものである。[2]

b) 說は e, a, o を有するのがギリシア語のみである所より，一時は殆んど否定されたかに見えたが，最近再び採り上げられるに至った。[3] この說によれば IE. *ē, *ā, *ō は *e に *ə$_1$, *ə$_2$, *ə$_3$[4] が後接した場合に融合によって生じたものであって，この關係が Gr. ε, α, o となって現われているのである。

*ə は母音交替（§50 參照）の點よりみれば，長母音 *ē, *ā, *ō の弱い形であるから，その關係は ei:i, eu:u, er:r̥ 等と等しく，從って *ə は y, w, r, l の如くに一種の sonant に近い機能を有していたと考え得る。この *ə はしかし非常に消失し易い音韻であった。

---

(1) F. de Saussure: *Receuil* 168 f.; K. Brugmann: *K. vgl. G.* 141 (文獻); H. Hirt: *Idg. Gr.* II. 35 f.; F. Specht, *KZ.* 59, 83.

(2) F. Bechtel: *Hauptprobleme* 248 (文獻); Fick, *BB.* 9, 313 ff.; Collitz, *Transaction of Am. Philol. Assoc.* 28, 97 ff.; Schwyzer: *Griech. Gramm.* I. 340 f. (文獻).

(3) J. Kuryłowicz, *Prace filol.* 11 (1927), 201–43; *Symbol. gramm. Rozwadowski* I. (1927), 95 ff.; *Et. indoeur.* 27–76, 77–130; E. Benveniste: *Origines de la formation des noms en indoeurop.* Paris 1935; Sturtevant, *Language* 7, 115–124, 141–144; 14, 239–247; E. Sapir, *Language* 14, 248–274; W. Couvreur: *De hett.* ḫ (*Teksten en Verhandl.* Nr. 12.) Leuwen 1935; *De Hett.* ḫ. *Een Bijdrage tot de Studie van het Indo-Europ. Vocalisme* (Bibliothèque du Muséon 5) Leuwen 1937; E. H. Sturtevant: *The Indo-Hittite Laryngeals.* Baltimore 1942 等。

(4) ここでは假にこの符號によって laryngales を含むこの音を表わしておく。之に關しては後出 122 頁以下を參照。

＊ə はイラン語派，スラヴ語派，アルメニア語派，ゲルマン語派に於て語尾以外の第二音節では消失する。但しこの場合には，これらの語派に於ては元來 ＊ə が生じなかったとも考え得る。例えば

　　Gr. θυγάτηρ, Skt. duhitár-： Pers. duxt (アヴェスタの Gāθā
　　　中の duɣədā は二音節である), OChSl. dŭšti, Lith. duktě,
　　　Arm. dustr, Goth. daúhtar＜＊dhughətěr-《娘》

の如くである。また母音の前に來た際には ＊ə はすべての語派に於て消失する。

　　Gr. γενέ-τωρ, Skt. jani-tár-, Lat. geni-tor＜＊genə-tŏr-《生む
　　　者，父》： Gr. γέν-ος, Skt. jan-aḥ, Lat. gen-us＜＊genə-os
　　　《氏族》

これは他の sonant と非常に異る點であって，sonant はこのように容易に消失することはない。從って ＊ə は極めて容易に消失する輕い音であり，かつ母音や sonant とは異る性質を有しながら，音量が母音に近い程大きく，その音色が極めて曖昧であり，從って母音と融合し易く，獨立性の薄弱な音韻であると考えるべきであり，ヒッタイト語の ḫ 又は ḫḫ で表記されている音韻がある場合に ＊ə に相當する場所にあることなどより推測して，或は之に近いある氣音或は咽頭或は後口蓋摩擦音を考えることが許されるであろう。これに關しては，しかし，未だ多くの問題があり，殊に ＊ə が母音として働く場合と然らざる場合との關係，＊ə がギリシア語に於ても a となっている場合と然らざる場合との關係等に多くの疑問が存在する。これに關しては 122 頁以下を參照。

40. ＊$ə_2$＝e a o ＊ə の示す對應以外にまた之とは全く異る第二の對應がある。之に關しては現存せる諸語派の與える資料が餘りにも貧弱であるために，確實な事は殆んど判明していないが，その ＊ə と異る所はギリシア語その外の ＊ə：a の對應を示す語派に於て i 又は u となって現われていることである。これは ＊e や ＊o が弱ま

った場合と考えられる箇所に見出される點より，短母音の一段と弱まった *e, *a, *o であろうと推測される。之を第二の schwa と稱する。この音はしかし類推によって屢〻元の形たる e, a, o に戻っていたり，或は失われていたりする所より，共通基語に於ける音韻であるというよりは，アクセントのない場合の allophone であると考えるべきであろう。[1]

41. 長母音 短母音 *e, *a, *o に對して共通基語は長母音 *ē, *ā, *ō をもっている。*ē はギリシア語，ラテン語，ゴート語，バルト語，スラヴ語に於て保存せられ，之に對してケルト語 ī，アルメニア語 i となっている。*ō と *ā とはギリシア語，ラテン語，アルメニア語，アルバニア語，リトアニア語 (uo と o) とに於ては區別されているが，ゲルマン語では ō に，ケルト語，ラトヴィア語，スラヴ語では ā と混同している。インド・イラン語派は *ē, *ā, *ō を短母音 *e, *a, *o と同じく，*ā 一つにしているが，*ē の存在はインド・イラン語派に於ても，短母音と同じく，その次に來る母音が *e の場合には labio-velares が，例えば Skt. jāniḥ 《女》: Goth. qēns の如く口蓋化されていること等によって證明せられる。

これらの長母音の大部分は上述の如くに *e+ə̯ の融合によって生じたものと考え得るのであって，從って之は *ei, *eu と同じく取扱うべきものであるが，この融合への傾向は非常に古い時代に行われたものであるために，共通基語が各個の語派に分れつつあった，即ち共通基語の最新層に於ては，既に *ə̯ は部分的にその音韻としての存在を失って仕舞っていたらしい。その樣はラテン語に於て h

---

(1) H. Güntert: *Indogermanische Ablautprobleme. Untersuchungen über Schwa secundum, einen zweiten idg. Murmelvokal.* Strassburg 1916; K. Brugmann: *Grundr.* I². 119; H. Hirt: *Idg. Gramm.* II. 79 f.; A. Meillet: *Introduction*⁸ 102 參照。

第3章 印歐共通基語の音韻

が殆んど消失し，また語末の -m がその先行母音を鼻音化していたために，下位諸言語たるロマンス諸言語にその傾向が繼承せられて行ったのと同じく，下位印歐諸言語は共通基語のこの傾向を繼承して，ヒッタイト語以外では *ǝ の音韻としての存在は全く忘れられて殘らず，唯母音として働いている *ǝ のみが殘存した。それ故に長母音 *ē, *ā, *ō は一々之らを *e+ǝ に分解する必要はなく，このままで共通基語形として考えても差支えないのであることは，ロマンス語の共通基語としてのラテン俗語に於ては -um や -am を，その -m を除外して -ų や -ą と考えてよいのと同じである。

印歐共通基語の長母音はこの外になお二つの原因によって生じた。普通の *ē, *ā, *ō は *ǝ と交替するが，かかる長母音の外に

(1) 延長 (Lengthening, Dehnung) による長母音があった。例えば

Gr. πώs (Dor.), Lat. pēs : gen. ποδ-ós, ped-is 《足》
の如き場合には，長母音を有する πώs, pēs の弱まった形は *ǝ ではなく，むしろ逆に *pod-, *ped- の如き短母音が長音化したものであるらしい。Streitberg (*IF.* 3. pp. 350-416) によれば，アクセントを有する短母音を含む開音節の直後にある音節が全く消失した場合には，長母音が生じたのであって，例えば

*pǝtér《父》<*pǝtéro 又は *pǝtére

であり，Skt. dyā́m (acc. sg.), Gr. Zῆν (acc. sg.) 《空》は *dyeum (二音節) > *dyēwm (一音節) > *dyēm なる變化によって生じた。之を「ストライトベルクの法則」(Streitbergsgesetz) と稱する。(1)

(2) この外にも母音と母音との融合 (contractio) によっても亦長母音が生じたのであって，ギリシア語の ἦλθον, ὦφλον, ἆγον (> Ion. Att. ἦγον) の如き形は，*ee-, *oo-, *aa- > *ē-, *ō-, *ā- によ

―――――――――――
(1) H. Hirt : *Idg. Gramm.* II. 37 を參照。

って生じたものであり，既に共通基語時代の母音融合の形を傳えているものと思われる．

42. 上に述べた印歐諸言語の母音の對應は次の如くである．

IE.	Gr.	Lat.	Celt.	Germ.	Ind.-Ir.	Lith.	OChSl.	Arm.	Hitt.
e	ε	e	e	e	} a	e	e	e	e(a)
o	o	o	o	} a		} a	o	o	} a
a	{α	}a	}a			}a	o	}a	
ə	{(εoα)				i				a?
ə₂(eao)	ι,υ	a		u			ĭ,ŭ?	a	
ē	η	ē	ī(ē)	ē		ė	ě	i	a(aa)
ō	ω	ō	ā(ū)	} ō	} ā	uo,o	} a	u	e(ee)
ā	ā(η)	ā	ā			o		a	a(aa)

1. ギリシア語の母音組織は殆んど完全に印歐共通基語の形を保存している．

2. ラテン語はこの表に於てはギリシア語と同じく殆んど共通基語の母音を變えずに保っているが如くであるが，古典時代のラテン語の母音は多くの第二次的變化（特に語中及び語尾に於て）を蒙っているために，表中の形は極く限られた場合にのみ認められるにすぎない．一般的に言えばラテン語の母音組織はギリシア語のそれの如くに明瞭ではない．

3. インド・イラン語派は *ĕ, *ŏ, *ă を ă に變えたために，母音組織が甚だ單純になった．

4. ゲルマン，バルト，スラヴ三語派に於ては a と o との差が殆んどなくなり，僅かにリトアニア語に於て長母音にその別があるのみ．

5. ゴート語に於てはゲルマン共通基語の *e は ai 又は i によって表記されている．

6. ヒッタイト語に於ては母音の表記法が甚だ不明瞭なために，

各々の音色を確實に知ることが困難である.

例

*e Gr. φέρω, Lat. ferō, OIr. biru (1. pers. sg.), berid (3. sg.), Goth. baíran (inf.), Skt. bharāmi, Lith. bérnas (《若者》), OChSl. berǫ, Arm. berem 《(私が) 運ぶ》

Gr. ἐστί, Lat. est, OIr. is, Goth. ist, Skt. asti, Lith. ēst(i), OChSl. jestĭ, Arm. ē, Hitt. e-eš-zi=NE. is

*o Gr. ὀστέον, Lat. os (gen. sg. ossis), Skt. asthi (gen. sg. asthnaḥ), Arm. oskr<*ostw-er, Hitt. ha-aš-ta-i 《骨》

Gr. πρό, Lat. pro, OIr. ro-, Goth. fra-, Skt. pra-, Lith. pra-, OChSl. pro-, Hitt. pa-ra-a (=pra)《前に》(praeverbium と prep.)(1)

[註] ブルークマンの法則. K. Brugmann は Skt. ā は開音節に

---

(1) 印歐語族の共通基語の母音については, 19 世紀の前半までは *a, *i, *u の三つを考え, *a が歐洲の諸言語で e, o, a の三つに分れたのに反して, インド・イラン語派は原始的な狀態を保存しているものとされていた. これはサンスクリット語が最も原始的な祖語に近いものと思われていた所より發した誤れる結論であったが, 後多くの點で漸次訂正せられるに至った. 特に e と o の存在を明らかにしたのは所謂 Palatalgesetz である. 即ちサンスクリット語に於てはそれまで説明が出來なかった k:c, g:j の交替があった. そしてこの c と j とが i の前に見出されるのみならず, 歐洲諸言語 e: サンスクリット語 a の對應を示す音韻の前に於ても現われることが明らかとなった. この最も明らかな例は重複を行う perfectum であって, この perfectum は語幹に o の母音を有するに對して, 重複した音節には e の母音をもっているのであるが (例 Gr. μέμον-α, λέ-λοιπ-α の με-, λε-: -μον-, -λοιπ-), サンスクリット語はかかる場合に ca-kār-a, ja-ghān-a の如くに c:k, j:gh の交替を示し, 之は e の前に於て gutturales が口蓋化 (palatalization) せられたことを示す有力な證據である.

於て歐洲諸言語の o に對應すると考えた. 例えば
Skt. aśmā́n-am, OPers. asmān-am (acc. sg.)《石》: Gr. ἄκμον-α
Skt. tvát-pitār-am : Gr. εὐ-πάτορ-ες
この說に關しては猛烈な論爭が展開せられたが, 遂に Brugmann 自身も之を否定するに至った (1906 年, *IF.* 32, 191² を見よ). しかし, 最近では J. Kuryłowicz (*Prace filologiczne* 11, 215) の如き人はこの說を再び採り上げ, Skt. ā: 歐洲諸言語 o の對應に有力な反證と認められている Skt. jana-: Gr. γόνος の如き形は本來は *gonǝ-o- であるから, *gon- は開音節ではなく, 從って Brugmann の法則に反するものではないとしている.

*a Gr. ἄγω, Lat. agō, Ir. aigim, agat (subj.=Lat. agant), ONorse aka, Skt. ajāmi, Arm. acem《導く》

 Gr. ἀπό, Lat. ab (Umbr. ap-), Skt. apa, Hitt. a-ap-pa (apa)《…から》

 Gr. ἄττα, Lat. atta, OIr. aite (《養父》), Goth. atta, OChSl. otĭcĭ《父》(本來は愛稱)

 Gr. τάτα, Lat. tata, MBret. tat, Skt. tatáḥ《父》(愛稱)

*ē Gr. τί-θη-μι《置く》, ἔ-θη-κα (aor.), Lat. fēci (pf.), Welsh dede (pf.), Goth. ga-deds《行爲》, Skt. da-dhā-mi, Lith. déti (inf.)《置く》, OChSl. děti (inf.)《行う》, Arm. dnem (aor. act. 1. sg. edi)《置く》

 Gr. ἧσται, Skt. āste, Hitt. e-eš-zi《(彼が) 座る》

 Lat. sēmen《種 (播かれるもの)》, Goth. (mana)-seps《人界, 世界》, OIr. sil⁽¹⁾《種》, Lith. sémenys, OChSl. sěmę《種》

 Gr. μή, Skt. mā, Arm. mi 否定辭

*ō Gr. δῶρον《賜物》, Lat. dōnum, OIr. dān,⁽¹⁾ Welsh dawn,

---

(1) ケルト語ではアクセントのある音節では ē>ī, ō>ā なる第二次的變化があった.

Skt. dānam, OChSl. darŭ, Arm. tur-kh, Lith. dúoti (inf.)
《與える》

*ā̆ Gr. μάτηρ (Dor.), Lat. māter, OIr. mathir, ONorse moďer, Skt. mā́tar-, Lith. mótė, OChSl. mati《母》

*ə Gr. πατήρ, Lat. pater, OIr. athir (gen. sg. athar : Cont. Celt. Ateronius 人名), Goth. fadar (d=ď), ONorse faďer, Skt. pitár-, Arm. hayr (gen. sg. hawr<*pətrós)<*pətĕr-《父》

*ə₂ Lat. quattuor, Sl. *čĭtyr- (cf. Tech. čtyři), Hom. πίσυρες (: Att. τέτταρες): Skt. catvāraḥ, Lith. keturì, OChSl. četyre《4》=*k$_e^w$twr, *k$_e^w$tur- : *k^{w}etw-, *k^{w}etur-
    Arm. tasn《10》, OHG. zwein-zug《20》: Gr. δέκα, Lat. decem=*d$_e$k- : *dek-

但しこのような對應を示す例は極めて僅かである。理論的には例えば Gr. ποδ-ός, Lat. ped-is, Skt. pad-áḥ (gen. sg.)《足の》の如き形は, Gr. πόδ-α, Lat. ped-em, Skt. pā́d-am (acc. sg.) 等に對して，當然アクセントの關係から *ped-és, *p$_o$d-ós : *pód-m̥, *péd-m̥ の形を推定せしめ，從って *ə₂ の對應として Gr. *πιδ-ός, Lat. *pad-is とならねばならないのであるが, かかる形は他の *pod-, *ped- を有する形によって母音を補われて，實際の發音にはあっても之を話す人の意識には上らず，そのために音韻としての *$_e$ や *$_o$ は存在しなかったものと思われる。ただ例外的に上掲の如き形が特別の條件 (?) によって出來上ったのであろう。

43. 二重母音 (diphthongs)　印歐共通基語には二重母音として *ĕ, ŏ, ă+i, u があった。これらはその音節形成の機能に於て *ĕ, ŏ, ă +r, l, m, n と等しく，例えば *ei, *eu が弱い音節に於て *i, *u (=

*ey, *ew)となると同じく，*er, *el 等は *e̥r, *e̥l>*r̥, *l̥ となるのであるから，*ĕ,ŏ,ă+r,l,m,n もこの意味では二重母音の一種と考えるべきであるが，音韻變化の對應の場合には *i と *u の二重母音は屢々 *e-ï, *e-ü の場合とは異る變化を示しているのに反して，*er, *em 等は *e と *r, *e と *m の如くに別々に扱っても全く同じであるから，*er, *em 等が *ei, *eu 等と等しいのは音節形成要素として母音交替を行う場合に限り，兩者があらゆる場合に同一であったと考えるのは誤りであり，*i, *u は二重母音の場合にはむしろ *ey, *ew と考えるべきであって，之に對して *e-r̥, *e-m̥ の如き，*e-ï, *e-ü に相當すべき場合はない．從ってここでは i 及び u の二重母音のみを特別に取扱う．これらの二重母音の對應は次の如くである．

IE.	Gr.	Lat.	Ir.	Goth.	Skt.	Av.	Lith.	OChSl.	Arm.
ei	ει	(ei) ī	ē, īa	ei	ai>ē	aē, ōi	ei, ie	i	?
oi	οι	(oi) ū	oe	ai			ai, ie	ě	ē
ai	αι	(oe) ī (ai) ae, ī	ae						ay
eu	ευ	(ou) ū	ō, ūa	iu	au>ō	ao, əu	jau au	ju u	oy
ou	ου			au					oy
au	αυ	au, ū							aw
ēi	ηι				āi>ai				
ōi	ωι								
āi	ᾱι								
ēu	η(υ)				āu>au				
ōu	ω(υ)								
āu	ᾱ(υ)								

　*ei はギリシア語，バルト語に於て保存せられている．ラテン語

では古くは ei であったが，後狭い ē を經て ī となった．インド・イラン語派に於ては *ei, *ai, *oi は共に *ai となり，サンスクリット語では ē, アヴェスタ語では aē, ōi となった．

Gr. δείκνῡμι 《示す》, Lat. dīco, Osc. deíkum 《言う》 (OLat. deicerent 3. pl. subj. impf.), Skt. deśaḥ 《方角，場所》, OIr. do-dēcha 《(彼は) 言う》 (subj.), Goth. ga-teíhan 《告げる》

Gr. εἶσι 《(彼は) 行く》 (<*ei-ti), Skt. éti, OPers. aitiy, Av. aēiti, Lat. it (<*īt<*eiti), OLith. eĩti

*oi はギリシア語で保存されている．ラテン語では古くは oi, oe, 後 ū となった．但し v の後及び語末では i. *o が a になった語派では *oi は *ai と同じ變化を蒙っている．從ってゲルマン，バルト，インド・イラン語派では兩者の形は等しい．

OLat. oino (acc. sg.＝ūnum), OIr. ōen, ōin, Gr. οἴνη (fem. 《骰子上の一》), Goth. ains, OPruss. ainan (acc. sg.), Skt. eka, Av. aēva 《1》

Gr. Ϝοῖκος, Skt. veśaḥ 《家》, Lat. vīcus 《村》

*ai   Gr. αἴθω 《燒く》, OLat. aide (acc. sg., nom. aedes) 《爐》 >《神殿，家》, Skt. edhaḥ, Av. aēsmō 《たき木》

*əi はすべて *ai と混同し，形の上から兩者を區別することは出來ず，語源的に造語法上より共通基語形を推定し得るのみ．

*eu, *ou, *au はギリシア語に於て最もよく保たれている．ラテン語では *eu は古く ou となり，古典時代に ou は更に ū に變った．*au はなお古典時代に殘っていたが，語の中間の音節では ū となった．ゲルマン語派に於て *eu は iu となったが，*ou と *au は

混同して au となった。古アイルランド語では *eu, *ou, *au は共にōとなり，後再び割れて ūa となった。インド・イラン語派では三者は *au を經て，インドではō に，アヴェスタでは ao, əu となった。リトアニア語に於ける *ou と *au との混同は *oi と *ai との混同に等しく，*o と *a とが共に a に混同したことに原因している。古代教會スラヴ語に於ても *ou と *au とは同じく u になっている。アルメニア語の oy は *eu と *ou の變化した形である。

*eu　Gr. γεύομαι (<*γευσομαι)《味う》, Skt. joṣati, Av. zaoša-《喜び》, Goth. kausjan《試みる，味う》

　　Gr. λευκός《白い》, Skt. rocate《輝く》(3. sg.), Av. raočō (neut.)《光》, Arm. loys《光》

　　Osc. touto《人々, 民族》(<*teut-), OIr. tūath, Goth. þiuda

*ou　Goth. raudai (dat. fem. sg.), OIr. rūad, OChSl. rŭdrŭ Skt. róhita-, Av. raoiḋitō《赤い》

*au はギリシア語，ラテン語，アルメニア語以外ではすべて *ou と混同している。

　　Lat. augmen《増加》, Lith. augmuō, Goth. aukan《大きくなる》(inf.), Skt. ojáḥ《力》, Av. aogah-, Gr. αὐξάνω《増大する》

*əu は *əi と同じく，*au と混同している。

44. 長二重母音 *ēi, *ōi, *āi ; *ēu, *ōu, *āu　共通基語に於ては短母音のみならず，長母音を最初の要素とする二重母音があったことは，インド・イラン語派の āi<*ēi, *ōi, *āi ; āu<*ēu, *ōu, *āu に認められる。サンスクリット語の *āi, *āu は實際には ai, au と發音されるに至っているが，本來の *ai, *au は e, o となっているた

めに，兩者は混同していない．ギリシア語に於ては語末の長二重母音 -āι, -ηι, -ωι（之は現在の正字法では -ᾳ, -ῃ, -ῳ と書かれる）は dat. sg. の格語尾として保たれているが，その外の場合には 1) 第一の要素が短母音化して普通の二重母音と同一になるか，2) 第二要素が脱落して單なる長母音となるか，している．第二の變化はサンスクリット語に於ても亦ある場合に行われたらしく，從って印歐共通基語の末期に於て既にこの變化があったと推定される．また第一の變化は各個の語派に於て行われている．從って長二重母音は短二重母音よりは識別が困難である．

例

IE. *d(i)yēus : Skt. dyauḥ, Gr. Ζεύς, Lat. diēs, acc. diem＜*diēm, Skt. acc. dyām, Gr. acc. Ζῆνα (＜*Ζῆν)《空》

IE. gʷōus : Skt. gauḥ, Gr. βοῦς (Dor. βῶς), Lat. bōs, Skt. acc. sg. gām, Ir. bō《牝牛》

IE. *rēis : Skt. rās, gen. sg. rāyaḥ, Lat. rēs《物》

IE. dat. sg. -*ōi : Av. -āi, Gr. -ωι, OLat. -oi＞Class. Lat. -ō

IE. instr. pl. -ōis : Skt. -ais, Gr. -οις (dat. pl.), Ital. dat.-abl. pl. -ois＞Lat. -īs

IE. *nāus : Skt. nauḥ, Gr. ναῦς《船》

母 音 交 替 (1)

(Vowel Gradation, Ablaut, alternance vocalique)

45. 印歐語族の諸語派に於て，例えばラテン語の vel-le, vel-im : vol-ō ; cap-iō : ac-cip-iō, ac-cep-tus ; fac-iō : ad-fic-iō, ad-fec-

---

(1) 母音交替は本來單獨の音韻の現象ではなく，語となった形に於てその中の音節の形成に關する現象であるから，むしろ音節或は造語法の部分に入るべきものであるが，一方に於て印歐語母音の性質はこの現象を知らずには理解し難い上に，音韻の構造そのものがまた母音交替をよく理解した上でなくては本當には知り得ないのであるため，ここに音節や語根に先立って述べることとした．なおこ

tus の如くに，その語派または言語に於ける音韻組織または形態上の條件によって，各々の言語に獨立に生じた母音の交替の外に，多くの語派に共通に見出される母音交替がある．例えば

  Gr. $\pi\varepsilon\iota\theta\omega$ (pres.), $\pi\varepsilon\pi o\iota\theta a$ (pf.), $\varepsilon\pi\iota\theta o\nu$ (aor.) 《說得する》

  Laī. fīdo (pres.), foedus (名詞), fidēs (名詞)

の如き諸語派に共通の現象は，この交替が共通基語より繼承されたものであることを示している．

 母音交替の組織は傳存する各語派に於て様々の變化を蒙り，また失われていて，完全には傳わっていないけれども，印歐共通基語に於ては非常に重要な造語法上，形態論上の機能を有していたことは，現代英語の

  drive, drove, driven; sing, sang, sung, song

或は

  Gr. $\lambda \acute{o} \gamma o s$《言葉》：$\lambda \acute{\varepsilon} \gamma \omega$《言う》

  Lat. toga《トガ》：tegō《蔽う》

  Gr. pres. $\delta \acute{\varepsilon}\rho\kappa$-$o\mu a\iota$《見る》: aor. $\acute{\varepsilon}$-$\delta\rho a\kappa$-$o\nu$: pf. $\delta\acute{\varepsilon}$-$\delta o\rho\kappa$-$a$

  Lat. pres. fac-iō《なす，作る》: pf. fēc-ī

の如くに，語根の母音が代ることによって，或は動詞の様々の時稱を，或は名詞と動詞とを區別していることによっても知られる．

 印歐語族に於ては語の特徵は之を形成する子音により，子音のみが不變であって，母音は變化して文法上の機能を表わす用をなしている．例えば語根 *segh- 《持つ，…の力がある》はギリシア語に於て *sɢhe-, *sgh-, *sₑgh-, *soɢh- に變化し，$\acute{\varepsilon}\chi\omega$《持っている》<*segh-, aor. $\acute{\varepsilon}$-$\sigma\chi$-$o\nu$<*sgh-, pass. part. $\acute{\varepsilon}\kappa$-$\tau \acute{o}s$<*sₑgh-tós,

---

こゝに述べた母音交替は所謂古典的印歐比較文法のそれで，ヒッタイト語發見以後では，全く新しい母音組織の理論が展開されつつある．しかし之は未だ十分な定說を得ていない上に，ヒッタイト語以外の印歐諸言語の各個の單位に於ては，從來の母音組織のままでも十分なので，新理論は本章の次に別項として述べ，古典的な理論が之によって如何に變るかを示すこととした．

…οχος（例えば πολιοῦχος《市を保つ者》)<-*soghos) の如くである。この樣子は屢〻セム語に於けると同じであり，また之に比較されるのであるが，セム語に於ては印歐語に見られる如き接尾辭の母音交替はなく，語根と接尾辭が各〻異る基礎の下に交替を行うこともない上に，印歐諸言語に於ては母音は常に變っているとは言うものの，母音は矢張り語の意味を示すためには絕對に必要な徵であって，母音が如何に重要かは，セム語より文字を借用した印歐語族の言語が必ず母音表記の方法を新たに附加していることによっても知られる。その主なる原因は印歐語族には多くの子音群があり，かつその母音の位置と音色が，たとえある程度は文法上の機能によって定まっているとは言え，決して絕對のものではないからである。

母音交替は共通基語の古い時代に生じたものであるから，之が生じた原因はよくは判らないが，少くともある種の交替はアクセントの影響によって生じたものであるらしい。それはとにかくとして，母音の交替を生んだ原因は語根のみならず，語を形成するあらゆる部分に働いている。從って母音交替を論ずるに當っては，語全體を常に考慮しなければならないのであるが，交替を行う基礎となっている各個の音節又は音節群を一應個々に切離して考察する方が研究上便利である。かかる基礎となる音節（群）を母音交替の基 (base) 又は幹 (stem, 佛 thème) と稱する。基は單獨音節の場合と二音節の場合とがある。

46. 母音交替の階梯 (Grade, Stufe, degré) 一般に母音交替を二分して量的母音交替 (quantitative vowel gradation, Abstufung) と質的母音交替 (qualitative vowel gradation, Abtönung) とする。後者は e:o（例 λέγ-ω : λόγ-ος）の如くに常に o と他の e（稀に a?）との交替を意味するが，前者は e:ē, ē̆,ā̆,ō̆:ə, ei:i, eu:u の如き種々の交替を含んでいる。普通母音交替の組織中に兩者は結合して現われる。

母音交替により，強又は基礎階梯 (strong, normal, fundamental grade; Vollstufe, Grundstufe, Starkstufe, Hochstufe) と弱階梯 (weak grade; Schwachstufe, Tiefstufe) の差が生ずる．兩者はアクセントの動きと相關して現われることが多い．強階梯の中 e の母音は多くの場合に最も根本的な階梯であり，單獨の e, e+sonant i, u, r, l, m, n (又は sonant+e) の形で現われる．長母音 $\bar{e}$ ($\bar{o}, \bar{a}$) が強階梯の場合もある．從って e 階梯のみを正常階梯と稱することが出來るし，又これが正しいであろう．e 階梯に伴って o 階梯がある．例えば *ped-, *pod- の如くである．更に *pēd-, *pōd- の如き，母音が長くなった延長階梯 (lengthened grade, Dehnstufe) がある．長母音が基本となっている交替に於ては，この階梯は存在しないことは言うまでもない．この延長階梯は母音交替組織中に於て屢々缺けていて，その組織中の位置は極く一部分に限られている．

弱階梯は更に低減階梯 (reduced grade, Reduktionsstufe) と零階梯 (zero-grade, Schwundstufe, Nullstufe) とに分ち得る．例えば長母音を基とする *pēt に對して低減階梯 *pət, 零階梯 *pt である．しかし多くの場合に兩者の區別は認められず，例えば正常階梯 *pet に對する低減階梯 *pet の如き形は理論上は推定せられ，また僅少の特殊な場合には必要であるが，事實上は殆んど見出されないと言ってよい．例えばギリシア語 $\check{\varepsilon}\chi\omega$<*segh-, 零階梯 $\check{\varepsilon}$-$\sigma\chi$-$o\nu$<*e-sgh-on に對して，分詞は語根にアクセントがないにもかかわらず，$\varepsilon\kappa$-$\tau\acute{o}s$ なる形をもっている．かかる場合には ε は $\check{\varepsilon}\chi\omega$ 等の正常階梯の形の類推によるか，然らざれば *segh-tós の *$_e$ が再び e に戻ったと考えるべきである．以下に於てこれらの階梯を SG (強階梯), WG (弱), LG (延長), RG (低減), ZG (零) で表わす．

47. 以上の諸種の階梯は e 階梯を正常とした場合には，次の如くになる．

SG   e   o

WG　e　0
LG　ē　ō

これを二三の代表的な實例によって示せば別表1の如くである．

表の例の中 Skt. svapnaḥ, Gr. ὕπνος ; Lat. precor 等は基本形が *we, *re であるが，この場合にも WG. は *u, *r̥ 等になる．

*ei, *eu の後に母音が直接に來る場合には，*ey, *ew となる．例えば

　　Gr. χέ(ϝ)ω《注ぐ》: χεῦμα《堆積》, χο(ϝ)ή《注ぐこと》, κέχυται (pf.), Skt. juhve (pf.)《犧牲にされた》
の如くである．

*e+sonant の基に於ては，基が子音（閉鎖音又は *s にかぎる．というのは，*ein, *eil の如くに基に二つ以上の sonant が連續している形は共通基語にはなかったからであって，從って *tlu の如き形は *tleu の WG. として始めて可能なのである）に終っている場合には，WG. には *i, *u, *r̥ 等の一種しかない．例えば Gr. λειπ-, λιπ-; φεύγ-ω, ἔ-φυγ-ον. かかる基の後に子音の語尾が來た場合にも Gr. ἴ-μεν, Skt. i-máḥ《我々が行く》: εἶ-μι, é-mi《(私が)行く》の如くに *i, *u, *r̥ 等が現われるが，之に反して母音がその後に來た時には WG. は *i, *u, *r̥ 又は *y, *w, *r 等となる．兩者のいずれが現われるかは純粹な母音交替上の現象ではなく，むしろ音聲學的條件によるものであるけれども，實際上には兩者を區別して考えた方が便利なことが多い．

例
　　Gr. κλύ-ω《聞く》: κλέϝ-ος《名聲》
　　Skt. a-śruv-am
　　　　śuśruv-e (pf.)

　　Gr. ἔ-πε-φν-ον (redupl. aor.): θείνω<*θεν-γω《殺す》
　　Gr. ἤγρε-το, ἀγρ-όμενος: ἀγείρω<*ἀγερ-γω《集める》

48. e 階梯のない交替　以上の外に e:o の交替なく，唯 o 階

梯のみが現われているものがある．之は e 階梯が共通基語の末期或は各語派に於て共に失われた結果とも考え得るし，また本來の *e が後に述べる laryngales のために *o となったとも考え得るから (122 頁參照), o を正常階梯とする母音交替の系列は甚だ疑わしい．

例
 Lat. ovis, Ir. ōi, ōe, Gr. ὄϝις, οἶς, Skt. aviḥ《羊》
 Gr. ὄσσε《兩眼》, ὄψομαι (fut.)《見るであろう》, Lat. oculus《眼》, Skt. akṣi《眼》: Gr. ἐν-ῶπ-α《眼前に》, ὄπ-ωπ-α (pf.)《見た》
 Gr. ὄζω《におう》, ὀδ-μή《香》, Lat. od-or《香》, Arm. hot《香》: Gr. δυσ-ωδ-ής《悪い香の》

49. **a を正常階梯とする交替**　a を基本とする母音交替の系列も亦その例が甚だ少く，この系列の共通基語に於ける存在は疑わしい．この場合には殆んど確定的に laryngalis＋e が本來の形であったらしい (122 頁以下參照)．

a 階梯	o 階梯	弱階梯	ā 階梯	ō 階梯
Gr. ἄγ-ω《導く》 Lat. ag-ō Skt. aj-āmi	ὄγ-μος《直線》	pari-j-man《走り廻ること》	amb-āg-es《ぐるぐる廻わること》	ἀγ-ωγ-ή《導くこと》
Gr. ἄκρος《端》 Lat. aciēs	ὄκρις (?) ocris (?)		ācer	
Gr. αἴθ-ω《輝く》 Lat. aedēs《爐，家》 Skt. edhaḥ《たき木》		iddháḥ (p. pt.)		

50. ē, ā, ō の系列　短母音を強階梯に有する交替の外に，弱階梯に *ə を有する特殊な交替がある．例えば

  Gr. ἵ-στᾱ-μι (Dor.) : στα-τός (p. part.)
  Skt. ti-ṣṭhā-mi : sthi-táḥ (p. part.)
  Lat. stā-re   : sta-tus (p. part.)《立つ》

  Gr. τί-θη-μι   : θε-τός (p. part.)《置く》
  Lat. fē-ci (pf.)   : fa-ciō (pres.)《なす》
  Skt. da-dhā-mi : hi-táḥ (p. part.)《置く》

の如きものである．*ə は短母音を基底とする交替には弱階梯として現われないから，*st(h)ā- や *dhē- の *ā, *ē は短母音の延長階梯ではあり得ないのであって，この關係を說明するためには長母音を基底とする母音交替を考えなければならない．

　長母音を基底とする交替は e の系列に次いで重要である．この系列には弱階梯には *ə 又は全く母音の脫落した零階梯が現われる．零階梯はサンスクリット語には認められるが，ギリシア語やラテン語にはない．ギリシア語に於て ē, ā, ō に對するに，*ə の代りに ε, α, o が現われることがあることに關しては §39 を參照．この系列は長母音が基底となっているから，延長階梯は認められない．

　*ē, *ā, *ō : *ə の關係は，*ei, *eu, *er : *i, *u, *er(r̥) の關係に全く等しく，この意味に於て *ə は *ei, *eu 等に於ける sonant と全く等しい機能を有している．異る點は二重母音の代りに長母音が現われるだけである．この關係より推測して，今一步進めば

    *ē : ə = ei : i

より類推して

    *e+x : ə = e+i : i

より *ē = e+ə

ではあるまいかと考えられる．從って *ə と交替する *ē, *ā, *ō は元來 *e+ə 等に分解すべき，卽ち二つの音韻の融合或は第二要素

の消失に伴う所謂代償延長 (compensatory lengthening) によって生じたものであるとすべきである (101 頁參照)。故に *ə はその音聲學的性質は如何にあれ，sonant と等しい機能を有し，sonant と同じく弱階梯に於ては母音となり得るものであった．

長母音の前に *y 又は *w がある時には，*yē, *wē 等の低減階梯たる *yə, *wə は多くの語派に於て ī, ū となっているが，之は sonant の場合の長い *r̄, *l̄ =*r̥ə, *l̥ə に相當するものである。例えば共通基語の optativus の語尾 *yē の弱階梯は *ī となって現われる (Gr. τι-θε-ίη-ν 1. sg. : τι-θε-ῖ-μεν 1. pl. ; Skt. s-yā-t, Lat. s-iē-s: Lat. s-ī-mus; Skt. duh-ī-tá med.). しかしギリシア語に於ては屢ゞこの融合を蒙らない形が殘っている。例えば Gr. φερουσα (pres. part. act. fem.)《運びつつ》<*φεροντ-ϳα : Skt. bharant-ī ; Gr. πρία-μαι《買う》: Skt. krī-ṇā-mi の如くである．

*ēi, *ēu ; *ōi, *ōu 等を含む交替の弱階梯たる *əi, *əu も亦通常 ī, ū となって現われるが，母音の前では *əy, *əw となる。長二重母音の第二の要素たる i, u は子音の前，または語末に於て屢ゞ失われているために，實際の例では ē:ī, ō:ū の交替となって現われることが多い．

*ə は母音の前では消失する。例えば Skt. dá-d-ati《彼らは與える》, OChSl. de-d-ętū (fut.)<*de-də-ṇt-. また Skt. da-d-máḥ《我々は與える》<*de-də-mós ; Skt. da-dh-máḥ《我々は置く》<*de-dhə-mós の如き子音間に於て *ə が落ちた形は，普通は dá-d-ati の如き形の類推によって說明されているが，甚だ疑わしい。或は本來ここには *ə が存在しなかったのであるかも知れない (128 頁以下參照)．

なお注意すべきは，例えば *wrēg-, Gr. ῥήγ-νῡ-μι《裂く》(1. sg. pres.) : *wrəg-, Gr. ῥαγ-ῆναι (aor. pass. inf.) の如き形に於て，*ē と *ə とが sonant *r とは全く別個に變化している點であって，之は短母音と sonant との結合，例えば *wreg-, Gr. ῥέζω

《行う》: *wr̥g-, OHG. wurchen《wirken》に於て, *re の弱階梯
が *r̥ (er) となる如くに，兩者が一體となって變化しているのとは
全く異る。從ってここにも *ə が本當の母音とは異る性質のもので
あったことを窺い得るのである。

長母音の系列の母音交替の例は別表 2 の如くである。

51. 二音節語基 以上に述べたところは，例えば Gr. πα-τήρ,
πα-τρ-ός, πα-τέρ-α, πα-τρά-σι の如くに，ある一つの音節のみが
單獨に母音交替を行っている場合であるが，これに反して例えば

 Gr. ἐν-εγκ-εῖν (aor. inf.)《運ぶ》 <*enk
 Gr. ὄγκ-ος《重さ》 <*onk
 Skt. naś-ati (3. sg.)《得る》
 Lith. neš-ù (1. sg.)《運ぶ》   <*nek
 Gr. ποδ-η-νεκ-ής《足までとどく》
 Goth. ga-nah (pret.-pres. 3. sg.)《十分である》
            <*nok
 Lith. naš-tà《荷》
 Goth. ga-nōh-jan (inf.)《滿足させる》 <*nōk
 Skt. aś-no-ti (3. sg.)《得る》 <*n̥k
 Lat. nac-tus (p. pt.)《得た》 <*nek

の如くに *enk, *onk, *nek, *nok, *nōk, *n̥k, *nek を想定せし
める形がある。これは

 Gr. ῥέζω<*wreg-《行う》
 Gr. Ϝέργον<*werg-《仕事》

と全く同じく，これらの形の基底としては，*enek, *wereg を想定
すべきである。これがアクセントの動きによって énk<ének, nek
<enék；wrég<werég, wérg<wéreg の如くに變ったものであり，
ついでこの各ゞが獨立の基底（語根）と考えられるに至って，更に
一音節としての母音交替を行ったものである。しかし *enek や
*wereg の如くに二つの音節に強階梯を有するものは實際の形とし

ては存在しない譯であって，之は母音交替説明のための假設基にすぎない．

52. 第二音節に長母音を有する二音節語基 サンスクリット語に於ては śró-tum (inf.): śru-táḥ (p.part.)《聞く》に對して，全く同じ關係の下に bhávi-tum (inf.): bhū-táḥ (p.pt.)《存在する》の如き對應が見出される．かかる對應は多くの例によって示されているから，偶然ではあり得ない．従ってこの場合には u が ō<*au<*eu の弱階梯であるのと同じく，ū は avi<*ewə の弱階梯と考えなくてはならない．同様に r, l, m, n との結合に於ても，サンスクリット語は

   cári-tum (inf.): cīr-ṇáḥ (p.pt.)《動く》
   prā-ti (pres.): pūr-ṇáḥ (p.pt.)《滿す》
   jani-tā́《生む人》: jā-táḥ (p.pt.)《生む》
   dami-tā́《征する人》: dā̇m-táḥ (p.pt.)《征する》

の如き對應を示している．之に對しては各〻, ari (rā) の弱階梯として īr, ūr を, ani の弱階梯として ā を, ami の弱階梯として ā̇m を考えなくてはならない．一つの母音交替の基の中には強階梯が二つの音節に同時に現われることはないのであるから，これらの例はすべて一方が弱階梯にあるか，或は兩者共に弱階梯にある場合でなくてはならない．第二音節に現われている Skt. i<*ə は長母音 *ē, *ā, *ō の弱階梯の形であるから，第二音節が強階梯をとった場合にはここに長母音を豫期すべきであって，もしある型によってこの交替の基底形を再建すれば，それは *erē とか *etē の如き形であるべきであるが，かかる形が實際にあったのか，或は本來別々に働いていた二つの基が組合せられた結果 *erə の如き形が生じたのであるかを判斷すべき何らの證據がない．また長母音を有する二音節基は屢〻單音節となって現われている．というのは *ə は母音の前では脱落するし，またどちらかの音節に零階梯が現われることが屢〻

あるからである。この交替を行うものには二音節の母音間に sonant を有するものが多く，從って甚だ複雜な變化を示す．今假に t を以って任意の子音を，$\bar{a}^x$ を以って任意の長母音を示して，可能な場合のあらゆる階梯を圖表に示せば，次の如くである．

S+R	R+S	Z+S	Z+R	R+R	R	Z	S+S
e/oṭə	eṭā^x	ṭā^x	ṭə	eṭə		t	eṭā^x
e/oyə	eyā^x=iā^x	yā^x	yə	eyə=iə	ī	i, y	eyā^x
e/owə	ewā^x=uā^x	wā^x	wə	ewə=uə	ū	u, w	ewā^x
e/orə	erā^x	rā^x	rə	erə	r̥̄	r̥, r	erā^x
e/olə	elā^x	lā^x	lə	elə	l̥̄	l̥, l	elā^x
e/onə	enā^x	nā^x	nə	enə	n̥̄	n̥, n	enā^x
e/omə	emā^x	mā^x	mə	emə	m̥̄	m̥, m	emā^x

これらの階梯の中，S+R e/oṭə, e/orə の ə は母音の前で落ちるために屢〻單音節の如き形を呈する．同じ理由によって Z+R の ṭə, rə 等は Z の t, r 等と混同し，また rə, lə は母音交替研究の最も重要な資料の供給者たるギリシア語では r̥, l̥ と同じく ρα, λα となって現われるために，兩者の識別は屢〻困難である．更に R+R は，その後に母音が來た場合には Z の場合と等しくなり，子音が來た場合には R に等しく，從って R+R, R, Z の三者の別も理論上にのみ存在することが多い．別表3に之を例示する．

53. 母音交替を生じた原因（條件）　母音交替は印歐共通基語時代の中でも古い時代に生じたものであり，各個の語派ではその組織が既に破壞されているので，交替を生じた原因或は條件については之を明らかに知り得ないが，

  Skt. é-mi (1. sg.)《行く》, é-tum (inf.) : i-máḥ (1. pl.);
    véd-a (1. sg.)《知る》: vid-má (1. pl.)
  Gr. εἶ-μι (1. sg.)《行く》: ἴ-μεν (1. pl.)

の如き例を見れば，アクセントが大きな働きをしていることには疑

いがない。

　アクセントがこのように母音に影響する現象は共通基語の非常に古い時代にその性質が強弱アクセントであったことを想わしめる。然るにサンスクリット語，ギリシア語の如き傳存している最も古い言語のアクセントはすべて高低アクセントであるから，この說は事實上何等の根據がないかの如くであるが，アクセントの性質は容易に變化するものであって（例えばギリシア語の現代のアクセントは古代とは異り強弱アクセントに變っている），更に高低アクセントが強弱アクセントに合致する場合（現代日本語の東京のアクセントはその例である）もあり，アクセントが極めて短い時間の中に變り得るものであることは，ラテン語が古典期の直前まで語頭に強いアクセントを有っていたために，例えば capio が áccipio, ácceptus の如くにアクセント直後の音節の母音を著しく弱めた後に，古典期に於ては高低を含む強弱アクセントに變り，しかもその位置を最後の三音節に限定するに至った如き例によっても明らかであるから，印歐共通基語の古い時代に，かつてアクセントが強弱の性質を有っていたと考えることに何等の支障がないのみならず，アクセントと母音交替との關係を全面的に否定することは多くの實例が許さない。傳存諸言語に於ては弱階梯が屢ѕアクセントをもっているが，之は一度交替が生じた後にアクセントが高低に變り，その後にアクセントの位置が動いたと考えればよいのであって，この交替との相關の不一致は既に共通基語時代に生じたと思われる。

　延長階梯は部分的には，例えば多くの名詞の子音語幹の單數主格，或はかなり多くの動詞の完了語幹に現われているが，しかし延長階梯の文法的機能という如きものを明瞭に規定し得る程には，その現われ方は規則的ではない。この階梯が生じた原因としては，長い間所謂 Streitberg の法則というものが受入れられていた。之によれば延長階梯はそれに續く開音節の短母音の消失した場合に，之を補うために母音が延長されたのである。例えば *pətere>*pətēr.

しかし延長階梯のあるものは呼格に於ける，強調を伴って發音された形に由來するらしく，またインド・イラン語派に於て主として父稱(或は形容詞)を作るに際して用いられる延長階梯 (Vṛddhi) は共通基語に遡るものではなく，この語派獨特の發達であるけれども，なお僅かではあるが同形式の派生語形が他の言語にも見出され (例.獨 Schwäher : Schwager < *swékuros : *swēkurós)，これらによれば延長は e : ē, a : ā, or : ōr であり，これは名詞より形容詞を作るに用いられている。この際には Streitberg の言う如き條件は認められないので，再び彼以前に稱えられていた感情的な或はリズムの要素に由來する原因による説明が有力となったのである (cf. Ed. Schwyzer : *Griech. Gramm.* I. 355 f.)。しかし現在までの所では，未だに延長の生じた條件を明らかに規定し得ない狀態にある (M. Leumann : "Vokaldehnung, Dehnstufe und Vṛddhi", *IF*. 61 [1952], 1-16 參照)。

e 階梯と o 階梯との交替の原因は全く不明である。o 階梯は屢ミ複合語の第二要素として，例えば

Gr. πατέρ-α, πατήρ : εὐ-πάτορ-α, -τωρ
 ἀνέρ-α, ἀνήρ : εὐ-ήνορ-α, εὐήνωρ
 φέρ-ω : εὔ-φορ-ος
 κεῖ-ται : ἄ-κοι-τις

の如くに現われる。またアクセント直後の音節に o 階梯が現われる場合が多い。

δώ-τωρ, δώ-τορ-α
εὐ-γεν-ές : γέν-ος

しかし之に反して，例えば γόνυ, φώρ, αἰδώς の如くにアクセントのある音節にも見出され，更に φράτηρ, μάτηρ, Lat. frāter, māter の如くに e 階梯がアクセントの直後に來ることもあり，ῥοή : ῥέω, πομπός : πέμπω の如くにアクセント直前の音節に o 階梯があることもあり，e と o との交替とアクセントとの間の關係は

全く認められない．從って e:o の交替の原因を共通基語に於ける高低アクセントに求める說はこの現象を說明することは出來ないのである．

附　Laryngales (Schwa consonanticum) 說

54.　1906 年にトルコのアンカラの東方にある Boğazköy の一寒村に於て Hugo Winkler が發見したヒッタイト王の文庫中の言語が F. Hrozný (*Die Sprache der Hethiter, ihr Bau und ihre Zugehörigkeit zum idg. Sprachstamm, ein Entzifferungsversuch = Boghazköi-Studien.* I. 2., Leipzig 1917.) によって解讀せられ，印歐語の一つであることが明らかとなって以來，多くの學者の研究によって次第に全貌が判明しつつあるヒッタイト語中に從來比較の對象となった如何なる印歐語族の言語中にも認められなかった新らしい音韻が存在することが明白となった．卽ち ḫ (ḫḫ) が之である．既に述べた如く (83 頁以下參照) 之を第二次的發達として說明せんとするあらゆる試みが失敗に歸した後，著目されるに至ったのが F. de Saussure や H. Möller が純粹に理論上より稱えていた印歐共通基語に於ける h の存在である．

印歐語の Ablaut は既に述べた如くに，共通基語に於ける古い時代に既に發達を終了し，歷史時代の言語にはその姿の片鱗を留めているにすぎないために，不明瞭な點が多く，疑問にみちている．F. de Saussure は特に長母音と二音節語基の母音交替の研究に大きな貢獻をした人であるが，彼は sonant の研究を行う中に，これと同じ機能をもちながら，傳存諸言語には全く殘っていないある音韻が共通基語にあったのではないかと考えるに至った．[1] それは母音＋

---

[1] F. de Saussure: *Mémoire sur le système primitif des voyelles dans les langues indo-européennes.* Paris 1879. (實際には 1878 年出版) p. 135. なおこの說の展開の詳しい歷史に關して

sonant (例えば *əi) の弱階梯が母音的機能を有する形 (sonant vocalique) となって現われるのと全く同じ條件の下に長母音の弱階梯として a が現われることが多いからである (例 Gr. λείπ-ω : ἔ-λιπ-ον=ἵ-στᾱ-μι : στα-τός). 研究の結果彼の得た結論は，印歐共通基語にはかつて二種の A と Ǫ なる音があり，これは sonant と全く同じ機能を有する．異るところは A と Ǫ は母音を長音化して，後代の諸言語には e+A>ē 又は ā, e+Ǫ>ō, o+A>ō, o+Ǫ>ō となっていることにすぎない．例えば dō<*deǪ は *kei : ki と同じく，*deǪ : dǪ なる母音交替を行い，A 及び Ǫ は i と同じく sonant と同様の機能をもち，母音の消失によってのみ獨立のものとして現われ得る．例えば *st(h)eA>sthā- : st(h)A-tó>Skt. sthitá- であり，*pl̥-ne-A-mi (Skt. pr̥nāmi) は Skt. vr̥nomi<*wl̥-ne-u-mi と全く等しく，A 及び u は *yu-ne-g-mi (Skt. yunajmi) に於ける g に相當する．從って *pel-A, *wl̥-u の語根は *pel-, *wel- である．彼は更にその後 A が一種の h 音であり，Skt. sthā-, pr̥thúḥ : Gr. στᾱ-, πλατύς に於ける h の有無の差は st'-, pr̥t'u-s<*stA-, *pl̥tA- に由來していると發表した．(1) de Saussure の數學的頭腦は怖るべき推理の力を發揮して，純粹に理論的に共通基語の古層に於ける laryngales の存在をヒッタイト發見の遙かに以前に歸結したのである．

彼と略々同時代に H. Möller も亦印歐語族とセム・ハム語族と

は，高津春繁「印歐語母音變化の研究と Laryngales の發見」言語研究 第3號 (昭和14年) 53-76 を見よ．この中に同年に至るまでの文獻は殆んどあます所なく擧げられている．更に E. H. Sturtevant : *The Indo-Hittite Laryngeals.* (Linguistic Society of America. 1942), pp. 15-22 ; G. M. Messing : *Selected Studies in Indo-European Phonology.* (Harvard Studies in Classical Philology. 56/57 [1947]), pp. 161-203 參照．

(1) Société linguistique de Paris 1891 年6月6日の會合の報告 =*BSL.* 34 [1892], p. cxviii=*Receuil* p. 603.

の比較研究により，印歐語族の ē, ā, ō は元は e+x より生じたものであると考えるに至った．彼はこれら兩語族の同系關係を固く信じて疑わなかったゲルマン語學者であるが，彼によれば兩語派の根源をなす言語には Ӑ, A, h, Ḥ, ' の5喉音があった．この中 A と Ḥ とは a の音色を，Ӑ と h は e の音色を，' は o の音色を基本母音 a に與える．例えば Ӑa＞Ӑe＞e, aӐ＞eӐ＞ē である．母音の交替によって生じた o は變化を蒙らない．Ӑ, A, h, Ḥ は a 又は i に，' は a 又は ī となって弱階梯に於て母音化する．Ӑ＝古代エジプト語 ʒ, A＝古代エジプト語ʒ＞'(aleph)＝無聲閉鎖喉音, h＝セム語 h, Ḥ＝セム語 ḥ (無聲摩擦喉音), '＝セム語 '(有聲摩擦喉音) であると考えた．(1)

しかし兩說は共に學界の容れるところとはならなかった．Möller の印歐語族とセム・ハム語族同系說は餘りにも大膽であり，實證的根據が薄弱である．de Saussure の說は理論的推理の展開には非の打ちどころがないが，それを裏づけるべき資料に乏しく，19世紀の機械的實證主義言語研究の時には受け容れられるべくもなかったのである．彼らに贊同したのは僅かにデンマルクの H. Pedersen(2) とフランスの A. Cuny(3) 等にすぎなかった．Hübschmann, Ost-

---

(1) H. Möller: *Englische Studien* 3. p. 151 Anm. 1 (1879); *Semitisch und Indogermanisch. I. Konsonanten.* Kopenhagen 1906; *Indoeuropeisk-semitiske sammenlignende Glossarium.* 1909; *Vergleichende idg.-sem. Wörterbuch.* 1911, 特に *Die semitischvorindogermanische Laryngalen-konsonanten* (DVS/S. 7. IV. 1.) Kopenhagen 1917.

(2) H. Pedersen: *KZ.* 36, pp. 75 ff.; *ib.* 38, pp. 400 ff.; *Les pronoms démonstratifs de l'ancien arménien avec un appendice sur les alternances vocaliques indo-européennes.* (DVS/S. 6. VI. 3.), Kopenhagen 1905; *Vergl. Gramm. der kelt. Sprachen.* I. 30 Anm.

(3) A. Cuny: *BSL.* 21 (Nr. 66), pp. 47-54; *Rev. des ét. anc.* 11 [1909], pp. 275 ff.; 12 [1910], p. 90; *Rev. de phonétique.* 2.

hoff, Bechtel, Hirt 等すべて de Saussure に反對し，Brugmann は母音交替の眞相を遂に最後まで摑み得ず，この印歐語比較文法の大問題の困難に對して餘りにも樂觀的でありすぎた．

一方 de Saussure の說にも確かに大きな缺點がある．その一つは e+A が何故に ē 及び ā の二つに分れるのか，その條件を與えることが出來ない．第二に IE. *ə>Skt. a なる彼の說は事實に反する．Skt. では *ə>i である．之に對して laryngales を排する說には (1) ē, ā, ō の弱階梯たる *ə が唯一つであること，(2) *dhē-, *st(h)ā-, *dō- : *dhə-, *st(h)ə-, *də- と *kei- : *ki- の並行關係の說明，(3) a : o の交替が甚だ不十分にしか說明出來ないこと，(4) Gr. θε-τός, στα-τός, δο-τός : τί-θη-μι, ἵ-στᾱ-μι, δί-δω-μι に於ても *ə が三つの母音となって現われていること，(5) 二音節語基の解釋上の缺點，(6) *r̥̄, *l̥̄, *n̥̄, *m̥̄ の各語派に於ける現われ方の說明が不十分なこと，に弱點がある．

A. Cuny は de Saussure の說に H. Möller の laryngales 說を加味して，之を展開し，de Saussure の e+A>ē 又は ā の弱點を改めんとし，A, Ǫ の代りに ə₁, ə₂, ə₃ なる純粹の記號を用い，ə を一種の laryngales であるとし，この音價をセム語の 'h' であると考えた．Cuny は長い sonant は短い sonant+ə であるとし，*pelə, *gʷerə は元は *peleə, *gʷereə であり，ə は *weret, *bheret の t に相當する子音である．故にこの四つの語根の弱階梯は *pl̥ə, *gʷr̥ə (=*pl̥̄, *gʷr̥̄), *wr̥t, *bhr̥t となり，全く並行的な形を取る．

55. かかる說の後をうけて立ったのがポーランドの J. Kuryłowicz である．彼は 1927 年以後矢繼早やに laryngales に關する論

[1912], pp. 101–132 ; *Etudes prégrammaticales sur le domaine des langues indo-européennes et chamito-sémitiques.* (Coll. lingu. 14). Paris 1924.

文を發表しているが,⁽¹⁾ 1935 年に至って自說の大系を *Etudes indo-européennes*. I. Kraków に於て明らかにした（特に pp. 27-130).
之によれば

1.　延長又は融合によるにあらざるすべての長母音は短母音 e+
ə₁, ə₂, ə₃, ə₄ より生じた．卽ち e+ə₁>ē, e+ə₂>ā, e+ə₃>ō, (e+ə₄
>ā).

母音と子音間にある ə は上述の作用をする．

例　*dhē-<*dheə₁　Gr. τί-θη-μι, Skt. √dhā-
　　*st(h)ā-<*steə₂ （又は ə₄）　Gr. ἵ-στᾱ-μι, Skt. √sthā-
　　*dō<*deə₃　Gr. δί-δω-μι, Skt. √dā-

e が o 階梯に變った場合には

　　*dhoə₁>*dhō　Gr. θω-μός《堆積》

o+ə₂ に關しては十分な實例がないので明らかでないが，恐らく
ō となったであろう．⁽²⁾

---

(1)　J. Kuryłowicz : " Les effets du ə en Indoiranien." *Prace filologiczne*. 11, pp. 201-243 [1927] ; " Origine indoeuropéenne du redoublement attique." *Eos*. 30, pp. 206-210 [1927] ; " ə indoeuropéen et ḫ hittite." *Symbolae grammaticae in honorem J. von Rozwadowski*. Kraków 1927, pp. 95-104 ; " Quelques problèmes métriques du Rigvéda." *Rocznik Orjentalistyczny*. 4, pp. 196-218 [1928] ; " Le type védique gr̥bhāyáti." *Etrennes E. Benveniste*. Paris 1928, pp. 51-62 ; " Un problème de sandhi indoeuropéen." *Actes du 1ᵉʳ congrès intern. de linguistes à la Haye*. Leiden 1928, p. 112.

(2)　Kuryłowicz によれば ə₂ は Hitt. ḫ であって, p, t, k を ph, th, kh に變えない．a:o の交替を許容する．卽ち o+ə₂>ō, ə₂+o>ŏ である．之に反して ə₄ は Hitt. 零で, p, t, k を ph, th, kh に變え, a:o の交替を許さない．卽ち o+ə₄>ā, ə₄+o>ă で, ə₄ の附近にあっては e も o も同じく a となる．但し彼はその後 *Mél. van Ginneken*, pp. 199-206 に於て a:o の變化を全面的に否定している．

第3章 印欧共通基語の音韻

2. 母音間の ə̯ は消失する．故に $\bar{a}^x + a^x > a^x + a^x$ は實は $a^x ə̯ + a^x > a^x + ə̯a^x > a^x + a^x$ である．また $a^x ə̯ + i, a^x ə̯ + u > a^x i, a^x u$; $i + ə̯a^x, u + ə̯a^x > i̯a^x, u̯a^x$ となる．例えば Skt. Ved. pāntu = paantu (RV. IV. 4. 12) の如き韻律は $a^x ə̯ a^x$ の中間の ə̯ の消失によって生じた hiatus を保存せるものである．また Skt. acc. sg. rām : rayi, rai は *reə̯₁m : reə̯₁-i に起因する．

3. 子音間の ə̯ はギリシア語以外では痕跡を残さず消失する．この事實は ə̯ が sonant 的でないことを證明する．

例 Skt. da-dā-mi : dattá < *de-deə̯₃-mi : de-dₑə̯₃-té > de-də̯₃-té

之に反して Gr. δί-δο-τον, δί-δο-μεν ; τί-θε-τον, τί-θε-μεν に於ては ə̯ は Gr. ἀ-νέρ-α : Skt. nar-am の如き第二次的母音化を行っている．

4. 子音 + ə̯ + 母音の場合には ə̯ は消失するが，インド・イラン語派では母音の前の k, t, p > kh, th, ph (例 Skt. pr̥thúḥ < *pl̥tə̯₁-ús, sthā- の sth- < *stə̯₁-). p, t, k + ə̯₃ はある場合には b, d, g となった．例 Skt. pibati < *pibeti < *pi-pə̯₃e-ti (pō- < *peə̯₃).

5. 母音の ə (歐洲諸言語 a = インド・イラン語派 i) は ə̯₂ であって, ə̯ の消失後に schwa secundum ₑ が再び母音化したものにすぎない．

6. IE. のすべての母音で始まる語は語頭に ə̯ をもっていた．即ち e- < ə̯₁e-, a- < ə̯₂e-, o- < ə̯₃e- である．ə̯ + 子音の場合には，ə̯ はギリシア語とアルメニア語のみで前置母音 (voyelle prothétique) となって残り，外では消失する．しかし他の語派でも sandhi や複合語に於ては長母音となって現われることがある．即ち 母音 + ə̯ + 子音 > 長母音 + 子音 となる．例えば *okʷ- < *ə̯₃ekʷ- であるから，弱階梯 *ə̯₃kʷ- の中の ə̯₃ の作用により，複合語では Skt. apāc-, viśvāc-, pratīc- の如く長母音となる．

7. ヒッタイト語では ə̯₂ = ḫ らしいが，その外に歐洲諸言語 a に對して Hitt. ḫ となって現われない ə̯ がある．之を ə̯₄ とする．

例えば

    Hitt. ḫanti: Gr. ἀντί, Lat. ante

に對して

    Hitt. apa: Gr. ἀπό, Skt. apa

56. この彼の schwa consonanticum 說によれば長い sonant は次の如くになる．

$$\bar{\imath} \begin{cases} <\mathrm{ey_{\partial}e} \\ <\mathrm{ye_{\partial}} \end{cases} \qquad \bar{u} \begin{cases} <\mathrm{ew_{\partial}e} \\ <\mathrm{we_{\partial}} \end{cases}$$

$\bar{r}, \bar{l}, \bar{n}, \bar{m} = \mathrm{er_{\partial}e, el_{\partial}e, en_{\partial}e, em_{\partial}e}$

であって，rā, lā, nā, mā となって現われる長い sonant は $\mathrm{re_{\partial}, le_{\partial}, ne_{\partial}, me_{\partial}}$ に由來するものであって，$\bar{r}$ 等とは全く異る形である．

ēi, ōi, āi: ī の交替は，$\mathrm{e_{\partial}ye : e_{\partial}ye} > \mathrm{e_{\partial}i} > \mathrm{i\text{-}i} > \bar{\imath}$ に由來する．

この Kuryłowicz の說と從來の母音交替說とを比較すると次の如くになる．

1. e : o, RG. e : o, LG. ē : ō の場合は同じ．[1]
2. 語根が，子音＋長母音で，子音の前に來た場合

	アクセントのある場合	語頭音節でアクセントのない場合	語中，アクセントのない場合	
I.	Tā^x < Te$_{\partial}$	Tā^x < Te$_{\partial}$	T < T$_{\partial}$	} < Te$_{\partial}$e
II.	Ta^x < T$_{\partial}$e	T$_{\partial}$ > T$_{\partial}$e	T$_{\partial}$ < T$_{\partial}$e	

故に從來の Tā^x : T$_{\partial}$: T に對して，Kuryłowicz は六つの形を認めることとなる．

    例 1. *seǵh-, *soǵh-, *se̥ǵh-: Gr. ἔχ-ω, ὄχ-ος, ἐκ-τός;
              Skt. sáh-as, sak-ṣa-; Goth. sig-is

---

(1) e に關しては，Kuryłowicz は同音節に屬する子音の前では第一音節の e は保存される．Sandhi の場合には短い音節の後の e は脫落すると考える．例 Skt. upa-bda : pad-．延長階梯の說明には Streitberg の Ersatzdehnung 說 (101 頁參照) を認める．卽ち wōkʷs < *wókʷes < *wokʷés である．

*sghe-, *sgho-, *sghe-： Gr. $\sigma\chi\varepsilon$-τός, $\sigma\chi\varepsilon\tilde{\iota}\nu$, $\sigma\chi o$-$\lambda\dot{\eta}$, $\sigma\chi\acute{\varepsilon}$-$\sigma\iota$s, 從って語根は *seghe-

2. Gr. $\delta\acute{\iota}$-$\delta\omega$-$\mu\iota$<-*deə₃-, Lith. dúotas<*deə₃-, Skt. deva-ttaḥ <*-də₃-tó, Gr. δo-τós<*də₃e-tó-

3. 語根が長複合母音の場合

   I. Tā^{x}i<Teəi　Tī<Teəi　Ti<Təi ⎫
   II. Tă^{x}i<Təei　Tī<Təei　Ti<Təi ⎬ <Teəei
   　　　　　　　　　　　　　　　　　⎭

   之に對して從來は

   Tā^{x}i : Tī<Təi : Ti

   (Tyā^x : Tī<Tiə : Ti)

   であった．

4. 語根が ə を第二音節に含む二音節語基の場合

   I. Telə<Telə̯e　Tḹ<Telə̯e　Tlə<Tlə̯e ⎫
   II. Tlā^x<Tleə̯　Tlā^x<Tleə̯　Tlā^x<Tleə̯ ⎬ <Teleə̯e
   　　　　　　　　　　　　　　　　　　　　　⎭

   從來は Telə, Tlā^x, Tlə, Tḷə, Tḹ, Tḷ, Tl.

57. Kuryłowicz と殆んど同時に schwa consonanticum 說を採用して，同じく語根の說を建てた者にフランスの E. Benveniste がある．(1) 彼は Kuryłowicz と異り，三つの *ə̯ を認めるにすぎず，更に *ə̯ 自身が sonant 的性質をもち，母音化すると考えている．

アメリカの E. H. Sturtevant も，かつてはこの說の反對者であったが，後說を變えて，熱心な主張者となり，E. Sapir の說に從って ə̯₁='(glottal stop with palatal colour), ə̯₂=x (voiceless velar spirant), ə̯₃=γ (voiced velar spirant), ə̯₄=? (glottal stop with velar colour) であるとした．彼は Kuryłowicz と異り，ə=eə̯ で

---

(1) E. Benveniste: *Origines de la formation des noms en indo-européen.* I. Paris 1935.

あると考えている點に大きな差がある。[1] この中 ə₁='と ə₄=; とは Sturtevant によればヒッタイトのみならず他のあらゆる印歐諸言語で消失しているが, ə₂=x と ə₃=γ とはヒッタイトに於て ḫ(ḫḫ) 及び ḫ となって殘っている。

オランダの Walter Couvreur は *De hettitische ḫ*. (Teksten en Verhandlingen Nr. 12.: Beheer van Philologische Studien), Leuwen 1935; *De Hettitische ḫ. Een Bijdrage tot de Studie van het Indo-Europeesche Vocalisme*. (Bibliothèque du Muséon 5.) Leuwen 1937. に於て, ヒッタイトの ḫ (ḫḫ) の詳細な文獻學的比較文法的研究により, 同じく ə の存在を確認して, ə₁=aleph ' (voiceless laryngeal occlusive), ə₂=ḥ (ḥeth) (laryngeal spirant), ə₃=aïn ' (voiced laryngeal spirant) であるとし, laryngeal それ自體が母音化することを認めている。そしてヒッタイト以外では ə₂, ə₃ は一度 ə₁ に變って後母音化すると考えた。彼によれば ḥ はヒッタイト語の語頭の ḥ-, 語中の ḥḥ, ' は語頭に於ても語中に於ても ḥ となって殘っている。

H. Pedersen の說[2] は最も簡單で, 彼は H₁=ə₁, H₂=ə₂ の二つの laryngales を認めるにすぎない。兩者共にヒッタイト語で語頭では ḥ で表記せられ, 共に弱階梯に於て a となるが, 語中では子音の前, また閉鎖音の後では消失する。しかしこの說の難點は ḥ が語中の子音の前に現われる例があり, Pedersen の解釋はこの例外

---

(1) Sturtevant, *Language*. 7, pp. 115-124; 12, pp. 141-144; 14, pp. 239-247; *The Indo-Hittite Laryngeals*. (Special Publications of the Linguistic Society of America) Baltimore 1942; *A Comparative Gramm. of the Hitt. Language*. I. (revised ed.) New Haven (Yale Univ. Press) 1951. pp. 51 f. では ; を h で表わしてゐる, E. Sapir, *Language*. 14, pp. 248-274.

(2) H. Pedersen: *Hittitisch und die andern indo-europäischen Sprachen* (KDVS/M. XXV. 2.) Kopenhagen 1938.

第3章 印歐共通基語の音韻　　　131

を十分に說明し得ない點にある．

最近英國の R. A. Crossland[1] はこれらの從來の諸說を批判檢討して，特にヒッタイト語の文獻學的の詳細な研究により，共通基語には H$_z$=ə$_1$ (Hitt. ḫ), H$_a$=ə$_2$ (Hitt. ḫ-, -ḫḫ-=voiceless velar 又は post-velar fricative) 以外は認められないと結論した．この說は Pedersen の考えと略ゞ同樣であるが，H$_z$ と H$_a$ の消失する場合の條件が遙かに精密に規定せられ，また二つの音韻はヒッタイト語に於て異る音韻として存在したという點で異っている．彼は唯ヒッタイト語の ḫ (ḫḫ) の考察に論を集中していて，彼の印歐共通基語に於ける母音體系と母音交替の說の全貌を明らかにしないので，ŏ 母音の發生に關する條件が明らかでなく，またその外の從來の laryngales 說の細目との相違も判明しない．

58. Schwa consonanticum の存在は今日では殆んど疑うべからざる事實であるかと思われる．唯この音韻が存在していた時代は共通基語の甚だ古い時代のことであって，大部分の言語に於ては完全に消失して痕跡だも留めず，ヒッタイト語及び之に近い言語の中に於ても旣に消失の過程にあったために，その音聲學的性質も確實でない上に，その數に關しても上述の如くに一致がない．ヒッタイト語の資料は二種以上を許さないようであるが，印歐語比較文法の理論は少くとも三種の ə を要求する．もしギリシア語で ŏ で現われる形の源として ə$_3$ の影響を認めないとすれば，之を說明するためには e:o の交替以外に類推或は前後の子音の影響等，ラテン語の母音の變化の說明に匹敵する複雜極まる諸條件を立てなくてはならないであろう．

───────

[1] R. A. Crossland: "A Reconsideration of the Hittite Evidence for the Existence of 'Laryngeals' in Primitive Indo-European" *Transactions of the Philological Society.* 1951, pp. 88–130.

それはとにかくとしてこの音韻の性質は h 又は之に類似の音であるらしく，他の子音と同じく，例えば *ə₁ed->ed- は *sed- と，*ə₂eǵ->ag- は *teg- と，また *bheə₂->bhā- は *bher- と，*dheə₁->dhē- は *-ter- と全く同じ構造の語根であって，*ə が消失して母音の音色を變じ，また長母音化したりした後に消失したために，共通基語の母音交替の構成組織を不明ならしめているのである。從って共通基語の長母音には二つの根本的に異る性質のものが混同しているのであって，一つは先史時代に e と ə との融合或は ə の消失による延長によって生じたもの，他は延長によって生じたものである。從って *dō の如き語根は *ten- が *ted- や *teg- となり得ないのと同じく，*dē- や *dā- とはなり得ない。(1) 之に反して *pōd- は *ped-/pod-/pōd- の交替によって生れたものである。これによって長母音の交替は大きな變化をうけ，殊に長い sonant に關する見解は長足の進步をなし，二重語基の形は *telāˣ- の如き形

---

(1) 但しこのような場合に *dō- は本來 *deə₁- であったものの母音交替による形 *doə₁- が類推によってこの語根によるあらゆる形に及ぼされたものとすれば，全く異る。なお以上に擧げた諸說以外に，G. M. Messing, "Selected Studies in Indo-European Phonology." *Harvard Studies in Classical Philology.* 56/57 [1947], pp. 161-232; H. Hendriksen: *Untersuchungen über die Bedeutung des Hethitischen für die Laryngaltheorie* (KDVS/M XXVIII. 2) Kopenhagen 1941; Hammerich: *Laryngeal before Sonant.* Kopenhagen 1944; Kuiper: *Notes on Vedic Noun-Inflexion.* MNDLAkad. Wet. Afd. Lett. N.R.V., 4 (1942); E. Polomé: "Zum heutigen Stand der Laryngaltheorie." *Rev. Belge de Philologie et Histoire.* XXX (1952), Nr. 1-2. pp. 444-471+(29-40); W. P. Lehmann: *Proʻo-Indo-European Phonology.* (Univ. of Texas Press and Lingu. Soc. of America). Austin 1952; L. Zgusta: "La théorie laryngale". *Archiv Orientální* 19 [1951], 428-472 を參照。Polomé と Zgusta の論文には詳細な文獻が擧げられている。

を捨てて，*teləg-, *tleəg- の如き形に還元されるに至り，この語基に於ける從來の難點の大部分は氷解したのである．

しかしここに注意すべきは，このような *ə による再建は，各個の語派にかぎる場合には，從來の古典的な母音交替說を全面的に驅逐するものではないことである．各個の語派以前，更に印歐共通基語の最新部よりは遙かに古い時代の形の再建に始めて *ə は重要な役割を有するのであって，*ə の存在は各個の語派の中に散在する極めて異常な不規則な現象の說明に役立つのであり，これらを集めて全體として眺める場合，卽ち共通基語の最も生々しい殘存物を取扱う場合に *ə の重要性が益々明らかとなる．ヒッタイト語の文獻學的比較文法的硏究の進步につれて，共通基語の再建形，殊に動詞の形のそれは或は ə によって大きな變化を蒙るに至るかも知れないのである．(1)

---

(1) 78-9 頁に問題にした Gr. ζ-: 他言語 y- の對應は，Sapir によって，共通基語の *γy- に由來するものであり，之に反して Gr. ʻ-: 他言語 y- の方は *xy- であると說明せられた (*Language* 14, 248-78 [1938]). 之も亦 laryngales 說の有力な支柱となっている．

第 4 章　語根及び音節の構造

59.　語根とはその名の示す如く語より造語法上の附加物を除いた，それ以上は分解の出來ない，語の中核を意味する。それは同時に意味の中核でもある。印歐諸言語に於ては語根は造語法上の様々の變容を行い，語根のみが單獨に現われることは極めて稀である。

語根を實際の言語に現われる種々の語より抽出するには，先ず同じ語根を有すると思われる語群を集め，その中より共通要素を求める。例えばギリシア語に於て $\delta\acute{\iota}\text{-}\delta\omega\text{-}\mu\iota$《與える》(fut. $\delta\acute{\omega}\text{-}\sigma\omega$, aor. $\check{\varepsilon}\text{-}\delta\omega\text{-}\kappa\alpha$, 3. sg. med. $\check{\varepsilon}\text{-}\delta o\text{-}\tau o$), $\delta\acute{\omega}\text{-}\tau\omega\rho$, $\delta\omega\text{-}\tau\acute{\eta}\rho$《與える者》, $\delta\acute{o}\sigma\iota\varsigma$《贈與》, $\delta o\text{-}\tau\acute{o}s$《與えられた》, $\delta\tilde{\omega}\text{-}\rho o\nu$《贈物》の如き語より語根として二つの形 $\delta\omega\text{-}$ と $\delta o\text{-}$ を得る。更に之に Skt. dá-dā-ti《(彼は)與える》, dā-tá (-tár-)《與える者》, dā-nam《贈物》, 3. sg. med. aor. á-di-ta=$\check{\varepsilon}\text{-}\delta o\text{-}\tau o$; Lat. dō《與える》, dō-num《贈物》, da-tus《與えられた》; Lith. dúo-ti (inf.); OChSl. damǐ (1. sg. pres.), darū《贈物》の如く明らかに意味上からも語形上からも同じ語根を含むと考えられるものを集めることによって，共通基語の語根形は *dō-, *də-, *d- であることを知り得るのである。

語根，即ちある一群の語に共通に存在し，類似の意味を之に與え，造語法上の種々の附加物の基礎となる部分は，その言語の使用者によっても語根として意識されているが，それはある言語のある時代についてのみ言い得ることであって，歴史的展望の下に之を眺める時には，かかる語根は屡々意味を失うのである。Gr. $\delta\omega\text{-}\tau\acute{\eta}\rho$, Skt. dā-tár- は明らかに語根 dō- (dā-) と -ter- (-tar-) なる接尾辭に分解し得るに反して，同じ造語法によっているらしく見える Gr. $\mu\acute{\alpha}\text{-}\tau\eta\rho$, Skt. mā-tár-, Lat. mā-ter 等はかかる二つのものに分解し得ない。我々は *mā- が何を意味しているかを知らないし，この形が他の語に現われることがないからである。

從って語根に對する我々の觀念は常に相對的なものであることを

忘れてはならない．之は我々の知識の及ぶ限りでの範圍内の最小の單位にすぎない．また共通基語時代の語の形の各段階を確實に摑むことは周知の如くに困難なのであるから，共通基語に於けるある時代の語根の形を云々することは出來ない．我々が言う語根とは，その上に現在知り得るあらゆる印歐諸言語の最古の形が示すあらゆる語根及び造語法上の變容が最も無理なく根柢を置き得る形であるにすぎない．

60. 印歐語の造語法は主として語根の後に附加物を加える方法により，接頭辭的要素は極めて少いのであるから，語根の形を知る困難は主として語根が何處に終り，何處から附加物が始まっているかにある．しかし語頭の音節に於ても二つ以上の子音が存する場合には，常に母音交替によって母音が消失した結果がここに現われているのではないかを疑う必要があり，また *spek：*pek（Skt. spaś-, Lat. specio：Skt. paś）《見る》，*sweks：*seks《六》の如き形に於ける語頭の二つの子音と一つの子音との交替は，これが共通基語に共存していた同じ語の二つの異る形か，それとも我々の知らないある原因によって生じた結果か（例えば *se-pek＞*spék-：*pek）を未だ明らかにしないのである．

61. 語根は特に弱まった階梯以外に於ては，言うまでもなく，音節を形成するものであるから，共通基語に於ける音節が問題となる．

發言に際して，その中の音量の大きい部分と小さい部分とがあり，兩者は交互に表われる．音量の山に達すると，それが減少して最も小さい部分に達し，再び増大して次の山に達する．山は普通は母音であり，例えば TeTe では二つの e がその山である．音節は從ってある意味では純粋に音響學的性質のものであると言い得る．しかし實際の言語に於て音節を純粋に音響學的に決定せんとするのは全

く誤りである.

　實際の言語に於ては音節の切れ目の問題には常に語源的考慮が介入して來る. その上に各々の言語には夫々の習慣があり, 同じ子音でも音量を下降的にも上昇的にも發音することが出來るのであり, 例えばドイツ語の bes-ten とロシア語の me-sto では全く切れ目を異にする.[1] 從ってこれも亦言語によって異るから, 音韻論的に各々の言語に卽して研究する外はない.

　しかし一方に於て音韻の變化はその原因が音韻の調音の際の音聲學的條件にあることが多い. 例えば pst なる間投詞は母音をもっていないから, s が三つの子音中の音量の山となるが, s のみでは山としての音量が小さすぎるために, その前後に母音を伴う傾向があり, psit 又は pist となり易い. 前者は s が上昇的に, 後者は下降的に發音されたために i の位置に相違を生じたのであって, 他の母音でなくて, i が生じたのは, この母音が s の調音位置に最も近いからである. このような場合に生じる母音は常にそれを生じた原因となった子音を調音する器官の位置を遮ることの最も少いものであって, s の代りに š があれば pšut となり易い. この事實は印歐共通基語の sonant の前後に生じた母音の音色や位置に大きな意味をもっている. サンスクリット語に於て r̥ が後世 ri と發音せられているのは, r̥ が舌端の音であったことを知らしめる. そして上昇的に發音されたのであろう. ギリシア語では *r̥ は子音間で $\alpha\rho$ 及び $\rho\alpha$ となっているが, これは *r̥ が上昇下降の兩樣に發音せられ, 兩者の差の原因は語源的なものであったらしい. 母音の前では純粹に母音の代用をなす sonant はあり得ず, 從って *r̥＋母音の如き場合には, 之は *ₑr, *ₒr の如くに *r の前にある種の弱い母音を伴った形であったに相違なく, この母音は印歐諸語派に於て屢々その前に

---

(1) A. Vaillant, "Les traits communs des langues slaves," *Conférences de l'institut de linguistique de l'Université de Paris* VIII. (Année 1940–1948), Paris 1949, p. 25 ff.

ある子音の性質に左右せられ，例えば唇音の後では ur となり，歯音の後では ir となっている．

　語頭に lt とか rp の如き sonant+子音が立ち得ないのは上述の音節の考察によって當然であって，ltet の如き形に於ては，l は別の一音節を形成する．例外は s- のみであって，s は t, p, k の如き破裂音よりは音量が大きいのであるが，この音は印歐共通基語に於ても語頭に於て st-, sp-, sk- の如くに音節を始め得る．*stā- の如き形に於ては，s- は -t- の破裂と母音 ā にむかって上昇的に發音され得るのであって，從って s は語頭の子音群の前にも立ち得る．例えば s-tr-．ギリシア語の ἴσθι＜*s-dhi (*es-《存在する》の弱階梯+命令形の語尾 -*dhi) は上述の考えに反する如くであるが，この場合には恐らく *s-dhi よりは *es-dhi なる schwa secundum の存在を想定すべきである．というのは他の場合には，例えば σθένος《力》の如くに *sth- の前に何らの母音がないからである．

62. 印歐共通基語に於ける音節の切れ目がどこにあったかは確實に知ることは不可能であるが，なお二三の事を推測することが出來る．

　共通基語に於ては -*tt- が -*tst- となり，ついで多くの言語に於て -st- に變っている．之は -*tt- が二つの t として調音されたことを物語っている．

　共通基語はまた二重子音を單音化する傾向をもっていたらしく，例えば語根 *es-《存在する》の第二人稱單數形 *es-si は多くの言語に於て *esi となった．この事は印歐諸言語が閉音節を開音節化する傾向を古くはもっていたことの一つの證據であるが[1]，同じ事

---

　(1) この事はまた共通基語に二重子音が稀であったことによっても知られる．共通基語に遡り得る二重子音の殆んどすべては，造語法上又は形態論上の結果でなければ，すべて Gr. πάππος《祖父》, πάππας《パパ》, τέττα《パパ》, Hom. ἄττα, Lat. atta, Goth.

は古代ギリシア語の音節の切り方にも認められる。古代ギリシアの文法家によれば，語頭に立ち得るあらゆる子音群は語中に於ても音節の初めに立ち得るのであって，τύ-πτω, ὄ-γδο-ος, ἄ-στρον, ἔ-θνος, λί-μνη の如くであるが，之に反して ἄν-θος, ἔλ-πις の場合には，sonant と子音との間に音節の切れ目がある。ここに問題となるのは音節の初めにある子音は如何に多くてもその音節の長短には關係がないのに，短母音の後に二つ以上の子音がある場合には，その音節は長く勘定されるという，ギリシア及び古代インドの作詩法上の約束である。例えば στρατός の第一音節は三つの子音をもっているにもかかわらず，韻律上短音節であるが，τύπτω の第一音節は υ が短いにもかかわらず，長く勘定される。作詩法上の約束は大體常に實際の發音に即して生ずるものであるから，實際に二つ以上の子音が母音の後にある時には，その音節の母音が短くても，少くとも長母音を有する音節に近い程長く感じられたに相違ない。從って古代ギリシア文法家の τύ-πτω の如き切り方は實際の發音に反している。印歐語の多くの言語に認められる「代償延長」(Ersatzdehnung) と稱せられる現象は，かかる音節が歴史以前の古い時代に於ても長く感ぜられたことを明らかに示している。古代ギリシア語に於て，例えば三人稱複數語尾 -οντι は -ονσι となり，-ν- が失われた時にこの音節の長さを保つために，-ονσι＞-ōσι (＝Att. -ουσι) となった。同じく *esmi は ἐμί (＝Att. εἰμί)，*esnai は ἔναι (＝Att. εἶναι) となった。laryngales の說に於て，e＋ə＋子

---

atta, Skt. attā (f. 《お母ちゃん，姉ちゃん》), OIr. aite (《義父》); Skt. kakkhati《笑う》, Gr. κακχάζω の如き，子供の言葉や擬聲語或は感情的表出の語に限られている。Zimmer, *KZ.* 32, 191 ff.; Fick-Bechtel: *Griechische Personennamen*[2]. (Göttingen 1894), 30; W. Schulze: *Zur Geschichte lateinischer Eigennamen.* (Gött. Abh. N.F.V. no. 5. Berlin 1904), 422 ff., 518 ff.; H. Hirt: *Idg. Gramm.* I. 254; A. Graur: *Les consonnes géminées en latin.* (Paris 1929); E. Schwyzer: *Griech. Gramm.* I. 315 f. 參照。

音がǝが消失した時に，長母音を生じたというのも亦同じ理由によっている．

τύπτω は ty-ptō, typ-tō, typt-ō と三樣に發音し得るのであって，[1] ギリシア文法家はその中の第一の型を認めたのである．また恐らくギリシア文法の完成期たる紀元前2～後4世紀頃には事實このように發音されたのであろう．それは例えば ἐκ-φέρω が語源的に正しい切り方であるのを，時には ἐ-κφέρω と發音したことが知られているからである．しかしこれは古い共通基語に近い時代の切り方ではあり得ない．τύπτω の第一音節が長いためには，τύπτ-ω か，少くとも τύπ-τω でなければならない．しかし共通基語に於て二つの閉鎖音が語中にあるのは語根が閉鎖音に終り，それに閉鎖音で始まる造語法上の要素が附加された場合に限られている．之は共通基語は閉鎖音を下降的に發音することに困難を感じたためであって，このことは更に共通基語に於て造語法上生じた閉音節を開音節化せんとする傾向を有していたことによっても窺われる．また名詞の格語尾，動詞の人稱語尾は最後の子音を次第に失っている．この事は元より語尾が常に粗雜に發音され易かったことにも原因しているであろうが，この原因の一つがロマンス語の如くに開音節的に發音する傾向にあったことも疑いがない．從ってギリシア語に於ても τύπ-τω が τύ-πτω に變ずる傾向があったのは何の不思議もないのである．

次に長母音を含む音節の場合であるが，二つ以上の子音群がその後にあった時には，之は後の音節に屬していたらしい．之は母音交替の條件によって明らかであり，長母音の後にあるかかる子音群の中の一つの子音が新たに母音を發達せしめていることによっても推知することを得る．例えば Ved. dat.-abl. tebhiyaḥ, ātiya の如く

---

(1) M. Grammont: *Traité de phonétique*. Paris 1933, 100 ff. 參考．

である．-tr-, -pr- の如き閉鎖音＋sonant の場合にはホメーロスやヴェーダに於ては他の子音群の場合と同じく短母音を延長する力ありと詩法上されているが，ギリシア語では古典期に於てはこの力なしと考えられていた．この變化を生じたのは紀元前 6 世紀以後のことに屬するが，之は例えば $\pi\alpha\tau\text{-}\rho\acute{o}s$ が $\pi\alpha\text{-}\tau\rho\acute{o}s$ となったためである．

63. 以上の音節形成の諸條件は共通基語の母音交替の基本となる語根の形によく認められる．共通基語に於ける語根の頭は母音 (?)[1] 或は子音で始まっているが，二つ以上の子音がある場合には音量の小さいものが大きいものに先行する．例えば

　　*pr- (Gr. $\pi\rho\acute{o}$, Skt. pra, Lat. pro, Goth. fra《…の前に》)
　　*sr- (Gr. $\acute{\rho}\acute{\epsilon}\omega < *\sigma\rho\acute{\epsilon}F\omega$, Skt. sravati《流れる》)
　　*dw- (Skt. dvau, OChSl. dva, Goth. twai《二》)

語根の終りはその反對の順序となる．即ち TeRT- の如き形はあるが，TeTR- の如き形はなく，あればそれは *TeT+R- であって，-R- は語根に屬さない．また語根は二つ以上の子音又は sonant に終ることはない．従って *moin- (Lat. com-mūn-is＜-moin-, Goth. ga-main-s, "gemein") の如き形は，*moi- が語根であって，-n- は附加物である．また *tlu- の如き形は *tleu- の母音交替による弱階梯であって，第二次的な形であることは，*moin- と同じである．語根はまた二つの sonant を以って始まることもなかったと思われる．Gr. $\mu\nu\acute{\eta}\sigma\alpha\tau o$ の如き *mn- は *men- の弱階梯であると思われるし，また Goth. wraiqs《曲った，傾斜した》や OE. wlite, OSax. wliti《光輝，姿》の如き形は印歐共通基語にまで遡らない．[2]

---

　(1) Schwa consonanticum 説によれば母音で始まる根はなく，母音で始まる如く見える場合には常に ǝ があった．
　(2) H. Hirt: *Idg. Gramm.* I. 265 f., 269 f., 273 ff., 279 f., 282 f. を參照．

子音＋子音が語頭に現われた場合には，s＋子音の場合は別として，かつては子音＋母音＋子音の母音交替による變化形であると思われることが多い．

印歐共通基語に於ける正常階梯の語根の形は，A. Meillet によれば次の如くである．(1)

1. 子音（又は sonant）＋e＋子音（又は sonant）
2. 子音（又は sonant）＋e＋sonant＋子音
3. 子音＋sonant＋e＋子音（又は sonant）
4. 子音＋sonant＋e＋sonant＋子音
5. 母音＋子音（又は sonant）

以上の外に s の場合には，語頭は s＋子音（又は sonant), s＋子音＋sonant, 子音＋s で始まり得る．例えば

1. *ped- : Skt. pad-áḥ, Gr. $\pi o\delta$-ós
   *yug- : Skt. yug-ám, Lat. yug-um
2. *terp- : Skt. tarp-áyati, Gr. $\tau\acute{\epsilon}\rho\pi$-$\omega$
3. *trey-es : Skt. tráy-aḥ, Gr. $\tau\rho\epsilon\tilde{\iota}s$ (Cret. $\tau\rho\acute{\epsilon}\epsilon s$)
   *kred- : Skt. śrad-dhatta, Lat. cred-ō
4. *twois-, *tweis- : Skt. tveṣ-áḥ, Gr. $\sigma\epsilon\acute{\iota}$-$\omega$
5. *ei- : Skt. é-mi, Gr. $\epsilon\tilde{\iota}$-$\mu\iota$
   *ed- : Skt. ád-mi, Gr. fut. $\check{\epsilon}\delta$-$o\mu\alpha\iota$

以上の中 5. の母音で始まっている場合，ヒッタイト語の對應は屢々 laryngales をもっているから，少くとも多くのものが實は母音ではなくて喉音で始まっていたと考えるべきで，從って 5. は 1. の場合と同じものを多く含んでいるとすべきである．

次に注意すべきは語根が子音＋sonant で始まっている，及び sonant＋子音で終っている場合である．印歐語に於ては造語法上特に

---

(1) A. Meillet : *Introd.*⁸ p. 175, なお H. Hirt : *Idg. Gramm.* I. 260–289. 參照．

母音交替現象を中心として考える必要があるが，母音＋sonant 又は sonant＋母音の弱階梯たる r̥, l̥, m̥, n̥ (er, re 等) は子音と子音との中間に於てのみ現われ得る形であり，從ってかかる母音的 sonant を有する語根は正常階梯に於ては少くとも sonant 以外に一つの子音を語末にもっていると假定しなくてはならない。例えば Gr. δέρ-κομαι : ἔ-δρακ-ον＜*derk-, *dr̥k-。然るに Gr. τρέ-ω＜*tres-, Lat. terr-eō＜*ters-, Skt. tras-ati＜*tres-, Lat. trem-ō＜*trem-, Lat. trep-idus＜*trep- の如き一群をみれば，*tres-, *ters-, *trem-, *trep- は明らかに *ter- 又は *tre- に -*s-, -*m-, -*p- が附加されたものであるが，しかも Hom. τρήρων《臆病な》＜*tr̥s-rōn, Skt. tr̥práḥ《心亂れたる》＜*tr̥p-rós の如くに -*s-, -*p- を含む形は既に完全にそれ自身で語根として母音交替の基底となっている。また Gr. τείνω＜*τεν-ϳω, Lat. ten-dō, Skt. Ved. ta-nó-ti, ta-nú-te, Hom. τά-νυ-ται の如き *ten-《張る》を基とする一聯の形は，その後に子音で始まる造語法上の形が來る場合にのみ *n̥ を用い得る。故に母音交替の印歐共通基語に於ける造語法上の重要性を認め，母音交替の基のみを根柢として語根を決定せんとするならば，*derk- や *tres- の如き形は今一段と分解を進めて，*der-k-, *ter-s- とすべきであって，*derk- の弱階梯に ἔ-δρακ-ον の如き形が認められることは，理論的には *derek- が *dérk-, *drék- となり，更に之が母音交替の基となったとすべきであり，上にあげた *kerd- の如き語根も，もし之が《心》を表わす Gr. καρδία, Hom. κραδίη, Lat. cor (gen. cord-is) 等の一聯の語群と結びつけ得るとすれば，當然 *kered-＞*kréd-, *kérd- と考えなくてはならず，之を更に *kér+ed に分ち得るであろう。同じく *segh- なる語根は Gr. ἔχ-ω＜*segh-ō, *σχε-τός＜*sgh̥e-tós (ἄ-σχετος) の如き形より *segh-＋*sghe- 卽ち *seghe- より出發する必要に迫れる。かかる例は非常に多いのであって，例えば

　　　*wér-g- (Gr. Ϝέργ-ον) : *wré-g- (Gr. ῥέζω＜*wreg-yō)

*gʷér-bh- (Skt. garbhaḥ) : *gʷre-bh- (Gr. βρέφος)
　　　*dei-w- (Skt. deva-) : *dy-eu- (Skt. dyauḥ, Gr. Ζεύς)
の如くである．故に Meillet の言う語根の形とは共通基語が下位諸言語に將に分化せんとする直前の形，即ち母音交替が既に十分に發達しつくした後に，アクセントと交替との密接な關係が過去のものとなった時代に於ける語根の形であって，更にそれ以前の古い形ではないのである．

64. 音韻の結合　印歐共通基語に於ては既に述べた如くに，語根を中心として之に接尾辭，接頭辭等の造語法上の複合を行い，名詞，動詞等に於ては曲折語尾が附加せられて實際の語として用いられ，かかる際に母音交替が行われる．例えば *segh- はギリシア語に於て ἔχω＜*segh-ō (pres. indic. 1. sg.), σχήσω＜*sgh- (fut. indic.) の如くに新しい語頭子音の結合となり，また *wereg- は *wreg- (Gr. ῥέζω) の如くに共通基語の古い時代に於ては語頭には存在しなかったか，或は極めて稀な *wr- なる結合を生ずる．或は又子音に始まる接尾辭や曲折語尾が語根とつながって，新たに音韻群を形成する．この際に生じた音韻群は屢々特別な變化を蒙り，また各語派の特別な扱いをうけている．

　母音と母音とが連續した場合に，例えば Skt. nāsti, Lith. nėsti, OChSl. nĕstĭ＜*ne-esti; Gr. ἦλθον, ὄφλον, ἦγον : 語根 ἐλθ-, ὀφλ- (ὀφελ-), ἀγ- の如き形に認められる二音節に發音されていた隣接する二つの母音が一音節となる傾向は，少くとも共通基語に遡るものと考えられる．

　同じ子音が二つ重った場合には共通基語は之を單音化せんとする傾向をもっていたのであって，例えば *es-《存在する》の pres. indic. 2. sg. *es-si は Skt. ási, Gr. ἐσι＞εἶ (Hom. ἐσσί は新らしい形); *es-skō＞Lat. esco, Gr. 3. sg. ἔσκε の如くであり，之は既に述べた如く (137 頁參照)，閉音節を開音節化せんとする傾向

の現われである.

　*-t-t(h)-, *-d-d(h)- の場合には, この間に新たに -*s- が發生する傾向が非常に強く, 之によって生じた -*tʰt- は, ギリシア語, アヴェスタ語, リトアニア語, 古代教會スラヴ語では最初の -*t- を失って -*st- となり, ラテン語, 古アイルランド語, ゲルマン語に於ては第二の -*t- を失って -*ts- より -ss- に變っている. 之に反してサンスクリット語では -tt- となっている. -*tˢth- はサンスクリット語では同じく -tth-, ギリシア語では -σθ-, ゲルマン, ラテン, 古アイルランド, リトアニア, 古代教會スラヴの諸言語では -*tt- の場合と同じ形になっている. 例えば *weid-, *wid- 《知る, 見る》 なる語根に動形容詞を作る -*to- がついた場合には, IE. *wid-tós >*wit-tós は Skt. vittáḥ《知られたる》, Av. vistō, Gr. ἄ-ιστος《知られざる》, OIr. fiss《智》, OHG. gi-wis=NHG. gewiss; *weid-t->*weit-t- は Goth. un-weis《知らない, 教育のない》, OChSl. věstĭ《報知》, となり, またラテン語では -*ss- が -*s- を一つ失って vīsus《見られた》となっている. -*dd(h)- も同じく二つの子音の間に *z を發達させたことは Skt. dehi, Av. dazdi《與えよ》等の形によって窺われる.[1] しかしこの場合には -tt-+sonant は *-tr-, *-tl-, *-tm-, *-tn- となったらしい. 例えば Gr. μέτρον >*met-trom<*med-t-; Skt. satrám<*sed-tlom.[2]

65. 子音が他の子音の前に來た場合に, その聲の有無は次の子音のそれに同化される. 例えば *pe/od- の零階梯 *pd- は Skt. upa-bd-áḥ, Av. fra-bd-ō, Gr. ἐπι-βδ-αι. また同じ語の loc. pl. は

　(1) Kögel: *Beiträge zur Geschichte der deutschen Sprache und Literatur*, 7, 171; K. Brugmann: *MU*. 3, 131 ff.; A. Walde, *KZ*. 34, 461, 463; A. Meillet, *MSL*. 22, 213; Johansson, *IF*. 14, 265; 19, 112 參照.
　(2) F. de Saussure: *Receuil* 420=*MSL*. 6, 246; J. Wackernagel: *Altind. Gramm*. I. 114. 參照.

Skt. pat-sú, Gr. ποσσί (Hom.), ποσί<*pe/od-su (-si) となり，
*yug-tós は Skt. yuk-táḥ, Av. yux-tō (Gr. ζευκ-τός); *yung-tós
は Lat. iunc-tus, Lith. jùnk-tas《結ばれた》となっている．之は
-*s- の場合でも同じで，そのよい例は *ni-sd-os《巢》であり，-sd-
は *sed-《坐る》の弱階梯であるが，この形は Skt. nīdáḥ, Lat.
nīdus, OHG. nest, Arm. nist (後二例の無聲化は音韻推移による)
となっている．然し sonant の前にある子音 (s を含む) は有聲化
せず，從って *pr, *tr, *pl, *kl の如き結合はそのまま保存せられ
ているが，Gr. ἕβδομος, OChSl. sedmŭ《七番目の》: Skt. saptá,
Gr. ἑπτά, Lat. septem《七》の如きは明らかに -*ptm->-*bdm-
の變化を行っており，かくの如き變化はこの外にも Gr. ὄγδοος《八
番目の》(<ὀγδοϜος, cf. Lat. octavus): Gr. ὀκτώ, Lat. octo
《八》; Gr. ἐρίγδουπος (δοῦπος)《高く鳴りひびく》: κτυπέω《音
を立てる》, κτύπος《騒音》; Lat. vīginti: Gr. ἐ-Ϝῑκ-οσι>εἴκοσι
《二十》; Lat. quadrā-ginta《四十》, qadru-: quattuor, Gr. τέτ-
ταρες, Skt. catvāraḥ《四》の如き例にも認められる外に，Skt. pi-
ba-ti, Lat. bi-bo, OIr. ibim<*pi-b-: Gr. πί-νω, πῶ-μα ($\sqrt{}$*pōi,
$\sqrt{}$*pī-《飲む》) の如き語根の重複にもあり，この説明には未だ滿足
なものがない．(1)

---

(1) H. Hirt: *Idg. Gramm.* I. 297–305; A. Meillet: *Introd.*[8]
p. 133. 參照．ギリシア語に於ては母音間の二つの無聲音が有聲化
したものとも考えられるが，すべての場合に同じ變化が生じている
のではないから，單に之だけの條件では無意味である．これらの例
に多く見られるのは，有聲化した子音群の後に o の母音が多いこと
であって，或は之は Kuryłowicz の言うように (127 頁參照) 母音
に o の音色を與える $ə_3$ が先行子音を有聲化したものであるかも知
れない．例えば ἕβδομος<*sept-$ə_3$mos, ὄγδοος<*okt-$ə_3$wos, pi-
b-<*pi-p$ə_3$- (*pōi<*pe$ə_3$i)．しかしこのような不規則な形には常に
類推の力が強く働くから，種々の方向への平衡化が行われたに相違
なく，現在では未だこの問題を滿足に解決するに至っていない．

66. 帶氣音は帶氣音の前でその氣音を，Skt. instr. pl. yud-bhiḥ＜*yudh-bhis《戰鬪によって》の如くに失う．帶氣音とそうでない閉鎖音との結合に於ては，氣音は最後の閉鎖音の後に移ったらしく，之は例えば Gr. $πάσχω$《蒙る》＜*$παθ$-$σκω$ (cf. aor. $ἔ$-$παθ$-$ον$, pf. $πέ$-$πονθ$-$α$); Skt. dṛb-dháḥ《結ばれた》＜*dṛbh-tós; Skt. lub-dháḥ《慾深い》＜*lubh-tós の如き形によって窺われる．しかし帶氣音が有聲の場合の上例によっても見られる如くに，インド・イラン語派に於ては全子音群は上述の子音群の場合とは反對に一番前の子音の聲に同化せられて有聲化したらしく，從ってこの場合には有聲＋無聲，無聲＋有聲が同一の結果を生じている．しかし之が共通基語に遡り得る變化か否かは甚だ疑問であって，他の語派に於てはこのように統一ある取扱いは認められず，從ってこの《Bartholomae の法則》と呼ばれるものは，インド・イラン語派にのみ特有のものである疑いが十分にある．

第2部 形態論

第5章 共通基語の語

67. 語 語とは言語の中に於て反覆して現われる最小の獨立の意味を有する單位を言う．從って語とは言語の實用的單位であると言うことが出來る．言語の單位としての語は屢〻その限界が明瞭でなく，複合語の場合はそのよい例である．印歐共通基語に於ける語は，しかし，音韻的にも形態的にも比較的明かな單位をなしている．

印歐語の語は一音韻より成ることは少く，多くの場合に數音韻より成る．語は最早やそれ以上に分ち得ないこともあるが（例えばギリシア語の前置詞 $ἀπό$《…から》, $ἐπί$《…の上に》, 或は $εἶ$《貴方は…である(1)》)，また二つ以上の各〻意味と機能とを有する成分に分解し得ることもある．例えば Gr. $δώτωρ$《與える人》, $δώτορος$ (gen. sg.), $δώτορι$ (dat. sg.), $δώτορα$ (acc. sg.), $δώτορες$ (nom. pl.), $δωτόρων$ (gen. pl.) 等を比較する時，これらは明らかに $δω$-; -$τωρ$ (-$τορ$-); -$ος$, -$ι$, -$α$, -$ες$, -$ων$ の部分より成っていることを知り得る．その中の $δω$- はまた $δί$-$δω$-$μι$《私は與える》, $δῶ$-$ρον$《賜物》の如き《與える》なる意味を有する語に反覆して現われるものであり，-$τωρ$, -$τορ$- は $ῥήτωρ$《話す人》などの如くに動作を行う人を表わす名詞の語幹を造るに用いられる接尾辭であり，-$ος$, -$ι$ 等はそれぞれ gen., dat., acc. sg. 及び nom., gen. pl. を表わす格語尾である．このように樣々の異る接尾辭と共に多くの語幹を形成しながら，その意味の中心となる部分を語根 (root, Wurzel, racine) と稱し，之と反對に異る種々の語根に附加せられて，しかも曲折語

---

(1) 但し之は共通基語に遡れば語根 *es＋二人稱單數語尾 -si に分ち得る．從って分ち得るか得ないかは，言うまでもなく，ある言語のある時代に於ける情態を言うのである．

尾 (inflexional ending, Flexionsendung, désinence) でもない部分を狭義の接尾辭 (suffix) 或は語幹形成接尾辭 (Stammbildungssuffix) と稱する．曲折語尾とは接尾辭とは異り，文の中に於て語の有する文法的機能を語の意味とは別個に表わすものである．印歐語族に於ては語幹と語根とは通常異っているけれども，少數の場合には語根がそのまま語幹となって，直接之に曲折語尾がつく場合もある (例 Skt. ás-mi, Gr. εἰμί, Lat. sum《私は…である》, Lat. rēx《王》, dūx《指導者》).[1] また語幹形成の接尾辭と曲折語尾とが混同して，兩者の別が明らかでない場合も多い．例えばギリシア語に於て $\chi\omega\rho\bar{a}s$ ($\chi\omega\rho\bar{a}$《地, 地方》の gen. sg.) の如き形に於ては，-$\bar{a}s$ は語幹の -$\bar{a}$- と gen. sg. の格語尾とが一つになって，最早や兩者を區別することが出來ず，この融合は共通基語に遡るものである．また Gr. $\varphi\acute{\varepsilon}\rho\omega$《私はもたらす，運ぶ》に於ては，語幹 $\varphi\varepsilon\rho\varepsilon/o$- と第一人稱現在直接法の語尾とは分ち難い．更に語幹そのものが曲折の或る形態に用いられていることがあり，かかる場合には $\varphi\acute{\varepsilon}\rho\varepsilon$《運べ》(命令形), $\lambda\acute{o}\gamma\varepsilon$ ($\lambda\acute{o}\gamma os$《言葉》の呼格) の如くに，語幹と語尾とは一致していて，語尾ゼロと言い得る．

68. 接尾辭 接尾辭は語幹形成の要素ではあるが，之は單なる無意味な附加物ではない．例えばギリシア語の -$\tau\omega\rho$, -$\tau o\rho$- は《…を行う人》を表わし，ラテン語に於ても amā-tor《愛する人》, scrīp-tor《書く人》の如くに -tor- は同じ意味を有している．Gr.

---

[1] この外に語根に屬するとは考えられないが，しかも接尾辭としては，少くとも我々の知り得る限りの資料に於ては，全くその機能が明らかでない，例えば Gr. $\pi\lambda\acute{\eta}$-θ-ω《みたす》, $\pi\lambda\tilde{\eta}$-θ-os《多量, 民衆》, $\pi\acute{\iota}$-μ-$\pi\lambda\eta$-$\mu\iota$《みたす》の -θ- の如きものがある．このようなものは恐らく共通基語時代に於ては生きていた何らかの形態論的要素の名殘りであって，そのよい例は前述 (142 頁) の *ter-s-, *tre-s-, *tre-m- 等の中の -*s-, -*m- 等である．これらを Wurzel-determinativ と呼ぶことがある．

-τηρ, -τερ-, -τρ- は -τωρ と同じ意味を語根に與える接尾辭であるが，例えば

　　Gr. μάτηρ (Dor.), Lat. māter, Skt. mātar- 《母》
　　　πατήρ,　　　　　 pater,　　 pitar- 《父》

の如き血緣關係を表わすものにあっては，nomen agentis としての用を成していない．多くの接尾辭は意味を有する段階より意味の忘れられた段階へと移行し，接尾辭としての役目を失う．從ってある語根なりある接尾辭なりの存在は，純粹に言語の心理に依存している．それが生きているか否かは言語の所有者がかかるものとして意識しているか否かによるのである．例えばドイツ語の -heit なる《性質》を表わす接尾辭は本來は獨立の語であって，Goth. haidus《仕方，樣式》(Skt. ketas《符號》) を意味した．之が西ゲルマン語に於て初めて接尾辭となり，高地ドイツ語は低地ドイツ語 -hēd より -het, -hed を借用したのである．しかし高地ドイツ語に於ては中高ドイツ語に至るまではこの語はなお獨立語として用いられていた．古英語に於ては hād 及びウムラウトをした形 hǣd の二つがあり，之が man-hood, god-head の如き二つの異る接尾辭として殘っているのである．現代ドイツ語の -keit は ēwec-heit の如き形が誤って ewe-cheit と分解せられた結果生じたものである．

　印歐共通基語の語は少數の場合には直接に曲折語尾を取ることもあるが（例えば Gr. πούς《足》, gen. ποδ-ός; Lat. pēs, ped-is; Skt. pát, pad-áḥ. Gr. ὄφ《聲》, gen. ὀπ-ός; Lat. vōx, vōc-is; Skt. vā́k, vāc-áḥ), 多くの場合には語根＋接尾辭＋曲折語尾より成っている．接尾辭以外に接頭辭（例えば Gr. ἀ- 否定辭, δυσ-《惡い…》), 接中辭 (infix)（例えば Gr. λι-μ-πάνω《殘す》, Skt. yu-ñ-j-, Lat. iu-n-gō《結ぶ》の -μ-, -n-) を取ることもあるが，現存資料の範圍に於ては，これは極めて稀である．印歐語に於ては曲折語尾は語幹と極めて密接に結合していて，その區別は屢〻明瞭でな

く，之が印歐語族の特徴の一つである．

69. 母音交替 印歐語に於ては語根，接尾辭，曲折語尾は母音交替を行い，その不變の部分は子音のみであった．例えば前にあげた dō- は，Gr. δί-δω-μι, δώ-τωρ に對して，δό-σις《贈與》, Lat. da-tus《與えられた》の如くに變化し，語幹は πα-τήρ, πα-τέρ-α (acc. sg.), πα-τρά-σι (dat. pl.), πα-τρ-ός (gen. sg.)<-*tēr, -*ter-, -*tr̥-, -*tr- の如くに變化する．曲折語尾も，例えば，gen. sg. の形は -*əs, -*os, -*s̥ の如き形を有し，語幹によって異る形を取る．母音の交替は本來はアクセントその他の純粹に音聲學的原因に由來しているらしく，從って語に全體として作用したものであろうが，少くとも我々の有する資料の範圍内では語根は接尾辭をとった上では最早や交替を行わず，一つの語根についた多くの接尾辭の中では曲折語尾の變化に伴って交替を行うのは語尾直前の音節に限られている．例えば δώτωρ に於て交替を行うのは -τωρ, -τορ- のみであって，δω- は全く動かないのに反して，Gr. πούς, Lat. pēs, Skt. pāt は gen. sg. に於て ποδ-ός, ped-is, pad-aḥ の如くに交替している．

この事は形態論上に大きな意味を有する．母音交替は元來音聲學的理由によって生じたものであるが，一度之が完了して石化すると共に，形態的手段として利用されるに至ったのであって，直接にアクセントによって左右される部分は次第に極限せられるようになったのであろう．

語の曲折は，所謂 thematic と athematic の二つに大別される．thematic とは語幹と曲折語尾との間に e 又は o の母音が挿入されるものであり，athematic とは之がないものである．例えばギリシア語に於て，動詞の thematic な形である λύειν《解く》は 3. sg. ind. pres. med. λύ-ε-ται, 1. pl. act. λύ-ο-μεν であるのに反して，τί-θη-μι《おく》(1. sg. ind. pres. act.), τί-θε-μεν (1. pl.) の如

くに -μι, -μεν は直接に語幹についている。このように e/o の母音が兩要素間に插入されることは，上にあげた母音交替の法則により，語幹の形を不變ならしめるに役立つ。例えば athematic の形 Gr. εἶ-μι, Skt. é-mi《私は行く》に於ては，アクセントの移行によって，ἴ-μεν, i-máḥ (1. pl.) の如くに語幹が ei-: i- と交替するに反し, Gr. λύω に於ては，λύω《私は解く》, λύει (3. sg. act.), λύεται (3. sg. med.), λύομεν (1. pl. act.) の如くに λυ- は不變である。またサンスクリット語に於て bhar-, bhr̥-, bhr- なる語根は，athematic の場合には sg. 1. 2. 3. bí-bhar-mi《私は運ぶ》, bí-bhar-si, bi-bhar-ti: pl. 1. 2. 3. bi-bhr̥-mási, bi-bhr̥-thá, bi-bhr-áti と變化するに對して，thematic の場合には bhar-āmi の bhar- は變らない。印歐語族の諸言語に於て athematic の曲折は次第に thematic に移行する傾向があるが，之は語の安定性を保持するという大きな要求に基いている。

　Thematic な曲折に於ては語幹が e/o の母音に終っているために，語幹と語尾との間の限界が屢〻不明となりがちである。例えばギリシア語の男性名詞の o-曲用の gen. sg. λύκου《狼の》が *λυκοσιο に由來することは，之のみを見ていては知り得ない。しかし *λύκοσιο＞λύκοιο＞λύκοο＞λύκου なる變化が割合に新らしい時代に生じたものであったために，ホメーロス λύκοιο や Skt. vr̥kasya《狼の》の如き形によって，共通基語形 -*osyo を推定し得るのであるが，他の場合に於ては e/o と曲折語尾の母音との融合が史前の遙かな時代に完了したために，アクセントによって窺い得る以外には，知り得ないのである。之に反して athematic の場合には語幹が子音に終るものが多いために，兩者の區分は明らかである。

70. 印歐語族に於て曲折を行うのは動詞及び名詞である。この場合の名詞とは普通の意味での名詞の外に，形容詞と代名詞とを含む。數詞の一部も亦名詞的曲折を行う。これ以外の語はすべて不變

化である．名詞の曲用の特徵は性と格を，動詞の活用のそれは人稱と時稱を表わすにあり，兩者の曲折は明らかに區別されている．

　印歐語族の曲折語尾の特徵は各々の形が一つの文法的機能を表わすのではなくて，數箇の機能を併せ有する點にある．例えば Skt. aśvaḥ《馬》は男性・單數・主格を，aśvasya は男性・單數・屬格を，Gr. παιδεύω《教育する》は直接法・現在・一人稱・單數・能動態を表わしている．かくの如くに，逆に言えば一つ一つの文法的機能を別々に表わし得ないために，印歐語族の言語にはある概念をその概念だけで，他の附帶的な意味なしに表わす方法がなく，aśvaḥ は《一頭の馬が》ということであり，《馬》というだけの意味は語の形に於ては表現することが出來ない．

71. 數 名詞と動詞とは各々格と人稱によって區別されるが，この外に異る文法的範疇をもっている．しかし兩者に共通なのは數であって，印歐語の共通基語は單數・複數の外に兩數 (dualis) なるものをもっていた．これはインド・イラン語派，ギリシア語（特にアッティカ方言），スラヴ語派，バルト語派に殘っているが，その他の語派に於ては大部分消失し，また上述の諸言語に於ても漸次消失，現代に於てもなお之を保っているのは，リトアニア語，スロヴェニア語，ヴェンド語のみである．之は當然のことであって，兩數はそれ自身で《二》なる數を表わすに用いられるのではなくて，むしろ《二》なる數が附加されるか，或はそれがあらかじめ二つであることが知られているものにのみ用いられるからである．例えば

1. Skt. akṣí, Gr. ὄσσε, OChSl. oči《兩眼》
   Skt. aśvau, Gr. ἵππω《二頭立の馬》
2. Skt. ubhau, Gr. ἄμφω《兩方の》
   Skt. dvau, Gr. δύω, δύο《二つの》

の如き二つのものを表わす場合，

3. Skt. agniś ca ha vāi viṣṇuś ca…*tau* dikṣāyā iśāte. Aitr.

Brahm. 1. 4. 10.《アグニとヴィシュヌ…兩者は Dikṣā を支配している》

の如く既に擧げた二つのものをうけた場合，

4. Skt. pitarā《父母》, mātarā《母と父》: dyā́vā《天地》(= dyā́vā-pṛthivī́)

の如くに常に兩者が一體となっているものの一方のみによって兩者を表わす場合に用いられる。しかし時としては二つの中の一方が單數によって表わされることもあるのであって，例えば

Skt. *mitrā́* tā́nā ná rathyà *váruṇo* yaś ca sukrátuḥ RV. VIII. 25. 2《ミトラ（とヴァルナ）と賢明なるヴァルナは，二人の戰車に駕する人の如くに…》

Gr. Hom. Αἴαντε Τεῦκρός τε《(二人の) アイアースとテウクロス》

Skt. ā́ yád *ruhā́va varuṇaś* ca nā́vam《(我々二人) とヴァルナとが船に上った時に》

の如き場合には，兩數は殆んど無意味であって，聞手も亦あらかじめ兩數によって表わされるものが二つであることを知っていることを豫想している。兩數の存在は印歐語族の共通基語が數を純粹に抽象的に考え得ず，單數と複數との間になお二つとか三つとかの數を卽物的に考えざるを得なかった時代の名殘であると思われる．

第6章 名　　詞 (Nomen)

72. 印歐共通基語に於ては，既に述べた如くに，形容詞及び代名詞は狹義に於ける名詞，卽ち實體詞 (substantiva) と同じ種類の曲折を行うのであるが，この中形容詞のそれは實體詞に等しいのに反して，代名詞は特有の形を有し，また代名詞中でも人稱代名詞は別の一群を形成している。

名 詞 語 幹

73. 名詞の語幹は語根が直接に用いられる少數の場合（語根名詞）を除き，接尾辭を附して造られるが，また合成が行われることもある。合成語に於ても曲折語尾が附加されるのは最後の部分であって，これがまた語根そのままの場合と接尾辭による延長をうける場合とがある。一つの語根から種々の接尾辭によって多くの語が造られるのみならず，接尾辭によって造られたある語幹に更に接尾辭がついて，Gr. $\theta\epsilon\lambda\kappa$-$\tau\acute{\eta}\rho$-$\iota o\nu$《魅力》, Lat. scrip-tōr-ium《書く所》の如くに新らしい語が造られることが多い。かかる場合に -$\tau\acute{\eta}\rho\iota o\nu$, -tōrium が更に新らしい接尾辭と感ぜられるに至ったのと同じく，共通基語に於てもこのような方法によって多くの接尾辭が生じたのであろうが，之を一々の場合にあたって識別することは困難である。以下に共通基語に遡ると思われる名詞語幹の主なものを擧げる。

1. 語根名詞 (root-nouns, Wurzelnomina, noms radicaux)　非常に古い共通基語時代の名殘として語根そのものが名詞語幹として用いられ，之に直接に曲折語尾が附加せられ，從って語根そのものが動詞の athematic 曲用と同じく，母音交替を行う一群の名詞がある。これはインド・イラン語派やラテン語に未だよく保存せられ，ギリシア語にも亦多くのものが残っているが，ゲルマン語派やスラヴ語派に於ては母音接尾辭によって延長されている。例えば

第6章 名　詞 (Nomen)

*pĕd-, *pŏd-《足》: Skt. pā́t, acc. sg. pā́d-am, gen.-abl. sg. pad-áḥ; Gr. Dor. πώς (Ion.-Att. πούς は ποδ- による類推形), acc. sg. πόδ-α, gen. sg. ποδ-ός (*ped- は Lesb. πέδ-α《…の後に》及び合成語の ἀργυρό-πεζα《銀の足をもてる》等に現われている); Lat. pēs, acc. sg. ped-em, gen. sg. ped-is; Goth. acc. sg. fōtu, pl. -uns (nom. sg. fōtus はこの形の類推形, OE. nom. pl. fēt<*fōt-iz).

*wĕkʷ-, *wŏkʷ-《聲》: Skt. vā́k, Av. vāxš, Lat. vōx, Gr. (F)όφ.

*dyĕu-, *diyĕu-, *dyu-, *diw-《天》: Skt. dyaúḥ (diyaú-), acc. sg. dyā́m; Gr. Ζεύς, acc. sg. Ζῆν, gen. sg. ΔιF-ός; Lat. acc. sg. diem (<*diēm), -dius, voc. Iū-piter, gen. Iov-is.

*nău-《船》: Skt. acc. nā́v-am; Gr. ναῦς (Ion. νηῦς), gen. sg. Ion. νη(F)-ός; Lat. nāvis, acc. sg. nāv-em; OIr. nau, gen. sg. nōe.

*gʷŏu-《牛》: Skt. gaúḥ, acc. sg. gā́m, loc. sg. gáv-i; Gr. βούς (之は βοF-ός gen. sg. 等による類推形), acc. sg. Dor. βῶν, dat. sg. βο(F)-ί; Lat. bōs, bov-is.

Skt. kṣā́ḥ《地》, acc. sg. kṣā́m, loc. sg. kṣám-i, gen. sg. kṣm-áḥ; Av. zå, gen. sg. zəmō (=zmō 一音節), loc. sg. zəmi (二音節); Gr. χθών, acc. sg. χθόν-α, gen. sg. χθον-ός (弱階梯は χαμ-αί《地上に》, χθαμ-αλός《低い》; Lat. hum-ilis と比較).

*mūs-(1)《鼠》: Skt. mū́ḥ, nom. pl. mū́ṣ-əḥ; Gr. μῦς, gen. sg. μυ-ός; Lat. mūs, gen. sg. mūr-is (<*mūs-es).

*bhrū-《眉》: Skt. bhrū́ḥ, acc. sg. bhrúv-am; Gr. ὀ-φρῦς,

---

(1) *mūs の如き場合の長い *ū が母音交替中の如何なる位置にあるか不明. *ū, *ī にはこのように孤立した形が多い (92頁参照).

acc. sg. ὀ-φρῦ-ν, gen. sg. ὀ-φρύ-ος; Lith. bruvis; OChSl. brŭvĭ, obrŭvĭ.

　語根名詞は特に動作そのもの，または之を行う人を表わすものが多く，この形に於ては名詞は Lat. rēx 《王》: regō, Skt. rā́j-; Gr. φώρ《盜人》, Lat. fūr: φέρω, ferō《運ぶ》; Gr. κλώφ《盜人》: κλέπτω《盜む》の如くに，動詞的意味が甚だ強く，動作を純粹に表わす抽象名詞としては，不定形を供給している．Lat. reg-ī (inf. pass.), Skt. dr̥ś-é (dat. inf.)《見るべく》, dr̥ś-i (loc. inf.)《見ることに於て》の如きは明らかに語根名詞の格が不定形として用いられたものであって，ヴェーダに於てはこれらのあるものは未だ明らかに不定形とは言い得ず，動作を表わす名詞であることが多く，それは nomen agentis の dātr̥-《與える人》の如き形の名詞が acc. を支配することがあるのと同じ段階にある．

　語根名詞の古い時代の有様は之が合成語の第二の要素として，明らかに動詞的意味を有することが多い事によっても窺われる．Lat. au-spex《鳥占師》(avis《鳥》の au- と spec-iō《見る》), haru-spex《犧牲獸による占師》(haru-: Gr. χορ-δή《內臟》); Gr. χέρ-νιφ《手洗の水》(χείρ《手》+νίπ-τω《洗う》); σύ-ζυξ (συν《共に》+ζυγ-《結ぶ》)《結ばれた》(夫婦の形容), Lat. con-iug- (con《共に》, iug-《結ぶ》=Gr. ζυγ-)《夫, 妻》; Skt. viśva-víd-《すべてを見る, 知る》, Gr. ἀ-ϝιδ-, νη-ϝιδ-《見ない, 知らない》(ἀ-, νη- 否定辭+ϝιδ-《見る, 知る》).

2.　e/o の thematic 母音による語根名詞の延長　語根はまた直接に e/o の母音によって延長されることが多く，語根は之によって母音交替をまぬかれて安定する．e/o 語幹は本來は女性の -*ā- による語幹とは全く別箇のものであったが，既に基語時代より男・中性 e/o 語幹に對して女性 ā 語幹が用いられていたらしく，兩者は明らかに關聯して考えられていた．之は Skt. jánaḥ《創造物, 人間》,

Gr. γόνος《誕生, 子供》: Skt. janá《誕生》, Gr. γονή; Skt. srāvaḥ, Gr. ῥόος, Lith. sravà: Gr. ῥοή《流れ》の如き形に窺われる．

多くの e/o 語幹の語は子音語根の第二次的延長であり，之は e/o を取らない語根名詞が athematic の動詞語根と關聯しているのと同じく，Gr. λέγω《言う》: λόγος《言葉》; ῥέω《流れる》: ῥόος, ῥοή《流れ》の如く thematic な動詞の現在語幹と關聯し，語根は動詞の e 階梯に對して o 階梯を有し，語根にアクセントのある場合には動作そのもの，または行われた事柄 (nomina actionis, rei actae) を，e/o の母音にある場合には動作する人 (nomina agentis) を表わす．例えば Skt. jánaḥ, Gr. γόνος の如き形に對して，Skt. tāráḥ, Gr. τορός《突き通すもの》; Skt. ajáḥ《追う者》, Gr. ἀγός《指導者》, Lat. prōd-igus《無駄づかいする》; Gr. πομπός《護送者》, κλοπός《盗人》; Lat. procus《求婚者》の如くである．

この形は又屢々合成による形容詞の第二要素として用いられ，この時にアクセントの交替はギリシア語に於てよく示される．

πατρο-κτόνος (<-κτονός)《父を殺す》: πατρό-κτονος《父に殺された》

λιθο-βόλος (<-βολός)《石を投げる》: λιθό-βολος《石を投げつけられた》

の如くにアクセントが第一要素に移行した場合には，之は後に述べる如く (195 頁以下) 轉位した合成語となる．

語根は稀に e 階梯，弱階梯又は延長階梯をとることがある．例えば Gr. (ϝ)έργον《仕事》, πέδον《平地》(Hitt. pedan), πηδόν《オールの端》; Skt. yugam, Gr. ζυγόν, Lat. iugum, Goth. juk の如くである．更に Gr. νεο-γν-ός《新たに生れた》の如き場合には，弱階梯中でも最も弱い零階梯が用いられている．延長階梯は少いが，σωρός《堆積》: σορός《骨壺》, 上例の πηδόν, πτωχός《乞食》(: ἔ-πτηχ-α, πτήσσω《身をかがめる》) の如き形に認められる．この外に Gr. λύκος, Lat. lupus, Skt. vŕ̥kaḥ, Av. vəhrkō,

Goth. wulfs, OChSl. vlŭkŭ, Lith. vilĩkas, Alb. ul'k《狼》の如き形は，athematic の語根名詞 *mūs の場合と同じく，ギリシア語やラテン語の *u が母音交替中の如何なる位置にあるか不明である．

3. 女性 -*ā-, -*ə- 語幹　之は共通基語時代より女性名詞を造る接尾辭として用いられているが，元來は集合名詞であったらしく，中性複數の形も之と同じであった．之は本來は男・中性の e/o 語幹とは無關係で，直接に語根より造られたものであったが，後に次第に e/o の男・中性と關係づけて考えられるに至り，特に形容詞に於て兩者は一つの組織を形成するに至ったものである．之に關しては後述 (§78) する．

4. -*ei-, -*i-; -*eu-, -*u- 語幹　この二つの語幹は並行的に，nom. sg. -i-s, -u-s, acc. sg. -i-m, -u-m, acc. pl. -i-ns, -u-ns, loc. pl. -i-su(-si), -u-su(-si), voc. sg. -ei(-i), -eu(-u), nom. pl. -ey-es, -ew-es の如くに，-ei-, -oi-, -i-; -eu-, -ou-, -u- の母音交替を行う．

a. -ei-, -i- は特に動作を示す抽象名詞として多く用いられ，語根は弱（零）階梯である．Skt. dr̥ś-íḥ f.《見ること》, ruc-íḥ f.《光》, Lat. sitis《渴》, Goth. kums《來ること》, Gr. ἔρις《爭い》．

しかし之には更に Skt. áviḥ, Gr. ὄ(ϝ)ις, Lat. ovis, Lith. avìs, OIr. ōi《羊》の如くに，全く獨立の語幹もあり，かかる場合の語根には o 階梯が多い．

なお i 語幹のあるものは Skt. áksi n.《眼》: gen. akṣṇ-áḥ; ásthi n.《骨》: gen. asthn-áḥ (Lat. os, ossis; Gr. ὀστέον, Hitt. hastāi 參照); Gr. ἄλφι《麥》: pl. ἄλφιτα の如くに中性の r/n 語幹 (166 頁) と關聯して現われることがある[1]．

---

[1] 之と次の u 語幹と r/n 語幹との關係に關しては E. Benveniste: *Origines de la formation des noms en indo-européen*. Paris 1935 を參考．

b. -eu-, -u- は特に語根より直接に形容詞を造るに用いられ、この場合にアクセントは接尾辭にあって、語根は弱階梯が多い．

　　Skt. gur-úḥ《重い》, Gr. βαρ-ύs, Goth. kaúr-us, Lat. gravis
　　　　<*gʷer-ús

-u- による形容詞は動詞現在形の e 階梯と密接な關係がある．Gr. ταρφύs《濃い, 密生した》: τρέφω《養う》; Gr. θρασύs《勇敢な》: Goth. ga-dars《私は敢えてする》, Skt. dhṛṣánt. また中性の -e/os- 語幹とも Gr. βαθύs《深い》: βένθοs《深み》; κρατύs : κρέτοs《力》の如くに、同じ關係にある．

　Gr. πολύs《多くの》, OE. feɔlu, fealu (<*pelu-?), Skt. purúḥ, Av. pouruš, OPers. paru- (<*pelú-), Goth. filu, OIr. il (<*hil <*pelu-) の如き場合の語根の階梯は全く疑問である．

　實體詞の場合に於ける u- 語幹の語根は多くの場合に他の形と關聯なく、その構造も不明である．例えば

　　Skt. bāhú- m., Av. bāzuš m., Gr. πῆχυs m., Toch. A. poke f.《腕》．

　　Skt. vāstu n.《家》, Gr. (F)άστυ《都》(cf. Skt. vásati《住む》)．

　　Skt. jānu n., Lat. genu, Gr. γόνυ, Goth. kniu, Toch. A. kanweṃ (dual masc.), Hitt. kenu=NE. kneə.

　　Skt. hánuḥ, Av. zānu-, Gr. γένυs, Goth. kinnus《頰, 頤》, Lat. genu-(īnus) dens《頰の齒》．

　u- 語幹も亦 Gr. γόνυ, δόρυ《槍》: gen. Hom. γουνόs<*γονϝόs, δουρόs<*δορϝόs 及び γόνατοs, γούνατοs; δόρατοs, δούρατοs より察するに、r/n 語幹と關係があり、-ατοs の -α- は -*n̥- に由來するものであろう．

5. -*ĕr-, -*ŏr-, -*r̥-, -*r- 語幹　-*er- は -*t- を附加した -*ter- (174 頁參照) と共に共通基語に於ける親族名を表わす接尾辭として

用いられている.

　　Skt. devár-, Gr. δαήρ, Lith. dieverìs, OChSl. děverĭ《夫の兄弟》.

　　Skt. svásar-, Lat. soror, Goth. swistar, Lith. sesuõ (gen. sesers̃), OChSl. sestra《姉妹》.

更に -*er- は Skt. upar-i, Gr. ὕπερ, Lat. super《…の上に》の如くに副詞(前置詞)を造り, 之は -*e/o-, -*ā- の母音による延長をうけて, Gr. ὕπερος, Lat. superus の如くに形容詞を造っている.

　-*er- はまた -*en- と共に中性の語幹として共通基語に於て有力な接尾辭であったが, この所謂 r/n 語幹に關しては166頁に述べる.

　　6. -*ĕn-, -*ŏn-, -*n̥-, -*n- 語幹　之は部分的には第二次的に既に延長された名詞語幹について新しい實體詞と形容詞の語幹を造る. -*en- は母音交替を行い, 共通基語の有様は, Sg. voc. -en, nom. -ē(n), acc. -en-m̥, loc. -én-i, gen. -n-ᵉ/os (又は -én-ᵉ/os), Pl. nom. -en-es, gen. -n-ŏm, loc. -n̥-su (-si) であったが, -e- は Sg. voc. nom. acc., Pl. nom. に於て -on, -ō(n), -on-m̥, -on-es (-ōn-m̥, -ōn-es?) ともなる. 例えば

　　Goth. guma《人間》(<-*ō 又は -*ē, acc. guman<*-on-m̥?, dat. gumin<-*éni, Pl. nom. gumans, gen. gumanē, dat. gumam); Lat. homō (gen. hominis, OLat. acc. homōnem, cf. nēmō<*ne-hemō); OLith. žmuõ (pl. žmónės).

-en- 語幹はゲルマン語派に於て特に發達し, 所謂名詞の弱變化の源となった.

　-*ən- と -*on- との本來の關係は不明であるが, -*ter-, -*tor- の場合と同じく, Gr. ποίμην《羊飼》: δαίμων《神》; φρήν《横隔膜, 心》: σώ-φρων《健全な心の》; σωτήρ《救濟者》: ῥήτωρ《演說者》; πατήρ《父》: εὐπάτωρ《よい父の》の如くにアクセントの

交替が原因となっているかのようである。

-*en-, -*on- が直接に語根と融合して，二つの sonant が相接する時には

　　Gr. κύων《犬》, gen. κυν-ός; Skt. śvā (Ved. śuvá), gen. śún-aḥ; Av. spā̊, gen. sūnō

　　Gr. φρήν, nom. pl. φρέν-ες, dat. pl. φράσι

　　Gr. ἀρήν, gen. ἀρν-ός, dat. pl. ἀρνάσι (<ἀρασι<ἀρṇσι)《仔羊》

の如くに，語根そのものが母音交替を行っているかに見えるが，之は -*en- の交替であって，例えば Gr. κύων は *keu- の弱階梯たる *ku(w)-, *kw- に -*ōn-, -*n- がついた形と考えるべきである。

-*e/on- は多くの民衆的な，ある性質を表わす實體詞，特に綽名を造るのに廣く用いられる。Gr. φάγων, -ωνος《大食い》(:-φαγος), δρόμων《走り手》(:-δρομος), στράβων《まがった，斜視の》(:στραβός, στρεβ-λός, στρέφω), γλύκων《甘い奴，馬鹿》(:γλυκύς), γάστρων《太鼓腹の人，大食い》(:γαστήρ《腹》); Lat. praedō, -ōnis《盗賊》(:praeda), praecō, -ōnis《叫ぶ人，競賣人》, silō, -ōnis《鼻まがり，鼻のひしゃげた男》(:silus)。

-*e/on- が更に他の接尾辭によって延長された場合には，Gr. πότ-νια, Skt. pát-n-ī<*pot-n-yə《女主人》の如くに -*ṇ-, -*n- の形を取る。

-*e/on- と -*e/or- 語幹が交互に現われる中性語幹については 166 頁を參照。

7. -*ĕs-, -*ŏs- 語幹　之は語根より直接に中性の抽象名詞を造るに用いられ，語根はアクセントを有し，e 階梯である。

　　Skt. jánaḥ (gen. janas-aḥ), Gr. γένος (gen. γένους<γένεος <*γενεσ-ος), Lat. genus (gen. generis<*genes-es)

　　Skt. sáraḥ《池》, Gr. ἕλος《濕地》, Lat. ulcus《潰瘍》

Skt. vácaḥ, Gr. (Ϝ)έπος《言葉》
　　　Skt. háraḥ《焰》, Gr. θέρος《熱, 暑さ》
　　　Skt. nábhaḥ, Gr. νέφος《雲》, OChSl. nebo《天》
　　　Skt. śrávaḥ, Gr. κλέ(Ϝ)ος《名聲》, OChSl. slovo《言葉》
　　　Skt. rajaḥ, Gr. ἔ-ρεβος, Goth. riqis《暗黒》
e 以外の階梯を有する形 (o 及び弱階梯) はすべて後代の改變又は類推形である。例えば Gr. πάθος は動詞の aor. παθεῖν の類推であり，これと並んで e 階梯を有する πένθος《悲哀》があり，また (Ϝ)όχεα n. pl.《車》は (Ϝ)έχος (cf. ἔχεσφι ἅρμασι Hesychios) が -(Ϝ)όχος m. の，Lat. pondus《重さ》(：動詞 pendō) は pondō m. の o 階梯に引かれた形である．

　-*es- はそれ自身アクセントを取った場合に形容詞を造る接尾辭となる．之は τόμος：τομός がアクセントの交替によって機能を變えるのと (157 頁參照) 全く同じであって，例えば
　　　Gr. ψεῦδος n.《僞り》：ψευδής《僞りの》
　　　Skt. máhaḥ n.《大きさ》：mahás-《大きい》．
この接尾辭は特に合成語に多く
　　　Skt. dur-manáḥ, Av. duš-mananh-, Gr. δυσ-μενής《敵意をもてる》
の如くに，所謂 bahuvrihi 合成語 (195 頁) が多い．
　-es- 語幹が更に延長された時には
　　　Skt. vat-s-áḥ《年, 犢》：Gr. Ϝέτ-ος《年》
　　　Lat. max-imus《最も大きい》：Skt. máhaḥ
の如くに -*s- のみで現われるらしく思われるが，しかしこの -*s- はまた語根名詞の gen. sg. の形とも解し得る．
　　　Gr. αἰδώς《恥の心》(αἰδοσ-, cf. αἰδοῖος<-*οσιος《恥の》, ἀν-αιδής《恥知らずの》, αἰδέ-ομαι《敬う》, αἰδ-όμενος pres. part.)
　　　Gr. ἠώς, Skt. uṣáḥ (Lat. aurōra 及び flōs flōra《花》參照)《曙》

第6章 名　詞 (Nomen)　　163

　　Lat. honōs (cf. hones-tus)；angor《窒息》(：angus-tus)
の如き -ŏs の形は多くの語根に認められ，之と中性の -e/os- 語幹
との關係も亦同じく τόμος：τομός に等しいと思われるが，何故に
o 階梯がここに現われているのかは不明である．或は我々はここに
も *ə₁ と *ə₃ との異る接尾辭を設定すべきであるかも知れない．

　　8.　-(i)yo- 語幹　之は主として名詞語幹の第二次的延長に用いら
れるが，インド・イラン語派，ゲルマン語派に於ては動形容詞を造
る接尾辭として
　　Skt. yáj-yaḥ, -iyaḥ, Gr. ἅγιος《敬われるべき》
　　Skt. ād-yáḥ, ONorse ǣtr《食べられるべき》
　　Skt. dr̥ś-yaḥ《見られるべき》, dé-yaḥ (<dā-i-ya-)《與えらる
　　　べき》
の如くに用いられる．ギリシア語に於ても上例の ἅγιος (：ἅζομαι),
στύγιος《憎い，嫌いな》(：Στύξ《地獄の川の名》, στυγέω《憎む》),
πλάγιος《斜の》(：πλήσσω《打つ》) の如き語に同じ意味の形容詞
がある．一見語根に直接に附加せられているかの如くに見えるこれ
らの用法は，しかし，本來は第二次的延長によって造られた形がサ
ンスクリット語やゲルマン語派に於て動形容詞を造るに用いられる
に至ったものであるらしく，上述以外の場合には，*-(i)yo- はすべ
て第二次的延長である．例えば
　　Skt. pitr-yaḥ (-iyaḥ), Gr. πάτρ-ιος, Lat. patr-ius《父の》
　　Skt. aśv-yaḥ, Gr. ἵππ-ιος《馬の》
同じ接尾辭の形は -i- に終る副詞より造られた形容詞 Gr. ἀντί：
ἄντιος, ἄρτι：ἄρτιος の如き形に現われ，また ἀντί-βιος, ἐν-έσ-
τιος (：βία, ἑστία) の如き本來 -ιος に終る名詞との合成語に於て
も見出される．從って Lat. alius, Gr. ἄλλος<*ἄλιος, Goth. aljis
《他の》の如き語は -*yo- の接尾辭によるものか，それとも -*i- に
終る形の *ə/o による延長か疑問である．

-(i)yo- は更に多くの第二次的接尾辭の延長に用いられ，例えば Gr. -τηριο-, -σιο-, -διο-, -ειο-, -αιο-, -οιο- の如くに新らしい接尾辭を造り出している外に，合成語の延長にも用いられ，大きな役割を果している．

9.　-*yā-, -*yə- 語幹　は女性の實體詞と形容詞を造るが，之が男・中性語幹名詞と密接に關聯したのは後のことで，本來之は獨立の接尾辭であり，Skt. pátn-ī (gen. pátnyāḥ), Gr. πότνια (gen. ποτνίᾱς)《女主人》: Skt. pátiḥ, Gr. πόσις《主人, 夫》の示す如くに，両者は古くは別箇の語幹(或は語根)より造られたものである．-*yā-, -*yə- の母音交替は古く，之は Skt. pátnī, devī, Gr. πότνια, Lith. patì《自身》f., Goth. mawi《少女》: gen. pátnyāḥ, devyāḥ, ποτνίᾱς, pačiōs, maujōs に明らかに認められる．ギリシア語の nom. -ιᾰ, acc. -ιᾰν<-*iə, -*iəm は他の言語に於ては融合形たる -*ī となって現われ，Skt. nom. -ī, acc. br̥hatīm, Av. bərəzaitīm, OIr. Brigti n-, Lat. vic-trī-c- に認められるが，Goth. -ja, Lith. -čią は -*yām に發している．Nom., acc. -*yə-: gen. -*yās は Gr. μία: μιᾶς f.《一》の如き一音節の場合にアクセントの動く形に最も明らかに認められる．ギリシア語の -ια は -ī よりは古い形を殘しているものと考えてよいであろう．

10.　-*(ī)yes-, -*(ī)-yos-, -*is-, -*ist(h)o- は語根より直接に形容詞の比較級及び最高級を造るに用いられている．この場合語根はアクセントを有し，e 階梯である．語根より直接に造られるために，この接尾辭による形は原級の形容詞をもたないものが多い．

　　　Skt. svād-īyas-, Gr. acc. ἡδ-ίω<-*ίοσα, Lat. svād-ior, -iōris, Goth. sūt-iz-a, OHG. suo-zir-o《更に甘い》
に對して，Skt. náv-yas- (nav-īyas-): nava-《新しい》, Lat. peior (發音は peyyor, cf. Ital. peggio)《より劣った》, OChSl. bol-je

《より大きい》, Gr. μείζων<*μεγ-ιων《より大きい》の如き形より, -*īyᵉ/os- の外に, -*yᵉ/os- も亦存在したことが知られる.

Av. -yā̊<-*yōs, Lat. melior, -lius<-*yōs, -*yos, Ir. siniu<*-yōs《より古い》に對して, Skt. -yān, Gr. -(ι)ων は n 語幹の形をもっているが, Gr. -(ι)ων は Goth. -izan と共に -*yes- の弱階梯たる -*is- の -*on- による延長であるらしく, 之は Lith. saldès-nis《より甘い》<*sald-yes-ni- と同じである. ギリシア語に於ては -(ι)-ον- の語幹が acc. sg. -*ιοσα>-ίω (ἡδίω), gen. -*ιοσ-ος>-έους (ἡδίους) の如き -*yos- 語幹を排して全體に擴がっている.

ギリシア語の -(ῑ)ων, ラテン語の -ior が男・女性の別なく用いられているのは, 共通基語の古い情態を反映するものであって, OIr. siniu (=Lat. senior) が不變化であるのも亦同じ事情によっている. インド・イラン語派, ゲルマン語派, バルト語派, スラヴ語派の男・女性の別は後に造られた各語派に於ける單獨の發達である.

弱階梯 -*is- に -*t(h)o- のついた形は, Skt. -iṣṭha-, Av. -išta-, Gr. -ιστο-, Goth. -ists となって, 最高級を造るに用いられている. Skt. svād-iṣṭha-ḥ, Gr. ἥδ-ιστο-s, OHG. suoz-isto. この場合の語根は Gr. κράτ-ιστο-s《最も強力な》: Skt. Ved. dav-iṣṭhá-《最も遠くの》等の形によれば, 弱階梯をもち, 接尾辭にアクセントがあったらしいが, 類推によって比較級と同じく e 階梯とアクセントを有するに至ったものらしく,⁽¹⁾ Gr. φέριστοs《最も強い, 立派な》: Av. bairišta- の如き對應はこの類推が古い時代に旣に生じていたことを物語っている.⁽²⁾

---

(1) κράτιστοs のアクセントが後に語根に移ったものであることは, κρατύs《力》: κρέσσων《より強い》との比較によって知られる.

(2) この形容詞の比較と後に述べる (175 頁) -*tero- による比較との差に關しては, E. Benveniste: *Noms d'agent et noms d'action en indo-européen*. Paris 1948, pp. 114–168 を參照.

11. r/n 語幹及び中性の異語幹曲折 (heteroclitica)　中性の語の中に，その意味より察するに共通基語の古い時代に遡ると考えられるもので，nom. acc. sg. が主として -er 語幹（この外に -i, -u, -l もある），その他の格は -en 語幹を有するものがあり，かかる異語幹による中性の語幹を r/n 語幹と稱する．

之には身體の部分を表わす語が多く

 Skt. yákr̥-t, gen. yaknáḥ, Av. yākarə, Lat. iecur, gen. iecinis (又は iecinoris), Lith. jãknos f. pl. (古くは jeknos), Gr. ἧπαρ, gen. ἥπατος 《肝臓》[1]

 Skt. ū́dhar, gen. ū́dhnáḥ, Lat. ūber, Gr. οὖθαρ, gen. οὔθατος, OHG. ūtar 《乳房》

 Skt. akṣi, gen. akṣ-náḥ, Arm. akn, Goth. augō, -ins, Hitt. -akeššar, -akeššnaš 《眼》

 Skt. asr̥-k, gen. as-náḥ, Hitt. ešḫar (e-eš-(ḫ)ar), gen. ešḫ-naš (e-eš-ḫa-na-aš), Toch. A. ysār 《血》

の如くであるが，この外にも

 Skt. gen. ud-náḥ, Gr. ὕδωρ, gen. ὕδατος, OHG. wazzar, Hitt. watar (wa-a-tar), dat. wetni (u-e-te-ni) 《水》

 Gr. πῦρ, gen. πυρός, Hitt. paḫḫwar (pa-aḫ-ḫa-wa-ar), dat. -u-e-ni (又は pa-aḫ-ḫur, dat. -u-ni) 《火》

更に語根は異るが《日》を表わす語に

 Skt. ahar, gen. ahnáḥ, Gr. ἧμαρ, -ατος: Lat. nūn-dinae 《九日に催される日》(novem-dies) =《市場の立つ日》, OChSl. gen. dĭn-e (nom. dĭnĭ), Lith. dienà

があり，この語幹は生活の中心となる語に多く現われている．また

---

[1]　Lat. iecinoris は iter, gen. itineris 《道程，旅》と同じく，r/n の兩方が同時に現われた形である．Gr. ἥπατος の -α- は -*n̥-に由來する．後出 (172 頁) の -*men- 語幹中の Gr. ὄνομα, gen. ὀνόματος に於ける -α-τος<-*n̥-tos を參照．

ヒッタイト語に於てはこの交替は nom. acc. -war に對して gen. -wenaš (-unaš) なる形を取り，動作を表わす名詞語幹に延長されている．これらの nom. acc. sg. のみが他と異る形を取り，しかも屢ゝこれ以外の形のないこの中性の語群は，かつては非常に多かったらしく，語幹の r, n, l, i, u 等は元の名詞は殘っていない場合にも，多くの言語に於て形容詞，動詞その他のこの語幹より造られた語に名殘を留め，例えば

Skt. svar- (sūr-yaḥ《太陽》), Gr. ἥλιος (<ἀϝέλιος<*sāwel-《太陽》), Goth. sauil, Lat. sōl (<*sāwol), Lith. sáulė, Lett. saũle, OIr. sūil (<*sūli《眼》), OChSl. slŭnĭce (<*sūl-ni 又は *sḷ-ni《太陽》), Av. (gaθ.) xvə̄ng (<*suw-an-s《太陽》), Goth. sunno《太陽》, ONorse sunna, OE. suna (<*swen-s); l/n 語幹

Skt. snā́van-《帶》(nom. acc. sg. snā́va),[1] Av. snāvarə, Gr. νευρά, Arm. nəard, OHG. snuor

の如くに一言語又は一語派では r/n の交替が認められないか，或は曖昧なものも，二つ以上の言語又は語派の形を合すればこの形を現わすものが多く，共通基語時代に於けるこの形の曲折の重要性を示している．[2]

12.　-*ro-, -*rā- 語幹 は語根に直接に

Skt. r̥j-ráḥ, Av. ərəz-ra-, Gr. ἀργ-(ρ)ός《輝く，光る》の如くに附加せられることもあるが，また第二次的に Gr. γλαφυρός《洞な》: γλάφυ n.《洞穴》, λιπα-ρός《(油で) 輝く》: λίπα《(油で) 豐かに，光るように》の如くに，名詞語幹の延長にも用いられる．一部の -*ro- は

Gr. νεῦρον, νευρά《筋，紐》, Av. snāvarə, Toch. ṣñaura

---

(1)　之は元は snā́var 又は snā́vr̥-t か (?).
(2)　この問題に關しては E. Benveniste: *Origines* を參考．

Gr. καπρός《糞》, Skt. śakṛ-t (gen. śaknáḥ)
の如くに，明らかに r/n の中性名詞の語幹に *e/o が附加せられた形に由來していて，これが -*ro- 語幹の源となったと思われる。[1] この形はまた

 Skt. dānam, Lat. dōnum : Gr. δῶρον, Arm. tur, OChSl.
  darŭ m. 《贈物》

の如き r と n との交替となって現われている．

13. -*lo-, -*lā- 語幹は

 Skt. bahu-láḥ, Gr. παχυ-λός : Skt. bahúḥ, Gr. παχύς《厚い》
 Gr. ὁμα-λός《平らな》, Lat. simi-lis《似た》
 Gr. μεγα-λο-《大きい》, Goth. miqi-ls《大きい》, OChSl.
  milŭ《溫和な》, Lith. míelas《愛すべき》

の如くに，形容詞の後について之を延長する．

 しかしまた一方に於て之は動作を行う人を表わす語として，Gr. μιμηλός《眞似をする》, Dor. σῑγᾱλός《默せる》, Lat. bibulus《酒飲みの》, crēdulus《信じ易い，お人好しの》, Goth. sakuls《喧嘩好きの》, ONorse pǫgull《默せる》の如くに用いられ，更に OChSl. neslŭ, dĕlalŭ (jesmĭ)《私は運んだ》,《私はした》, Arm. sireal (em)《私は愛した》の如くに，この兩語派に於ては動形容詞として發達している．同じ發達はまたトカラ語にも認められる．

 -*lo- はまた多くの言語に於て，Lat. filiolus : filius《息子》, homunculus : homō《人間》, porculus : porcus《豚》; Lith. paršēlis : paršas《豚》の如くに，縮小或は愛稱名詞を造るに用いられ，ギリシア語に於ても -ιλ(λ)-, -υλ(λ)- の形で特に愛稱形として發達している．

---

 (1) 上揭の Gr. λιπα-ρός, γλαφυ-ρός も亦或は同じ起源であるかも知れない．語幹末の -α-, -υ- はこの疑を濃くする．

14. -*mo-, -*mā- 語幹 は Av. garə-ma-《暑い》, Gr. θερ-μός, Lat. for-mus の如き, 語根より直接に造られたかにみえる少數の場合を除いては, 大部分第二次的に名詞語幹より形容詞を造るに用いられる. 之は

　　Skt. dhū-máḥ, Lat. fū-mus, Lith. dú-mai (pl.), OChSl. dy-mŭ《煙》, Gr. θῡ-μός《激情, 勇氣》[1]

　　Gr. φή-μη (Dor. φά-μᾱ), Lat. fā-ma《聲, 噂, 名聲》

の如くに名詞語幹を語根より造る.

-*mo- はギリシア語に於て διωγ-μός《追うこと》: διώκ-ω《追う》, ὀδυρ-μός《悲しむこと》, καθαρ-μός《きよめること》の如くに, 動作を表わす抽象名詞を造るに用いられるが, 之は更に -*s-mo- の形に於て, Lith. lañk-smas《まげること》: lenkiù, Gr. σει-σμός《搖ること, 地震》, σχι-σμός《割れること》(<*σχιδ-σμο-), πλοχμός《縮むこと, 編んだ髮》(<*πλοκ-σμο-: πλέκω) の如くに用いられ, -σμος が近代の歐洲の諸言語に於て -ismus の形で多くの新しい語を造り出していることは周知の事である.

-*mo- はまた Lat. pri-mus《第一の, 最初の》, deci-mus《第十番目の》, postu-mus《最後の》; Gr. ἕβδομος《第七番目の》; Lith. pírmas《第一番目の》; Skt. daśamaḥ《第十番目の》, madhyamáḥ《眞中の》, upamáḥ《最高の》の如くに數詞中の序數詞及び最高級の接尾辭となっているが, 之は -*mo- が一つのものを多くのものと對比する意味を有していたためである.

---

[1] Gr. θῡμός に關しては W. Schulze: *Quaestiones epicae*, pp. 313 f. 參照. なお Ernout-Meillet: *Dictionnaire étym. de la langue lat.* s.v. は Skt. dhūmáḥ 等と θῡμός との關係を否定し, θῡμός は θύω《激する, 怒る》より造られたものとしているが, この考え方には同意し難い. 煙とか風とかから息或は生命, 魂の事柄に意味が轉ずるのはこの外にも多くの例 (cf. Lat. anima, animus: Gr. ἄνεμος, Gr. πνεῦμα: Lat. spiritus 等) がある.

15. -*no-, -*nā- 語幹　は第二次的な實體詞と形容詞とを造るに用いられる．

Gr. φαεινός (<*φαϝεσ-νός)《輝く,光にみちた》: φάος《光》

Gr. σελήνη (Lesb. σελάννα<*σελάσ-νᾱ)《輝くもの，月》: σέλας《光》

Umbr. ahes-nes (gen.), Lat. aēnus (<*aes-nos)《(青)銅の》: aes《銅，青銅》

Skt. dákṣi-naḥ, OChSl. desĭ-nŭ《右の》

-*nó- はまたある語派に於ては動形容詞を造るに用いられ，弱階梯の語根に附加せられる．Skt. pūr-ṇáḥ《みたされた》, Ir. rān, Goth. fulls<*ful-naz, Lith. pìl-nas, OChSl. plŭ-nŭ. インド・イラン語派とスラヴ語派に於てはこの -*nó- は動形容詞として廣く用いられ，今一つの動形容詞たる -tó- と等しく用いられるに至っている．しかし他の語派に於ても -*nó- による形容詞は，Gr. ὀρφ-νός《暗い》, ἁγ-νός《尊ぶべき》, σπαρ-νός《まきちらされた》; Lat. dignus《…に價する》, OHG. gern《慾深い》の如くに動詞的な意味が強く，またかかる場合の -*no- は第一次的な接尾辭として，語根に直接に附いている．この外に

Gr. ὕπ-νος, OChSl. sŭ-nŭ (<*supno-), Skt. sváp-naḥ, Lat. som-nus《眠》

の如くに第一次的に語根より直接に造られた名詞がある．この形の名詞は

Gr. ποινή, Av. kaēnā《罰》, OChSl. cěna《價》, Lith. pus-kainu《半値で》

Gr. ὄκ-νος《躊躇》, φω-νή《音，聲》

の如くに o 階梯の語根が多い．

-*no- は -*ino- の形で

Gr. χειμέρ-ινος《冬の》, Lat. hiber-nus (<*heimeri-nos)

Gr. Hom. εἰαρ-ινός《春の》, Lat. vērnus (<*vēr-inos)

Gr. φήγ-ινος《樫の》, Lat. fāg-inus
Lith. áuks-inas《黄金の》, OChSl. zĕlĕz-ĭnŭ《鐵の》
の如くに時及び材料を示す形容詞を造る．

また -*īno- の形で Skt. navīnáḥ《新しい》(：nava-), Lat. suīnus《豚の》(：sus《豚》), Latīnus《Latiumの》の如くに用いられ，-ῖνος はギリシア語に於ては ἐχῖνος《はりねずみ》, ἐρυθρῖνος《魚の一種》の如くに動物名に多い．

-*ono- は Skt. svád-anam, Gr. ἡδ-ονή《快樂》の如くに抽象名詞を造ると共に，ゲルマン語に於ては Goth. -it-an《食べること》の如き不定形を，また -*eno- と共に Goth. waúrp-ans, OHG. gi-wort-an, ONorse orđ-enn＝獨 geworden の如くに perfectum の語幹について，受身の動形容詞を造り，古代教會スラヴ語に於ては -*eno- は，nes-enŭ《運ばれた》の如き過去の受身の分詞を造っている．

16. **-*men-, -*mon-, -*mn̥- 語幹** は男性及び中性である．Gr. λι-μήν m.《港》(テッサリア方言では《市場》, λίμνη を參照), λει-μών m.《草地》は同じ語根に -*měn, -*mŏn の附加された形であり，-ĕ-, -ŏ- の交替は古いアクセントの交替による曲折の名殘であるらしいが，歴史時代に於ける印歐諸言語には最早やこの母音交替は生きていない．-*men- の弱階梯 -*mn̥- は中性の語に現われ，古くは語根の部分にも

Skt. nā́mā (<*nomn̥ ?), Gr. ἔ-νυμ-α, ὄ-νομ-α,[1] Arm. anun,
Lat. nōm-en, Goth. nam-o《名》

の如くに母音の交替があったらしい形跡が認められるが，大部分の語に於ては，

---

(1) ἔ-νυμ-α, ὄ-νομ-α の ε と o は普通は所謂前置母音 (prothetic vowel) として説明されているが，ἐνυμ-：ὀνομ- の形より考えれば，或は之は語根に屬するものであるかも知れない．

Skt. dhāman-, Gr. (ἀνά-)θημα<*dhē-mn̥ 《置くもの》
　　Skt. bhárman-, Gr. φέρμα, OChSl. brěmę<*bher-mn̥ 《運
　　　ぶもの，荷》
の如くに e 階梯を有する．

　ギリシア語に於ては，この -*mn̥>-μα の中性名詞は甚だ多く，之は單數主格以外では -*t- による延長を蒙って，ὄνομα, ὀνόματος の如き形となっているが，之が本來 -*mn̥ であったことは，ὀνομαίνω<*ὀνομαν-ι̯ω 《名付ける》の如き形によって知ることを得る．

　17. -*meno-, -*mno- 語幹　は動詞の medium の分詞を造る．-meno- の形はギリシア語，インド・イラン語 (Skt. -māna-, Gr. -μενο-) に特に動詞との關聯が強く認められるが，また Lat. fēmina 《乳を飮ますもの》=《女》, alumnus 《養われたるもの》=《子供》の如くに，他の語派にも現われ，Arm. -un-, Balt. -ma-, Slav. -mo- となる．ギリシア語に於ても οὐλόμενος 《呪わしき，破滅をもたらす》: ὄλλυμι 《滅ぼす》; ἴκμενος 《順風の》: ἱκνέομαι 《來る》; ἄσμενος 《よろこばしき》(<*Ϝαδ-σ-μενος): ἁ-ν-δ-άνω 《滿足させる》, ἡδύς 《あまき》(<*swād-) の如くに形容詞としても見出される．Balt. -ma-, Slav. -mo-, Av. -mna- (-mana-), Gr. pf. med. part. -μένος<-*μενός は恐らく -*mnós (=Lat. -mnius) に發したもので，この古いアクセントはヘーロドトス中の δεξαμενή 《貯水池》(: δέκομαι, δέχομαι 《受取る》), εἰαμενή 《濕地》(cf. Nikandros ἴαμνοι m. pl.)[1] の如き形に保存されている[2]．

----

　(1) この語の語源は確實でないが，-μενή が古いアクセントを保持している分詞形であることは確實である．
　(2) Toch. A. -man も亦 -*mnós に發した形であろう．なお Brugmann: *MU.* 2. 184 ff., *IF.* 9. 367; Specht: *Litauische Mundarten*, II. 233; Benveniste, *BSL.* 34. 5 ff., *Origines* I. 117, 120; E. Schwyzer: *Griech. Gramm.* I. 524 ff. 參照．

第6章 名 詞 (Nomen)

18. -*et-, -*ed- 語幹 は語根に直接に附加せられて，實體詞，形容詞を造り，意味は能動，受動の兩方となる．Skt. vāghát- m.《犧牲を捧げる者》, sravát-《流れる》; Av. -čarāt-《動く》; Lat. hebet-《鈍い》, teret-《滑らかな》, seget-《まかれたもの，收穫》; Gr. ἑρπητ-《匍行疹》, θητ-《傭人》, δαιτ-《分前，宴會》, γοητ-《魔法師》(cf. Lith. žavėti《魔法にかける》). この接尾辭は合成語にも Skt. deva-stut-《神をほめたたえる》, Gr. ἀ-γνωτ-《知らざる》の如くに用いられる．數詞に於ては -*t-, -d は

Skt. daśa-t-, Gr. δεκα-δ-, OChSl. desę-t-, Lith. dešim-t-<
*dekm̥-t- (又は -d-)《10 であること》

の如くに數形容詞を抽象化している．語根は，インド・イラン語派に於ては Skt. rit-《流れる》, -stut-《ほめたえる》, -bhr̥t-《運ぶ》, -gat-《進む》の如くに i, u, r̥, a (<*m̥, *n̥) の弱階梯にかぎられている．-*t- の造語法上の機能は不明で，その有無は語根の意味を變更しない．

Skt. nák (<*nakt), adv. náktam (acc.)《夜に》, Goth. nahts《夜》, Gr. νύξ (gen. νυκτ-ός), Lat. nox (gen. noct-is), OChSl. noštǐ, Lith. naktìs, Hitt. nekuz (=*nek^{w}ts), ne-kuzi《夜になる》

と Gr. νύχα《夜に》, ἐν-νυχ-ος《夜の》の如き -t- のない形との關係は不明である．[1]

-*t- は更に -*tā-, -*tāt-, -*tāti- の如く延長によって多くの接尾辭の源となっている．

-*d- は -*t- と並行的に，Gr. δεκά-δ-: Skt. daśa-t- の如くに用いられる．Gr. παρα-στάδ-ες, παρα-στα-δ-όν (adv.), ξυ-στά-δ-ες

---

[1] J. Schmidt, KZ. 26. 16; E. Benveniste: *Origines* I. 10; Brugmann: *Grundr.*² I. 596; H. Hirt: *Idg. Gramm.* II. 98; A. Meillet, *BSL.* 27. 127; S. Feist: *Got. etym. Wb.*³ 369 s.v. 參照.

($αἱ πυκναὶ ἄμπελοι$. Hesychios), $ἐμ-βα-δ-$ (cf. $ἐπι-στά-τ-ης$), $ἐπ-ηλυ-δ-$; Skt. samá-d- f. 《爭い》, dr̥śa-d- f. 《岩》; Gr. $δειρά-δ-$ f. 《山の脊》, $χολά-δ-$ f. 《內臟》 (cf. $χόλιξ, -ικος$ f. pl. 《腸》), OChSl. želǫdǫkŭ 《胃》。この際語根は主として弱階梯であること -*t- と同じ。なお Gr. $φυγάδ-: φεύγω, λογάδ-: λέγω$ の如き -αδ- は $μηκά-δας, κρεμά-δ-$ の如き二音節の語基に由來している。

19.　-*ter-, -*tor-, -*tr̥-, -*tr- (-*tel-) 語幹は
　　Gr. $πατήρ$, Skt. pitā́ (pitár-), Lat. pater, Goth. fadar 《父》
　　Gr. $μάτηρ$, Skt. mātā (mātar-), Lat. māter, OIr. māthir, ONorse mōðr 《母》
　　Gr. $θυγάτηρ$, Skt. duhitā (duhitar-), Av. duɣədar-, duɣdar-, Goth. daúhtar, Lith. dukte̊, -eĭs, OChSl. dŭšti (acc. -terĭ) 《娘》

の如き親族名に見出される外に，Gr. $-τήρ$ (gen. $-τῆρος$), $-τωρ$ (gen. $-τορος$), f. $-τειρα$ ($<*-τερχα$), $-τρια, -τρις$; Lat. -tōr-, f. -trī-c- ($<-*tryə-$); Skt. -tar- に於て動作を行う人を表わす接尾辭として大きな役割をはたしている。ギリシア語では $-τήρ, -τωρ$ はイオーニア・アッティカ方言では殆んどすべて $-της$ によって取ってかわられ，ドーリスやアイオリスの方言に主として殘っている。-ē- と -ō- との交替は，Gr. $δώ-τωρ$《與える人》: $δο-τήρ$ の示す如くに，古いアクセントの交替による結果で，之は -*ən-, -*on- 語幹の $λι-μήν$《港》: $λει-μών$《草原，濕地》と並行的現象である。性別は親族名の有する自然の性以外には，Gr. $ῥαιστῆρα$ (《槌》) $κρα-τερήν$ Hom. $Σ$ 477 の如き形より察するに，古くは存在せず，從って女性形は後の發達に屬する。[1]

親族名に於ける -*tēr-, -*ter-, -*tr̥-, -*tr- (Gr. nom. $πατήρ$,

---

(1) この接尾辭に關しては E. Benveniste: *Noms d'agent* を參照。ここに -*ter- と -*tor- の相違に關する新しい見解がある。

acc. πατέρ-α, dat. pl. πατρά-σι＜*pətr̥-si, Skt. pitŕ̥-ṣu, gen. πατρ-ός) の交替は，普通の動作を表わす名詞にも認められるが (Skt. dātā́《與える者》, acc. dātā́ram, loc. pl. dātŕ̥ṣu, dat. datré), ギリシア語，ラテン語では δώτωρ《與える者》, -opos; δοτήρ, -ῆρος; Lat. dator, -tōris の如くに二段階しか認められない。しかし *mā-ter- の如き本來 *mā+ter- (cf. Gr. μᾶ その他の子供の母に對する愛稱) と解し得る形が交替を行っている點より，サンスクリット語の方が古い姿を保っているものと思われる。-*te/or- は殆んどすべて動詞語根より直接に造られる．

 -*te/or- と並行して，スラヴ語派 (OChSl. da-teljĭ[1]) とヒッタイト語 (-tal-) では -*tel- が用いられている．

 20.　-*tero/ā- 語幹 (-*tomo- 語幹) は -*er- に對して -*ero/ā- 語幹形容詞があるのと同じく，副詞の接尾辭 -*ter に對して

　　Skt. antár《內に》, Av. antarə: Skt. ántara-, Av. antara-《より近くの，內の》

　　Lat. inter《の內に》: interi-or《內部の》; Gr. ἔντερον《內臟》,

　　　Lith. añtras《他の》, Goth. anþar《他の》

の如くに形容詞語幹を造る．この語幹は Skt. anyáḥ, Av. anyō, OPers. aniya-《他の》の如き -*yo- によるものとある場合には同じ意味を有する如くであるが，Lat. alter《二つの中の一つ》: alius《他の》の對立が示す如くに，-*tero- は二者中の，-*yo- は多者との對比を表わす．例えば

　　Gr. δεξιτερός: ἀριστερός, Lat. dexter: sinister《右》,《左》

　　Gr. ἡμέτερος: ὑμέτερος, Lat. noster: vester《我々の》,《貴方方の》

更に -*tero- は

---

(1) -teljĭ は -*tel- の -*yu- による延長．之は -arjĭ と並行的な形である．

Skt. ka-taráḥ, Av. ka-tarō, Gr. πό-τερος, (Lat. uter?), Goth. ha-par, Lith. ka-tràs, OChSl. ko-toryĭ, ko-teryĭ 《二者中のどちら?》

に於て,《誰?》を意味する疑問代名詞 *kʷo- について, 二者の對比を示す. -*tero- は Gr. ἀγρό-τερος : ὀρέσ-τερος《畑により關係が深い》:《山により關係が深い》, ἀπό-τερος : ἀπό《…から》, ὕσ-τερος《より後の》, Skt. úttara-《上方の》(: Skt. ud-《上に》) の如き意味より, 比較級を造る接尾辭となった.

-*tomo- は -*to- と, 多くのものとの對比を示す -*mo- との合成接尾辭で,

Skt. ka-tamaḥ《多者中の誰?》, Lat. quo-tumus

Skt. an-tamaḥ, Lat. in-timus《最内部の》

の如くに用いられ, これより形容詞最高級接尾辭となった. ギリシア語では -*mo- の代りに同じ意味の -*to- が用いられ, ὕπατος《最高の》(= Skt. upamaḥ, Av. upəma-), ἔσχατος[1]《一番端の》の如くにあるものの《端》を表わす接尾辭となり, Skt. の -tama-, Lat. -imus と等しく最高級形 -τατος が出來上ったが, 之は -*yes- の弱階梯より -*is-to- が造られたのと並行的である.

21. -*tro- (-*tlo-), -*dhro- (-*dhlo-) 語幹 兩者は並行的に同じ意味, 即ち道具を表わす. -*tro- (f. -*trā-), -*tlo- (-*tlā-) は -*tᵉ/ₒr-, *tel- 語幹の弱階梯 -*tr-, -*tl- に -*e/o- がついた形で, 從って直接に動詞語根より

Gr. φέρε-τρον《擔架》, Skt. bharí-tram《腕》, Lat. ferculum

---

(1) -α-τος は順序數詞 τέτρα-τος<*-r̥-tos《第四の》, ἔνα-τος< -*n̥-tos《第九の》, δέκα-τος<-*m̥-tos (Lith. desimtas)《第十の》より, -ατος が抽き出されたもの. Cf. Ascoli, *Curtius Studien*. 9. 339 ff.; Hoffmann, *Philologus*. 60. 17 ff.; Brugmann: *Grundr.*² II. 1. 225 ff.; Güntert, *IF*. 27. 20 ff.

《擔架》

  Gr. ἄρο-τρον《鋤》(ἄρατρον Creta 方言), Lat. arā-trum,
  Lith. árklas, OChSl. ralo
の如くに直接に造られる．語根の母音は e 階梯，二音節語基では第
一音節に e 階梯が認められる．Gr. λέκ-τρον《寢臺》, ONorse lātr；
Gr. θέα-τρον《見る所＞見物席，劇場》; Lat. cas-trum, cas-tra《陣
營》, cubi-culum《寢所》．(1)

  -*dhro- (-*dhlo-) は Gr. -θρο-, -θλο-, Lat. -bro-, -blo-, Skt.
-dhra- となって現われる．Gr. Ion. βέρε-θρον《深淵》(Att. βά-
ραθρον, Arkadia δέρεθρον),(2) ῥέ(F)εθρον《流れ，河床》, χύ-
τλον《そそぐもの，液》＜*χυ-θλον：χέFω《注ぐ》, ἐχέ-τλη《鋤の
柄》(: ἔχω《持つ》); Lat. crī-brum《篩》(cf. Gr. κρίνω《分つ》),
stā-bulum《廐，小舍》(: stā-《立つ》): OHG. stal.

  なお -*tₑ/or- よりは Gr. θελκτήριον《魅力》, τελεστήριον《祕
敎入會式場》, Lat. scrīptōrium, audītōrium の如き, 主として動
作の行われる場所を示す接尾辭が造られる．

  22. -*tei-, -*ti- 語幹(3)は主として動詞語根より抽象名詞を造る
に用いられる．語根の大部分は弱階梯を取るが, Skt. ma-tíḥ : má-
tiḥ《思考》の如き形より察するに, 本來はアクセントが曲折と共に
動いたものらしく, 之は Gr. Ion. ἄγερ-σις(4)《集めること》: ἄγαρ-
ρις《集會》(＜*agr̥-ti-, cf. ἀγείρω＜*ἀγερ-χω《集める》, ἀγορ-ά

---

 (1) ラテン語ではリトアニア語と同じく -*tl- は, この二音韻の
結合が許されなくなったために, -cl- となった．Lat. pō-culum:
Skt. pā-tram《杯》; Lith. žén-klas《符合》: *genə-《知る》.
 (2) 語根 *gʷerə-《のみこむ》, Skt. gir-áti, gil-áti《のむ》(語根
gr̥), Av. gar-, Gr. βορά《餌》, βρῶ-μα《食物》.
 (3) 22-24 の *t を含む語幹に關しては 174 頁註 (1) の Benveniste
の論文を參考．
 (4) ギリシア語では -*ti-＜-*tsi-＞-σι-. ἄγαρρις＜ἄγαρ-σις.

《集會，市場》の如き母音交替にも認められる。

 Skt. mátiḥ, matíḥ《思考》, Av. maitiš《記憶》, Lat. mens
 (gen. mentis)《心》, Goth. ga-munds《記憶》, Lith. mintìs
 《思考》, at-mintìs《記憶》, OChSl. pa-mętĭ《記憶》

 Skt. dātiḥ《贈物》, Gr. δόσις, δῶτις, Lat. dōs (gen. dōtis),
 Lith. dúotis, OChSl. datĭ.

 Skt. gátiḥ, gatíḥ《進行》, Av. aivi-gaiti-《開始》, Gr. βάσις
 《歩み》, Goth. ga-qumps《集合》, Lat. con-ven-ti-ō《集合》

この形は稀に名詞語幹に，Skt. yuva-tíḥ《若い女》, daśa-tiḥ,
ONorse tiund, OChSl. desę-tĭ《10》の如くに附加されることもあるが，之は新しい用法.

 -*ti- はラテン語，ケルト語，アルメニア語に於て

 Skt. ma-tiḥ : Lat. men-ti-ō, gen. -ōnis (cf. mens, mentis),
 OIr. air-mitiu (《尊敬》)

の如くに -*ŏn- によって延長せられている．

 -*ti- は Skt. Ved. pī-táye《飲むために》, sā-táye《勝つために》
(dat. sg.) の如くに，曲折を明らかに認め得る形に於て，不定形として用いられているが，バルト語派，スラヴ語派に於ては, Lith. dúoti, OChSl. datĭ《與えること》の如くに -ti に終る不定形を供給している．

23. -*teu-, -*tu- 語幹 は -*tei-, -*ti- と同じく，動作を表わす抽象名詞及び之を行うものを表わす名詞を造る．之は Skt. -tu-
(-tú- m.), Av. Lat. Celt. Germ. Lith. -tu-, OChSl. -tŭ となる.
ギリシア語に於ては少數の ἴτυς《緣》: Lat. vitus の如き例外を除いては，-τῡ- に移っている. Gr. ἀρτύς《結合》: Lat. artus《四肢》; βρωτύς《食物》, γραπτύς《ひっかくこと》等.

 Skt. gán-tuḥ《行くこと》, Lat. ad-ven-tus《到着》<*gʷm̥-tu-
 Av. pəšuš, pərətus《橋》, Lat. por-tus《港》<*pr̥-tus, OHG.

第6章 名　詞 (Nomen)

　　furt《淺瀨(渡ることの出來る)》
　　Lat. gus-tus《味うこと》, Goth. kus-tus《證明》, OIr. gus《力》

-*tu- は又 -*ti- と同じく，不定形としてサンスクリット語，ラテン語，バルト語，スラヴ語に於て用いられる．サンスクリット語では -*ti- と同じく古くは

　　Skt. Ved. dat. át-tave《食べるべく》, é-tave《行くべく》, gán-tave《行くべく》
　　　　　　acc. dá-tum《與えること》, át-tum《食べること》, kár-tum《行うこと》
　　　　　　abl. gen. é-toḥ, gán-toḥ, dá-toḥ

の如くに格變化を伴い，更に é-tavái, gán-tavái の如くに, ā- 語幹による延長をうけた形にも見出される．Lat. da-tum の如き，所謂 supinum は，同じく -tu- であり，運動の動詞と共に acc. の形で目的を表わすことは，Skt. hótum eti《犧牲を行うべく彼は行く》, OChSl. česo vidětū izidete (=τί ἐξήλθατε θεάσσασθαι)《何故にお前達は見に行ったのか？》, Lith. jis eĩna gul̃tų《彼は寢に行く》と同じ用法である．(1)

　-*teu-, -*tu- の附く語根は，インド・イラン語派の示す所によれば，强階梯で，ラテン語に於ても geni-tum : nā-tus < *genə-: *gₑnə-, *gn̥̄-; stā-turus : stă-tus (cf. Skt. sthā́-tum : sthi-táḥ < *st(h)ā-: st(h)ə-) の如く，大部分の形に於て同じ階梯をもっているが，之に反する例も多く (Lat. gus-tus, por-tus 等)，共通基語の形

---

(1) ラテン語に於ても īre, venīre と共に用いられる supinum の外に，古くは明らかに Plautus, *Bacch.* 62, res lepida memorātuī《話すに氣持よい事柄》の如き dat., また *Men.* 288, opsonātū redeō《買物から私は歸って來る》の如き曲折した形が用いられ，古典時代にも mirābile dictū の如き形に殘っている．fut. part. -tūrus も恐らく -tu- の延長であるらしいが，疑問．

は明らかでない．

24. -*to- 語幹は主として動形容詞を造るに用いられ，接尾辭にアクセントを有し，從って弱階梯の語根につく．この場合に -*to- のついた語はある動作が行われた結果到達した情態を表わす．

    Skt. śru-táḥ 《聞かれた》, Av. sru-tō, Gr. κλυ-τός, Lat. in-clu-tus 《有名な》, OHG. Hlot-hari (人名) 《有名な軍をもてる》

    Skt. ma-táḥ 《考えられた》, Gr. αὐτό-ματος 《自分自身で考えた，獨りでの》, Lat. com-men-tus 《考え上げた，僞りの》, Lith. prà-min-tas 《呼ばれた》, OChSl. mę-tŭ

ゲルマン語に於ては之は過去分詞を造る接尾辭となって今日に及んでいる．

  -*to- はまた

    Gr. ἀ-νίκη-τος, Lat. in-vic-tus, Skt. a-jī-taḥ 《不敗の》

    Goth. un-at-gāhts 《近づき難い》= Gr. ἀ-πρόσ-ι-τος

の如くに可能性をも表わす．

  -*to- は更に名詞より Gr. ἀ-γέρασ-τος 《褒美なしの》: γέρας 《褒美》, θαυμα-τός 《驚くべき》: θαῦμα 《驚異》; Lat. hones-tus 《正しい，立派な》: honos, barbā-tus 《有髯の》: barba, cornū-tus 《角を有する》: cornu; Lith. barzdó-tas=barbātus, ragúo-tas 《角を有する》; OChSl. boga-tŭ 《富める》, brada-tŭ=barbātus の如くに，《…を有する》の意味の形容詞を造る．-*to- は Lat. barbātus が《他のものに比して髯が多い》ことを表わすのと同じく，Gr. πέμπ-τος 《第五番目の》, ἕκ-τος 《第六番目の》, εἰκοσ-τός 《第二十番目の》, Lat. quīn-tus, sex-tus, Goth. taíhun-da 《第十番目の》, Lith. dešim̃-tas, OChSl. desę-tŭ の如くに，數詞について，他のものと對比して《何番目》にあるかを示す順序數詞を造る．

  ギリシア語では -*to- は o- 階梯と共に

νόσ-τος《歸還》: νέομαι<*νεσ-ομαι《歸る》
φόρ-τος《荷》: φέρ-ω《運ぶ》

の如くに，名詞を造るが，この外に κάμα-τος《勞苦，つかれ》，θάνα-τος《死》，αυ-τή《叫び》の如き弱階梯を取るものもあり，同じことは他の言語によっても例證されている．

-*to- はかくの如くにあらゆる意味で -*no- と並行的な意味を語根に附し，インド・イラン語派，スラヴ語派，ゲルマン語派に於ては，兩者は共に動形容詞を造る機能を有する．

25.　-*do- 語幹　は僅かの語に於て OChSl. tvrŭdŭ (Lith. tvìrtas, OChSl. tvoriti《作る》)《確たる》の如き形容詞，pravŭda《正義》(: pravŭ《正しい》) の如き抽象名詞，Gr. κέλαδος《叫び》(: καλέω《呼ぶ》)，ἄδος,[1] acc. ἄδην《十分に》(Lat. satis を參照)，Goth. sap (?)《十分な》等に認められる．之は -*d- の -e/o- 母音による擴大である．

26.　-*k(o)-, -*g(o)- 語幹　-*k- は Gr. Att. κελη-τ-: Dor. κελη-κ-《駿馬》，γραι-κ-: γραῦ-s《老婆》の如き形より，本來は新しい意味を語根に與えることなしに附加された造語法上の要素にすぎなかったと思われる．-*ko- はしかし，Skt. antara-káḥ《終りの》(: ántaḥ《終り》)，Av. spa-ka-《犬の》(cf. Gr. κυν-ικός《犬の如き》)，Gr. ὀστα-κός《蟹》(cf. Skt. asthi, asthan-《骨》) の如くに，あるものの性質を有するという意味を表わす形容詞を造る．-*ko- は -*i-, -*u- の語幹を擴大して，-*iko-, -*uko- の形に於て多くの形容詞を造り，更に -*is-ko- の形に於て，Goth. mannisks《人間

---

(1) ἄδος は Ion. τὸ ἄδος (中性) であるが，ἄδην が acc. sg. fem. 形であることは殆んど確かで，ἄδος は恐らく本來は男性 o- 語幹であったのが，中性 -e/os- 語幹に類推によって移ったものであろう．Ed. Schwyzer: *Griech. Gramm.* I. 508 參照．

の》(ONorse men(n)skr, OE. mennisc, OHG. mennisc), OHG. irdisc《地上の》の如くにゲルマン語派に非常に多産な形容詞語幹として用いられ，之は更に Lith. diēviškas《神の》(: diēvas《神》), OPruss. smūnenisku《人間の》(: *smūn, cf. OLith. žmuõ《人間》, Lat. homo), OChSl. nebesĭkŭ《天の》(: nebo《天》)にも認められるが，バルト・スラヴ語派の形はゲルマン語派からの借用の疑いがある．

-*k(o)- は，しかし，一方に於ては古くより愛稱及び縮小の意味を, Skt. maryakáḥ《若い人》, Gr. μεῖραξ《少女》(: Skt. máryaḥ《男，青年》), Lat. homunculus《小さい人，つまらぬ男》の如くに與え，之はスラヴ語派の OChSl. agnĭcĭ《小さい羊，仔羊》(: agnę), mladěnĭcĭ《子供》(: mladŭ《若い》), otĭcĭ《父》(: Gr. ἄττα, Lat. atta), Gr. παιδίσκος《少年》(: παῖς《少年，少女》)の如き形に發達している．

-*g(o)- が本來 Skt. daśa-t-: Gr. δεκά-δ- に於ける -*t- と -*d- の交替と等しく，-*k- と交替して現われたことは

  Gr. ὀρτυγ-: ὀρτυκ-, Skt. vartakáḥ, vartikā (<*wort-)《鶉》
  λαταγ-《コタボス競技で投げる葡萄酒》: Lat. latic-《液》
にその名殘が認められる如くである．[1] -*g(o)- は特に物品名が多い．

27. -*bho- は名詞語幹より第二次的に Lat. albus, Gr. ἀλφός《白い》, ἄργυφος《白銀色に光る》の如き形容詞，及び特に Skt. (v)ṛṣabhá-《牡牛》<*vṛsṇ-bho-, Gr. ἔλαφος《鹿》, Goth. lamb《羊》(cf. Arm. ełn《鹿》, Gr. ἐλλός<*ἐλνός《仔鹿》, OChSl. jelenĭ, Lith. élnis《鹿》)の如くに動物名を造る．

---

(1) W. Schulze: *Kleine Schriften.* 703 參照．

第 6 章 名　詞 (Nomen)　　　　　　183

28.　-*went-, -*wont-, -*wn̥t- は名詞語幹より第二次的に《…をもてる》の意味を表わす形容詞を造る．之はインド・イラン語派 -vant-, Hitt. -want- (<-*wont- 又は -*wn̥t-), Gr. -ϝεντ- なる對應を示す．(1) Skt. ápa-vant-《水のある》: ap《水》, áśvă-vant-《馬をもてる》: aśva-《馬》; Gr. ὀπό-εις《汁の豐かな》: ὀπός《果汁》, στονό-ϝεντ-《悲歎にみてる》, χαρί-ϝεντ-《優雅な，魅力ある》; Hitt. daššu-want-《强い》: daššu《强い》, kištu-want-《飢えた》: kašt-《飢》．女性形は -*yə による擴大で，-*wn̥t-yə ＞ Skt. -vatī, Gr. -ϝεσσα(2) (Korkyra 方言 στονόϝεσσαν《嘆きにみてる》, Boiotia 方言 χαρίϝετταν《優雅な》)．

29.　動詞の分詞 (Participium) 語幹　共通基語の時代に於て既に動詞の時稱語幹より名詞語幹が造られ，之は各々の時稱語幹に附屬するものと考えられ，夫々の語幹の有する意味と機能，即ち時稱，能動受動の別，支配格等を同じくし，從って verbum finitum《定動詞》と結合していた．之に反して語根より直接に造られる形容詞 (verbal adjective) は，例えば -*tó- による Skt. śru-táḥ, Gr. κλυ-τός, Lat. (in-)clu-tus《聞かれた，有名な》, Gr. -φα-τος, Skt. -ha-táḥ《擊たれた，殺された》の如き形は，動詞の活用組織とは全く別個のものである．しかし形容詞と分詞との區別は確たるものではなく，Gr. ἑκών《喜んで》, ἐρρωμένος《丈夫な，强い》の如くに分詞が形容詞化していることも，反對に Skt. kr̥tá-vant-《作った》の

――――――――――――
(1) Lat. -ōsus (例 vīnōsus《酒に醉った》: vīnum《葡萄酒》) は普通は *vīnovenssos＜*woin-o-wn̥t-to-s と解されているが，恐らく全く異るものであろう．Cf. Leumann: *Lat. Gramm.* München 1928, 231. -*went- は又イリュリアの Tiliaventus (今日の Tagliamento), メッサピアの Ὕδροῦς《水にみてる (?)》等のイリュリア語派の地名にも認められる．Cf. P. Kretschmer, *Glotta*, 14. 90.
(2) Gr. -ϝεσσα の -ε- は -α- (＜-*n̥-) が -ϝεντ- の類推によって引かれて -ε- となったものである．

如くに形容詞が分詞化することもある。動形容詞の場合には，Lat. dictus sum[1]《私は言われた》の如き pf. pass. の形の如くに，容易に形容詞の段階より進んで，動詞活用組織の中に加えられ，分詞となる。かくの如くに分詞が述語となるのは，しかし，後代の各個の言語に於ける單獨の發達で，分詞は本來は常に名詞の附屬語であり，この點で動詞の人稱語尾を有する形とは根本的に異る。[2]

 a. -*e/ont-, -*n̥t- 語幹による動形容詞は共通基語の時代に旣に分詞の段階に達していたもので，動詞の現在及びアオリスト（未來）語幹より

  Gr. φέροντ-, Skt. bhárant-, Lat. ferent-, Goth. baírand, OChSl. bery (gen. berǫšta)《運びつつ》

  Lith. vežant-《連れ行きつつ》

  Gr. δώσοντ-, Skt. dāsyant-, Lith. (方言) dúosius《與えんとする (fut.)》[3]

の如くに分詞を造っている。アオリスト語幹に於ては，Skt. dhákṣ-at-《燒く》<-*s-n̥t- の如き形より察するに，弱階梯が用いられたもので，Gr. λῡ́σᾱς, gen. -αντος《解きたる》の -αντ- は -*n̥t->

---

(1) サンスクリット語に於ても -tá- による動形容詞は非常に古くより名詞文に於て定動詞として用いられている。

(2) Brugmann: *Grundr.*² II. 1. 649–53 參照。Skt. Ved. asmád ahám taviṣád íṣamāṇa índrād bhiyā́ maruto réjamānaḥ《私はこの偉力あるものより遁れつつある，インドラに對する恐怖で慄えつつ，おおマルタよ》(*RV.* I. 171₄) の如き現在分詞を verbum finitum に用いるのも亦非常に古い用法であるが，これも亦ヴェーダ中の特殊の發達である。

(3) 未來形は共通基語に於て旣に -*s- による擴張を基礎とする傾向があったと思われるが，これ以外に各語派の完全な一致はなく，從ってその分詞も亦現在分詞の類推的發生と思われる。OChSl. byšęšteje, byšǫšteje は古チェック語 probyšúcný《役に立つ》と同じく，-s- による擴大形よりの -*e/ont- 語幹の再擴大である。しかし Lith. búsęs 及び -siu による未來形を參照。

-ατ- が他の -ν- を有する -ντ- 分詞の形に引かれて，-ν- が挿入せられた結果である．

-e/o- 母音をとらない動詞語幹に於ては

 Skt. sant-, sat-, Gr. ἐόντ-, ὄντ- (Dor. ἐντ-), Herakl. dat. pl. (εντ-)ασσι (=Skt. sat-sú<*sn̥t-), OChSl. sy (gen. sǫnšta), Lat. -sens (prae-sens, ab-sens) : Skt. as-, Gr. ἐσ-, Lat. es- 《存在する，ある》

の如くに -*e/ont-, -*n̥t- の交替を示している．重複を行う現在語幹に附く時には Skt. dá-dh-at- (: da-dhā-mi《置く》), dá-d-at- (: da-dā-mi《與える》)<*de-dh-n̥t-, *de-d-n̥t- より察するに，弱階梯 -*n̥t- を取り，從って Gr. τιθέντ- 等は *τι-θ-ατ- の後代に於ける類推形であろう．-*e/ont- の -*e/o- が *bheront-, *bherent- に於て thematic な母音か，それとも -*e/ont- と解すべきかは，thematic な活用に共通の疑問である．

 b. -*we/os-, -*we/ot-, -*us 語幹 は Skt. Ved. cakr̥-ván, acc. -vā́ṃsam,[(1)] loc. pl. -vád-bhiḥ, abl. gen. cakr-úṣaḥ, fem. cakr-úṣī《作った》; Av. viđvah-, viđuš, Gr. (Ϝ)ειδώs (<*-wōt-s), gen. (Ϝ)ειδ-ότ-ος, fem. (Ϝ)ιδ-υῖα (<*Ϝιδ-ύσ-ι̯α)《見た》, Goth. nom. pl. (galiuga-)weitwods (=ψευδομάρτυρες)《僞證者》, weit-wops《證人》; OChSl. f. jaduši《食って仕舞った》; Lith. f. liñ-kusi̯《まげた》の如くに perfectum の分詞を造るに用いられる．ヴェーダに認められる格による母音交替は他の言語に於ては色々に單純化され (Gr. -Ϝως, -Ϝοτ-, Av. -uš 等) ている．Gr. (Ϝ)ειδώs : f. (Ϝ)ιδυῖα, Skt. f. vidúṣī の示す如くに，-*wes- は男性では，perfectum の母音たる o 階梯とは異る，e 階梯の語根に，女性形では弱階梯語根に附加されたものであって (Gr. 1. sg. (Ϝ)οῖδ-α《私は知っている》: 1. pl. (Ϝ)ίδ-μεν《我々は知っている》), ホメー

---

(1) この鼻音化については未だ滿足な解答はない．nom. -vān の類推か？

ロスに於ては $\lambda\varepsilon\text{-}\lambda\eta\kappa\text{-}ώς : \lambda\varepsilon\text{-}\lambda\alpha\kappa\text{-}υῖα$《叫べる》, $\tau\varepsilon\text{-}\theta\eta\lambda\text{-}ώς : \tau\varepsilon\text{-}\theta\alpha\lambda\text{-}υῖα$《花開ける, 熾んな》の如きこの強弱階梯の交替の名殘が認められる.

　c. -*meno-, -*mno- は medium 動詞の分詞を造るに用いられる (17を見よ). サンスクリット語では athematic の場合には juhv-āna-: hu-《犠牲を行ふ》, dúh-āna: duh-《乳をしぼる》, また pf. uc-āná-: vac-《言ふ》, tasth-āná-: sthā-《立つ》の如くに -āna- を取っているが, ギリシア語ではこの區別は全く認められない. しかし之は Av. γn-āna- (: Skt. 3. sg. hán-ti, 3. pl. ghn-ánti《撃つ》) の如き形にも認められるから, インド・イラン語派の古い時代に遡ることは疑いがない.

　d. この外に Lat. amā-tus《愛された》, da-tus《與えられた》の如き -*tó-, Skt. bhin-ná-《割られた》, OChSl. dĕla-nŭ《なされた》の如き -*nó-, Slav. Arm. -*lo- の如くに各語派に於て動形容詞より分詞として動詞組織中に組入れられたものがある.

20. 動詞の不定形 (Infinitivus) 語幹　不定形は分詞が動詞的意味を保有する形容詞であるのと同じく, 本來は動詞語根より造られた動作を表わす抽象名詞であったが, 次第に動詞組織と密接に結合して, 名詞的意味より動詞的意味が強力となった結果生じたもので, 從って之はその發達した形に於ては, 格を支配し, 時稱, 能動・受動の別等を有することを得る. かかる動名詞がその形が名詞語幹であることが忘れられた時には, 動詞活用組織との關係が更に強くなる. かかる抽象名詞は始めに

　　codaya c̆átave maghám RV. IX. 75_5《贈物を與うべくインドラに勸めよ》

　　jajanúś ca rājáse RV. VIII. 97_{10}《そして彼らは支配するために (彼を) 創った》

の如くに, 動詞の支配下にある格として發達したのであって, 常に

動詞の意味を補う役目を有し，從って主格は用いられない．之が獨立に《…すること》の意味で用いられるに至ったのは後のことである．また之は分詞とは異り，本來は動詞の語根より直接に造られたのであって，ギリシア語やラテン語のように動詞時稱語幹に附屬し，態，法等を表わすのは後の發達である．從って不定形は古くはヴェーダ中に於ける如くに，名詞と等しく曲折を行い，同じ名詞がその支配する動詞の要求に應じて格を變えたのであって，

　　Skt. Ved. dr̥ś-e《見るべく》, ay-as-e《行くべく》, pī-tay-e《飲むべく》, e-tav-e《行くべく》＝dat.
　　sam-idh-am《火をつけるべく》, dā-tum《與えるべく》＝acc.
　　ne-ṣaṇ-i《導くことに於て》＝loc.
　　e-toḥ《行くことより》, dā-toḥ《與えることより》＝gen.-abl.

の如くに色々の格の形が用いられ，Goth. itan《食べること》, OCh-Sl. nesti《運ぶこと》, Lith. dúoti《與えること》, búti《あること》の如き一定した不定形は後の發展に屬する．

　　Skt. Ved. dámane《與えるべく》: Gr. δόμεναι
　　　　　　 vidmáne《知るべく》 : (F)ίδμεναι
　　　　　　 dāváne《與えるべく》 : δόϜεναι (Kypros 方言)
　　Av. gāθā vīdvanōi《見ること》 : (F)ειδέναι

の如き對應は，不定形が古く，少くとも共通基語の最新層の時代に於て既に動詞組織中に編入せられていたことを示す如くであり，かつ全語派を通じて同じ動名詞を不定形化する傾のあることより，不定形發達の萌芽は共通基語の中に確かに存在したのであるが，共通基語時代に眞に遡り得る，動詞組織中の一要素としての特定の不定形語幹を全語族に通じて見出すことは不可能であり，どの形を如何なる格に於て不定形として固定するかは，各語派の獨立の選擇である．

合 成 語

74. 印歐語共通基語時代より二つ以上の語を合して新しい語を造ることが行われていた．これを自由に造り得ることは印歐語族の一つの大きな特徴である．

合成語 (Compound, Compositum) と然らざるもの (Simplex) との間の差は，英語の bishop<ἐπίσκοπος《監督》, Skt. parut-, Gr. πέρυσι (Dor. πέρυτι), Arm. heru《去年》(Skt. par+ut-, Gr. περ+υτ-: Gr. Ϝέτ-os《年》) の如くに，合成とは感じられなくなっているものも多いが，共時的に明らかであるものも多い．之に反して合成語かそれとも語群かの差は屢ゝ曖昧である．例えば Gr. Διὸs κοῦροι《ゼウスの子供達》: Διόσκουροι《ゼウスの子供達 =Kastor と Polydeukes》; Skt. yād-rādhyam《出來る丈はやく》.

合成語であることの第一條件は，合成語と然らざるものとが，上例の Διόσκουροι, フランス語の pomme de terre《馬鈴薯》，英語の Adam's apple《喉佛》，獨乙語の Adamsapfel の如くに，合成以前の各ゝの語とは異る意味を有することであり，このためには Skt. Ved. dyāvā ha kṣā́mā《天地》, Gr. Hom. A. 25 κρατερὸν δ' ἐπὶ μῦθον ἔτελλε=κρατερὸν δὲ μῦθον ἐπέτελλε《激しい言葉（命令）を課した》, Lat. ob vos sacro=obsecro vos《貴方方に懇願する》や，獨乙語の分離動詞の如くに，二つの合成された要素が相接していなくてもよいこととなる．しかし，一般に合成語がかかるものとして認められるための外的な徴としては，合成要素の位置が固定され，かつ一つのアクセントの下に統一され（上例 Διόσκουροι : Διὸs κοῦροι）ることであり，更にこの結合は合成要素が自由な語群に於ては用いられない特別の形を取っている時に明瞭となる．例えば Gr. ἀκρό-πολις《アクロポリス》の ἀκρο- は單獨には用い得ない語幹のみの形であり，Νέα πόλις>Νεάπολις《新らしい市=ナポリ》の場合はアクセントが特異であるし，また Skt.

dur-manas-, Gr. δυσ-μενής《敵意を有する》の dus-, δυσ- は共通基語時代より單獨には決して用いられない接頭辭である．更に Θεόσ-δοτος《神より與えられた》(人名) は Διόσ-δοτος《ゼウスより與えられた》(人名) の中に見出される古い屬格の用法[1]による合成語の形をそのまま，θεός (nom.) の -ος を屬格語尾の -ος と同一視したもので，かかる方法も亦合成の一つの徵である．

　名詞の合成語は共通基語時代より新しい概念を現わすための方法として重要なもので，道具，職業，官職名を造るに用いられ，詩と祭式の言語の要素として大きな役割を果し，印歐語族の古い時代の人名も亦大部分二語より成る合成語によっている．

　名詞合成語には三つ以上の語が合せられることもあるが，古くは大部分は二語より成り，サンスクリット語の如くに古典時代には甚だ長大な合成語を造り，かつ之を文法上甚だ重要な手段と化した言語に於ても，ヴェーダ時代の合成語は大體二語によっている．三語以上の場合にも pūrva-kāma-kṛtvan-《前の望みを果して》の如くに，先ず pūrvakāma- なる二語より成る合成に第三の要素たる -kṛtvan- が加わっているのであって，同時に三つ以上が同じ價値で並ぶ場合は，Lat. su-ove-taur-ilia《豚と羊と牡牛より成る犧牲》の如き，並列合成語 (dvandva) に限る．

75.　合成名詞の構成要素　合成名詞の第一の要素は，普通は曲折語尾を除いた語幹で (例 Gr. ἀκρό-πολις)，その最後の音節は，e/o 母音がない場合には弱階梯を有し，最後の要素のみが曲折を行い，この場合には合成語に特別の接尾辭を取ることもある．

---

(1) 受身の分詞に屬格を用いる用法は Euripides Electra 123 σὺ δ' ἐν Ἅιδᾳ δὴ κεῖσαι, σᾶς ἀλόχου σφαγεὶς Αἰγίσθου τ', Ἀγαμέμνον《貴方は冥府にいる，貴方の妻とアイギストスとに殺されて，アガメムノーンよ》，Skt. Ved. pátyuḥ krītá《夫に買われて》，Lith. karāliaus siųstas《王より送られて，王に送られて》の如くに見出される．之は分詞が名詞的意味を強くもっていた時代の名殘であろう．

Skt. tri-pád-, Gr. τρί-ποδ-, Lat. tri-ped- 《三脚の》
　　Skt. puru-putrá 《多くの息子》, Gr. πολυ-κερδής 《非常に狡
　　　猾な》
　　Skt. āśu-pátvan- 《速かに飛びつつ》, Gr. ὠκυ-πέτης
　　Skt. rāja-putra- 《王の子》: rājan- 《王》
　　Skt. jnu-bādh-, Gr. γνύ-πετος (: γόνυ) 《膝に落ちた》=《ひざ
　　　まずいて》
また第一要素には共通基語時代より之のみに使用される形がある．
　*n̥-(1) 否定辭＞Indo-Iran. a-, an-, Gr. ἀ-, ἀν-, Lat. in-, OIr.
　　-in-, Germ. un-, Arm. an-
　　Skt. an-udra-, Gr. ἄν-υδρος 《水なき》
　　Av. azzata-, Gr. ἄ-σχετος 《抗し難き，耐え難き》
　*dus- 《悪い》＞Skt. duḥ-, dur-, dus-, Av. duš-, duž-, Gr. δυσ-,
　　OIr. du-, do-, Goth. tuz-, Arm. t-
　　Skt. dur-manas-, Av. duš-manah-, Gr. δυσ-μενής 《悪意を
　　　有する》; Arm. t-gēt 《知らずに》, Goth. tuz-werjan 《疑
　　　う》, OIr. du-chlu 《悪い名の, 名譽なき》
　*sm̥-(2) 《一つの，共に》＞Skt. sa-, Av. ha-, Gr. ἁ-, Lat. sim-
　　Skt. sa-kr̥t-, Av. ha-kərət-, Gr. ἁ-πλοῦς, Lat. sim-plex
この場合にも亦常に弱階梯が現われている．

o- 語幹に於ては語幹形成母音たる -o- がそのまま ῾Ιππο-μέδων
(人名), κλυτό-τοξος 《弓に名高い》 の如くに, また s- 語幹に於て
は語幹がそのまま σελασ-φόρος 《光をもたらす》, σακεσ-πάλος 《楯
を振りまわす》の如くに用いられている．

───────────

　(1) 之は Gr. νε-, Lat. ne- (ne-scio 《知らない》), Skt. na, Germ.
ni, Slav. ne 等に見出される否定辭 *nē の弱階梯である．
　(2) 之は *sem の弱階梯で, Gr. ἑν- 《一つの》, f. (σ)μ-ία, Lat.
sem-el, sem-per, Goth. sin-teins 《毎日の》, simle 《かつて》＜
*sem-li(s); *som, Gr. ὁμαλός 《平らな》等に見出される．

動詞語幹が第一要素の場合の形としては，様々のものがあり，例えば Skt. trasa-dasyu-《敵を慄えさせろ》(人名)，O.Pers. hšayarša《人を支配する》(=Xerxes)，Skt. dāti-vāra-《寶物を與える》，Gr. ἑλκε-χίτων《着物を引きずる》の如くに單なる e/o 母音，-*ti- の擴大による動名詞の形，Skt. sthā-raśman-《手綱でしっかりと立てる》，Av. niđā-snaiθiš《武器を下におく》の如くに全く語根のみの形の外に，tarád-dveṣaḥ《敵を征服する》，ṛdhad-ray-《富を増す》の如くに後には現在分詞の -at- と考えられるに至った形によるものがサンスクリット語には古くよりあるが，之は後代の單獨の發達であろう。

第一の要素が形容詞の場合（特に -*ro-），その語幹を形成する接尾辭の代りに，Skt. śviti-: śvitra-《白い》，Av. dərəzi-: dərəzra-《確たる》の如くに，-*i- による擴大形を用いることがある。之はインド・イラン語派にその例が特に多く，ギリシア語にも ἀργι-κέραυνος《閃く雷の》: ἄργυρος《白銀》の如き形がある。[1]

第一要素にはこの外に前置詞-副詞が Skt. anu-kāma-《望みにまかせて》，Gr. ἀπό-θετος《別におかれた》の如くに用いられているが，その中には既に動詞として合成されたものより第二次的に造られたものが多くある。

第二要素としては名詞が單獨に名詞として現われるものの外に，合成語の第二要素としてのみ現われ得る特別な形のものも多い。これには語根名詞（Skt. havir-ád-《供物を食う》，go-ghná-《牛を殺す》，Gr. σύ-ζυγ-，Lat. con-iug-《共にむすばれた＝夫或は妻》）や，

---

[1] W. Caland, *KZ*. 31. 267; 32. 592; J. Wackernagel: *Vermischte Beiträge zur griech. Sprachkunde* (Basel 1897), 8 ff.; *Altindische Gramm.* II. 1. 59 ff.; Brugmann: *Grundr.*² II. 1. 78; H. Hirt: *Idg. Gramm.* III. 274; F. Specht, *KZ*. 62. 216 ff.; Benveniste: *Origines*. I. 79 ff.; Schwyzer: *Griech. Gramm* I. 447 f. 參照。

また特殊の接尾辭 (Gr. διο-γενής《神より生れた》:γένος《生れること》), e/o 母音による擴大形 (Skt. ahan-:-ahna-《日》, go-:-gava-《牝牛》, Gr. οἰκο-φόρος《家を運べる》, -t- による擴大 (Skt. girī-kṣi-t-《山にすむ》, Av. aš-bərə-t-《多くのものを齎らす》, Lat. anti-stit-《監督》, Gr. ἀ-δμη-τ-《不敗の》, ἀ-γνω-τ-《知らざる》) が特に著るしい.

第二要素には ē 階梯に對して, Lat. ex-torris《國外に追われた》: terra《地》, Gr. ἀ-πατορ-《父なき》:πατήρ《父》, πατρο-κτόνος (<-κτονός)《父殺しの》:κτεν-《殺す》 の如くに ŏ- 階梯が現われることが多い.

76. 合成名詞の型 合成名詞はその有する意味と各要素間の關係とによって次の如くに分つことを得る.⁽¹⁾

1. 並列合成語 (Copulative compounds, Kopulative Komposita) 之は印度の文法家が dvandva と稱したものであって, 二つ以上の語が單に並置されたものにすぎず, 主として二つの實體詞(稀に形容詞)より成る. Ṛgveda に於ては之はなお mitrā́-váruṇā《ミトラとヴァルナ》, mātárā-pitárā《母と父》の如くに兩者が共に兩數の語尾をとり, 獨立のアクセントを有する場合が多く, 之が次第に一語と感じられるに至り, mitrā́-váruṇayoḥ (gen. du.) の如くに主格以外の形に於て第二要素のみが曲折を行い, ついで第一要素がアクセントを失い, 更に語幹の形となって indra-vāyū́《インドラとヴァーユ》の如くに完全な合成語となった. 更に之が aho-rāt-nāṇi《晝夜》の如くに複數形, iṣṭā-pūrtám《捧げられ與えられたるもの》の如き單數形をとるに及んで, この合成形は二者並列の觀念より遠く離れ, 既に完成した一語であり, ギリシア語の ἕν-δεκα《11》, δώ-δεκα《12》, Lat. un-decim, duo-decim, Skt. ekā-daśa,

---

⁽¹⁾ 合成語のこの意味に於ける分類は印度の文法家のものが最も合理的であるので, 現在の分類方法は大部分之によっている.

dvā-daśa の如き數詞の dvandva は共通基語に遡るものと思われる.

同じ語を Skt. Ved. áhar-ahar《毎日》, gr̥hé-gr̥he《家毎に》, pányaṃ-panyam…somam《繰返してほむべきソーマ》, pañca-pañca《五つずつ》の如くに繰返えす, 所謂 āmreḍita- 合成語はそのアクセントによって合成語であることを知り得るのであるが, かかる繰返しは他の印歐諸言語にも廣く認められ, 常に繰返し或は強意の意味に用いられる. しかし之は, 例えば Skt. Ved. nú nú, Gr. δύο δύο の如くに, また各々の要素が獨立の語とも考えられる場合があり, 合成語か否かの區別は不明瞭である.[1]

2. 限定合成語 (Determinative Compounds, Determinative Komposita 又は Rektionskomposita) 之は第二要素の文法的性質が保存せられ, 之が他の名詞（又は副詞）によって限定を與えられる場合を言う. 之は更にこの中で名詞的合成語と動詞的合成語に二分される.

a. 名詞的合成語は karmadhāraya とサンスクリット語で呼ばれるもので, 第一の要素は第二要素に對して同格的な並列, Skt. puruṣa-vyāghrá-《虎人》, brahma-r̥ṣi-《賢者で同時に婆羅門》, Gr. ἰατρό-μαντις《醫者で豫言者である人》, μητρό-πολις《母市》の如き二つの實體詞の並置的結合 (appositio), 第一要素が形容詞で,

---

[1] かかる强意, 繰返しの感情的なものを表わす今一つの手段は名詞語頭音の重複 (reduplicatio) である. 之は
  Skt. bar-bar-a-, Gr. βάρ-βαρ-os, Lat. bar-bar-us《わけの判らぬことをいう人＝外國人》
  Skt. ca-kr-ám, Av. ča-xr-əm, Gr. κύ-κλ-os, OE. hwehhol <*kʷe-kl-o-《輪》
の如くで, 名詞の場合には動詞に於ける如くに重要な文法的要素とはなっていないが, 之は特に擬音的な上例の barbar-, Gr. γάργαρος《ガーガーという音》, γαργαλίζω (＝英 gargle, 獨 gurgeln, 伊 gargarizzare), Lat. gurges《渦巻》, Gr. τονθρύs《音》の如きものに多い.

Skt. nava-jvārá-《新しい苦痛》, kṛṣṇa-śakuní-《黒い鳥＝鴉》, Gr. ἀκρό-πολις の如くに第二要素を附加語的 (attributive) に限定するもの, 第一の要素が第二要素に對して Skt. rāja-putrá-《王の子＝王子》, nr̥-pati-《人の君》の如くに何らかの格の意味に立つものなどがある. 格の關係には屬格關係が最も多い. Gr. θεο-είκελος《神に似た》, Skt. padodaka-《足のための水》の如くに他の格關係も認められるが, この形式の合成語は新しい時代に屬する. また Gr. σύν-δουλος《奴隷仲間》, ἀμφί-μελας《兩側の, 周圍の黑い》, Skt. a-mítra-《友でない, 敵》, áti-kṛṣṇa-《非常に黑い》, Lat. pro-nepos《孫の今一つ前＝曾孫》＝Skt. pra-ṇapāt- の如くに第一要素が副詞又は前置詞であるものもある.

b. 動詞的合成語の第一要素は實體詞, 形容詞, 副詞 (前置詞) より成り, 第二要素は動詞の語根又は之を e/o によって擴大したものが用いられる. この場合に單獨には現われない動詞語根そのままの形が現われることが多い. Gr. βοό-κλεφ《牛盜人》(: κλέπ-τω《盗む》), βού-πληξ《牛を打つもの, 牛を打つ棒》(: πλήσσω<*πληγ-ιω《打つ》), Lat. iu-dex, -dic-is《裁判者》(: dīc-o《示す, 言う》), arti-fex, -fic-is《作り手, 工人》(: fac-io《作る》), Skt. havir-ád-《供物を食う》, go-já-《牛より生じた》. 更に第二要素には Διόσ-δοτος《ゼウスより與えられた》(人名), θανατο-φόρος《死をもたらす》, χειρο-ποίητος《手で作られた》, Skt. gara-gīrṇá-《毒を飲める》, devá-tta-《神にささげられた》, ahar-jāta-《晝間生れた》, sukha-kara-《幸を作る》, Lat. armi-ger《武具を身につけた》の如くに動詞的形容詞である場合が多く, また限定するものが形容詞ではあるが, āśu-pátvan-, Gr. ὠκυ-πέτης《速かに飛ぶ》の如くに語幹のままで副詞として用いられたもの, 更に Skt. puró-hita-《前におかれた》(祭官の名), Gr. ἐπί-θετος《上におかれた》, ἀπό-θετος《別におかれた》の如くに副詞 (前置詞) であるものもある. 動詞的合成語は最も古く廣く印歐語全體に用いられた形である. 第一要素

が格の形を有するものは，Skt. Ved. gnās-páti-《神女の夫》, jās-páti-《家の主，家長》(gen.), rathe-sthá-《戰車に立てる》(loc.) の如くに用いられ，ギリシア語に於ても最早や格とは考えられていない $Δί$-$φιλος$《ゼウスに對して親しい》(dat.), $δεσ$-$πότης$ ($<$*dems-pot- gen.)《家の主，主人》の如き形に殘り，また $Διόσ$-$δοτος$ に於ては屬格がそのまま $δο$-《與える》と共に用いられている古い用法より，之また非常に古い時代に遡るものと思われる．

上例とは反對に第一要素が動詞の語根(幹)であり，第二要素を支配する例は，Gr. $φερέ$-$οικος$《家を運ぶ（もの）》, $ἀρχέ$-$κακος$《惡を始める》, $λυσί$-$πονος$《苦勞を解く》, Skt. Ved. dhārayat-kavi-《賢者を保持する》, śikṣā-nará-《人を助ける》, dáti-vāra-《寶を與える》の如くに古い文獻にあるが，之は非常に古い時代に遡るらしく，その形は主に保守的な宗教及び詩に關係ある語及び人名に多い．

3. 所有合成語 (Possessive Compounds, Possessivkomposita) 上述の合成語はそれ自身で一定の意味をもっているが，他の場合には一部の實體詞合成語には，それが文の中に於て他の要素との關聯に於て始めて意味を有するものがある．例えば Gr. $ῥοδό$-$δακτυλος$ はその合成要素そのままの《ばらの指》という意味ではなしに，《曙》の形容詞として《ばら色の指をもてる》, $καλλί$-$παις$ は《美しい，よい子供》という意味ではなくて，《よい子供をもてる》という意味となる．かかる轉位せられた (mutiert) 合成語は，限定合成語及び並列合成語であって，特に《…を有する》という意味が多いために所有合成語と呼ばれ，印度の文法家は之を bahuvrīhi《多くの米を有する》なる語を代表として，この名によってこの種類の合成語を呼んだ．[1] ヴェーダによればこの型の合成語は rāja-putrá-《王の子》に對して rájá-putra-《王を子として有する》; hiraṇya-tejas-《黃金の光》に對して agní-tejas-《火の光をもてる》の如くにアク

---

(1) 之は又 exocentric とも稱し，之に對して轉位しないものを

セントを第一要素に移すことによって，外形的に特徴づけられているが，之は Gr. πατρό-κτονος《父に殺された》: πατρο-κτόνος (< -κτονός)《父を殺す》の如き形にも認められる．

第一と第二要素の關係は限定及び並列合成語に認められるものに等しく，例えば Skt. índra-śatru-《インドラなる敵》>《インドラを敵として有する》, ugrá-bāhu-《力強い腕を有する》, χρυσο-κόμης《黄金の髪を有する》, ἄ-παις《子供なき》, Skt. a-pád-《足なき》の如き第一要素が實體詞，形容詞，副詞の場合の外に, Skt. divī-yoni-《天に源を有する》, Gr. ὀρεσί-τροφος《山に於て育てられた》の如き格の場合もある．この最後の例に於ても見られる如く，第二要素が動形容詞である場合に，ギリシア語に於てはアクセントを前に動かすことによって意味が能動より受動となるが，之も亦轉位である．Skt. su-parṇá-《立派な翼を有する（もの）》=《鳥》の如くに，この合成語は更に名詞に轉じているが，之は Gr. φερέ-οικος, Lat. domi-porta《家を運ぶ（もの）》=《蝸牛》と同じ轉位である．

この合成語は新らたなる形容詞として用いられるのであるが，この際に性別は男性と女性の區別がないものが多く，之は古い時代の未だ形容詞に轉位されない時の名殘であって，ギリシア語に於て合成形容詞の女性も亦 -os に終るものが多いのは，この形を傳えたものである．

曲　用 (Declination, Deklination, déclinaison)

77. 印歐語の名詞には性 (Gender, Genus, genre), 數 (Num-

---

endocentric と言う．Kuryłowicz: *Etudes indoeuropéennes*. I. 217 参照．更に轉位された合成語を Satzkomposita, 然らざるものを Satzgliedkomposita とも言う．前者は言わば關係文に等しい價値を有し，例えば Gr. ἄ-παις は οὐ παῖδα ἔχων 或は ὃς παῖδα οὐκ ἔχει《子供をもたない所の》, Skt. rājá-putra- は《その子供が王である》,《王を子供としてもてる》と解し得る．更に J. Puhvel, "Indo-European Negative Composition", *Language* 29. 14–25 を参照．

ber, Numerus, nombre), 格 (Case, Kasus, cas) がある.

78. 性[1]　印歐語の大部分の言語には男・女・中の三性の別がある. 女性形は -*ā-, -*yā- (-*iyā-) : -*ī- (-*yə-)[2] なる特殊の接尾辭を有する.

自然の性別以外の別は純粹に文法形態的な區別で，之は實體詞に於ても部分的に行われるが，特に形容詞及び代名詞の一部に於て嚴正に行われる. 實體詞の性別を規定する根據は, ある名詞が男・女・中性のいずれの形容詞 (代名詞) を取るかにある.

形容詞が實體詞と異る點は，形態的に三性に變り得る所にある. 代名詞に於ても, 人稱代名詞以外は形容詞と同じであるが，形容詞が實體詞と同じ曲折を行うに反して, 代名詞には獨特の形がある.

共通基語には上記の -*(i)yā-, -*(i)yə- 以外には男性と女性とを區別すべき特別の徵はなく, 例えば -*e/or- は Lat. soror《姉妹》, māter《母》, pater《父》, frāter《兄弟》= Skt. svasar-, mātar-,

---

[1]　之に關しては A. Meillet: *Linguistique générale et linguistique historique*. I. (Paris 1921), 211 ff.; J. Grimm: *Deutsche Grammatik*. III. 345 ff.; J. Wackernagel: *Vorlesungen über Syntax* II² (Basel 1928) 1–51; H. Lommel: *Studien über idg. Femininbildungen*. (Göttingen 1912) 參考.

[2]　之はしかしある接尾辭の語幹から特に女性形を造り出す時に, Gr. πότνια, Skt. patnī<*pot-n-yə《女主人》; Gr. 女性 ἡδεῖα, Skt. svādvī<*swād(e)w-yə: 男性 ἡδύς, svāduḥ《甘い》; Gr. 男性 νέος: 女性 νέᾱ<*new-o-s : *new-ā《若い, 新しい》の如くに用いられるのであって, 從ってかかる女性形を取らない形も多い. 後者は古い形を保存しているのである. -*(i)-yā- : -*(i)-yə- : -*ī- の關係は, -*wā- : -*wə- : -*ū- に等しく, *ā : *ə とは何らかの關係にある母音交替であると思われるし, Skt. -ī : Gr. -ια は, ギリシア語の方が古い, 融合を蒙らない形であろう. しかし Skt. -ī 女性には未だ解決のつかない多くの問題があり, Gr. -ια にも, 之が -ια として殘るべき條件は不明である (92, 172 頁參照).

pitar-, bhrātar- の如くに男女兩性に用いられ、またギリシア語とラテン語に於ては男性語幹 -*os は ἡ θεός《女神》(: ὁ θεός《男神》), ἡ ἄρκτος《牝熊》(: ὁ ἄρκτος), ἡ ἵππος《牝馬》(: ὁ ἵππος), ἡ φηγός《樫の木》, ἡ νῆσος《島》, ἡ Κόρινθος《コリントス(市)》; Lat. haec lupus《この牝狼》の如くに屢〻女性に用いられる。また女性形の特徴たる -*ā- 形も男性を表わすことがあり、之は特に合成語に多い。例 Gr. νεᾱνίᾱ-s《若者》, ἀγρότη-s《田舍漢》[1]; Lat. agri-cola《農夫》, scrība《祕書》; OChSl. sluga《召使》, voje-voda《指揮者》; Lith. gyrà《法螺吹き》.

中性は共通基語以來主格と對格とが同形で、單數のみ特別の形を有する。例えば

　　*yugóm : Skt. yugám, Gr. ζυγόν, Lat. iugum=英 yoke

　　*genos : Skt. janaḥ, Gr. γένος, Lat. genus《民族》

中性複數の主, 對格語尾 -*ā(-*ə) (例 Skt. yugā́, Lat. iuga, Goth. juka, OChSl. iga) は本來集合名詞の -*ā (女性) であったらしい。この集合的意味は o- 語幹の實體詞複數に屢〻 -ā が用いられることによって察せられる。例えば

　　Gr. κύκλος m.《輪》, pl. -α 又は -οι, Skt. cakráḥ, cakrā́

---

(1) ギリシア語に於ては -ā- に終る男性の語は、男性名詞の -os の特徵たる -s を附加されて男性化されている。Brugmann は之は、例えば *ἱππότη《騎馬隊》, *νεᾱνίᾱ《靑春》の如き女性形より發した集合名詞がその中の個體を指すに至ったのであると考えているが、E. Fraenkel (*Geschichte der griech. Nomina agentis auf -τήρ, -τωρ, -της* (-τ-). I. Strassburg 1910, p. 118 Anm. 1, 153 ff.) は之を否定している。それは大部分の男性の ā- 語幹は本來男性又は性的には中性の nom. voc. -ă の形より發し、また ὀλυμπιονίκᾱ《オリュムピア競技勝利者》の如き合成語の第二要素が -ā に終るものがあるからである。この問題に關しては K. Brugmann : *K. vgl. Gr.* 357 ; *Griech. Gramm.*⁴ 256 f. ; H. Pedersen : *Cinquième déclinaison lat.* 27, 40 ; P. Kretschmer, *Glotta*. 13. 108 ; A. Meillet : *Introd.*⁸ 281 f. ; E. Schwyzer : *Griech. Gramm.* I. 561 f. 參照。

Gr. μηρός m. 《太腿の部分》, pl. μηροί 《一つ一つの太腿の部分》: μῆρα 《その全體》(1)

Lat. locus m. 《場所》, pl. locī 又は loca

Gr. ἀστήρ 《星》, ἄστρα (稀に ἄστρον) 《星群, 星全體》
之と同じ -*ā/ə- は女性單數に現われるのみならず, また中性複數主格には動詞の單數が用いられるというサンスクリット語や, ギリシア語, ヒッタイト語の用法が中性複數形 -*ā/ə- が本來單數形であったことを示している。例えば

Gr. Hom. ι 51 ὅσα φύλλα καὶ ἄνθεα γίγνεται ὥρῃ 《木葉と花とが季節に生じるように》

Skt. Ved. dhṛṣnáve dhīyate dhánā 《果敢な人には富が増大する》(2)

中性單數の形である Gr. ζυγόν, Skt. yugam, Lat. iugum の如き o- 語幹の形に對して, 中性の Gr. μέθυ, Skt. madhu 《甘い》; Gr. ὄνομα, Skt. nāma, Lat. nomen 《名》の如きものは特別の語尾というよりは語幹のままである。また中性形をもっていても, その自然性が中性でない場合には, 性は Gr. ἡ Λεόντιον 《レオンティオン》(女の人名) やドイツ語の方言 die Fräulein の如くに自

---

(1) Gr. μηρός: μῆρα のアクセントの交替は, Russ. stádo n. 《畜群》: pl. stadá に見られるのと同じ古形の名殘である。Brugmann: *K. v. Gr.* 336 (§ 416. 1, § 435); A. Meillet: *Introd.*[8] 291 f.; W. Schulze: *Kleine Schriften.* 81. (= *KZ.* 46. 191); A. Meillet, *Symbolae phil. Danielsson.* 183 f.; J. Wackernagel, *KZ.* 30. 297. 參照。

(2) E. Meier: *Die Bildung und Bedeutung des Plurals in den semit. und idg. Sprachen.* (Mannheim 1846), 49; J. Schmidt: *Die Pluralbildungen der idg. Neutra.* (Weimar 1889); B. Delbrück: *Vergl. Syntax.* I. 123 f.; K. Brugmann: *Grundr.*[2] II. 2. 231 ff.; E. Schwyzer: *Griech. Gramm.* I. 580 ff.; Brugmann-Thumb: *Griech. Gramm.* 426; J. Friedrich: *Hethitisches Elementarbuch.* II. 131 (Nachtrag zu § 210, a). 參照。

然性に從うことがある．

　共通基語時代には性別は從って特別の語尾によって表わされることはなく，上例の親族關係の名稱の如くに，自然性のものが自ら男女の別を取ったのであろう．更に之は自然性の最も明らかに現われる動物名に於て，Gr. κριός : οἶς《羊》, τράγος : αἴξ《山羊》, Lat. aries : ovis《羊》, taurus : vacca《牛》の如き全く異る語によって雌雄を表わしていることによっても察せられる．かかる情態はついで文法的な何らかの形によって男性と女性とを區別せんとする傾向を助長し，ここに -*ā-, -*(i)yā-/ə- による轉位 (Motion) が行われるに至ったのであって，Gr. ἕταιρος : ἑταίρα《男女の仲間》, λέων : λέαινα《男女の獅子》, Lat. deus : dea, Gr. θεός : θεά《男女の神》, Lat. rex : regīna《男女の王》の如き對のものが作られ，之が最も徹底して行われているのが形容詞 -*os, -*ā の形による

　　　Skt. rudhiraḥ　rudhirā　rudhiram《赤い》(男・女・中性)
　　　Lat. ruber　　 rubra　　rubrum
　　　Gr. ἐρυθρός　ἐρυθρά　ἐρυθρόν

の如き形容詞や，指示代名詞の

　　　Skt. sa　　　sā　　　tad　《その》(男・女・中性)
　　　Gr. ὁ　　　 ἡ　　　 τό(δ)

數詞の

　　　Lat. unus　　una　　unum《一つの》(男・女・中性)
　　　Goth. ains　 aina　 ain

の如き形である．

79. 格とその用法　共通基語には主格 (Nominativus), 屬格 (Genetivus), 與格 (Dativus), 對格 (Accusativus), 奪格 (Ablativus), 具格 (Instrumentalis), 於格 (Locativus), 呼格 (Vocativus) の八格があった．[1]

1. Vocativus は呼びかけを表わすもので，眞の意味での格とは

言い難い．之は文の中にあっても，文より獨立したものであって，文の他の部分とは本質的に構成上關係がない．古い時代の文献では，呼格は他の呼びかけの語と *kʷe《そして，…と》＞ Skt. ca, Gr. τε, Lat. -que によって結ばれて用いられる際には

  vāyau índraśca cetataḥ. RV. I. 2_5

  《おお，ヴァーユとインドラよ，貴方方は知っている》

の如くに第二のものは主格によって表わされている．之はまた逆に，例えば

  índraśca sómaṃ pibatam bṛhaspate. RV. IV. 50_{10}

  《おお，インドラとブリハスパティよ，ソーマを飲め》

の如くにも用いられ，ホメーロスに於ても

  Ζεῦ πάτερ, Ἴδηθεν μεδέων, κύδιστε μέγιστε, Ἠέλιός θ'.
  Γ 276 f.

  《父なるゼウスよ…そして太陽よ》

の如く用いられ，同じ用法はアイスキュロスに於ても

  ὦ δῖος αἰθήρ…παμμῆτόρ τε γῆ. Prom. 88

  《おお，聖なる大氣(空)…とよろずの母なる大地よ》

の如くに保たれている．従ってこの用法は共通基語時代に遡るものと思われる．[2]

2. **Nominativus** はある發言が何について言われるか，その主題を示す格である．言語の本質の一つが指示にあるのであるから，この格は重要で，主格はまた單にあるものを指示する際（例えば多

---

 (1) 以下に略述した格の用法に關しては，B. Delbrück: *Vergl. Synt.* III. 172 ff.; Brugmann: *Grundr.*[2] II. 2. 464 ff.; Ed. Schwyzer: *Griech. Gramm.* II. 52–171 (文献) を見よ．

 (2) Th. Benfey, *Abh. Gött. Ges. d. Wiss.* 17. 30 f.; B. Delbrück: *Synt. Forsch.* IV. 28, V. 105; *Vergl. Synt.* I. 396 f.; Kühner-Gerth: *Ausführliche Griech. Gramm.*[3] I. 47 f.; Brugmann-Thumb: *Griech. Gramm.*[4] 431; Brugmann: *Grundr.*[2] II. 2. 650; J. Wackernagel, *BB.* 4. 650; Ed. Schwyzer: *Griech. Gramm.* II. 63. 参照．

くの物の列擧, 表題等）に用いられる。また之は《…である》,《…と呼ばれる》,《…と考えられる》の如き名詞文（§109 參照）及び之と類似の文に於て, 文の主語との同位指示に用いられる客語（及び之との並置）及び主語との並置詞として用いられる。更に同じ呼びかけでも, 呼格が第二人稱的なもののみに用いられるに反し, 他の場合には主格が用いられるのも, この格の指示性に由來する。

3. Accusativus はその本來の性質上動詞を補ってその意味を決定する役目を行い, 動作がそれにむかって行われる對象を示す（直接補語）。從ってかかる對象を要求せず, それ自身だけで完全な意味を有し得る動詞の場合には, 動詞は必ずしも之を補うべきものを必要としない。例えば Gr. ἄγειν《導く, 連れて行く》は自働詞として《前進する》の意となり, πράττειν は《なす, 行う》と《…の情態にある》(εὖ πράττειν《よい情態にある》, κακῶς πράττειν《惡い…》) の兩方の意味を有する。動詞はまた Hitt. kupiyatin kup-. Ḫatt. IV. 34《ある計劃を計劃する》, μάχην μάχεσθαι《戰鬪を鬪う》の如くに動詞そのものの中に含まれている意味を有する名詞によっても補われ得るが, かくの如き對格は單にそれだけでは無意味な繰返しにすぎないので, 普通は, 例えば τύπτειν πληγὴν καιρίαν《致命の打擊を打つ》, ζώει ἀγαθὸν βίον《よい生を生きる》の如くに更にその意味を限定するものを加える。このような動詞と同じ意味の目的を內的目的 (inner object) という。內的目的は從ってある動作の行われ方を表わすに用いられ, その結果自働詞も亦內的目的を取り得る。例えば

yád agne yāsi dūtyàm. RV. I. 12$_4$

《アグニよ, 貴方が使いに行く時に》

更に之が Gr. ἡδὺν γέλωτα γελᾶν《甘美な笑を笑う》, μέγα φεῦδος φεύδειν《大きな僞を僞る》の如き用法を經て, 形容詞の對格だけで動詞の目的となって之を補う所の副詞的用法, 例えば ἡδὺ γελᾶν《甘美に笑う》, μέγα φεύδειν《大嘘をつく》が生じ, ここに對格は

獨立の副詞となる．

動詞はまた物と人との如き二重對格を取ることがある．

 pr̥chāmi tvā́ páram ántaṃ pr̥thivyā́ḥ. RV. I. 164₃₄

 《私は貴方に大地の端を尋ねる》

の如き形は，《貴方に尋ねる》と《大地の果を尋ねる》の二つを一つの動詞の下に重ねることによって生じたものである．かかる二つの對格のある特別な

 τὸν δ' ἄορι πλῆξ' αὐχένα. Hom. Δ 240

 《彼をその頸を刃で擊った》

の如き場合を受身にした時に

 βέβληαι κενεῶνα διαμπερές. Hom. E 284

 《お前は腹を擊たれた》

の如くに，部分を表わす對格が切り離されて副詞的に考えられ，これよりまた對格の副詞的用法が生じ得る．

對格はまた動詞の補いとして，上述の機能とは全く別に，動作の行われる最後の地點を示す．之は

 yamáṃ ha yajñó gacchati. RV. X. 14₁₃

 《ヤマに犧牲は赴く》

 sabhā́m eti kitaváḥ. RV. X. 34₆

 《賭博者は會合に行く》

 ἔρχεσθον κλισίην. Hom. A 322

 《彼ら二人は幕舍に行った》

 μνηστῆρας ἀφίκετο. Hom. α 332

 《彼は求婚者達の所に來た》

の如くに用いられ，更に

 śatáṃ jīva śarádo. RV. X. 161₄

 《百の秋を生きた》

 yád āśúbhiḥ pátasi yójanā purú. RV. II. 16₃

 《多くの yojana を飛ぶ》

の如く，時間，空間の長さを示すために動詞の直接補語として用いられる．之は明かに《一年を生きる，過ごす》，《一キロを歩く》の如くに本來の對格の役目に屬するものである．しかし之が轉じて，上例とは異り，直接に動詞の目的となり得ない場合にも亦副詞的に

τὴν μητέρα τελευτήσασαν τρίτον ἔτος τουτί. Lysias 24. 6
《三年前に死んだ母親を》

の如くに用いられるに至る．Skt. Ved. náktam《夜に》, Hitt. karuwariwar《朝に》の如きも之より生じた副詞であり，Skt. Ved. kā́mam《意のままに》, nā́ma《その名は》(acc.), Gr. χάριν《…のために》, προῖκα《無償で》の如きものは，更にこれを擴大した用法であろう．

かくの如くに動詞の補いとして用いられる對格はまた之を補う前置詞(副詞及び praeverbium)を取ることが多く，兩者の關係が動詞より離れて考えられるに及んで對格支配の前置詞その他の用法となった．Gr. τὰ μετέωρα φροντιστής《空中のことを考える男》, Skt. dā́tā vásūni《財寶を與える者》の如き名詞と共に用いられる對格や，分詞，不定形の支配する對格は動詞的名詞への動詞の延長にすぎない．

4. Genetivus は本來あるものの全體でないこと，即ち部分を，またあるものの周圍，範圍にのみ關係あることを示したらしい．かかる意味を表わす屬格は屢々 Ablativus と同じ機能となり，兩者の別は明らかでない場合が少くない．從って多くの言語に於て(例えばギリシア語，スラヴ語)この二つの格は混合して一つとなっている．(1) 全體の部分を表わす屬格は非常に廣い範圍の用法をもって

---

(1) 本來共通基語に於て athematic な名詞の單數では，この二つの格の語尾が同じであり，兩者が明らかに區別されている o- 曲用に於ても，Gr. Skt. -*osyo に對して Lat., Kelt., -ī の如くに一致せず，この場合の兩者の區別は或は後代に出來上ったものであるかも知れない．從ってこの兩格は機能上の類似のみならず，形態上からも混同し易かったのである (212 頁參照)．

第6章 名　詞 (Nomen)

いる．最も直接なのは言うまでもなく部分屬格 (genetivus partitivus) と呼ばれるもので，ラテン語の unus eorum《彼らの一人》は unus ex (de) eis《彼らの中から一人》に等しく (cf. Skt. Ved. mitró vái śivó devā́nām《ミトラは神々の中の慈悲深いものである》)，これと同じ關係が，例えば《食べる》，《飲む》，《觸れる》，《樂しむ》，《支配する》，《記憶する》の如くにその動作の及ぶ範圍がある部分に限られるか，またそうであることをその意味の中に藏する動詞と共に用いられる．例 Skt. Ved. apā́m aśnāti《水を飲む》，Gr. Thukydides II. 48 (ἡ νόσος) ἥψατο τῶν ἀνθρώπων《(病は)人々に感染した》, Hom. χ 11 πίνειν οἴνοιο《葡萄酒を飲む》．

更に之はギリシア語の

νέφος δ' οὐ φαίνετο πάσης γαίης οὐδ' ὀρέων. Hom. P 372
《全地上にも空にも雲はなかった》

ἔρχονται πεδίοιο. Hom. B 801

《平原を横切って進む》

の如き極めて特殊な用法となって現われている．P 372 の場合の如くに否定辭を伴う時には部分の感じが強いが，(1) 第二の例は πεδίοιο (gen.) が πεδίον (acc.) となっても意味には大した相違はなく，例えば

---

(1) 更に Hom. N 191 ἀλλ' οὔ πῃ χροὸς εἴσατο.《しかし何處にも皮膚は見えなかった》, OChSl. ne vŭlivajǫtŭ vina nova vŭ měxy vetŭxy《彼らは新しい葡萄酒を古い皮袋に注ぎ入れなかった》の如き否定の場合の屬格の用法を參照．之はバルト語とスラヴ語に於て直接補語が否定の動詞についた時に屬格を取るに至った徑路を示している．またゴート語に於ても，ギリシア語聖書では οὐκ ἦν αὐτοῖς τόπος《彼らには場所がなかった》の如くに屬格を用いていない場合に，主語たる τόπος を ni was im rūmis (Luk. 2.7) の如くに屬格によって表わしている．之に關しては J. Wackernagel: *Vorles. ü. Syntax.* I. 5 f.; ib. *Gött. Nachr.* 1909. 62; Ed. Schwyzer: *Griech. Gramm.* II. 101 ff. 參照．

μάλα δ'ὦκα διέπρησσον πεδίοιο (gen.). Hom. Γ 14
《いとも速かに彼らは平原を通過した》
と
ἣ δ' ἔθεεν κατὰ κῦμα διαπρήσσουσα κέλευθον (acc.) Α 483
《(船は)波を越えて走った，その道程を終えて》
とに於て，διαπρήσσω は前者では屬格を取って通過する部分を，後者では通過した全道程を對格で表わしている。

更に部分を表わす屬格は時間の延長中の一部分を表わす Gr. νυκτός《夜に》, Goth. nahts, Skt. kṣapáḥ《夜に》, OChSl. togožde lěta, měsęca dekębrja《この年，十二月に》の如くに副詞的に用いられる。

名詞にかかる屬格 (genetivus adnominalis) は二つの名詞を，その間の關係如何を問わず，Lat. amor patris《父の（有する）愛》，《父に對する愛》，Gr. φόβος τῶν πολεμίων《敵の（有する）恐れ》，《敵に對する恐れ》, Skt. yógo vājínaḥ《馬を車につなぐこと》, yajñasya sámṛdhyai《犠牲の成功のために》(=《犠牲が成功するために》), Gr. τεῖχος εὖρος εἴκοσι ποδῶν《二十呎の幅の城壁》, ἄθρωπος εὐδοκίας《よい評判の人》の如くに，結合する役目を果している。この場合に屬格は上に擧げた，動詞と共に用いられる關係の殆んどすべてを名詞と共に表わし得るのみならず，また對格的關係をも表わす。

名詞と共に用いられる屬格は述部に於て
πενίαν φέρειν οὐ παντός, ἀλλ' σοφοῦ ἀνδρός. Menandros fr. 463
《貧に耐えるはすべての人のなし得る所にあらず，賢者のみ》
Βοιωτῶν ἡ πόλις ἔσται. Lysias 12. 58
《この市はボイオーティア人のものとなるであろう》
asmākam astu. RV. I. 7$_{10}$
《我々のものとなれ》

の如くに用いられ，この用法は廣く印歐諸言語に認められる．しかしこの場合ラテン語の hominis est errare《誤つは人の常》の如き用法が，その代りに所有形容代名詞をとって，例えば meum est errare と言い得る如く，屬格の表わす所有の關係は屢ゞ形容詞と交替することを得るのであって，そのよい例は父稱の場合の，Gr. $Πηλείδης$《Peleus の子》と同じ意味の $Πηλήιος$ (Hom. $Σ$ 60)《ペーレウスの(子)》の如きものであり，この用法はスラヴ語に於ては特に發達し，生物或は個々に考え得るものはすべて屬格の代りに所有形容詞を取り得るに至っている．例えば OChSl. cěsaristvo nebesiskoje《天の王國》．

5. Dativus は動作が名詞に對して如何に行われるかを表わし，從って對格と同じく動詞の意味を補うが，その補いが，何のためであるか，即ちその動作の結果として生ずる利益とか關與の對象を示す．從ってこの格は《與える》，《助ける》の如き意味の動詞の補いとして常に用いられ，また《…である》の意味の動詞と共に Skt. Ved. índra, túbhyam id abhūma. (TS)《インドラよ，我々は貴方のものとなった》，Gr. $οὔτις ἐμοί γ' ὄνομα$. Hom. $ι$ 366《私の名は $οὔτις$（《誰でもない》）です》の如くに所有者を表わす．この格は從って《親しい》，《大切な》，《從順な》，《敵意ある》の如き感情を表わす形容詞と共にも用いられる．このように與格は利益や感情を表わすものであるために，非常に廣い應用範圍を有するに至っている．

6. Instrumentalis はある行爲が誰または何と共に行われるかを表わす格である．これが格として獨立に保存されているのはインド・イラン語派，ヒッタイト語，バルト語派，スラヴ語派にすぎず，ヒッタイト語に於ては旣に奪格と混同され勝ちであり，他の語派では外の格と混合している．

  devó devébhir á gamat. RV. I. 1_5
  《神が神々と共に來らんことを》

の如くに《一緒に，共に》を表わす用法 (sociativus) は，スラヴ語派に於ては殆んどすべて OChSl. sŭ tobojǫ《貴方と共に》の如くに前置詞を伴うに至っている．

Sociativus が僅かばかり轉ずれば

vayám índreṇa sanuyāma vájam. RV. I. 101₁₁

《我々はインドラによって（を通じて）戰利品を得たいものだ》の如くに，行爲が行われるための手段を表わすに至り，更に之が Hitt. nukan IZI wetenit kištanuwanzi《彼らは火を水で消す》, OChSl. nežemi udariti《刀で擊つ》, Skt. Ved. áhan vṛtrám índro vájreṇe《インドラはヴリトラを雷霆で擊った》の如くに物に用いられた時に，《…を以って》の道具を表わす用法 (Instrumentalis) となる．従ってある特別な關聯，結合を表わす動詞，例えば Skt. pṝ《みたす》(Ved. sómena jaṭháram pṛnāti《ソーマで腹をみたす》) の如きものと共に用いられるに至る．[1]

この格は動詞より獨立に副詞的に

antárikṣe pathíbhiḥ patantam. RV. I. 161₁₄

《空中を道を飛びつつ》

や Ved. ṛtúnā (ṛtúbhiḥ)《定めの季に》, OChSl. noštijǫ《夜に》の如き段階を經て，Ved. áñjasā《眞直ぐに》, ántareṇa《內部に》の如くに純粹に副詞的に用いられるに至っている．

7. Ablativus はある動作の出發點を表わす格である．特別の格としてはインド・イラン語派，ヒッタイト語，イタリック語派に於てのみ保存せられ，ギリシア語，バルト語派，スラヴ語派では屬格

---

(1) ホメーロス中の ἀνάσσειν《支配する》が與格（＝古い具格）と共に用いられているのは，Skt. Ved. índro víśvair vīryàiḥ pátyamānaḥ. RV. III. 54₁₅《すべての力を支配するインドラ》と同じく，古い sociativus 用法の名殘であろう．之はホメーロス中の《…のために，…の利を圖って》と解されている多くの與格複數形，τοῖσι δ' ἀνέστη. A 10《彼らの間に立ち上った》に於ても亦同じ．

と，ゲルマン語派では屬格と對格と混合している．動詞の補いとしての奪格は《…から遠くにある》の意味を有する動詞（即ち《離れている》，《奪う》，《空である》，《…から出る》，《…から解放する》等）と共に用いられる．例えば Hitt. iššaz《口から》, nepišaz《天から》,

vr̥trásya śvasáthād íṣamāṇaḥ. RV. VIII. 96$_7$
《ヴリトラの唸りから遁れて》
alieno manum abstineant. Cato Agr. V. 1
《他人の財より手をさし控えさせよ》

しかしこの場合に既に古くより《…から》を示す前置詞（副詞）を伴うことが多かった（Lat. ex, dē, ab の如くに）．

比較されるものを表わす ablativus comparationis は比較の出發點，觀點，基本をなす人又は物を表わす．Skt. ghr̥tát svā́dīyaḥ RV. VIII. 24$_{20}$《溶かしたバタよりも甘い》, asmad anyaḥ《我々より別の人》, Lat. te maior《貴方より大きい（年齡）》, Caesar minor est Pompeio《カイサルはポムペイウスより年少である》．

8. Locativus はその中に於てある行爲が行われる場所を示すが，更に時及び人をも表わす．之が獨立の格として存在しているのはインド・イラン語派とバルト・スラヴ兩語派にすぎず，ギリシア語とヒッタイト語に於ては之は與格として形を留めている．Skt. divi《天に於て》, yudhi《戰鬪に於て》, asya sumatáu syāma. RV. VIII. 48$_{12}$《我々は彼の好意の中にあらんことを》, uṣási《朝に》, dyávi-dyávi《日に日に》, OChSl. tomi čaše《この時に》, krome《外に》, Hitt. ^{URU}Ḫattuši gimmandarinun《余はハットゥシャスに於て越多した》, Gr. οἴκοι《家の中に》, χαμαί《地上に》,[1] Lat. Romae《ローマに於て》, domi《家で》．古代敎會スラヴ語ではこの格は既に前置詞を要求する（vŭ《內に》, na《の上に》の如く）．

---

(1) 之はしかし -*ai に終る古い dat. とも考え得る．

ギリシア語に於てはホメーロスでは未だ自由に locativus-dativus として αἰθέρι《空中に》, οὐρανῷ《空に》, πόντῳ《海に》, μυχῷ Ἄργεος《アルゴスの奥まった所に》の如くに用いられている。場所や時間を表わす locativus は運動の動詞と共に, sá id deveṣu gachati. RV. I. 1₄《それは神々の所に行く》の如くに到達する所の内部を表わし, acc. deván gachati《神々の方へ行く》が運動の目指す地點を表わすのとは異る意味を有する。これは Gr. Hom. ποτὶ δὲ σκῆπτρον βάλε γαίηι Α 245《彼は地に笏を投じた》(《そしてそれはそこに留まった》)と同じである。この場合に《地にむかって投げた》のであれば ποτὶ…γαίην と對格を必要とする。この外に locativus の表わす意味と類似の動詞は屢々この格によって補われる(《受取る》,《置く》等)。

80. 格の融合 (Syncretismus) 既に格の用法に於て述べた如くに, 共通基語の有する八格を完全に保存しているのはインド・イラン語派唯一つにすぎず, 他の語派に於ては格は屢々他の格と混同或は融合して失われている。例えばスラヴ語派とバルト語派では奪格と屬格が, OChSl. vlĭka, Lith. vil̃ko (gen. sg.); vlĭkŭ, vilkū (gen. pl.)《狼の》の如くに一つとなり, イタリック語派では奪格と具格とが equō<*ekwōd (Skt. aśvād, aśvā)《馬から, 馬によって》の如くに一つに混同し, 更に之に於格 (Skt. aśve) が加わった。ヒッタイト語では於格が對格と, また部分的に具格が奪格と混同し, ギリシア語に於ては之が一層進んで gen.-abl. sg. λύκου : Skt. vr̥kasya, vr̥kād《狼の, 狼から》(ἀπὸ λύκου), gen.-abl. pl. λύκων : Skt. vr̥kāṇām, vr̥kebhyaḥ, dat.-loc.-instr. sg. λύκῳ : Skt. vr̥kāya, vr̥kā, vr̥ke《狼に, 狼に於て, 狼によって, と共に》(ἐν, σὺν λύκῳ), instr.-dat.-loc. pl. λύκοις : Skt. vr̥kaiḥ, vr̥kebhyaḥ, vr̥keṣu (cf. Hom. dat. -οισι) の如くに, 奪, 於, 具の三格をすべて失っているが, 之はゲルマン語派に於ても同じである。上述した

所によっても明らかな如く、具體的な關係を示す格が次第に失われるのが印歐語族全體の共通な傾向で、格の消失は更に時代の下ると共に進行している。

融合の原因には種々のものが考えられる。例えば二つの格の用法が互に相接し或は相重なっていて（屬・奪格，奪・於格，於・具格の如き），そのために二つの格を必要とせず、ここに兩者が合一した場合の如きが之であって、同じ現象は格以外にも認められる。例えば Lat. ambi-<*ambhi (=Gr. ἀμφί)《兩側に，周圍に》は circum《周圍に，兩側に》(circum flumen《河の兩岸に》) なる新しい前置詞によって押しのけられて、前置詞としては存在しなくなった。かかる傾向を援けるのは形態上の未分化或は同一化であって、旣に共通基語時代より單數の屬格と奪格とは -*e/os, -*s の形を共有し、複數では與格と奪格とが混同していたらしい。また音變化による二つの異る格の混同は、ラテン語よりロマン語への移行途上で、-i と -e、-u と -o との混同、-m の消失、母音の長短の別の消失等によって生じた nom. rosa=acc. rosa(m); acc. pede(m)=dat. pedi; acc. muru(m)=dat. abl. muro 等の語尾の混同にそのよい例が認められるが、同樣な現象がギリシア語が共通基語よりの歴史の途上で行った與格と於格との混同の原因となったと思われる。この經過は格を支配するに至った多くの前置詞の發生によって、融合によって生じた混亂より更に明確な表現へと導かれ、融合が助長されたものであることは、近代印歐語に於ける前置詞の著るしい發達と格の消失の關係と同じであった。

81. 格語尾[1] (Case Endings, Kasusendungen, désinences

[1] 格語尾に關しては、個々の言語の歴史文法及び J. Wackernagel-A. Debrunner: *Altind. Gramm.* III. 1–82 (文獻); Brugmann: *Grundr.*[2] II. 1. 2. 3; ib. *K. v. Gr.* 281 ff.; A. Meillet: *Introd.*[8] 146 ff.; H. Hirt: *Idg. Gramm.* III., IV.; J. Kuryłowicz: *Etudes indoeuropéennes* I. 131 ff., 169 ff., 234 ff. を參照。

casuelles）以下に於て格語尾を一括列擧し，ついで之が種々の語幹と如何に結合するかを述べる．

Nom. sg. -*s, -〇. 子音, -i-, -u-, -e/o- 及び單音節の語幹では -s, -r-, -n- 語幹では零．女性 -ā, -yə 語幹でも零であるが，Skt. naptīḥ《孫娘》, śvaśrūḥ《夫の母》=Lat. socrus では -s を取っている．中性は零．

Acc. sg. -*m, -*n (母音の後), -*m̥, -*n̥ (子音の後)．母音の後 Gr. Celt. Germ. Venet. Messap. Hitt. -n; Indo-Ir. Ital. -m. -*m̥ (-*n̥)＞Gr. -α; Phryg. -αν, Lat. -em, Germ. -u(n); Skt. -am は母音語幹 -am の類推形．中性は母音語幹では -*m (-*n) (之は主格にもなる), 子音語幹では零 (＝主格).

Gen. sg. -*os, -*es, -*s (之は又 abl. にも用いられる)

-*os: Gr. -ος, OPhryg. -ος, Lat. -us (＜-os), Hitt., Messap. -as.

-*es: Gr. -ες, OLat., OLith., OPhryg., Thrac. -es (Class. Lat. -is), OChSl. -e(s); Skt. -as＜-*es 又は -*os.

-*s: Gr. *δεμ-σ(-ποτ-)《家の (主)》=Av. dōng potōiš, Skt. patir dan; Hitt. -az (-aš).

-*i-, -*u- 語幹に於ては

  a. Skt. matéḥ《思いの》, Av. azōiš《蛇の》, Goth. anstais《惠みの，感謝の》(nom. ansts), Lith. naktiẽs (nom. naktìs), OChSl. nošti (nom. noštĭ)《夜の》

    Skt. sūnóḥ, Av. hun-aoš, Lith. sūn-aūs, Goth. sunaus《息子の》, Lat. manūs (＜-*ous)《手の》

  b. Skt. avy-aḥ, Gr. οἰ-ός＜*ὀϜι-ός《羊の》

    Skt. páśv-aḥ《家畜の》, Gr. Ion. γουνός＜*γονϜ-ός《膝の》, Goth. kinnu-《頰》＜-*nu̯, Av. xraθvō=Skt. Ved. krátvaḥ《力の》[1]

---

(1) -v-aḥ＜-*w-os はヴェーダに限られ，それも極めて僅かの語にすぎず，大部分は sūnóḥ なる形を取る．

の如くに -*e/os と -*s とが交互に用いられているように見える。a. と b. との差はしかし，屬格のみならず他の格にも及んでいるので，恐らく -*i-, -*u- 語幹に於ては强階梯 -*ei-, -*eu- (-*oi-, -*ou-) の場合には單に -*s が，弱階梯 -*i-, -*u- (-*y-, -*w-) の時には -*e/os が用いられたらしいのであるが，兩者の差が如何にして生じたか，また如何なる條件によるかは不明。[1]

Dat. sg. -*ei (-*ai?) : OLat., Osc., Phryg., Venet., Lepont. -ei, Skt. -e<-*ei (又は -*ai), Gr. -ει (Kypr. ΔιϜεί-φιλος=Δί-φιλος《ゼウスに親しき》, Att. Διει-τρεφής《ゼウスに養われた》), χαμαί《地上に》, inf. -μεναι, -σαι, -ναι 等, Osc. medikeí (dat. sg., nom. medíss=Lat. "meddix"《オスク人の官職名》). -*ei と -*ai のいずれが共通基語形か，或は兩者共に併用か不明。

Abl. sg. は -e/o- 語幹に於てのみ gen. sg. と異り，之は -*ēd, -ōd>OLat. -ēd, -ōd, Skt. -ād (-āt) となっている。

Loc. sg. -*i : Gr. -ι (dat.)=Indo-Ir. -i (loc.), 又は零。例えば Skt. Ved. mūrdhán-i, mūrdhán《頭に》, áhan《晝に》=ahán-i, Gr. αἰϜεί<-*esi, αἰϜέν《常に》, Hitt. antuḫši《人間に》.

Instr. sg. -*bhi, -*m(i) であったらしいが，共に明瞭に定まった格とはなっていなかったらしい。ギリシア語に於ては -φι(ν) はホメーロスでは單數，複數のみならず, dat., abl., instr., loc. に用いられている。Germ., Balt., Slav. は -*m- による形を，Indo-Ir., Arm., Gr., Ital., Celt. では -*bh- による形を使っているが，-*bh-, -*m- の要素以外には各々の語派の形は一致しない。Arm. -b (母音の後では -w) harsam-b《婚約者によって》, OChSl. -mǐ (synŭ-mǐ《息子によって》), Lith. -mì (sūnu-mì《息子によって》), ゲルマン語派にも -m- の痕跡がある。

---

[1] Brugmann : *Grundr.*² II. 2. 156; J. Wackernagel-A. Debrunner : *Altind. Gramm.* III. 138 f. (§ 69a) 參照。

e/o 語幹では -ē/ō : Gr. -η/ω (副詞としてのみ), Skt. Ved. -ā, Lith. -ù, OHG. -u.

Nom. pl. -*ēs : Indo-Ir. -as, Gr. -ες, Lat. -ēs,[1] OLith. -es, OChSl. -e(s).

Acc. pl. -*ns, -*n̥s ā- 語幹の acc. pl. は Gr. (方言形) -ανς (>-ᾱς), OPruss. -ans, Osc. -ass, Umbr. -af, Lat. -ās (< -*ans) であるが, Skt. -ās, Goth. -ōs は -*ans の變った形ではあり得ず, 從ってこの方が古形で, -*ans は o- 語幹の acc. pl. -*ons の類推形かも知れない.

Gen. pl. -*ŏn, -*ŏm : Gr. -ων, Skt. -ām (Ved. では屢々二音節 -aam に勘定されている), Lith. -ų̃, OChSl. -ŭ (<-*ŏn 又は -*ŏm).

Skt. śun-ām, Av. sūn-am, Gr. κυν-ῶν, OLith. šun-ų̃ (< -*ōn 又は -*ōm), OIr. con n- 《犬の》; OChSl. slovesŭ 《言葉の》.

Lat. can-um 《犬の》 の -um は長短いずれの -o- に由來するか不明. -*n と -*m に關しても同じ.[2]

Abl.-Dat. pl. -*bhyos, -*bhos : Skt. -bhyas, Av. -byō, OLat. -bos, Osc. -fs, Messap. -bas, Venet. -φος, 大陸ケルト語 -βο.

Skt. sūnu-bhyaḥ 《息子のために》, Av. bāzu-byō 《腕のために》.

これらの形はすべて -*bhi より造られた形である可能性が多い. この外に

Slav. -mŭ (<-mŏs?), synŭ-mŭ 《息子のために》, Balt. -mus, OLith. sūnu-mus, Goth. -m, sunum (dat.),[3] ONorse -mr,

---

(1) 之は i- 語幹の nom. pl. -*ey-es>-ēs の擴大である.
(2) J. Wackernagel - A. Debrunner : *Altind. Gramm.* III. 67 ff. 參照.
(3) ゲルマン語の場合には具格とも考え得る.

第6章 名　詞 (Nomen)

-m (pri-mr＝Lat. tribus《3》), W. Germ. -ms (OHG. enstim) の如くに -*mos に由來するらしい形がある．

Instr. pl. -*bhis: Skt. -bhis (sūnú-bhiḥ《息子によって》), O.Pers. -biš, Av. -bīš (bāzu-bīš《腕によって》), Arm. -bkh, -wkh (harsam-bkh《婚約者によって》, stri-wkh《心によって》), OIr. -b (rigaib《王に》 dat.)

-*mis, Lith. -mis (sūnu-mìs), OChSl. -mi (synŭ-mi) は Dat.-Abl. の -*m- 形と共に疑問である．

e/o- 語幹には Gr. -οις (-οισι), Skt. -ais, Av. -aiš, Lith. -aĩs, OChSl. -y＜*ōis (?) なる別の形がある．

Loc. pl. -*su (-*si): Skt. -su, Av. -hu, OLith. -su, OChSl. -xŭ, Gr. -σι.(1) Skt. tri-ṣú《三つの中に》, OChSl. trĭ-xŭ, OLith. trí-su, Gr. τρι-σί.

Nom.-Acc.-Voc. du. -*e, *e/o- 語幹では -*ōu, -*ō (Gr. -ω, Skt. Ved. -ā [-au], Lith. -ù)

Dat.-Instr. du. -*bh(y)ō(m): Av. -byā, O.Pers.-biyā (Av. aži-bya《二匹の蛇のために》), Skt. -bhyām (sūnu-bhyām, Av. -byą̇m bravat-byą̇m《眉に》參照).

之に對して OChSl. -ma (synŭ-ma), Lith. dat. naktì-m《二夜のために》, instr. nakti-m̃.

---

(1) Gr. -σι＜-*si は dat. sg. -ι の類推による -*su＞-*si の同化であると言われているが, 之は滿足な説明ではない．A. Meillet: *Introd.*⁸ 299 は -*i, -*u は *kʷu《何處に?》等に現われている particules postpossées ではないかと言う．之は Thurneysen, *KZ.* 27. 177 の説の踏襲であるが, 彼によれば -*su, -*si は -*s-u, -*s-i と分つべきもので, -*s- は複數の徴であり, 之に -*i, -*u が附加されたものである．Brugmann: *Grundr.*² II. 2. 248 (§ 262); J. Wackernagel-A. Debrunner: *Altind. Gramm.* III. 73; Ed. Schwyzer: *Griech. Gramm.* I. 548 參照.

1. 子音語幹

82. 子音語幹に於ては，曲折と共に屢ミ語尾直前の語幹の音節が Nom. sg. Skt. pát, Gr. πώs (方言), Lat. pēs《足》; Nom. pl. Skt. pádaḥ, Gr. πόδες, Lat. pedēs; Gen. sg. Skt. padáḥ, Gr. ποδός, Lat. pedis の如くに母音交替を行うことがある。かかる場合の母音交替はアクセントの動きによって生ずることは，Skt. pá-dau : padbhyám, dvā́raḥ : duráḥ, pitáram : pitré 等によって明らかである。しかし，本來アクセントの交替によって生じた語幹の形は，後には弱階梯もアクセントを取るに至り，様々の類推作用の結果，アクセントと階梯との關係が破られている。古くは量的交替のみならず，質的交替も行われたらしいが (Gr. πώs, ποδός : Lat. pēs, pedis の ŏ : ē の如き)，かかる曲折に於ける母音交替の姿をよく保っているのはギリシア語とインド・イラン語派のみである上に，後者は e, o, a をすべて a に變じて，區別がつかなくなったために，質的交替の共通基語に於ける姿はよく知ることが出來ない。

強階梯を取る格はサンスクリット語では男・女性・單數・主，呼，對格，兩數主，呼，對格，複數・主，呼格，中性・複數・主，呼，對格である。例えば

    Nom. Skt. dyauḥ : Gr. Ζεύs《天空》
        Skt. gauḥ : Gr. βoús (βω̃s)《牝牛》
        Skt. pitā́   : Gr. πατήρ《父》
    Acc.-Voc. sg., Nom.-Voc. pl., Nom.-Voc.-Acc. du.
        Skt. mātáram, mátar ; mātáraḥ ; mātárā
        Gr. μᾱτέρα, μᾶτερ ; μᾱτέρες ; μᾱτέρε
        Lith. móterį   ; móter(e)s ; móter(i)
        OChSl. materĭ   ; mater(i) ; mater(i)

Loc. sg. は Skt. Ved. dātár-i《與える者》の如くに強階梯をもっている。之は nom. pl. dātár-aḥ より考えるに，恐らく e-階梯か

と思われる．同じく Skt. Ved. dyáv-i (<*dyeu-i) も強階梯を有する．ギリシア語に於て ποιμέν-ι 《羊飼》, τέκτον-ι 《大工》: κυν-ί 《犬》(dat.＝loc. -*i) の如き形に現われた母音交替を如何に解すべきかは疑問であるが，κυνί の如き形は恐らく後代のものであろう．Skt. rājan《王》, murdhán《頭》loc. sg.＝-ani の形は Gr. αἰϜέν と等しく，格語尾のない形である．

印歐共通基語に於ける子音語幹名詞は破裂音，流音，鼻音及び s-語幹に大別し得る．各々は多少異る形を示す．

a. 破裂音に終る語幹
例 IE. *pĕd-, *pŏd-, *pₑd-, *p₀d-《足》(218 頁の表を見よ)
Sg. Nom. -*s Skt. pāt, Gr. πώς (πούς), Lat. pēs, ONorse fōtr<*pē/ōt-s. -*nt- 語幹では Skt. -an (-aṃs), Lat. -ēns, Goth. -ands, Hitt. -ants (-a-an-za) であるから，共通基語形は -*nts に相違ないが，之に對して Gr. nom. sg. -ων は -*onts に歸することを得ないから，之は或は IE. -*onts とは異る形の繼承であるかも知れない．(1)

Gen. -*e/os Gr. -ος, Lat. -is<-*es. Skt. -as は -*es か -*os か不明．例 Gr. φέροντ-ος, Lat. ferent-is《運びつつ》, Skt. bṛhat-áḥ《偉大な》, Goth. baúrgs《市の》

Dat. -*ei, -*ai Lat. -ī<-*ẹ<-*ei. Gr. -ι は loc. 形．

Acc. -*m̥ Skt. -am は -*m̥>-a に母音語幹の -m が類推によって附加された形．例 Gr. φέροντ-α, Lat. ferent-em, Skt. bṛhánt-am.

Nom.-Acc. Neut. は共通基語では語幹をそのままに用いた．例

---

(1) G. Meyer: *Griech. Gramm.*³ 409 f.; J. Wackernagel–A. Debrunner: *Altind. Gramm.* III. 261; E. Schwyzer: *Griech. Gramm.* I. 566 參照．

		Skt.	Gr.	Lat.	Germ.
Sg.	Nom.-Voc.	pāt	πώs (方言形)(1)	pēs(2)	fōtr (O. Norse)(3)
	Gen.-Abl.	pad-áḥ	ποδ-ós	ped-is	
	Dat.	pad-é		ped-ī	fōtu (Goth.)
	Acc.	pád-am	πόδ-α	ped-em	
	Instr.	pad-ā́			
	Loc.	pad-í	ποδ-ί (dat.)	ped-e (abl.)	
Pl.	Nom.-Voc.	pád-aḥ	πόδ-ες	ped-ēs	fēt<*fotiz (OE.)(4)
	Gen.	pad-ā́m	ποδ-ῶν	ped-um	
	Dat.-Abl.	pad-bhyáḥ		ped-ibus	
	Acc.	pad-áḥ	πόδ-ας	ped-ēs	fotuns (Goth.)
	Instr.	pad-bhíḥ			
	Loc.	pat-sú	πο(σ)σί (dat.)		
Du.	Nom.-Acc.	pád-ā	πόδ-ε		
	Instr.-Abl.	pad-bhyā́m			
	Gen.-Loc.	pad-ós	ποδ-οῖν		

Gr. γάλα<*γαλακτ, Lat. lac<*lact《乳》; Lat. cor<*cord,

---

(1) ギリシア語では，アルメニア語と同じく，o- 階梯が全體に亙って用いられている．
(2) ラテン語では e- 階梯が全體に亙って用いられている．
(3) ゲルマン語では o- 階梯が全體的に用いられている．Goth. nom. sg. fotus は acc. sg. -u<*-n̥, acc. pl. -uns<*-n̥s の -u- が類推によって擴げられて他の格にも及んだためで，ゲルマン語派には子音語幹曲折は殆んど殘っていない．
(4) 所謂 Umlaut で，之は現代英語の foot : feet, goose : geese (OE. gōs : gēs) に殘っている．

Skt. hr̥d《心》; Gr. φέρον<*φεροντ.(1)

Voc. 一般に主格が呼びかけにも用いられていて，古い時代にも同じであったらしいが，ある語幹では語幹そのままの形が呼びかけに用いられている．例 Gr. παῖ<*παιδ《ボーイ!》, γύναι<*γυναικ《婦人よ》; Skt. br̥han《強者よ》, Gr. γέρον《老人よ》<*br̥hant, *γεροντ. これは又他の語幹，例えば Gr. πάτερ《父よ》, Σώκρατες《ソークラテースよ》等と同じく，呼格に於てはアクセントが語頭音節に來ることが多いために，この音節は強階梯を取る傾向がある．

Abl. 之は共通基語にも特別の形なく，e/o- 語幹以外では gen. と同形．

Loc. は格語尾を伴う場合と然らざる場合とがある．後者の場合の語幹は強階梯．しかし語尾のない loc. は破裂音語幹にはない．例 Skt. br̥hat-i, Gr. ποδ-ί (dat.), φέροντ-ι, Lat. ferente, Goth. baúrg.

Instr. -*bhi 又は -*mi.

Pl. Nom.-Voc. -*es, Skt. -as, Gr. -ες, Lat. では -*es>-*is となるべき所，i-語幹の -*ey-es>-ēs によって置きかえられている．

Gen. -*ŏm (-*ŏn)　Gr. -ων, Lat. -um<-*ŏm, Skt. -ām.

Dat.-Abl. -bhos Ital. >-fos, Lat. >-bos>-bus; Skt. -bhyas は Instr. sg. -*bhi の類推形か(?)

Acc. -*n̥s　Gr. -ας, It. -ens>Lat. -ēs, Skt. -as.

Loc. -*su, -si (?)　Skt. -su, OChSl. -xŭ; Gr. -σι (dat.).

Nom.-Acc. Neut. -*ə　Skt. -i, Gr. -α. Lat. -a (capit-a) は *ə

───────────────

(1) ギリシア語では語末には母音，ρ, ν, ς 以外の音韻は消失し，またラテン語でも二つ以上の子音の連續した場合には -s 以外は消失した．このために主格と他の格との間に著るしい相違が生ずるに至っている．

に由來するかも知れないが，オスク・ウムブリア語では -ā であり，Lat. trigintā《30》の如きものに長い -ā があるから，恐らく Lat. -a は -ā に由來するものであろう。

b. er- と en- 語幹　この兩語幹は Skt. -ār, -ar-, -r̥- (-r-), Gr. -ηρ, -ερ-, -ρα- (-ρ-) に認められる如く，共通基語に於て三つの階梯をもっていた。Nom. sg. m.f. は延長階梯で，主格を示す -*s はない。Skt. mātā́《母》, Av. māta, Lith. mótė (《妻》), OChSl. mati では -r がなく，また n- 語幹の場合にも Gr. τέκτων《大工》に對して，Skt. tákṣā, Lat. homō《人間》, Goth. guma, Lith. akmuō《石》の如くに -n をもっていない。しかしこの -*ēr : -*ē, -*ōn : -*ō の差は語派によって一致せず，ラテン語では -r の時には māter であるのに對し，-n では homō となっている。從って共通基語にはこの二樣の形があったが，その中一方を各語派が選んだものと思われる。(1) r- 語幹は主として親族名及び -*ter-, -*tor- による動作者名詞である。

例　IE. *pəter-《父》: Skt. pitā́, Gr. πατήρ, Lat. pater, OIr. athir, Goth. fadar, Arm. hayr, Toch. A. pācar, B. pācer. (221 頁の表を見よ)

《母》Skt. mātár-, Gr. μήτηρ (Dor. μάτηρ, gen. μητρός, acc. μητέρα), Lat. māter, OIr. mathir, ONorse moðer, Arm. mayr, Toch. A. mācar, B. mācer, Lith. mótė (《妻》の意, acc. móteri̧, nom. pl. móters, móteres), OChSl. mati (acc. materĭ, nom. pl. matere)

---

(1) しかし之はまた反對に，本來は -*ē, -*ō であった形に，他の格の類推によって -*r, -*n が加えられたとも考え得る (J. Wackernagel–A. Debrunner : *Altind. Gramm.* III. 203 參照) が，かかる -*ē, -*ō の主格も更に古くは矢張り -*er-, -*or-, -*on- 等の延長であって，後長母音の後で，-*ēi, -*ōi 等の -i が屢〻落ちたのと同じく，落ちたものであろう。

第 6 章 名　詞 (Nomen)

		Skt.	Gr.	Lat.	Goth.
Sg.	Nom.	pitā́	πατήρ	pater	fadar
	Gen.-Abl.	pitúḥ<-r⁽¹⁾	πατρός, πατέρος	patris	fadars
	Dat.	pitré		patrī	
	Acc.	pitáram	πατέρα	patrem	
	Instr.	pitrā́			
	Loc.	pitári	πατρί (dat.)	patre (abl.)	
	Voc.	pítaḥ<-r	πάτερ	pater (Iuppiter)	
Pl.	Nom.-Voc.	pitáraḥ	πατέρες	patrēs	
	Gen.	pitr̥ṇā́m⁽¹⁾	πατρῶν	patrum	fadrē
	Dat.-Abl.	pitŕ̥bhyaḥ		patribus	
	Acc.	pitr̥̄n⁽¹⁾	πατέρας, θύγατρας	patrēs	fadruns
	Loc.	pitŕ̥ṣu	πατράσι (dat.)		fadrum
	Instr.	pitŕ̥bhiḥ			

《娘》 Skt. dúhitar- (nom. sg. duhitā́), Gr. θυγάτηρ (acc. θυγατέρα, θύγατρα), Lith. duktė̃ (acc. dùkteri̧, gen. dukteĩs), OChSl. dŭšti (acc. dušterĭ, nom. pl. duštere), Goth. daúhtar, Toch. A. ckācar, B. tkācer.

《兄弟》 Skt. bhrā́tar-, Gr. φράτηρ (φράτωρ 《部族の一員》), Lat. frāter, OIr. brāthir, Goth. broþar, OChSl. bratrŭ

---

(1) Skt. -tur と他の語派との母音交替の關係は不明である。Skt. -tur に對して Av. brāθrō<*bhrātr-as 《兄弟の》であるから、インド・イラン語派にも Gr. πατρός に對應する形があったことは明らかである。しかしこの外に Av. -arš, -ərəš<-*r̥s があり、Skt. -tur は恐らく -*tr̥s に由來するものであろうが、その音變化の説明は不可能である。-tr̥̄- は pitr̥̄ṇām の如き形に於て i-, u- 語幹の agnīnam 《火の》, śatrūṇām 《敵の》の如き形の類推であろう。Bartholomae: *Arische Forschungen.* II. 110 參照。

(bratŭ), Arm. ełbayr, Toch. A. pracar, B. procer.

《姉妹》 Skt. svásar-, Lat. soror, OIr. siur, Goth. swistar, Lith. sesuō (acc. sēseri̯, nom. pl. sēsers), OChSl. sestra, Arm. khoyr.

《男》 Skt. Ved. nā́ (acc. náram, loc. nári, nom. pl. náraḥ, acc. pl. nṝ́n, gen. pl. nṝṇā́m, 又は nar-ā́m), Av. narə (voc. nā, acc. narəm, gen. narš, nərəš, gen. pl. naram̨), Gr. ἀνήρ (acc. ἄνδρα, ἀνέρα, gen. ἀνδρός, ἀνέρος, dat.-loc. ἀνδρί, ἀνέρι, nom. pl. ἄνδρες, ἀνέρες, acc. pl. ἄνδρας, ἀνέρας, gen. pl. ἀνδρῶν, dat. pl. ἀνδράσι), Osc. niir (gen. pl. nerum), Umbr. acc. pl. nerf (dat. pl. nerus), Alb. n'er, Arm. air.

n- 語幹に於ても, -*ter-, -*tor- と同じく, -*en-, -*on- の差があり, 母音交替も亦同様である。例えば

Skt. Ved. śvā́ (śúā), acc. śvā́nam, nom. pl. śvā́naḥ, du. nom.-acc. śvā́nā(u), gen. sg. śúnaḥ, acc. pl. śúnaḥ, gen. pl. śúnām; Av. spā, spānəm, gen. pl. sŭnam; Gr. κύων, gen. κυνός; Lith. šuō, gen. šuñs, OIr. cū, Arm. con, Toch. A. ku 《犬》

上例によっても明らかな如く, インド・イラン語派以外ではこの母音交替は簡単化されている. Lat. homo (acc. hominem [homōnem]) 《人間》, Goth. guma (gen. gumins, nom. pl. gumans) 《人間》; Lat. caro (carnis) 《肉》; Gr. ἄκμων (-ονος), Skt. áśmā (acc. áśmānam, loc. áśmani, áśman, gen. áśmanaḥ), Lith. akmuō (gen. akmeñs, nom. pl. ākmens), OChSl. kamy (acc. kamenĭ) 《石》.

この外 -*l- 語幹は甚だ少く, -*m- は僅かに痕跡が認められるにすぎない。例 Gr. χθών 《地》, χθαμ-αλός 《低い》, χαμ-αί 《地上

に》, Lat. humī《地上に》, humilis《低い》, Skt. kṣā́ḥ (loc. kṣámi, gen. kṣmáḥ), Av. zəmō, OChSl. zemlja, Lith. žẽmė《地》.

なお中性の r/n- 語幹に關しては 166 頁を見よ．

c. s- 語幹　之に關しては名詞語幹の Nr. 7 (-ĕs-, -ŏs-), Nr. 10 (-yes-, -yos-), Nr. 29b (-wes-, -wos-) を見よ．

2.　-*ā-, -*yā/ə- 語幹

83. 共通基語に於ける *ā- 及び *yā/ə- 語幹は主として女性を造るに用いられるが，ā- 語幹名詞中には少數の -ā に終る語根名詞が含まれている．例えば Skt. Ved. gnā-《神女》, Av. gənā (= gnā), Gr. γυνή (Boiotia 方言 βανά)《女》, OIr. gen. mnā : ben <*gʷnā-, gʷenā-, OChSl. žena<gʷénā; Skt. Ved. rathesthā́s《戰車に立てる》(acc. -ám, gen. -sth-ás).

語幹 -*ā- は多くの下位諸言語に於てそのまま保たれている．

サンスクリット語とギリシア語は ā- 語幹に於てアクセントの位置の動きを示さない．A. Meillet[1] はバルト及びスラヴ語派に於て認められるアクセントの交替，例えば

		Lith.	Russ.
Sg.	Nom.	galvà	golová《頭》
	Acc.	gálvą	gólovu
	Gen.	galvõs	golový
Pl.	Nom.	gálvos	gólovy
	Instr.	galvomìs	golovámi

---

[1] A. Meillet: *Introd.*⁸ 320 f.; *Le slave commun.*² 347 ff. (§ 468) 等．バルト・スラヴ兩語派のアクセントは非常に複雜な移動を行ったために，之を共通基語のアクセント再建の資料とするには，大きな困難を伴う．之に關しては A. Vaillant: *Grammaire comparée des langues slaves.* I. Lyon 1950. 221–283 を參照．

を以って共通基語に遡り得るものであるとしているが，之はこの兩語派の特殊の共通せる發達である疑が十分にある．しかし共通基語に於ても，バルト・スラヴ兩語派のそれとは異るが，アクセントの位置の動きがあったらしいことは，Gr. voc. νύμφă《若い女》: loc. χαμαί《地上に》の如くに *ā の弱階梯 -*ə が現われている形によって窺い得る．更に -*yā- 語幹は Gr. Ion. ἄγυια《道》, acc. ἄγυιαν : gen. ἀγυιῆς, dat. ἀγυιῇ の如くに明らかに *yā : *yə の交替を示している．(1)

Sg. Nom. -*ā Skt. -ā, Av. -ā, OPers. -ā, Gr. -ā (Ion.-Att. -η), Ital. -*ā (>Osc. -o, Lat. -a), Goth. -o (長母音 sō《この》), Lith. -a, OPruss. -ā, OChSl. -a. -ā にアクセントのある場合にはすべて accutus, -á.

Voc. -*ə Gr. νύμφă, Skt. devi (: nom. deví《女神》) は IE. -*ə らしく，一般に *ā の弱階梯とされている．之に對し Skt. amba, Pali amma《お母ちゃん!》の如き形は，-*ə ではあり得ず，恐らく之は Gr. πάππα《パパ!》等と同じく，子供の言語の名殘りであろう．Skt. voc. -e は共通基語に遡るものではない．(2)

Acc. -*ām Skt. -ām, Gr. -āν (-ην), Ital. -ām > Lat. -am (Osc. paam=pām "quam"), Lith. -ą, OChSl. -ǫ.

Gen.-Abl.-*ās Gr. -ās (-ης), Ital. -ās (OLat. viās《道の》, pater familiās《家の父，家長》), Goth. -ōs, Lith. -os. サンスクリット語では -*ās は gnās-páti-《神女の夫》(gnās=Ir.

---

(1) J. Wackernagel-A. Debrunner: *Altind. Gramm.* III. 113 f. (§ 56b); 166 (§ 84d, β) 參照．

(2) J. Wackernagel-A. Debrunner: *Altind. Gramm.* III. 121. (§ 61a); E. Schwyzer: *Griech. Gramm.* I. 558, Zus. 1; A. Meillet: *Introd.*[8] 319 參照．之は -*a に強意及び指示の小辭 -*i の加わった -*ai>-e か (?)

mnā gen.), jās-pati-《家長》等の僅かな例に殘存しているのみで，普通は -āy-ās となっている。(1) ギリシア語のアクセントは語尾にある時には circumflexus -ãs であるが，之はこの格語尾が共通基語に於て -ā+母音+s (-*á-es, -*á-os) が融合して一音節となった事を示すものかも知れない。(2)

Dat. -*āi Gr. -ᾱι (-ηι), Ital. -ai>Lat. -ae, Goth. -ai, Lith. -ai, OChSl. -ě. Skt. -āyai は gen.-abl. -āyās と同じ變化である。この格もギリシア語ではアクセントを取る時には -ᾶι. -*ā+dat. の語尾 -*ei (-*ai) の融合形か (?)

Loc. -*āi Gr. -ᾱι (之は dat. と混同), Lat. -ai>-ae (Romae 《ローマに於て》), Osc. mefíaí víaí (=Lat. (in) media via 《道の眞中で》). ギリシア語の方言形 -ᾰι は明らかに -οι (loc.) の類推形。

Instr. -*ā Gr. 副詞 κρυφᾶ 《祕密に》, ταυτᾶ **h**ᾶτε (Laconia 方言) 《このように》, Skt. Ved. -ā.

Pl. Nom.-Voc. -*ās Skt. -ās, Av. -ā̊, OPers. -ā, Osc. Umbr. -ās, Goth. -ōs, Lith. -os (tōs 《この》). -*ās<-*ā+es. Gr. -αι, Lat. -ae は o- 語幹 nom. pl. -*oi の類推形。

Acc. -*ā(n)s 又は -*ans Skt. -ās, Goth. -ōs, Gr. -ᾰνς (方言), -ᾰs (方言), -ᾱs, OPers. -ans, Osc. -ass, Umbr. -af, Lat. -ās. サンスクリット語とゴート語の形は -*āns によって說明することは困難である。Meillet(3) は -*āns の -*n- が共通基語時代

---

(1) OPers. haināyā=Skt. senāyāḥ 《軍の》.
(2) J. Wackernagel-A. Debrunner : *Altind. Gramm.* III. 38 (§ 15b), 119 (§ 60a, *a*) 參照。なお J. Kuryłowicz : *Roznik slawist.* 10. 1 ff. ; *Language* 8. 200 ff. ; *Etudes indoeur.* I. 182 f. ; *BSL.* 35. 24 f. は -*ās は本來 -ás であったものが，Gr. αἰδοῦς (αἰδώς 《尊敬，恥の心》 の gen.) の如き形の類推によって -ās となったと考えている。
(3) *Introd.*[8] 116.

		Skt.	Gr.	Lat.
Sg.	Nom.	aśvā《牝馬》	θεά《女神》	via《道》
	Voc.	aśve	νύμφᾰ (Hom.), Δίκᾰ (Lesb.)	via, Tursa (Umbr.)
	Acc.	aśvām	θεάν	viam
	Gen.-Abl.	gnās-pátiḥ (aśvāyāḥ)	θεᾶs	(pater-) familiās
	Dat.	(aśvāyai)	θεᾷ	viae, deívaí (Osc.)
	Loc.	(aśvāyām)	(θεᾷ)	Romae
	Instr.	aśvā (aśvayā)	κρυφᾱ	viā
Du.	N. A. V.	aśve	(θεά)(1)	
Pl.	Nom.	aśvāḥ	(θεαί)	(viae)
	Acc.	aśvāḥ	θεάνs > θεάs	viās
	Gen.	(aśvānām)	(θεάων, θεῶν)	(viārum)
	Loc.	aśvāsu	δίκῃσι (θεαῖs)(2)	(viīs < -*āis) equābus《牝馬に》(viīs)
	Dat.-Abl.	aśvābhyaḥ		
	Instr.	aśvābhiḥ		

(1) θεά の -ά は e/o 語幹の Du. N. A. V. -ω の類推形.
(2) -αις は類推による形で，古くは -ᾱσι (>Ion. Att. -ῃσι).
(3) -m- 形はゲルマン，バルト，スラヴ語派に共通で，インド・イラン・イタリッ Instr. sg. にも亦バルト，スラヴ両語派には僅かではあるが，-m- 形の痕跡が既に消失したものと解しているが，之に對する確實な根據はない．或はこれらの二形は本來 -n- をもたない -*ās に由來するものか?(1)

Gen. -*ā-ŏm (?) Goth. -ō, Lith. -ų̄, OChSl. -ū は -*ā-ŏm を支持する．これ以外の語派では第二次的の語尾が用いられている．Skt. -ānām, Gr. -ῶν < -άων < -*άσων, Osc. -azum,

---

(1) J. Wackernagel-A. Debrunner: *Altind. Gramm.* III. 123 f., 59 f. 参照. E. Schwyzer: *Griech. Gramm.* I. 559 は -*ans は -*ons の類推形と解している．

第 6 章 名　詞 (Nomen)

Goth.	Lith.	OChSl.
gíba《贈物》	mergà《少女》	žena《女》
	mérga	ženo
giba	mérgą	ženǫ
gibōs	mergōs	ženy (<-*ās)
gibai	mérgai	ženě
	mérga	ženě
	(mergojè), rankà《手》	rǫkǫ《手》(ženoyu)
	(mérgi)	ženě
gibōs	mérgos	ženy (<-*ās)
gibōs	mérgas	ženy (<-*ās)
gibō	mergų̃	ženŭ
	(mergosè)	ženaxŭ
gibōm(3)	mergóms(3)	ženamŭ(3)
gibōm	mergomìs	ženamĭ

ク語派の -bh- (Gr. -φι) と對立している. 共通基語に於ける兩者の關係は不明. 認められる.

　　　Lat. -ārum<-*āsom. しかし之らの形より共通基語の原形の再建は不可能である.

　　Loc. -*āsu (-*āsi) Skt. -āsu, Av. -āhu, OChSl. -axŭ, Gr. -ᾱσι.

　　Instr. -*ābhis (Skt. -ābhiḥ) 又は -*āmis (Goth. gibōm, Lith mergomìs).

　　Dat.-Abl. -*ābhos　Skt. -ābhyaḥ, Lat. -ābus (deābus《女神》).

　　Du. Nom.-Acc.-Voc.　Skt. -e, Av. -e<-*ai, Lith. -ì<-ė̀<-*ai, OChSl. -ě (-i) の形によって, 元は -*ai<-*ă̄-i であったらし

	Skt.	Gr.
Sg. Nom.	bharantī, svādvī	φέρουσα<*φεροντζα, ἡδεῖα<ἡδεϜια
Acc.	bharantīm	φέρουσαν<*φεροντζαν
Gen.	bharantyāḥ	φερούσης<*φεροντζᾱς
Dat.	bharantyai	φερούσηι<*φεροντζᾶι
Pl. Nom.	devīḥ	Lat. faciēs

いことを知り得る．(226-7 頁の表を見よ)

　*yā/ə- 語幹も亦屢々 Skt. devaḥ《神》m. : devī《女神》の如くに男性名詞より女性を造るに用ひられる．接尾辭は *yā : *yə の交替を行ひ，Nom. Acc. sg. 及び Nom. pl. は弱階梯，Dat. Abl. Gen. Loc. は強階梯を取る．この語幹は大部分の印歐諸言語中に見出されるが，多くの場合に ā- 語幹と混同し，ギリシア語に於ては兩數と複數，バルト・スラヴ及びゲルマン語派では Acc. sg. と複數の形が ā- 語幹曲折語尾を取つてゐる．Nom. pl. は Skt. devīḥ<-*yəs であるけれども，ラテン語及びリトアニア語の形と，この格が子音語幹に於て常に強階梯を取つてゐる點などより推察すれば，共通基語では恐らく -*yās であつたと思はれる．上述以外の格は -*ī- に -ībhiḥ, -ībhyām の如くに格語尾のついたものであつて，ā- 語幹と同じ語尾はその類推である．Gr. -ια が -ī- の代りに現はれる原因は不明．普通は融合しない形であるとされてゐるが，ギリシア語にも亦 *yə>ī なる變化を生じた例があり，ια : ī への分裂の條件は未だ發見されてゐない．(1) (228-9 頁の表を見よ)

---

(1) J. Wackernagel-A. Debrunner: *Altind. Gramm.* III. 167 (§ 85); Brugmann: *Grundr.*² II. 2, 124 參照．Gr. -ῑν に終る語幹は -*yə- 語幹の擴大であり，ここには -*yə->ῑ の變化が認められる．E. Schwyzer: *Griech. Gramm.* I. 465, 473.

Goth.	Lith.	OChSl.
bandi《帶》	martì《嫁》	vezǫ̍sti (＝Lith. vežantì)
bandja	mar̃čią	vezǫ̍stją
bandjōs	mar̃čiōs	
bandjai	mar̃čiai	
bandjōs	mar̃čios žēmės《地》	

3. -e/o- 語幹

84. -e/o- 語幹は共通基語に於ける名詞中最も多くの格を明瞭に區別し（屬格と奪格との別），主として男・中性であるが，女性のこともある．この曲用に於ては語尾の前に e/o が所謂語幹形成 (thematic) 母音として插入される．この點で之は動詞の thematic な活用と同じであり，兩者の間には起源的相關があったことは疑いがない．例えば Gr. voc. λύκε《狼よ》と命令形の二人稱單數 λύε《解け》の二つの呼びかけに -e があるが如きは，そのよい例である．

e と o とが各々の格に於て如何に現われていたかは，諸言語に於て類推による變化が行われたために正確に知ることは困難であるが，e は Voc. sg., o は Nom. Acc. sg., Nom. Acc. Voc. pl. m. と neut. sg. に現われ，Instr. Abl. Loc. sg. は e 又は o である．

この曲用はこのように e:o の交替を行うのであるから，元はアクセントの動きがあったのであろうが，現存の諸言語ではこの動きを知ることが出來ない．また e/o と本來の格語尾とが融合しているために，ā 語幹の場合と同じく，兩者の區別は不可能である．[1]

---

[1] J. Wackernagel-A. Debrunner: *Altind. Gramm.* III. 84 ff.; A. Meillet: *Introd.*[8] 321 ff.; H. Hirt: *Idg. Gramm.* II. 173 ff. 參照．

Sg. Nom. -*os Skt. -as, Gr. -ος, Lat. -us (<-os, sacros《聖なる》),
Goth. -s<-*az (wulfs), Hitt. -aš, OWelsh tarvos《牡牛》.

Acc. -*om (-*on) Skt. -am, Gr. -ον, Lat. -um (<-om OLat. sacrom), Lith. -ą (OPruss. deiwan<-*on《神を》), OChSl. -ŭ (<-*on), ONorse steina<-*am《石を》.

Voc. -*e Skt. -a, Gr. -ε, Lat. -e, OChSl. -e.

Nom.-Acc. Neut. -*om (-*on) Skt. -am, Gr. -ον, Lat. -um (<-*om). この格は起源的に男性對格と關係があるらしい.[1]

Gen. -*osyo Skt. -asya, Av. -*axhyax (-ahyā, -ahe), Gr. Hom. -οιο>-οο>-ου,[2] Arm. -oy.

-*eso Goth. wulf-is, OHG. wolf-es, OChSl. česo《誰の》 = Gr. τέο.

-*ī Lat. -ī (virī), OIr. maqi《息子の》, Welsh Segomar-i (人名).

Lat. -ī は最古の時代より -ī と綴られているから，古形であり，恐らく Skt. samī-kr̥《同じにする》, Lat. multī facio と同じ -ī であり，本來所屬或は範圍を示すものであろう.[3] バルト・スラヴ兩語派の -ō, -ā (Lith. Diēvo《神》, OChSl. vlĭka《狼》) は奪格の形と同じである。之はこれらの語派には本來 o- 語幹に屬格と奪格の差がなく，從って屬格形がなかったか，或は古い時代に屬格形を失って，奪格形をその代

---

(1) A. Meillet: *Introd.*[8] 321, 173 はこの語尾は語尾零の他の語幹の中性形と同じく，唯 inorganique な -*n が加わったものと解しているが，これは疑わしい。なお H. Pedersen: *Hitt. und die anderen indo-europ. Sprachen.* 21 f. を見よ.

(2) -οο はしかし -*οσο>-οο>-ου とも考え得る.

(3) J. Wackernagel: *Mél. de Saussure.* 125 ff.; F. Sommer: *Hb. der lat. Laut.- u. Formenlehre.*[2] 341.; M. Leumann: *Lat. Gramm.* 268 f. を見よ. -ī は更に Veneti 人, Lepontii 人の碑文上にも認められるが如くである (Sommer, *IF.* 42. 131.).

用にしたか，どちらかであろう．屬格形が一定せず，下位諸言語に於て異っているのは，共通基語に於て旣にこの格が一定でなく，各個の言語が各々單獨に共通基語中のある一つの形を選んだためであろう．屬格と奪格は o- 語幹以外では同一語尾を取っているから，この考え方には相當の根據があると言わねばならない．(1)

Dat. -ōi   Av. -āi (vəhrk-āi《狼に》), Gr. -ωι (λύκωι, θεῶι), OLat. Numasiōi (-ōi>-ō Class. Lat. lupō), Lith. vilkui, Skt. -āya の由來は不明．-*ōi は恐らく -o-+dat. の語尾 -*ei (-*ai) の融合による形で，語尾にアクセントのある時には，Gr. θεῶι の如くに circumflexus．(2)

Abl. -ē/ōd Ved. -āt (-ād), Av. -āt, Gr. -ω (Delphoi Ϝοίκω《家から》, Kreta τῶδε《ここから》), Lat. -ōd>-ō, -ēd>-ē (OLat. facilumēd《容易に》及び副詞 -ə), Lith. -o (gen. vilko), OChSl. -a (gen. vlĭka).

Loc. -*oi, -*ei Skt. -e, Av. -e (vəhrke), Gr. -οι, -ει (副詞 οἴκοι《家に》, ἐκεῖ《そこに》), OChSl. -ě (vlĭcě), Lith. -namiē《家に》(: namō《家の方へ》, nãmas《家》).

Instr. -*ē, -*ō Skt. Ved. sánā《古くより》, sáhasā《無理に》 (: sana-《古き》, sahas-《力》), paścā《後に》, OPers. pasā, Av. pašcā (cf. Av. paskāt《後に》<-*kōd Abl.), Gr. πώ-ποτε : πή-ποκα (方言)《何時か》(<*kʷō, *kʷē), Lith. vilkù (-ù<-*uó<-ō), Goth. hē《如何に》(<*kʷē), OE. hwō, OHG.

---

(1) Hitt. gen. -aš (attaš《父の》) は，C. Sankaran, "The double-accented Vedic compounds" (Madras Univ. Journ. 1936) p. 3. の言うが如くに，Skt. ráthas-pátiḥ《戰車の主》の -as<-*os に比すべき古い gen. -*os であるかも知れない．H. Pedersen: Hitt. u. die anderen indoeurop. Spr. 26. 參照．

(2) J. Wackernagel-A. Debrunner: Altind. Gramm. III. 94.

wuo《如何に》（<*kʷō=Av. kā, Gr. Ion. κῶ, Lat. quō, Lith. kuō). Skt. -ena は第二次的な形．

この外に Arm. geto-v<-*bh《川によって》, OChSl. vlĭkomĭ《狼によって》, Arm. adv. hete-w《後》の如き -*bh と -*mi の形がある．

Pl. Nom. -*ōs Skt. -ās, Av. -å<-ās (vəhrkå 古形), Goth. -os, Osc. Núvlanús "Nolani" (-ú-=-o-), OIr. firu《男達》, cēliu《仲間達》(但し之は呼格，主格は fir<*wir-oi). -*ōs<-*o+es.

Gr. -οι, Lat. -ī, OChSl. -i, Lith. -ai は代名詞語尾 -*oi の轉用．上揭 OIr. firu : fir 參照．Osc.-Umbr. ius-c=Lat. ii《彼らは》では反對に名詞の -ōs が指示代名詞語尾に轉用されている．Skt. -āsas は -i-, -u- 語幹の nom. pl. -ay-as, -av-as の類推による -ās+as．[1]

Acc. -*ŏns Gr. -ους (>-ως, -ος, -ους), Lat. -ōs (Osc. -úss), Goth. -ans, OPruss. deiw-ans《神々を》, Lith. vilkùs, OIr. firu, Skt. vr̥kān (saṃdhi 形 vr̥kāṃś ca), Av. vəhrkąs ča. Skt., Av. -āṃś ca, -ąs ča は -āns<-*ōns を支持する如くであるが，之は nom. pl. -ās : -āns=nom. sg. -as : acc. -am の類推形．[2]

Gen. -*ŏm, -*ŏn Gr. -ων, Lat. -um (deum《神々の》, OLat. -om), OHG. -o, Lith. -ų̃, OChSl. -ŭ, Skt. Ved. devā́ṃ jánma《神々の族》. Skt. -ānām, Lat. -ōrum, OPers. bagā-nām《神々の》は ā- 語幹曲折の類推形．Goth. dage, wulfe<-*ēm.[3]

Instr. -*ōis Skt. Ved. -ais (-ebhis, OPers.-aibiš), Av. -āiš,

---

(1) A. Meillet: *MSL.* 9. 367; J. Wackernagel-A. Debrunner: *Altind. Gramm.* III. 100 ff. (§ 49) 參照．

(2) J. Wackernagel-A. Debrunner: *Altind. Gramm.* III. 102 (§ 50b) 參照．

(3) E. Kieckers: *Hb. der vgl. got. Gramm.* 108. 參照．

Gr. -οις, Ital. -ois (Osc. Núvlanúis "Nolanis", Lat. -īs<
-eis<-*ois), Lith. -aĩs, OChSl. -y. Lith. -aĩs は -*ōis に歸し
難く, -*āis を豫定せしめる. Gr. -ois, OChSl. -y も -*ōis よ
り直接求めることに多少の難點がある.(1) Gr. -οις は -*ωις の
長母音が短くなった形と loc. pl. -οισι との混合形か.

Loc. -*oisu (-*oisi) Skt. -eṣu, Av. -aēšu (vəhrkaēšu), Gr.
-οισι (dat.), OChSl. -ĕxū. -*oi- は代名詞語尾よりの借用.

Dat.-Abl. -*bh-, -*m- Skt. vṛkebhyaḥ, OChSl. vlĭkomĭ, Goth.
dagam. Skt. -e- は代名詞 -*oi- の借用.

Nom.-Acc. Neut. -*ā (-*ə?) Skt. Ved. yugā́, OChSl. jiga,
Goth. juka<-*ā, Lat. jugă<-*ə 又は -*ā, Gr. ζυγᾰ<-*ə.
-*ā (-*ə) が起源的に女性の -*ā (-*ə) と同じく, 本來集合名詞
であったことは, Gr. σῖτα : σῖτος 《穀物》, Lat. loca : locus
《場所》の如き特殊の複數形や, ギリシア語, ヒッタイト語, サ
ンスクリット語に於て中性複數が單數動詞を取ることによって
窺われる. Gr. -ᾰ は -*ā の弱階梯 -*ə か (?) この形は Skt.
neut. pl. nāmān-i 《名前》の -i<-*ə と同じであろう. -āni は
ヴェーダでは -ā と略ゞ同じ割合で用いられ, 恐らく n- 語幹
の nom.-acc. pl. -āni よりの借用形であろう.(2)

Du. Nom.-Voc.-Acc. -*ō, -*ōu Skt. -ā(u) (Ved. vṛ́kā, vṛ́kāv),
Av. vəhrka, Gr. λύκω, Lat. ambo, Lith. vilkù, OChSl.
vlĭka ; Skt. Ved. d(u)váu, d(u)vá 《2》, aṣṭáu, aṣṭā́ 《8》.(3)

---

(1) J. Wackernagel-A. Debrunner : *Altind. Gramm*. III. 107
(§ 52c), 66 ; E. Schwyzer : *Griech. Gramm*. I. 556 脚註 5 を
見よ.

(2) J. Wackernagel-A. Debrunner : *Altind. Gramm*. III.
103 f. (§ 51) ; A. Meillet : *Introd*.[8] 323 f.

(3) A. Meillet : *Introd*.[8] 324 は名詞の Skt. -au はこれら數詞
形に由來するものであろうと言っているが, 確證はない. Brug-
mann : *Grundr*.[2] I. 882 f., II. 641. 參照.

		Skt.	Gr.	Lat.
Sg.	Nom.	vṛkaḥ 《狼》	λύκος 《狼》	lupus 《狼》
	Gen.	vṛkasya	λύκοιο (-oo, -ου)	lupī (OIr. maqi 《息子の》)
	Dat.	(vṛkāya)	λύκωι	Numasioi, lupō
	Acc.	vṛkam	λύκον	lupum
	N.-A. N.	yugam	ζυγόν	jugum
	Voc.	vṛka	λύκε	lupe
	Abl.	vṛkād	Ϝοίκω (Delphi, adv.)	lupō(d), rectē(d) 《正しく》
	Loc.	vṛke	οἴκοι 《家に於て》	humī 《地上に》
	Instr.	paścā 《後に》	πή(-ποκα) (Lacon.)	
		vṛkā (Ved.)	πώ(-ποτε)	
		(vṛkena)	ὧ(-δε) (Hom.) 《このように》	
Pl.	Nom.	vṛkāḥ	(λύκοι)	(lupī), Osc. Núvlanús
	Gen.	(vṛkānām)	λύκων	deum 《神々の》 (lupōrum)
	Dat.-Abl.	vṛkebhyaḥ		
	Acc.	vṛkān	λύκονς, -ος (方言), -ους, -ως	lupōs
	N.-A. N.	yugā (Ved.)	ζυγά	juga
	Instr.	vṛkaiḥ	λύκοις (dat.)	lupīs
	Loc.	vṛkeṣu	λύκοισι (dat.)	
Du.	N.-A.-V.	vṛkā(u)	λύκω	ambō 《兩方の》
	Gen.-Loc.	vṛkayoḥ	λύκοιν, Arc. Διδύμοιυν	
	Dat.-Abl.	vṛkābhyām		
	N.A.V. N.	yuge		

Goth.	Lith.	OChSl.	Hitt.
wulfs<-*az《狼》	vilĩkas《狼》		attaš《父》
wulfis	(vilĩko)		attaš
	vilĩkui		(atti dat.-loc.)
ONorse steina《石を》	vilĩką		
juk	OPruss. labhan《幸》		
	vilké,	OChSl. vlĭče	
	vilĩko (gen.)	OChSl. vlĭka	(antuḫšaz《人》)
		OChSl. vlĭčě	
wulfa (dat.)?	vilkú		(tešḫit《眠，夢》)
wulfōs	(vilĩkai)		adduš, antuḫšeš?
(wulfe), OHG. wulfo	vilkų̃		(antuḫšaš)
wulfans	vilkùs		
juka		OChSl. jiga	
	vilkaĩs		(attaš)
		OChSl. vlĭčěxŭ	
ahtau《8》	vilkù	OChSl. vlĭka	
		OChSl. vlĭkoma	
		OChSl. jidže	

Voc.-Nom.-Acc. Neut. -*oi Skt. -e (yuge), Av. xšaθre 《(二つの) 領土》, OChSl. jidzě. 之は -*o+ī に由來するものであろう. Gr. ζυγώ の如き男性と同じ形は數詞に始まるものであろう.(1)

Dat.-Abl. -*bh-, -*m- Skt. vṛkābhyām, Av. vəhrkaēibya, OChSl. vlĭkoma.

Gen.-Loc. OChSl. vlĭku, Skt. Ved. vṛkáyoḥ, Gr. Arcadia 方言 -οιυν (ἒ[μ] μέσουν τοῖς Διδύμοιυν), Hom. -οιιν (πεδοῖιν), -οιν. -*oi- は代名詞よりの借用 (cf. OChSl. dv-oj-u 《二つの》, t-oj-u 《あの》の -oi-: 名詞の Gen.-Abl.-Loc. du. vlĭku). この形を殘している言語が少いので原形を正確に再建することは困難であるが, 恐らく Skt. -ay-os<-*oi-ous, Gr. Arc. -οιυν <-*oi-ou-n であって, Skt. -*s と Gr. Arc. -*n とは第二次的附加物と考えてよいであろう.(2) (234-5 頁の表を見よ)

4. -i-, -u- 語幹

85. -i- と -u- 語幹は共通基語に於て並行的に -*i-, -*u- : -*ei-, -*eu- : -*oi-, -*ou- : -*ēi-, -*ēu- の語幹母音交替を行っている. -*i-, -*u- は Sg. Nom. Acc. Abl. Instr., Pl. Acc. Gen. Dat.-Abl. Instr. Loc. に, -*e/oi-, -*e/ou- は Sg. Gen. Loc., Pl. Nom. に用いられ, Loc. sg. はまた延長階梯を取ることもある. Gen. sg. も弱階梯が屬格語尾 -*e/os と合して -*y-es, -*y-os ; -*w-es, -*w-os となって現われる場合が少くない. Voc. には弱階梯と共に, -*ei,

---

(1) E. Schwyzer: *Griech. Gramm.* I. 537.

(2) E. Schwyzer: *Griech. Gramm.* I. 557 ; J. Wackernagel-A. Debrunner: *Altind. Gramm.* III. 57 f., 99 f. ; F. Sommer, *IF.* 30. 411 ; A. Meillet: *MSL.* 20. 124 ff. (Arc. μέσουν= OChSl. meždu 《眞中に》).

-*eu (-*oi, -*ou) も用いられる。(1)

-i-, -u- 語幹は男・女・中性に用いられる．

この兩語幹は多くの言語に於て -ī-, -ū- 語幹と混同し，また類推によって三階梯が樣々に混用されるに至っている．

Sg. Nom. M. F. -*is, -*us Skt. -iḥ, -uḥ, Av. OPers. -iš, -uš, Gr. -ις, -υς, Lat. -is, -us, Lith. -is, -us, Goth. gasts<*-iz 《外人》, sunus 《息子》．

Acc. M. F. -*im, -*um Skt. -im, -um, Av. -im, -um, Gr. -ιν, -υν, Lat. turrim (大部分は子音語幹 -em<-*m̥ が用いられている), -um, Lith. -į, -ų．

Nom.-Acc. N. -*i, -*u 語尾零．Skt. vāri 《水》, madhu 《蜜》, Gr. adj. -πολι, ἄστυ 《市》, Lat. mare 《海》, cornŭ 《角》．

Voc. 曲折語尾零．語幹は -*i, -*u 又は -*e/oi, -*e/ou-．Skt. agne 《火よ》, sūno 《息子よ》 (Av. -e, -o), Goth. -au, Lith. -ie, -aū, OChSl. -i, -u, Gr. πόλι 《市よ》, πῆχυ 《腕よ》．

Gen.-Abl. 1. -*eis, -*ois；-*eus, -*ous Skt. -eḥ (agneḥ), Osc. -eis (aeteis 《部分の》), Gr. Pamphilia 方言 Νεγοπόλεις (?), Lith. -iēs<-*eis (širdiēs 《心の》)

2. -*y-es, -*y-os；-*w-es, -*w-os Skt. avyaḥ, Gr. ὄϝιος>οἶος 《羊の》; Skt. paśvaḥ 《家畜の》, madhvaḥ 《甘い》, Gr. Ion. γουνός<*γονϝος 《膝の》, δουρός<*δορϝος 《槍の》．

Dat. -*ey-ei (-*ey-ai) Skt. agnaye, Lat. turrī (<-ei<-*ēi<-*eiei), Gr. πόλει<-*eyi は loc. 形か．

-*ew-ei (-*ew-ai) Skt. sūnave, OChSl. synovi 《息子に》, Lat. tribuī．Gr. πήχει<-*ewi=Skt. Ved. sūnavi は loc. 形．

Instr. -*ī Skt. Ved. śúcī 《明るい》

-*ū Av. jātu 《生れつき》

---

(1) Brugmann: *Grundr.*² II. 1. §96 ff.；J. Wackernagel-A. Debrunner: *Altind. Gramm.* III. 130 ff. 參照．

	Skt.		Gr.	
Sg. Nom.	agníḥ《火》	sūnúḥ《息子》	πόλις《市》	πῆχυs《腕》
Voc.	agné	sūnó	πόλι	πῆχυ
Acc.	agním	sūnúm	πόλιν	πῆχυν
N.-A. N.	vári《水》	mádhu《蜜》	-πολι	μέθυ
Gen.-Abl.	agnéḥ	sunóḥ	πόλεως, -ηος, -εος	πήχεως, -εος
	ávyaḥ《羊》	mádhvaḥ	ὄϝιος《羊》	γουνός< *γονϝος《膝》
Dat.	agnáye	sūnáve	(πόλει)	(πήχει)
Loc.	agnā́ (Ved.)	sūnáu	πόληϊ (dat.)	
	(agnáu)	sūnávi (Ved.)	πόλει (dat.)	πήχει (dat.)
Instr.	pátyā《主》	paśvā (Ved.)		
	śúcī《明るい》	jātū (Av.)		
Du. N.-A.	pátī	sūnū́		
Pl. Nom.-Voc.	agnáyaḥ	sūnávaḥ	πόλεις	πήχεις
Acc.	(agnín)	(sūnún)	πόλινς (方言)	υἱύνς《息子》(方言)
N.-A. N.	trí (Ved.)	mádhū	τρία	δάκρυα《涙》
Gen.	(agnínām)	(sūnúnām)	πολίων, -εων	πήχεων
Dat.-Abl.	agníbhyaḥ	sūnúbhyaḥ		
Instr.	agníbhiḥ	sūnúbhiḥ		
Loc.	agníṣu	sūnúṣu	πόλισι (dat.)	πήχεσι, δάκρυσι (dat.)

諸言語の形は一致せず，共通基語形は不明．ただ Skt. Ved. -ī (-i) Fem. 及び Av. -ū は少くともインド・イラン語派共通

第 6 章 名　詞 (Nomen)

Lat.		Goth.		Lith.	
turris 《塔》	tribus 《族》	gasts 《異人》	sunus 《息子》	širdìs 《心》	sūnùs 《息子》
		gast	sunau, sunu	širdiē	sūnaū
turrim	tribum	gast	sunu	šìrdį	súnų
mare 《海》	pecu 《家畜》				
Osc. aeteís	senatous, -ūs	(gastis)	sunaus	širdiēs	sūnaūs
		qenais 《女》			
turrī	tribuī			šìrdžiai	súnui
	noctū 《夜に》	qenai (dat.)	sunau (dat.)	širdyjè	sūnujè
				širdimì	sūnumì

| | | | | šìrdi | súnu |

turrēs	(tribūs)	gasteis	sunius	šìrdys	súnūs
turrīs	tribūs	gastins	sununs	šìrdis	súnus
maria	genua 《膝》				
turrium	tribuum	(gastē)	(suniwe)	širdžių̃	sūnų̃
turribus	tribubus			širdìms	sūnùms
		gastim (dat.)	sunum (dat.)	širdimìs	sūnumìs
				širdysè	sūnusè

　基語時代に遡り得る形であり，o- 語幹の具格と語幹をそのまま延長している點で一致しているから，或は共通基語形を保存し

ているのかも知れない.

Loc. -*eyi Gr. πόλει (Hom.).

-*ēi Skt. agnā, Gr. πόληϊ (dat. Hom. -ι は他の dat. 形の類推による附加物), Goth. anstai《惠みに對して》(dat.).

-*ewi Skt. sūnavi, Gr. πήχει (dat.).

-*ēu Skt. sūnau, Lat. noctū《夜に》(adv.), Umbr. manuve《手中に》<-*ōu 又は -*ēu, Goth. sunau (dat.), OChSl. synu.

Pl. Nom.-Voc. M. F. -*eyes Skt. agnayaḥ, Gr. πόλεις, Lat. turrēs, Goth. gasteis, OChSl. pǫtĭje《道》.

-*ewes Skt. sūnavaḥ, Av. hunavō (-ō<*-as), Gr. πήχεις, Goth. sunjus (<-*iwiz), OChSl. synove (<-*ev-).

Gen. -*i-ŏm, -*i-ŏn Gr. πολίων, Lat. turrium, Lith. širdzų̄<-*dyōm, OHG. gesteo.

-*u-ŏm, -*u-ŏn Lat. tribuum, Av. pasvąm, Gr. γούνων<*γονϝων. OChSl. synovŭ (<-*ev-), Gr. πηχέων<-*ew-ŏm (-ŏn?)

Acc. -*ins, -*uns Gr. πόλινς (方言), υἱύνς (方言), Lat. turrīs, tribūs, Goth. gastins, sununs, OPruss. ackins《眼》.

Loc. -*isu, -*usu (-*isi, -*usi) Skt. agniṣu, sūnuṣu, Gr. πόλισι, πήχεσι (-ε- は他の格の類推), δάκρυσι《涙に》(Gr. のこの形はすべて dat.), OChSl. -ĭxŭ, -ŭxŭ.

Instr. -*m- Lith. -imis, -umis; -ims, -ums, OChSl. -ĭmĭ, -ŭmĭ; -ĭmŭ (-ūmŭ), Goth. -im, -um (Lith. širdimìs, sunumìs, OChSl. pǫtĭmĭ, synŭmĭ, Goth. gastim, sunum).

-*bh- Skt. agnibhiḥ, sūnubhiḥ.

Dat.-Abl. -bh- Skt. agnibhyaḥ, turribus
Skt. sūnubhyaḥ, manubus

Nom.-Acc. Neut. -*iā, -*iə Gr. τρία<-*iə《3》=Lat. trī (-gintā)《30》, Ved. trī (?)

Lat. maria<-iā (?)《海》, Umbr. trio<-*iā《3》

-*uā, -*uə　Gr. δάκρυα=Ved. purū, Ir. dēr<*dakrū《涙》<-*uə?

Du. Nom.-Acc. -*ī, -*ū　Skt. Ved. páti《主》, Lith. naktì《夜》, OChSl. pǫti《道》

Skt. Ved. sūnū́, Lith. súnu, OChSl. syny

之は o- 語幹の形 -ō と並行的に長母音を用いている．(238-9 頁の表を見よ)

5. -ī-, -ū- 語幹

86. -ī-, -ū- 語幹は -i-, -u- 語幹とは異り，質的な母音交替は行わず，語尾が母音で始まる時には ī, ū は iy, uw 又は i, u となるのみである．曲折語尾は子音語幹のそれに等しい．サンスクリット語とギリシア語との曲折はよく一致しているから，共通基語形をそのまま傳えているものと考えてよいであろう．(242 頁の表を見よ)

形 容 詞

87. 形容詞と實體詞との間には印歐語に於ては，その形態上にも用法上にも明瞭な限界がない．従ってある語が實體詞か形容詞かは屢〻文脈によって決する外ないことがある．

實體詞は屢〻形容詞の表わす特性を有するものの意味に轉ずることによって，Gr. οἱ πολέμιοι《敵》, Lat. inimici《敵》の如くに造られ，更に中性形は Gr. τὸ καλόν《美しいこと，美》の如くに抽象名詞となる．之は特に日常會話語に多いのであるが，形容詞はその形容する實體詞の省略によって，實體詞となる．例えば Gr. ἡ

	Skt.		Gr.		Lat.	
Sg. Nom.	dhíḥ《思考》	bhrū́ḥ《眉》	κĩ́ς《蟲》(ϝ)ĩ́ς《力》	ὀφρῦς《眉》	vīs《力》	sūs《豚》
Gen.-Abl.	dhiyáḥ	bhruváḥ	κῑός (<κῑόs)⁽¹⁾	ὀφρύος		suis
Loc.	dhiyí	bhruví	κῑί (<κῑί dat.)	ὀφρύι (dat.)		
Acc.	dhíyam	bhrúvam	κῑν, (ϝ)ĩν	ὀφρῦν, -βα	vĭm	suem
Dat.	dhiyé	bhruvé				suī
Instr.	dhiyā́	bhruvā́				
Voc.	dhíḥ	bhrū́ḥ		ὀφρύ, ἰχθύ《魚》	sūs	
Pl. Nom.	dhíyaḥ	bhrúvaḥ	κῖες (<κίες)	ὀφρύες	(vīrēs<*vīsēs)	(suēs)
Gen.	dhiyā́m	bhruvā́m	κῑῶν (<κῑών)	ὀφρύων	vium	suum
Dat.-Abl.	dhībhyáḥ	bhrūbhyáḥ				suibus, sūbus
Loc.	dhīṣú	bhrūṣú	κῑσί (dat.)	ὀφρύσι (dat.)		
Acc.	dhíyaḥ	bhrúvaḥ		ὀφρῦς, -βας		
Instr.	dhībhíḥ	bhrūbhíḥ	ἰχφί (ϝῖφι)《强く》			(suēs)

(1) 長い ῑ の形は主格の類推形

δεξιά (χείρ)《右手，右》, Lat. dextra (manus), Goth. taíhswa (handus), Lith. dešinẽ (rankà) の如くで，この種のものは相當に多く，既に共通基語に於ける現象であったと思われる。分詞は形容詞と外形上の區別は殆んどないといってもよいが，これが實體詞に轉じた場合にもその修飾語になお副詞が用いられることがあるという事實によって，その動詞的性質を示している。しかし形容詞や分詞の實體詞化が完全になった折には，いずれも形容詞を修飾語として取るに至る。

以上の方向とは反對に實體詞が形容詞化することがある。この場合には實體詞の有する具體的な意味內容は棄てられて，實體詞に附屬する性質のみが保有される。かくして實體詞は，例えば Gr. ἀνὴρ βασιλεύς《王である男》, θυγάτηρ παρθένος《處女である娘》, Lat. exercitus tiro《新兵》の如くに並置 (appositio) の形式に於て，ある實體詞の意味內容を限定する。Lat. exercitus victor《勝利者たる軍隊》, equus bellator《軍馬》の如き用法は之より發達したものであり，形容詞化の段階は Gr. γέρων ὀφθαλμός《老眼》に於ては更に進み，遂には κύντερος《更に犬的＝破廉恥な》(: κύων《犬》), βασιλεύτατος (βασιλεύς《王》の最上級) の如くに形容詞と等しく比較を作るに至る。既に述べた (195 頁) ῥοδο-δάκτυλος《ばら色の指もてる》の如き所有合成語は，かかる徑路によって形容詞となったもので，本來は《ばら色の指》という實體詞である。從って ῥο-δοδάκτυλος ἠώς《ばら色の指もてる曙》の如くに，かかる合成形容詞はギリシア語に於て女性形 -α をもたない。

形容詞比較級は本來は單に相對的對照を示す接尾辭語幹に由來し (164, 175 頁參照)，文法組織中の一要素としての比較の構成は各語派が共通基語のかかる要素を獨立に發達させたものである。比較級は二者の對比を，最上級は一と多との對比を示す。

第7章 代 名 詞

88. 代名詞はその曲折によって二つに大別し得る．一つは指示，疑問，不定代名詞で，これらは或は形容詞的に，或は純粋に代名詞として用いられ，實體詞及び形容詞の曲折に似た曲折を行うが，少数の特殊な格語尾を有する．他は人稱代名詞で，之は名詞とは異る形を有する．

a. 指示，疑問，不定代名詞その他

89. この一群の代名詞・形容詞が實體詞・形容詞と異る曲折を行うのは次の諸點である．

1. Nom. Acc. sg. neut. は o- 語幹では -*od, i- 語幹では -*id で，實體詞，形容詞の如くに -*om, -*i ではない．Skt. tad《それ》, yad (關係代名詞), kad (疑問代), Lat. id《その》, illud《かの》(<-*od), hoc《この》(<*hod-ce), quod, quid (疑問代), Gr. τό《その》, αὐτό《自身》, τοῦτο《この》, τί《何?》(<-*od, -*id), Goth. it-a《その》, pat-a《あの，この》, OChSl. to《その》, či-to《何?》.

2. Nom. sg. masc. は名詞主格の特徴たる -*s を取らない．Skt. sa, Gr. ὁ, Goth. sa (<*so)《この，その》．しかし語尾を取る場合にはそれは -*s. Skt. yaḥ, Gr. ὅς (<*yos) (關係代), Gr. τίς, Lat. quis《何者?》. Lat. quī<quo-i, hic<*ho-ce《この》, Skt. ay-ám《この》も -*s を缺いている．

3. Nom. pl. masc. -*oi Skt. te (<*toi), Gr. τοί (方言), Goth. pai, OChSl. ti, Lith. tiẽ (<-*ai), Lat. istī (-ī<-*oi). この -*i はまた Lat. quo-i>quī, Osc. pu-i; Lat. Nom. sg. f. hae-c, quae, Osc. pai, OPruss. quai, stai; Lat. Nom. Acc. pl. neut. hae-c, quae, Osc. pai, OPruss. kai (《誰?》) に現われている．この *i の附いた形は Gen. pl. Skt. teṣām,

Av. aētaēṣā̆m, OPruss. s-tēison, OChSl. těxŭ (<*toisom), ONorse peira (<*toisōm), OE. pāra; Loc. pl. Skt. teṣu, Av. aētaēšu, OChSl. těxŭ, Gr. τοῖσι の如くに多くの言語に於て他の格にも侵入し, 更に Gr. λύκοι, θεαί, Lat. lupī, deae 《狼》,《女神》(pl.) の如くに名詞の o-, ā- 語幹にも入っている.
4. 人稱代名詞に現われる -*sm- なる要素がここにも見出される. Skt. tasmai (dat.), tasmin (loc.), tasmāt (abl.), Umbr. esmei《huic》, pusme《cui》, Gr. (Kreta 方言) ὅττ̄μι=ὅτινι.
5. o- 語幹名詞の Gen. sg. -*osyo, Abl. -*ōd も代名詞起源ではないかと思われる.
6. なお女性形は ā- 語幹曲折を行う.

90. 語 幹
1. 指示代名詞
a. *so, *sā, *to- *so-, *sā-(女) は男女性の主格にのみ用いられ, 他の格は *to-, *tā- による. 男・女性主格形のみが特殊の形を有することは, 人稱代名詞の場合と等しく, 共通基語に於ける古形を示すものと思われる.

Skt. sá, sā́, tád, Gr. ὁ, ἡ, τό,(1) OLat. sā-psa (=ipsa), topper (<tod-per), Goth. sa, sō, pata, OChSl. tŭ (acc.), tą (acc.). Goth. si 《彼女》, OHG. si, sī, Skt. sīm (encl.)《彼, 彼女, それを》acc.=Av. hīm, OPers. šim, Gr. ἵ《彼女》(Sophocles), OIr. sī, OPruss.-sin, Lith. -si も亦 *so に

---

(1) 主格に -s のついた形も亦 Skt. sáḥ, Av. hō, has(cit̚), Gr. καὶ ὅς, ἥ δ' ὅς, Hitt. šaš, Toch. A. säs の如くに用いられている. 何故 -*s が附加せられるに至ったか未だ明らかな解答は與えられていない. Brugmann: *Grundr.*² II. 2. 320; J. Wackernagel-A. Debrunner: *Altind. Gramm.* III. 550 參照. Gr. ὅς が *sos であって關係代名詞 *yos でないことは, acc. καὶ τὸν εἰπεῖν が示している. E. Schwyzer: *Griech. Gramm.* I. 611 參照.

屬するものであろう．Skt. ka-：kim《何?》參照．syá《あの》も亦之に屬するか（?）

　この代名詞は形容詞にも用いられ，特に承前（anaphoric）の役をなす．之はギリシア語とゲルマン語で定冠詞となったが，ギリシア語に於てはホメーロスで，ゲルマン語に於てはゴート語で，未だ指示代名詞である．

b.　*i-, *ey- Skt. Nom.-Acc. sg. neut. id-ám, Nom. sg. masc. ay-ám, fem. iy-ám, Lat. is (ea) id（男・女・中性），Goth. is, ita（男・中性），Lith. jì, Gr. ἴν (αὐτήν, αὐτόν, Κύπριοι Hesych.)《彼(女)を》, ἑ-(κεῖνος). 他の格は Gen. Skt. ásya, Av. ahe, Goth. is, Hitt. encl. -aš, Lat. ea（女），eum《彼を》, eam《彼女を》の如くに *e- が現われ，之は Umbr. e-smei, e-sme (Dat. と Loc.), Skt. asmái (Dat.) によく認められる．OChSl. i-že（關係代名詞）はむしろ *yo- 語幹に屬すると思われる (247 頁參照)．

　これは《この》という近いものを示す代名詞である．

c.　*en を含む，b. よりは離れた《あの物》を示す代名詞．Av. ana-, Lith. anàs, OChSl. onŭ《あの，彼》, Skt. anéna (ayám の Instr. sg.), Arm. ayn, na《あの》, Hitt. aniš, Gr. κεῖνος ＜ κε-εν-ος《かの》及び《他の》を意味する Skt. án-taraḥ, Lith. añ-tras, Goth. an-par. 之は *en-, *n̥- に對比を示す接尾辭 -*tero- (175 頁參照) が加えられたもので，Skt. では又 anya-＜an-ya- が造られている．[1]

d.　Skt. asáu《あの》, Av. hāu, OPers. hauv；Acc. amúm (OPers. amuθa《そこから》). -*u はイラン語派の ava《かの》,

───────────────
[1] Gr. ἅ-τερος（ドーリス方言）《二者の一つ》は *sm̥-teros (：Corn. hanter《半分》) であって，この類の代名詞とは關係がない．Att. ἕτερος, Lesb. ἕτερος は ἁ- を類推によって變えた形である．

OChSl. ovŭ…ovŭ《一人は…他は》に見え，Gr. οὗ-τος, αὕ-τη《この》の οὐ-, αὔ (=Skt. -sau<-*sāu?) 中の -υ- と同じものであろうか．
e. Gr. ἄλλος (<*ἄλϳος, Kypros 方言 αἴλος), Lat. alius, Goth. aljis, OHG. ali-lanti (>獨 elend), 大陸ケルト語 Allo-broges (人名), Arm. ail, Toch. A. ālak (fem. ālyāk)《他の》等の al- を含むもの，及び OLat. ollus, Lat. ille《かの》, ul-trā《彼方に》(副詞), OChSl. lani《昨年》, Pol. łoni<*ol-ni の如き *ol- を含むものも亦《あの，かの》の如くに離れたものを示す代名詞である．
f. *k を含む《この》を表わす代名詞．Lat. ci-s, ci-trā《こちらに》(副詞), Goth. hi-mma daga《この日に，今日》(Dat.), Lith. šìs (Gen. šiõ), OChSl. sĭ (šego)《この》, Gr. σάμερον, τήμερον《今日》(<*kiāmeron), κιδνόν《ここに》(Pamphylia 方言), ἐ-κεῖ《そこに》, Osc. e-kas (=Lat. hae), Lat. ce-(do).

2. 關係（指示）代名詞 *yo-, *yā-

Skt. yáḥ, yā́, yád (Av. yō, yā, yat 指示代名詞), Phryg. ιος, Gr. ὅς, ἥ, ὅ (<*yos, *yā, *yod), OChSl. i-že (Gen. jego-že), ja-že (jeję-že), je-že (jego-že) は關係代名詞であるが, OChSl. jego, jemu (屬・與格), Lith. jìs《彼》(Gen. jō) はアヴェスタ語と同じく承前指示代名詞に用いられ，更に之は Goth. jabai《もし…》にも現われ，OChSl. dobrŭ-jĭ《よい》, Lith. geràs-is《よい》, OPruss. pirmann-ien, -in《第一の》の如き形容詞の後に附加されて，之を限定するに用いられている．例えば OChSl. vino novo-je (中性)《新しいその葡萄酒》.[1]

---

(1) Brugmann: *Grundr.*² II. 2. 347 f.; J. Wackernagel–A. Debrunner: *Altind. Gramm.* III. 558; H. Hirt: *Idg. Gramm.* VI. 162 f. 參照．但し OChSl. je- にはまた 1. b に述べた指示代名詞 *i- が混同していて，兩者は同一となり，ここにこのような用法が生れたものであろう．

この外，多くの言語に於て疑問その他のものを關係代名詞に轉用している．例えば Lat. quī, quae, quod, Goth. sa-ei, so-ei, pat-ei.

3. 疑問・不定代名詞 *k^w-
a. *k^{w}e/o- (fem. k^{w}ā-)　Skt. ka-, Av. ča (Gen. ča-hyā Gaθa), ka- (neut. kat̰), OChSl. če- (Gen. če-so 《誰の》), ko- (ko-mu 《誰に》), Lith. ka-, Gr. τε- (Gen. τέο, του), πο- (ποῦ 《何處に？》), Lat. quo-d (neut.), Goth. ha- (has, hō, ha), Lat. quī<*quo-i (masc.), Phryg. κοσ 《ある》.
b. *k^{w}i-　Lat. quis, quid 《誰，何物？》, Gr. τίς, τί (<*τι-δ), OChSl. čĭ, čĭ-to (Gen. česo), (: kŭto 《誰》 Gen. kogo), Av. čiš, čit̰, Skt. cid (《…さえも》), Goth. hi(-leiks), OE. hwi(-lc) (>NE. which), Hitt. kuiš, kuid/t (Acc. kuin).
c. *k^{w}u-　Skt. ku-tra 《何處に》, ku-taḥ 《何處から》, Gr. ὅπυι (Kreta 方言) 《何處へ》, Lat. nē-cubi>něcubi, OChSl. kŭ-de 《何處に》

これらの形は，アクセントのある場合に疑問，ない時には不定代名詞となる．Gr. τίς, τί 《誰？，何？》 : τις, τι 《ある人，物》．しかし不定代名詞はまた Skt. kaś caná, kaś cid 《誰か》, Goth. has-hun (ni hashun 《誰も…ぬ》), Lat. quis-quam; Skt. kaśca, Av. čiš-ča, Goth. haz-uh 《すべての，あらゆる》 (<*k^{w}os-u-k^{w}e), Lat. quis-que, Umbr. pisi-pum-pe (=Lat. qui-cum-que) 《誰でも，各人》の如くにその後に小辭を附することによって作られることが多い．

4. 以上の外に，例えば Lat. ūnus 《一つの》, Av. aēvō 《一つの》, Skt. eka 《一つの》, Lat. tōtus 《全體の》, Av. vīspō 《すべての，各〻の》, Skt. sarva-, viśva- 《すべての》の如くに形容詞でありながら代名詞的曲折を行うものが相當數あり，これらは指示代名詞と同じ取扱いをうけている．

b. 人稱代名詞

91. 印歐諸言語の人稱代名詞は互に明らかに共通點を有するにもかかわらず，一致しないために，その原形再建は困難であるが，人稱代名詞には各言語を通じて次の如き共通點がある．

1. 他の名詞，代名詞と異り，人稱代名詞には性の區別がない．しかし之に形容詞又は性別ある代名詞が附加された場合には性別が行われ，この點で特に性を文法的に區別すべき特徴をもたない名詞と同じ取扱いをうけている．(1)

2. 人稱代名詞は數を異る語幹によって表わす．例えば Lat. ego《私》, nōs《我々》; tū《汝》, vōs《汝ら》; Gr. ἐγώ《私》, ἡμεῖς《我々》; σύ《汝》, ὑμεῖς《汝ら》

3. 之は人稱代名詞に於ては格語尾が數を表わすことが少いという事實と關聯している．三數を通じて同じ格語尾が屢々用いられている．例えば Skt. Nom. sg. pl. (古くは du.) -am, Acc. sg. du. -ām, Dat. sg. pl. -bhyam, Abl. sg. pl. -at. この傾向はヒッタイト語に於て最も著しく，人稱代名詞は一定の格語尾というものが殆んどなく，共通基語の古い時代には人稱代名詞には或は格變化なるものが全くなかったのではないかとさえ想像されるのである．

4. 二三の格は，アクセントのない形 (enclitic) とそうでないもの

---

(1) 男・女性の區別のないことは又 Gr. τίς《誰?》, τί《何?》, Lat. quis, quid も同じであって，この場合には生物と無生物の區別のみが行われている．現代獨語の wer?, was?: mit wem?, von wem?, womit?, wovon?, 現代佛語の qui?, quoi? 參照．疑問代名詞の場合には男・女性別が前もって判らないことに起因するのであろう．更に人稱代名詞に性別がないことは，動詞に性別がないことと關聯していると考えられ，三人稱のみが男・女・中三性に用いられるに反して，第一・二人稱は，特別の擬人的な場合以外には常に男・女性のみであり，この點之を區別するセム語とは大いに異っている．

とは明らかに異る形を有する。

92. 第一人稱は四つの明瞭に異る語幹より，第二人稱は單數は *tū, *tewe-, *twe-, *te より，複數は *yu-, *wes- より成る。三人稱はない。

再歸代名詞は本來はすべての人稱に共通で，*sewe-, *swe-, *se- を語幹とする。之は二人稱 *tewe-, *twe と並行的曲折を有し，主格はない。

Sg. Nom. 1. Gr. ἐγώ, Lat. ego (<*eɡō), Goth. ik, OE. ic (īc), Arm. es<*ec, Lith. àš (èš), Venet. eχo, OChSl. azu, ORuss. jazū (<*ō- 又は *ā-?), Skt. ahám, Av. azəm, OPers. adam, Hitt. ug/k. これらの形は原形 *eɡ- (*eɡh-?) に歸し得る。

2. Gr. τύ (方言), σύ, Lat. tū, OIr. tū, Goth. pu, ONorse, OE. pū, OHG. dū, Lith. tù, OPruss. tou, OChSl. ty. 之に對して Skt. tvam, tuvám, Av. t(u)vəm, tūm, OPers. tuvam の -am は一人稱 aham の類推形と思われる。之に反して Av. には Gāθā の部分に tū の確實な例がある。[1]

Gr. τύ (Dor.), OHG. du, OE. -pu, Av. tu, Toch. A. tu, OIr. tu は enclitic の形に由來する。

Acc. Gr. 1. ἐμέ, με, 2. σέ, σε, Dor. τέ (Kreta 方言 τϝε), 再歸 ἕ, ἑ, ϝε (方言), ἑ(ϝ)έ<*(e)me, *twe, *s(e)we. ἐμέ の ἐ- は Arm. is<*em-s, Hitt. Nom. Dat. Acc. ammug 《私》の a- に見出される。Arm. khe-z<*twe-. Goth. mik, puk, sik (=NHG. mich, dich, sich) 中の -k は Gr. ἐμέ-γε, σέ-γε

---

(1) J. Wackernagel-A. Debrunner: *Altind. Gramm.* III. 453 (§ 224); A. Meillet: *Introd.*[8] 334; Baunack, *MSL.* 5. 11 參照。

等に見出される強意の -γε と同じで，Hitt. ammug, 2. Acc. Dat. tug, toᴣ の -g も同じ. Acc. *tu は又 Gr. Dor. Phocis 方言 τυ にも認められる。(1) Skt. encl. mā, tvā は IE. *mē, *twē を想定せしめる。Lat. mē, tē, sē<mēd, tēd, sēd. この -d は Umbr. tiom=te, Osc. siom=se と同じく, -*d なる小辭が附加せられたものであろう。Skt. mā́m, tvā́m, OChSl. mę, tę, Av. mąm, θvąm, OPers. mām, θuvām, OPruss. mien, tien の -m は Acc. -*m の曲折語尾ではなく，主格 -am (Skt. aham) がここにも現われているのであろう。-am は Skt. svay-ám《自身》, OChSl. sę, OPruss. sien, Lith. savę, Umbr. tiom, Osc. siom の -m も亦同じであろう。(2)

Gen. は名詞の大部分の語幹とは異り，Abl. と區別された形をもっている。Gr. Hom. ἐμεῖο, σεῖο, εἷο<*eme-,*twe-, *swe-syo は代名詞 τοῖο<*to-syo と並行的な形である。*em- は Arm. im にも見出される。

Skt. máma, táva, Av. mana, tava, OChSl. mene (tebe, sebe), Lith. manè, tavè, savè<IE. *mene, *tewe, *sewe. Skt. máma は -n- の代りに -m- が類推によって入ったか,(3) Gr. ἐμ- と同じ語幹 *eme に一人稱の特徴たる m- が加えられたものであろう。(4) OChSl. tebe, sebe の -be は Dat. 形である。

---

(1)　Gr. τύ, Goth. þuk 等は主格形をそのまま用いたものであろうか. J. Wackernagel, *IF.* 1. 344; A. Meillet, *Glotta*, 25. 182 f. 參照.

(2)　J. Wackernagel–A. Debrunner: *Altind. Gramm.* III. 457 f. (§ 225 b); A. Meillet: *Introd.*[8] 334.

(3)　A. Meillet: *Introd.*[8] 335.

(4)　J. Wackernagel, *KZ.* 28. 138; ib., *Mél. Saussure*, 149; J. Wackernagel–A. Debrunner: *Altind. Gramm.* III. 461 (§ 228 a).

　　　　Lat. meī, tuī, suī は所有代名詞 meus 《私の》, tuus 《汝の》, suus 《自分の》 の Gen. (《私の物の》等) の轉用形で, 古くは mīs, tīs (Plautus) なる形があったが, 之は Gen.-Dat. 形 *moi (*mei), *toi (*tei)＞mī, *tī に Gen. の -s を附けたもので, mī のみは meus の Voc. (mī pater 《私の父よ》) として殘っている.

Dat.　Gr. μοί, σοί (Hom. τοί), Skt. encl. Gen.-Dat. me, te, Av. mē, tē, OPers. maiy, taiy, OChSl. mi, ti＜*moi, *toi. Gr. οἷ, οἱ (方言 Ϝοι), Av. hē (sē), OPers. šaiy, OChSl. si＜*s(w)oi.

　　この形は本來 Dat.-Gen. であり, Lat. mī《私の》(Voc.) やギリシア語のホメーロス中の μοί, σοί, οἱ の屬格としての用法はインド・イラン語派の用法とよく合致し, これが古いものであることを示している.

　　アクセントのある形は Gr. ἐμοί, σοί (τοί), ἑοῖ (οἷ, Ϝοι), Lat. mihi, tibi, sibi (＜mihī etc.), Umbr. mehe, tefe, Osc. tfei, sífei, OPruss. mennei, tebbei, sebbei, OChSl. mǐně, tebě, sebě, Skt. mahyam, tubhyam がある. OPruss. mennei と OChSl. mǐně の形は屬格形の類推, ギリシア語以外の殘餘の形は *me-gh-, *te-bh-, *se-bh に由來している.

Abl.　Lat. mē(d), tē(d), sē(d), Skt. mád, tvád, Av. mat̰, θvat̰ は共に他の代名詞の Abl. sg. の語尾 -d を取っている.

Loc. は Dat. と同形であるが, enclitic になることがない. Skt. máyi, tváyi の如き形は名詞の類推による新しい形で, Ved. tvé が古形.

Instr. の形は, 例えば Skt. máyā, tváyā, OChSl. mŭnojǫ, tobojǫ, sobojǫ は女性の具格形を有し, 之は恐らく Acc. mām, tvām に對して, -ām (Acc. fem.) : Instr. -ayā の如き類推によって生じたものであろう. Ved. tvá も亦名詞の格語尾と等

しく，共通基語のこの格の形は不明．

Pl. 一人稱と二人稱は夫々 *nes と *wes 及びその母音交替を行った形を語幹としている．*nes, *nos ; *wes, *wos (Skt. Acc. Gen. pl. encl. naḥ, vaḥ, Lat. nos-ter, ves-ter＜vos-ter [所有代名詞])，*nēs, *nōs ; *wēs, *wōs (Lat. nōs, vōs), *n̥s ; *us (Goth. uns, NHG. uns, OE. ūs, NE. us)．この外に主格のみには別の形がある．

Nom. 1. Skt. vay-ám, OPers. vay-am, Av. vaēm (＝vaxyom, ē は *vayam の a を誤って後代挿入したものである), Goth. weis, OHG. wir, Hitt. weš ; Lith. mēs, OPruss. mes, OChSl. my (-y は二人稱 vy の類推か?), Arm. mekh. Goth. weis は *wei- に名詞複数主格語尾 -*es を附加したもの．*m-形は單數形の類推か (?)

2. Skt. yūyám, Av. yuš (enclitic), yūžə̄m (yūžə̄m), Goth. jus, Lith. jūs, OPruss. ious. Gr. Dor. ὑμές, Lesb. ὔμμες の ὑ- が ＜*yus か ＜*us- かは斷定し難いが，恐らく他の格と同じく ＜*us- であろう．Skt. yūyám は vayám の類推形．

主格以外の格はギリシア語とサンスクリット語に於て多くの場合に弱階梯 *n̥s, *us に -*sm- がついた形をもっている．-*sm- は Skt. ta-smai, ta-smin の如くに他の代名詞の格に見出されるものと同一要素である．

Acc. Skt. asmā́n, yuṣmā́n,(1) Gr. Lesb. ἄμμε, ὔμμε, Dor.

---

(1) Av. ə̄hmā, ahma. 最古の形は Skt. sg. aham, tvam, Du. vám, yuvám によれば，確かに -am (*asmám, *yusmám) であったに相違ないのであるが，名詞及び男・女性代名詞の複数形に引かれて -ā́n に變ったものである．なお yuṣmā́n の y- は主格 yuyám の類推によって挿入されたものである．J. Wackernagel-A. Debrunner : *Altind. Gramm.* III. 467. (§ 232 a) 參照．

ἀμέ, ὑμέ (<*n̥-sme, *us-sme).(1)

Du. 1. Gr. νώ, Skt. nau, Av. nā (Gen.), OChSl. na (Acc.)
Ved. vám (<*va+am), Av. vā, OChSl. vě (<*wē), Lith. vè-(du), OE. Goth. wi-t, ONorse vi-t. Lith. -du, Germ. -t は *duo《2》が *we《我々二人》に附加された形．

2. Ved. yuvám, Lith. jù-(du), OSaxon gi-(t), ONorse it (<*jit), OE. zit. この場合の Lith. -du, Germ. -t も一人稱の場合と同じ．

---

(1) Gr. Att. ἡμᾶς, ὑμᾶς は Nom. ἡμεῖς, ὑμεῖς と共に名詞的格語尾を取っている．之は Dat. Lesb. Hom. ἄμμι(ν), Dor. ἁμίν, Ion. Att. ἡμῖν ; Lesb. Hom. ὔμμι(ν), Dor. ὑμίν, Ion. Att. ὑμῖν 以外の格に於ても同樣である．

また OIr. snī, Welsh chwi《汝ら》, Goth. Gen. izwar《汝らの》, Dat. Acc. izwis《汝ら》は *e-s-nes, *e-s-wes なる形を想定せしめる．Brugmann: Grundr.² II. 2. 385. はここに *nēs, *wēs を考えている．そして *e-s-wes の *e- は Gr. ἐ-κεῖνος, Osc. e-tanto (=Lat. tanta) の *e- と同じであるとした．s- のある形は更に Hitt. *šu-um-me-eš (=sumēs)《汝ら》にも見出され，或は之は *us-me の *sm- に關係があるかとも思われる (?) H. Pedersen: Hitt. u. die anderen indoeurop. Spr. 75 を見よ．なお E. Kieckers: Hb. d. vgl. got. Gramm. 137 は Goth. izwar は *e-s-wes でなくて，同じ *e- に *swe- の加わったものと解している．

第8章 數　詞

93. 數詞は親族名，代名詞などと共に，印歐語族に於ては比較の最も有力な資料であって，むしろ語彙的な一群であり，或は形容詞，或は名詞，副詞として用いられ，一つの文法的範疇を形成するか否か甚だ疑わしいが，代名詞の一群が同じく名詞・形容詞・副詞的なものを含みながらも，矢張り文法組織中での一範疇と考えられているように，數詞の一群も言語組織中に有するその特異な性質上，一つの文法的な範疇として取扱うのが便利であり，かつそうすることが正當であると思われる．

印歐共通基語の數詞は 1—10 と 1,000 とは各〻異る語によって表わされ，20, 30 等及び 200, 300 等の十代と百代の數は各〻語感上では獨立の語であるが，2—9 の語と十代及び百代を表わす部分より合成された形を用いている．1,000 を表わす語も語源的には明らかではないが，共通基語時代に既に存在したと思われる．少くともインド・イラン語派とギリシア語の形は一致を示している．1—4 は曲折を行い，1 は男・中・女性を，2—4 は男（中）・女の二性的な形を有する．20—90 及び 100—900, 1,000 は古くは數名詞であった．數系は明らかに十進法であるが，また四進法及び 60 を單位とし，その下位單位としての 12 及び 20 をも用いた組織の形跡が認められる．11—19, 21—29 の如き中間の數は，十代，百代の數詞と 1—9 の數詞との合成によって表わされる．

數詞には基數詞 (Cardinalia) の外に序數詞 (Ordinalia), 倍數詞 (Multiplicativa), 配分數詞 (Distributiva), 集合數詞 (Collectiva), 數副詞 (Adverbia numeralia) があり，すべて基數詞に第二次的な接尾辭を附加するか，或は之との合成によって造られる．

基數詞	序數詞
1. 之を表わす語は本來《唯一の》《單一なる》の如き意味の語である．	之は基數詞に -*to-, -*mo- 又は -*o- を附して造られる．

a. *sem-, *sṃ-, *sm-, Gr. εἷς, ἕν, f. μία<*sems, *sem, f. *smyə; Arm. mi (-i<-*iyo-); Toch. A. sas, B. ṣe, A. säm f. 之は Gr. ἅμα《同時に》, ἅπαξ, Skt. sakŕ̥t, Av. hakərət<*sṃ-, Lat. semel, simul《一度, 同時に》と同語源.

b. *oi-. 之は *oi-no-, *oi-wo-, *oi-ko- の如くに種々の接尾辭を取る. Lat. ūn-us (<*oi-nos), Goth. ains, OE. ān, OIr. ōen, OPruss. acc. ainan, Gr. οἴνη《骰子の一》; Av. aēva- (<*oi-wo-), Gr. οἶος《一人の = 獨りの》, Kypros 方言 οἶϝος; Skt. eka- (<*oi-ko).[1]

例えば Skt. caturtha-: daśama-, saptatha-: saptama-; Gr. ἕβδομος: πρῶτος, τρίτος; Lat. quārtus, quīntus, sextus: septimus, decimus.

1. 《第一の》を表わす形容詞は Gr. πρό, πάρος, Skt. pūrva- の如くに, 《前》を意味する, 基數詞とは全く異る語根より造られる. Gr. πρῶτος (Dor. πρᾶτος), Lat. primus (< *prīs-mus), Lith. pìrmas (<*pr̥mo-), Skt. prathamá, OE. forma, fyrst.

2. *duō(u), *dwō(u): Skt. Ved. d(u)vá, d(u)váu, Av. d(u)va, OChSl. dūva, Gr. Hom. δύω, Hom. Ion. Att. Dor. δύο, Lat. duo; Skt. f. n. d(u)vé, Av. duvē, OChSl. dŭvě, Goth. twaí, OE. twā, Lat. duae (f.). Gr. Ion. δυοῖσι, Att.

序數詞には基數詞とは別の《他の》《今一つの》を意味する語を用いるものが多い. Goth. anpar, Lith. añtras, OChSl. vŭtorŭ, Lat. alter. Gr. δεύτερος は δεύ-ω《…にとどかな

---

[1] Gr. Hom. Lesb. Thess. Boiot. ἴα(ν) f.《一つの》の語源に關しては定説がない. 一般には (Brugmann: *Grundr.*² II. 2. 7.; *Walde-Pokorny* I. 100) 之は Lat. is 等の *i- (246 頁參照) と同じであるとされているが, J. Schmidt, *KZ.* 36. 391 ff. は *siãs (= *smyãs)>*ίãs>Hom. ἴῆς であるとする. なお之を *oi- の女性形と解する說 (Pott: *Die quinäre und vigesimale Zählmethode* (1847), 149; A. Meillet, *MSL.* 11. 298) もある. E. Schwyzer: *Griech. Gramm.* I. 588. 參照.

δυσί の如き形は兩數より複數形に
變ったもの. Hitt. da-yuga- 《二年
の》, dan (不變化), Toch. A. wŭ
m., we f. 合成語では *dwi- (Skt-
dvi-pat-, Gr. δί-πους, Lat. bi-pēs,
OE. twi-fēte《二足の》), *du- (Lat.
du-centī《二百の》, Umbr. dú-pla).
*dwi- は Gr. δίs, Lat. bis, Skt.
dvíḫ, Av. biš《二度》にも現われて
いる. Gr. Hom. δοιώ, δοιοί, Skt.
dvayá-, ubháya-, Lith. dvejì, OCh-
Sl. dŭvojĭ, Lat. bīnī は集合數詞
(《二つずつ》) の形. *d(u)ō(u) と同
じ意味と用法のものに Gr. ἄμφω,
Lat. ambō, Toch. A. āmpi, ām-
puk f. ; Skt. ubháu, Av. gāθā ubē
f., Lith. abù, OChSl. oba, Goth.
bai《兩方の》がある.

3. *trei-, *tri-. Nom. pl. *trey-es :
Skt. tráyaḥ, Gr. τρεῖs, Lat. trēs,
OChSl. trĭje, Goth. Acc. pl. prins
(=Gr. OAtt., Kyrenaika 方言
τρῖs), Toch. B. trai m. (tarya f.),
A. tre (trĭ), Hitt. tri- (合成語第一
要素). 中性形 *triə : Gr. τρία, Lat.
tria, Skt. Ved. trí, OChSl. tri. 女
性形 Skt. tisráḥ, Av. tišarō, OIr.
teoir. 合成では *tri- (Hitt. *tri-,
teriialla). 更に之は Gr. τρίs, Skt.
tríḥ, Av. θriš《三度》にも現われ
る. 集合形 Skt. trayá-, OChSl.
troji, Lith. trejì, Lat. trīnī (ternī).

い》(cf. δεύ-τατοs《最後
の》) と同語根に比較の
-*tero- を附したもの, Lat.
secundus は sequ-or《後
につづく, 從う》と同語根
形容詞. しかしこの外に,
基數詞より造られた第二次
的の形, Skt. dvitīya-, Av.
bit(i)yō の如き形も用いら
れている.

序數詞は基數詞と同語
根.

*tri- : Gr. τρίτοs, Lat.
tertius (<*tri-tios), Av.
θritiyō.

*tr̥- : Skt. tr̥tīya-,
OPruss. tirtis.

*tre- : Lith. trečias,
OChSl. tretĭjĭ.

4. *kʷetwer-, *kʷetwor-, *kʷetur-, *kʷetwor-, *kʷtur- 等の樣々の階梯を有するが, 之はギリシア語の方言形によく現われている. Gr. Arcad., Ion. m. f. τέσσερες＜*kʷetweres (=集合形 Lith. ketverì, OChSl. četveri); Dor., NWGr. τέτορες, Skt. catvā́raḥ, Lat. quattuor, Arm. čorkh ＜ *kʷetwores (*kʷetwores); Gr. Lesb. πέσ(σ)υρες＜*kʷetur- (Hom. πίσυρες＜*kʷetur-)=Skt. acc. catúraḥ, OChSl. četyre, Welsh pedwar, OIr. cethir. 女性形は Skt. cátasraḥ, Av. cataṛō, OIr. cetheora 等に見出される. 合成語の形は Skt. catur->*kʷetur-, Av. čaθru-; Lat. quadru ＜ *kʷetru-, Gr. τετρα-＜ *kʷetwr̥- (?)

序數詞は
*kʷtur- : Skt. tur-īya-, Av. tūiryō.
*kʷetwr̥- : Gr. τέταρτος, Lith. ketvir̃tas, Skt. caturtha-.
Lat. quārtus＜*quortos (cf. Praeneste Quorto).

5. *penkʷe : Skt. pañca, Gr. πέντε, Lat. quīnque, Goth. fimf, OIr. cōic, Arm. hnge-tasan (《15》). Lat. quīnque は語頭の *p- が -qu- に同化され, quīntus の類推によって長い ī が入った形, Goth. fimf は -f が語頭の f- に同化されたもの.

Gr. πέμπτος, Lat. quīntus, OHG. fimfto, Lith. peñktas, OChSl. pętŭ. OHG. funfto ＜ *pn̥kʷ-to- (弱階梯). Skt. pañcamá-, pañcatha-, Av. puxđa (?)

6. *s(w)eks : Av. xšvaš, Welsh chwech. -*w- のない形は Lat. sex, Skt. ṣaṭ, Goth. saíhs, Lith. šeši, Toch. A. šäk. Gr. Ϝέξ (方言), ἕξ, Arm. vec̣ は *s- のない形にも還元が出來, OPruss. uschts

Skt. ṣaṣṭha-, Gr. ἕκτος, Lat. sextus, Goth. saíhsta, OChSl. šestŭ 等.

《第六の》＜*ukstos は明らかに
*weks を豫定せしめる．

7. *septm̥ : Skt. saptá, Gr. ἑπτά, Lat. septem, Goth. sibun, OE. seofon, Toch. A. špät, B. šukt, šuk, Lith. septynì, OIr. secht n-, Hitt. *šiptam- (šiptamii̯a).

 Gr. ἕβδομος (方言 ἑβδεμ-), OChSl. sedmŭ＜*sebdmos ; Skt. saptamá-, Lat. septimus, Lith. sékmas, OPruss. saptmas は基數形と合致するように改變されている (145 頁參照).

8. *oktō(u) 之は兩數形をもっている．Skt. Ved. aṣṭá(u), Gr. ὀκτώ, Lat. octō, Goth. ahtau, OIr. ocht n-, Toch. A. okät, B. okt, Arm. uth, Lith. aštuo-nì, OChSl. osmĭ.

 Gr. ὄγδο(F)ος, Lat. octāvus. 之以外の Goth. ahtuda, Ir. ochtmad (Cont. Celt. oxtumeto[s]), Lith. aštuntas (＜*aštutas ?), Skt. aṣṭamá-, OChSl. osmŭ は第二次形．

9. *newn̥, *enwn̥ ＜ *enewn̥ (?) : Skt. nava, Goth. niun, Lat. novem (-m は septem, decem の -em＜-*m̥ の類推), Gr. ἐννέα＜ἐννεFα (*ενFα と *νεFα の混合形 (?) Hom. εἴνα-τος ＜ *ἐνFα-, cf. Argolis, Creta 方言 ἤνατος, Att. Boiot. ἔνατος), Arm. inn (發音 inən), OIr. nōi n-, Toch. A. B. ñu.

 Gr. Hom. εἴνατος, Att. ἔνατος＜*ἐνFατος, Goth. niunda, Lat. nōnus, Skt. navamá-, OPruss. newints.

10. *dekm̥ : Skt. daśa, Av. dasa, Gr. δέκα, Lat. decem, Goth. taíhun, OWelsh dec, OIr. deich n-, Arm. tasn, Toch. A. śäk, B. śak. 之に對して Lith. dešimtìs, Lett. desmits, OChSl. desętĭ, Alb. djetɛ は *dekm̥tis なる數名詞形に由來する．

 Skt. daśamá-, Lat. decimus, Goth. taíhunda, Gr. δέκατος, Lith. deši ñtas, OChSl. desętu＜*dekm̥-to-.

11—19 は *dekm̥ と各々の數が並置される．Skt. ekādaśa, dvādaśa; Gr. ἕνδεκα, δώδεκα (<*δϜω-); Lat. undecim, duodecim 《11》,《12》等．

20—90 の十代の數は 2—9 と -*km̥t-, -*komt-<-*dkm̥+t- との合成語．語頭の *d- の消失の結果，-*km̥t-, -*komt- と *dekm̥ との間の關係が語感より消失した．

20.　Gr. Dor. Ϝίκατι (Att. εἴκοσι<*ἐϜίκοσι), Lat. vīgintī, Av. vīsaiti, OIr. fiche, Toch. A. wiki, Arm. khsan (<*gisan) <Nom. Acc. du. *wī-km̥tī<*dwī-km̥tī.

30—90 は中性複數又は集合數詞の語尾を取り，Gr. τριάκοντα, Lat. trīgintā は共に中・複 *triə(-ā)+*komtə, *komtā (集合詞)．之に對してインド・イラン語派やアイルランド語では單數形の特別な形, Skt. triṃśat-, Av. θrisat-, OIr. trī-cha となっている．インド・イラン語派では 60—90 は，Skt. ṣaṣṭíḥ, Av. xšvaštiš; Skt. saptatíḥ, aśītíḥ, navatíḥ の如くに，6, 7, 8, 9 の -ti- による抽象名詞，即ち《6—9 であること》の意味によって表わされている．Gr. ἑβδομήκοντα《70》, ὀγδοήκοντα《80》, Lat. nōnāginta《90》は序數詞より造られている．ゲルマン，バルト，スラヴ語派では 20—90 は *dekm̥t- なる抽象數名詞と 2—9 の合成，Goth. twai-tigjus, preis-tigjus; Lith. dvì-dešimt, trỹs dešimtys; OChSl. dŭva desęti, trije desęte《20》,《30》の如くである．なお Goth. sibuntēhund, ahtautēhund, niuntēhund, taíhuntēhund; OHG. sibunzug 等《70—100》の形に關しては未だ滿足な解答が與えられていない．(1)

100　*km̥tóm (<*dkm̥-tóm), 中性．之は十代を表わす *km̥t- と同語根で，(d)km̥tó- によって 10 の 10 倍を表わしたものであ

---

(1) S. Feist: *Vgl. Wb. der got. Sprache.*³ " sibuntehund " の項參照．

る.⁽¹⁾

200—900 は Skt. dve śate, trīṇi śatāni; Goth. twa hunda, prija hucda《200》,《300》の如くに二つの數詞によるか, Skt. dviśatam, tri-śatam の如くに二つの合成を一語として用いるかである. Gr. Dor., NWGr., Boiot. -κάτιοι, Arc. -κάσιοι (<*kṃtioi) 及び Att. -κόσιοι (διᾱκόσιοι, τριᾱκόσιοι 等, -κόσιοι の -o- は十代の -κοντα の -o- に引かれた形), Lat. du-centī, tre-centī は旣に形容詞となっているが, 古くは Lat. ducentum, trecentum の如く中性名詞であった.

1,000 には共通基語に確實に遡り得る對應がない. Skt. sa-hasram, Av. ha-zaṇrəm, Gr. Att. χίλιοι, Ion. χείλιοι, Lac. χήλιοι, Lesb. χέλλιοι<*ghesl- (Skt. sa-, Av. ha-<*sṃ-) であるらしいが, これらの形を滿足に說明することが出來ない. Lat. mīlle も亦同じ群に屬するらしい.⁽²⁾ Goth. pūsundi; ONorse pūs-hund, pūsund; OE. pūsend; OHG. dūsunt, tūsent; OChSl.tysǫn šta, tysęšta (<*tūsontyā, *tūsentya), Lith. túkstantis, Lett. tūkstuotis, OPruss. Acc. pl. tūsimtons は明らかに同語源の一群をなし, Toch. A. tmāṃ, B. tumane《一萬》とも關係があるらしいが, 同じくこれらの形の滿足な對應上の說明を與えることが出來ない.⁽³⁾

---

(1) *kṃtóm が中性名詞であったことは, OLat. centum hominum《人間の百》, Skt. Ved. śatám purám《市の百》の如き gen. pl. を取っている形に現われている.

(2) F. Sommer, *IF.* 10. 216 は mīlle<*smī ghzlī で, *smī- は Gr. μία f.《一つの》<*smiə と同じであり, Skt. sa-hasram< *sṃ-gheslom の女性形と解する.

(3) *tū- は Skt. tavīti, táuti《强い, 力を有する》, Lat. tumeo《はれ上る》, Lith. tunkù《肥える》と同じ語根に屬し, *tūs-kṃti >*pushundī《强い, 强大な百》の意味か (?) W. Scherer: *Geschichte der deutschen Sprache.*³ 590. なお S. Feist: *Vgl. Wb. der got. Sprache.*³ p. 505 f. の pūsundi の項參照.

第9章 動　　詞

94. 印歐語の文法組織中最も特徴のあるのは動詞である．

動詞は能動 (activum) と中間受動 (medio-passivum) との二つの「態」(diathesis) をもっている．後者はインド・イラン語派とギリシア語の medium に，またラテン語，ケルト語，トカラ語，ヒッタイト語等の deponentia に殘っている．之は動作がそれを行う人と密接に關聯していて，自分自身に對して，自分自身との利害關係に於て，自分自身の所有物に對して行ったことや，自己の感じた事などを表わす．例えば Skt. Ved. act. yájati《彼は犠牲を行う》は犠牲を自ら手を下して行う僧侶の行爲を指すに對して，施主の場合には yajáte の如くに medium を用いる．Gr. act. λούω《私は洗う》は何か他のものを洗う意味であるが，自分が自分を洗う場合には λούομαι なる medium が，また act. διδάσκω《私は敎える》は自分の子供に人をして敎えさせる時には διδάσκομαι と medium が用いられる．從って Gr. λούομαι τὴν κεφαλήν《私は自分の頭を洗う》，Skt. pāṇí áva nenikte《彼は彼の手を洗う》，Gr. περιτίθεται στέφανον《彼は冠を自分の頭に被る》，Skt. vásaḥ pári dhatte《彼は着物を着る》，Hitt. unuttat《自分自身を飾る》の如くに目的を取る場合にも，之が自分自身に關する時には medium が用いられる．二人以上の人の相互間の動作，例えば Skt. vadete《彼ら二人は會話した》，Gr. διαλέγεσθαι《會話する》，Lat. luctantur《彼らは相闘う》，Hitt. zaḫḫiyawaštati《我々は互に相闘わん》の如き時にも之が用いられる．同じく《聞く》，《怒る》の如き感覺や感情を示す動詞も屢々 medium 形を取る．diathesis は從って屢々動詞の有する意味そのものに附隨しているのであって，Skt. gam-, i-, Gr. βαίνω, εἶμι, Lat. venio, eo《歩む》，《行く》の如き運動の動詞，Skt. ás-ti, Gr. ἐσ-τί, Lat. es-t《ある》の如くに存在を示すもの，Skt. at-ti, Gr. ἔδ-ω, Lat. ed-o《食う》，Skt.

da-dā-mi, Gr. $δί$-$δω$-$μι$, Lat. dō《與える》等には共通基語では能動形以外はなかった．之に對して Skt. sac-, Gr. $ἕπ$-$ομαι$, Lat. sequ-or《後に從う》或は Hitt. kiš-《…と成る》, ki-《橫たわる》の如くに中間形以外がない，所謂 deponentia も多い．既に共通基語時代に passivum か或は之に近いものに medium の形が用いられるに至ったことは確實であって，この推移は動作の主體を中心に考える medium が更にその主體のみに重點を集中した時に極めて自然に行われ得る．$λούομαι$《私は私自身を洗う》の《洗う》という動作と《洗われるもの》との關係が《私は洗われる》に移るには，極めて僅かの觀點の移行があればよいので，更に $δίδωμι$《私は與える》の如き activum のみの動詞の medium 形は何の無理もなしに passivum となり得る．

95. 他動 (transitivum) と自動 (intransitivum) との差は根本的なものではない．之はある動詞が對格の補語を取るか否かの差にすぎず，この差は動詞の意味がそれ自身で完結するか否かによる．對格を取る動詞でも，之を表わさずに意味が明瞭な場合には目的は表わさないことが多い．反對に普通は目的を取らない動詞も必要な場合には之を言い表わすことがある．

96. 共通基語の法 (modus) には直說法 (indicativus)，接續法 (subjunctivus 又は conjunctivus)，希求法 (optativus) 及び命令法 (imperativus) があった．この外に injunctivus と稱せられる特別の形がサンスクリット語など一二の言語に認められるが，之が共通基語に於ける modus であったか否かは疑わしい．modus はその名の如くに話者の氣持を表わすものであって，接續法の表わす感じは未來のそれに近く，明らかに心の中に描かれた，希求法はそれよりも漠然たる，未來を表わし，この二つの差を有しつつ兩者共に願望と假定を表わす．從って前者は

svastáye vāyum úpa bravāmahi. RV. V. 51₁₂

《幸福のために我々は Vāyu に祈願しよう》

ἡμεῖς δὲ φραζώμεθ'… Hom. φ 117

《我々は言おう》

の如くに一人稱の場合には意志，二・三人稱では háno vṛtrám, jáyā apaḥ. RV. I. 80₃《汝は Vṛtra を殺して水をかち得よ》，sá devám ā ihá vakṣati. RV. I. 1₂《彼はここに神々を連れ來るべし》の如くに，勸告，激勵，命令等を表わす．更に之はある場合には未來に近づき

uvása uṣā́ uchac ca nú. RV. I. 48₃

《曙はかがやいた，そして今やかがやくであろう》

οὐ γάρ πω τοίους ἴδον ἀνέρας οὐδὲ ἴδωμαι. Hom. A. 262

《私はこのような勇士を今までに見たこともなければ，（今後も）見ないだろう》

の如き過去と未來との對象に於てこの用法が明瞭に認められる．ラテン語動詞の第三・第四變化の ē- 未來はこのような用法より發達したものである．

　希求法は希望と漠然たる未來，現在，過去に於ける假定的條件の下に起り得ると考えられる事柄を表わす．希望は

úṣas tám aśyāṁ yaśásaṁ rayim. RV. I. 92₈

《曙よ，私はかの立派な寶を得たいものだ》

imáṁ me samidham vaneḥ. RV. II. 6₁

《この私の薪をお取り下さい》

mīḍhvā́ṁ asmā́kam babhūyāt. RV. I. 27₂

《我々に對して彼が惠み深くあれかし》

αὐτίκα τεθναίην. Hom. Σ 98

《直ちに私は死にたい》

の如くに用いられる．また

ῥεῖα θεός γ' ἐθέλων καὶ τηλόθι ἄνδρα σάωσαι. Hom. γ 231

《神は欲する時には遠くからでも容易に人を救うであろう》
kásmai devā́ya havíṣā vidhema. RV. X. 121$_1$
《如何なる神を捧物によって我々は敬まおうか？》
yád agne syā́m ahaṃ tvám, tvám vā ghā syā́ ahaṃ, syúṣ
ṭe satyā́ ihā́ ā́śiṣaḥ. RV. VIII. 44$_{23}$
《もし私が，おおアグニよ，貴方であって，貴方が私であったなら，貴方の祈は成就されたであろう》

の如くに，potentialis の希求法は接續法の更に漠然たる未來に用いられている。これら二つの法の用法はヴェーダとホメーロスの中に最もよく保存されている。ラテン語では兩者は混じて一つとなり，ゲルマン語派に於ても同じ現象を生じ，接續法は希求法に吸收せられた。古典サンスクリット語では接續法は失われ，一人稱の命令法としてのみ殘存している。Injunctivus はヴェーダとアヴェスタの中に見える，直說法の過去形より過去を表示する augmentum a- を除去した形で，特に否定辭 mā と共に禁止を表わすに用いられる。

mā́ na índra pára vṛṇak. RV. VIII. 97$_7$
《インドラよ，我々を見すてるなかれ》

この用法はケルト語派，イタリック語派にもその名殘が見出される。しかし之が一つの法を形成していたか否かは疑問で，むしろ直說法過去形の一用法と考えた方がよいかと思われる。Gr. Imper. φέρετε (pl.), φέρεο (sg.) 《(汝)運べ》の如き形は Injunctivus ではない。[1]

---

(1) Brugmann: *Grundr.*² II. 3. 564 は injunctivus を廣く認めているが，之はむしろ逆に，共通基語に於ては時稱には所謂《tempus primitivum》と perfectum のみがあり，primitivum に augmentum がついた形が過去となったのであるが，augmentum を取らない形も亦そのままで過去を表わし得たのであって，之がギリシア語 (Hom.) の之を取らない過去や命令形になったと考えるべきである。Renou: *Étrenne de linguistique offertes à Benveniste* (Paris 1928), 63 ff.; Kuryłowicz, *Rocznik orjientalistyczny* 3 (1925), 164 ff.; H. Hirt: *Idg. Gramm.* IV. 140 f.; Schwyzer: *Griech. Gramm.* I. 645 Zus. 2, 799 Fussn. 5, II. 339 ff. 參照．

97. 印歐諸言語の動詞はすべて時間（過去，現在，未來）と共に，動作の行われ方の樣相 (aspectus) をも表わしている．これはギリシア語やスラヴ語に於て特に明確に發達していて，むしろ時間の方が樣相に附帶的に生じた觀念の如くに見える．古代ギリシア語に於ては現在と呼ばれる動詞語幹は繼續した動作や情態を表わし，現在直說法は現在・未來或は不定の時の動作又は情態を，現在語幹より造られる不完了 (imperfectum) と呼ばれる形は過去に於ける同樣な動作または情態を表わす．不限定 (aoristus) と呼ばれるものはある動作を繼續不繼續とは關係なしに，全體的に表わすもので，從って不限定直說法は一般的には過去の時を示すが，未來も亦この時稱語幹と密接に關係している．というのは全體的にみた，卽ち始めと終りとをみた完了せる動作は過去か未來に於てのみ考え得るものであるからで，所謂完了 (perfectum) は完了した後の結果や情態が現在に及んでいるか，現在の直前に終了したことを示し，從って之は完了というよりは，上述の如き含みを有する現在なのである．未來は共通基語時代以後の各語派獨立の發達で，ギリシア語やサンスクリット語の未來形は s- 語幹による願望形 (desiderativum, Gr. $\pi\alpha\acute{\upsilon}\text{-}\sigma\text{-}o\mu\alpha\iota$《私はやめるであろう》，Skt. kari-ṣy-āmi《私は作るであろう》）或は接續法であり，ラテン語の未來のあるものは接續法形，あるものは *bhū《…である》との合成形に由來している．

しかし共通基語に於ては現在語幹の不完了と s-aoristus 以外の aoristus とは形態的には差違がなく，兩者の差は動詞語根の有する意味或は動詞組織中のその形態の位置によって，或は現在或は aoristus となった．例えば Gr. $\H{\epsilon}\gamma\lambda\upsilon\varphi o\nu$《私は刻んだ》と $\H{\epsilon}\varphi\upsilon\gamma o\nu$《私は遁れた》は共に同じ弱階梯であるにもかかわらず，前者は imperfectum, 後者は aoristus である．同じく Gr. $\H{\epsilon}\varphi\eta$, Skt. abhāt (impf.)：Gr. $\H{\epsilon}\sigma\tau\eta$, Skt. asthāt (aor.)．外形上根本的な相違のあるのは perfectum のみで，之は特別の母音交替の階梯と人稱語尾，分詞の形によって區別されている（297 頁參考）．從って共

通基語の古い時代には動詞は praesens-aoristus と perfectum の二つの別のみを有し，前者の中に現在と單なる過去のみがあったのが，後に動詞の語根の有する意味によって二つに別れ，この二つの aspectus が一定の動詞組織が次第に生ずると共に，その中に分配せられるに至ったものであろう．これは間接にではあるが，ヒッタイト語の如き古い言語が，ゲルマン語と同じく，現在・未來と過去との二つの時稱を有するのみであり，サンスクリット語にも古代ギリシア語の如き微妙な aspectus の差がなく，aspectus 論の發生の源となったスラヴ語に於いても，現在の如き組織はこの語派獨自の後代に於ける發達である所より察することを得るのである．

從って動詞組織の時稱と aspectus は名詞の格の如くに共通基語時代に完全に發達していたものとは思われず，むしろこの時代にあった萌芽の各語派に於ける獨立の發達であると考えられるのである．

98. 數には名詞と同じく單・複・兩の三種があり，更に各〻に 1, 2, 3 人稱の別がある．

Indicativus, subjunctivus, optativus, imperativus の如くに人稱語尾を取る動詞を verbum finitum (定動詞)と呼ぶに反して，動詞組織中には人稱語尾を取らない，名詞的なものを含んでいる．之は不定形と分詞である．

不定形 (infinitivus) は動詞語幹より造られた名詞の格が固定したもので，態を有し，直接目的を取り得るなど，動詞と同じ特徴を具有している (186 頁以下參照)．

分詞 (participium) は時稱語幹に一定の接尾辭を附して造られ，動形容詞は動詞語根(幹)に直接に -*to- (-*no-) を附して造る (183 頁以下參照)．

99. インド・イラン語派，ギリシア語，アルメニア語，プリュ

ギア語に於ては，過去を示すために動詞時称語幹の前に *ə- (*ē-) > Skt. a- (ā-), Gr. ἐ- (ἠ-), Arm. e- (Skt. á-bharat, Gr. ἔ-φερε, Arm. e-ber (aor.)《運んだ》, Arm. e1 (aor.)=Skt. á-dhāt《置いた》) を附ける．之を augmentum と称するが，之は恐らく共通基語時代の強意を表わす小辞の名残であろう．(1) *ə- が元来独立の語であったことは，動詞に之が附いた時に，*ə- にアクセントがあり，之は Gr. παρ-έ-σχον《提供した》の如くにその前に praeverbium が附いた場合に特に明瞭に現われる如くに，動詞は *ə- に一種の enclitic として附いたことによって知り得る．*ə- は既に古くより動詞が母音で始まる際には，その語頭母音と融合した．例 Skt. āsam, Gr. ἦα<*ēsm̥<*é-esm̥《…であった》．上述の言語以外に *ə- を取るものがないのは，共通基語に於ける方言差と解すべく，他の語派にも *ə- 形があったものが，後に消失したのではないであろう．

100. 動詞に於ても名詞と同じく重複 (reduplicatio) が強意の手段として用いられたが，動詞は之を一つの文法的手段として組織中に取入れるに至った．名詞中感情的な卑俗な語に重複が多いように (193 頁註(1)参照)，動詞に於ても重複は強意動詞 (intensivum) に最も完全な形の重複が用いられ，之は Skt. dar-dr̥-, dar-dir- (dr̥-《裂く》), jaṅ-gam- (gam-《行く》) の如き sonant を含む語根によく現われることは名詞の場合と同じく，同じ方法はギリシア語に於ても，ἀρ-αρ-ίσκω《合わせる》, ἀρ-αρ-εῖν (aor.), ἄρ-ᾱρ-α (pf.) (Arm. ar-ari《私は造った》: pres. aṙnem) の如くに語頭の短母音がある

---

(1) *ē- を Brugmann: *Grundr.*² II. 3. 11 は《かつて》の意味を有するものと言うが，むしろ《確かに》，《本当に》の如き強意の語 (=Gr. ἦ《本当に》, Bréal, *MSL.* 11. 279; Platt,《The Augment in Homer》, *Journ. of Philology*, 19. 216 f.; Schwyzer: *Griech. Gramm.* I. 652.) に由来するものと思われる．

場合の文法的手段の一つとなって殘っている。かかる重複が元來一つの語でなく感じられていたことは，Skt. bálbalíti の如き二重のアクセントや，Gr. *Fε-Fρωγα の如き形が *Fεύρωγα とならずに ἔ-ρρωγα となっている點，或は FHE：FHAKED (Praeneste の前六世紀の碑文)＝Lat. fecit の如き書き方に現われている．

このような自然な重複法が次第に文法的手段として類型化せられた．之は語頭の子音又は sonant と e 又は i との結合によるもので，e によるものは Gr. μέ-μονα, Lat. me-minī, Skt. Ved. mamnáte (3. du. me1.) (*men-《考える》)；Gr. τέ-θηκα, Praeneste FHE：FHAKED, Skt. Ved. da-dháu, OHG. te-ta (*dhē《置く》)の如くに，主として完了語幹を造るに用いられ，また Gr. ἐσπόμην ＜*σεσπόμην の如くにアオリストゥスにも用いられる．i による重複は Gr. γί-γνομαι, Lat. gi-gno；Gr. ἵ-στημι (＜*σί-στᾱμι), Skt. ti-ṣṭhāmi, Lat. si-sto の如くに主として現在重複語幹を形成する．しかし現在にも亦 Skt. dá-dhāmi, Lith. de-dù, OChSl. deždǫ：Gr. τί-θημι の如くに e を取ることもある．e の外に ē もあったらしいことは，Skt. dādharti (intens.), dādhára (pf.) (dhar-《保つ》), Gr. δηδέχαται (Hom. η 72), δήδεκτο (I 224) の如き形が示している．この外にも樣々な方法による重複があり，特にサンスクリット語に於ては之が甚だ複雜な文法組織となっている．

101. 人稱語尾 人稱語尾には第一次 (primary, primär)，第二次 (secondary, secundär) の二種があり，前者は現在（未來）直説法に，後者は imperfectum と aoristus 直説法と希求法に用いられる．接續法の人稱語尾は兩者いずれとも定まっていない．第一次と第二次の差はサンスクリット語，ヒッタイト語，ギリシア語に明らかに認められ，他の語派に於てもその名殘があるが，ケルト語派のみは全く異る．完了と命令法の人稱語尾はまた稍〻異る特殊形を有する．語尾は直接に時稱語幹につく時と，語幹との間に名詞の

場合と同じく (229 頁) e/o の母音を挾むことがあり，前者を athematic, 後者を thematic と云う．

A. 能動形

	IE.		Skt.	
	第　一　次	第　二　次	第　一　次	第　二　次
單				
1.	-mi　-ō	-m　　-m̥	-mi	-m　　-am
2.	-si	-s	-si	-s
3.	-ti	-t	-ti	-t
兩				
1.	-wes, -wos	-we	-vas	-va
2.	-tes (?)	-tom	-thas	-tam
3.	-tes	-tām	-tas	-tām
複				
1.	-mes, -mos	-me (?)	-mas	-ma
2.	-te (?)	-te	-tha	-ta
3.	-nti	-nt	-nti	-nt
	{-enti {-onti	{-ent {-ont	-anti	-an
	-n̥ti	-n̥t	-ati	

Sg. 1. athematic -*mi, thematic -*ō (-*ōmi?)

　　Skt. ás-mi, Gr. εἰμί (<*es-mi), Hitt. eš-mi, OChSl. jesmĭ 《私は…である，存在する》; Skt. dadhā-mi, Gr. τίθημι 《私はおく》.

　　Gr. φέρ-ω, Lat. fer-ō, Goth. baír-a 《私は運ぶ》, Av. Gāθā spasyā (=Lat. speciō 《私は見る》, Lith. velk-ù (<-úo) 《私

は引きずる》。Skt. bharā-mi<*bherō-mi《私は運ぶ》には Hitt. šuppiyaḫ-mi《私は清める》の -aḫmi が對應する（127頁參照）。Lat. sum《私は…ある》, inquam《私は言う》の

Gr.		Lat.	
第　一　次	第　二　次	第　一　次	第　二　次
數			
-μι　　-ω	-ν　　-α	-ō	-m
-σι	-ς	(-s)	-s
-τι	0	-t	OLat. -d
數			
-τον	-τον		
-τον	-τᾱν (-την)		
數			
-μεν (Att.-Ion.) -μες (Dor.)	-μεν, -μες	-mus	
-τε	-τε	-tis	
-ντι	-ν	-nt	
-εντι	-εν	Osc. -ent	
-ατι, -αντι	-αν		

　　-m は第二次人稱語尾。OChSl. -ǫ<-*ō-m は -ō に一人稱の特徵たる -*m を附したものか（?）
　　-*m, -*m̥ （第二次）
　　-*m は母音の，-*m̥ は子音の後の形である。
　　Skt. ábhara-m, Gr. ἔφερο-ν《私は運んだ》, OChSl. padŭ (<*pōdon)《私は落ちた》; Skt. ádadhā-m, Gr. ἐτίθη-ν《私

はおいた》. -*m は Skt. -a, Gr. -α (aor. ἔλῡσ-α 《私は解いた》) となるべきであるが, Skt. では ás-am (Gr. ἦα) 等に於て -m が thematic な形の類推によって附加された. Aor. Skt. ávidam, Gr. ἐϜι-δον＞εἶδον 《私は見た》, opt. Gr. εἴην (＜*ἐσιην), Lat. siem 《私は…ありたい》.

2. -*si

　*es-si＞Skt. ási, Av. ahi, Gr. εἶ＜*esi (Hom. ἔσσι は s が再び挿入された形); Hitt. kueši 《汝は打つ》, epši 《汝は摑む》; Skt. bharasi, Goth. baíris. Gr. φέρεις は ＜*φερει +s＜*φερεσι で二人稱の -s が再び挿入された形か？ しかし Hitt. kururi-yaḫti 《汝は戰を行う》 の -aḫti＝Gr. -*ēti＞-*ēsi とも考え得る (127 頁參照).

　Skt. -tha, Av. -θa, Gr. -θα は完了語尾. Skt. vét-tha, Av. Gāθā vōis-ta (s の後で θ＞t), Gr. οἶσ-θα (＜*Ϝοιδ-θα), Goth. wais-t 《汝は知っている》.

　-*s (第二次)

　Skt. ábhara-ḥ, Gr. ἔφερε-s; opt. Skt. syā-ḥ, Gr. εἴη-s, Lat. siē-s (*es-, *s-《存在する》), Goth. witei-s (wit-《知る》), Skt. bháreṣ, Goth. baírais, Gr. φέροις. Hitt. ḫatrāeš 《汝は書いた》 (praeteritum).

3. -*ti

　Skt. ás-ti, Gr. ἐσ-τί, ORuss. jes-tǐ, OLith. ēs-ti, Lat. est (＜*es-ti), Hitt. eš-zi, ep-zi (z＝ts)《彼は摑む》, eku-zi《彼は飲む》).

　-*t (第二次)

　Skt. ábhara-t, Gr ἔφερ-ε (＜-*ετ); Skt. ásthā-t, Gr. ἔστᾱ (＜-*ᾱτ); opt. Skt. syā-t, Gr. εἴη (＜*εἰη-τ), Lat. siēd, Hitt. daški-t (praet.) 《取った》. Gr. -t＞○, Lat. -*ti＞-t, -*t＞-d.

Pl. 1. 第一次 Skt. -masi, Av. -mahi; Skt. -maḥ, Toch. A. -mäs

第二次 Skt. -mă, Av. -ma, Lith. -ma, OChSl. -mŭ に對して Gr. -μεν (Dor. NWGr. -μες), Lat. -mus (Hitt. -weni) で，-*m- 以外の要素には完全な一致がない。恐らく -*mos, -*məs, -*me (-mo) に歸し得るであろうか (?)。Hitt. -weni の -we は代名詞一人稱複數語幹 *we- と關係があるか (?)。第一・二次の別も不明。

2. Gr. -τε, Skt. 第一次 -tha, 第二次 -ta, Lith., OChSl. -te, Goth. -þ, Toch. A. -č, Hitt. -teni, -tani, 第二次 -ten. Skt. -tha, -ta の別は第二次的に生じたものであろう。Lat. Imper. -te に對して，他では -tis<-tes であるが，-s は後に附加されたものであろう。Lith., OChSl., Goth., Toch. A. の形は -*te, -*the のいずれにも歸し得る。Skt. s-thá, Gr. ἐσ-τέ, Lith. es-tè (ēs-te)；Skt. bhára-tha, Gr. φέρε-τε, OChSl. bere-te, Goth. baíri-þ；Skt. ábhara-ta, Gr. ἐφέρε-τε；opt. Skt. bháre-ta, Gr. φέροι-τε, Goth. baírai-þ.

3. thematic -*nti：Skt. bhára-nti, Gr. Dor. φέρο-ντι (>Att. φέρουσι), Lat. ferunt (<-*o-nti), Hitt. iyanzi《作る》。

-*nt (第二次)：Skt. ábhara-n (<-*nt), Gr. ἔφερο-ν (<-*ντ), OChSl. padę (<-*ont)《落ちた》。

athematic -*e/onti：Skt. s-ánti, Gr. Dor. ἐντι (<*s-enti), Goth. s-ind, Lat. s-unt.

-*e/ont (第二次)：Skt. ās-an, Gr. ἦ-εν, ἦν<*ēs-ent.

athematic -*n̥ti, -*n̥t：Skt. dá-d-ati (dā-《與える》), dá-dh-ati (dhā-《置く》)。Gr. τίθεντι, δίδοντι では語幹が τιθε-, διδο- と感じられたために，-*nti を取っている。-*n̥ti はしかし Gr. Dor. ἀνα-τεθήκ-ατι (pf.), Hom. πεφύκ-ασι (pf.) の如き形に -ατι, -ασι として殘っている。

Du. 1. はインド・イラン語派以外には確實な對應がない。しかし Skt. 第二次 -vă, Lith. -va, OChSl. -vĕ, Goth. Subj. -wa

第 2 部 形 態 論

e/o 母音を取る

		IE.	Skt.
Pres. Sg.	1.	*bhérō(mi)	bhárāmi
	2.	*bhéresi	bhárasi
	3.	*bhéreti	bhárati
Pl.	1.	*bhéromə/os (?)	bhárāmaḥ
	2.	*bhérete	bháratha
	3.	*bhéronti	bháranti
Impf. Sg.	1.	*ébherom	ábharam
	2.	*ébheres	ábharaḥ
	3.	*ébheret	ábharat
Pl.	1.	*ébherome(s) (?)	ábharāma
	2.	*ébherete	ábharata
	3.	*ébheront	ábharan

e/o 母音を取る

		IE.	Skt.	Gr.
Pres. Sg.	1.	*ésmi	ásmi	εἰμί
	2.	*és(s)i	ási	εἶ, ἐσσί (Hom.)
	3.	*ésti	ásti	ἐστί
Pl.	1.	*smé/os (?)	smáḥ	ἐσμέν
	2.	*sté	sthá	ἐστέ
	3.	*sé/ónti	sánti	Dor. ἐντί
Impf. Sg.	1.	*ésm̥	ásam	ἦα (ἦν)
	2.	*éss	ās (āsīs)	ἦσθα
	3.	*ést	ās (āsīd)	Dor. ἦs, Att. ἦν
Pl.	1.	*ésme(s) (?)	ásma	ἦμεν
	2.	*éste	ásta	ἦ(σ)τε
	3.	*ésent	ásan	Dor. ἦν

形 (thematic)

Gr.	Lat.	Goth.
φέρω	legō	baíra
φέρεις	legis	baíris
φέρει	legit	baírip
φέρομεν (-μες)	legimus	baíram
φέρετε	legite (imper.)	baírip
φέροντι (Dor.)	legunt	baírand
ἔφερον		
ἔφερες		
ἔφερε		
ἐφέρομεν		
ἐφέρετε		
ἔφερον		

ない形 (athematic)

Lat.	OLith.	Hitt.
sum	esmì	ešmi
es	esì	(epši)
est	ēsti	ešzi
sumus	esmè	
estis	estè	
sunt (O.U. sent)	(Goth. sind)	ašanzi

(古い opt.) は第二次形 -*we/o を示す如くである．第一次形 Skt. -vaḥ は pl. 1. -maḥ と對應し，第二次形 -mă に -s がないのと同じく，第二次形の dualis -vă に對して，第一次形は -s を取っているから，恐らく古形であろう．

2.3. は Skt. 第一次 -thaḥ, -taḥ, 第二次 -tam, -tām で，後者は Gr. -τον, -τᾱν (-την) に正確に對應する．ゴート語とリトアニア語は二人稱 (Goth. nimats《貴方方二人が取る》, Lith. dìrb-ata《貴方方二人が働く》) のみで，三人稱はなく，第一次・二次共に Goth. -ts, Lith. -ta である．從って共通基語形の第二次語尾二・三人稱は -*to(m), -*tā(m) であったと思われる．第一次人稱語尾については確實に決定すべき資料がない．(270-1 頁の表を見よ)．

B. 中間受動形

	IE.		Skt.		Gr.	
	第一次	第二次	第一次	第二次	第一次	第二次
Sg. 1.	-*(m)ai	-i (?)	-e	-i	-μαι	-μᾱν (-μην)
2.	-*sai	-*so	-se	-thās (Av.-ṇha)	-σαι	-σο
3.	-*tai	-*to	-te	-ta	-ται	-το
Pl. 1.	?	?	-mahe	-mahi	-μεθα	-μεθα
2.	?	?	-dhve	-dhvam	-σθε	-σθε
3.	-*ntai, -*n̥tai	-*nto, -*n̥to	-nte, -ate	-nta, -ata	-νται, -αται	-ντο, -ατο

Sg. 1. 第一次人稱語尾では能動形の如くに thematic と athematic との別は判然としていない．Gr. -μαι に對して Skt. -e < -*ai で，-*m- は act. -*mi の類推によって挿入せられたのであるかも知れないが，OPruss. esmai の存在によって，-m- は古くよりのものである可能性が多い．Skt. -e は dadé の如くに現在以外に Pf. sg. 1. 3. にも用いられ，OChSl. věděl, Lat.

vīdí《私は見た》の如くに他の語派にも見出される。(1)

第二次二人稱語尾の Skt. -i. Gr. -μᾱν (Skt. áduhi, ábhare (<-*o-i), Av. Gāθā aōjī《私は話した》, baire : Gr. ἐφερόμην, ἐθέμην) との關係は不明であるが，-m- が第二次的に他の一人稱形の類推によって挿入せられた疑が十分にある。ギリシア語では Opt. も亦 τιθείμην, φεροίμην の如くに -μᾱν (>-μην) を用いているが，インド・イラン語派では Skt. bhárey-a, Av. baray-a の如くに -a である。(2)

2. -*sai : Skt. -se, Gr. -σαι, Lith. -si, Goth. -za (Skt. bharase, Gr. φέρεαι<*φέρεσαι, Goth. haitaza《貴方は呼ばれる》

-*so (第二次) は Gr. -σο, Av. -ṅha (=-sa), OLat. -ru-s(3)

---

(1) -*ai と -*mai の兩形は -*mai は athematic, -*ai は thematic の語尾であったとも考えられる。しかし，サンスクリット語の古い時代には śaye《彼は横になる》, duhé《彼は乳をしぼる》の如くに現在の三人稱單數にも -e が用いられ，從って -*ai は古くは人稱語尾というよりは，何か外の中間的な意味を表わすものであり，之が後に -m-, -s-, -t- の 1. 2. 3. 人稱の特徵たる形と合したものとも考え得る。しかしこの二つの要素より生じた -*mai, -*sai, -*tai は既に共通基語のものであって，サンスクリット語は古い -*ai のみの形を部分的に保存したものであろう。古代敎會スラヴ語中に唯一つ vědě の形のみ殘り，またラテン語の完了形に -ī で殘っていることは，-*ai を保存していた共通基語中の方言がインド・イラン語派に限らなかったことを示している。

(2) Meillet-Vendryes : *Traité de grammaire comparée des langues classiques.*² (Paris 1927), 300 ; Meillet : *Introd.*⁸ 233 f. はこの -a を y の後に於ける Indo-Iran. -*ə の形であるとし，之は Gr. -μᾱν の -ā-<-*ā- の弱階梯 -*ə であるとしているが，この -*yə>-ya の對應自身が甚だ疑わしい上に，-*i は又 -*ai の弱階梯とも考え得るのである。Schwyzer : *Griech. Gramm.* I. 669. *Fussn.* 8. 參照。

(3) spatiā-ru-s CIL. I² 1732., ūtā-ru-s 1702. の -ru-s は -*so に再び二人稱の特徵たる -s を附した形で，-*so-s>-*zo-s>-*ro-s>-rus となったものであろう。M. Leumann-J. B. Hofmann : *Lat. Gramm.*⁵ (München 1928), 307 參照。

に見出されるにすぎない。Gr. Imper. φέρεο<*φερεσο, Av. baraṇha; Opt. Gr. φέροιο, Av. yazaēša《貴方は犠牲を捧げてよい》。Skt. Impf. ábharathāḥ, Opt. bharethāḥ<-*thēs (cf. OIr. -t(h)ə) はアヴェスタ語形と相反する。Goth. Opt. haitaizau の -u は後に附加された小辭。

3. -*tai: Skt. -te, Gr. -ται (Skt. áste, Gr. ἦσται《坐る》; Skt. bharate, Gr. φέρεται). athematic ではサンスクリット語は又 śaye, dadhé, bubudhé (=Gr. κεῖται, δέδοται, πέπυσται) の如くに現在と完了とに共に -e<-*ai を用いている。

-*to (第二次): Skt. -ta, Gr. -το (Skt. abharata, Gr. ἐφέρετο; Skt. ádita: Gr. ἔδοτο; Opt. bhareta, Gr. φέροιτο). ヒッタイト語も亦 -ta (過去) をもっている。epta《彼は摑んだ》。Lat. sequi-tur<-*to+r.

Pl. 1. Skt. -mahi, Gr. -μεθα[1]< *medhə (?). Toch. -mät も亦之と同形に由來するか (?). Skt. -mahe (第一次), Av. -maide <-*medhai に對應すべき形は外の語派にはない。

2. Indo.-Ir. -*dhwai>Skt. -dhve, Av. Gāθā -duyē, -*dhvam >Skt. -dhvam, Av. Gāθā -dum, Av. -dwəm. Hitt. -du-ma (tu-ma), Toch. A. -c も亦 -*dhvem に歸し得る。Gr. -σθε とこれらの形との間には -*dh- 以外には一致がない。Lat. -minī は本來分詞 -*meno- (Gr. Part. -μενο-, -ā-) の形に由來するものである。

3. -*ntai: Skt. -nte, Gr. -νται (Skt. bharante, Gr. φερον-

---

(1) ギリシア語で詩の中に用いられている -μεσθα (φερόμεσθα, βουλόμεσθα) は古くより韻律の都合上 -σθε, -σθον, -σθην より類推的に造った形とされているが、Hitt. 1. pl. -wašta (-wa-aš-ta) と全く並行的であり、從って古い形の保存とも考え得る。Schwyzer: *Griech. Gramm.* I. 670.; H. Pedersen: *Hitt. und die anderen indoeurop. Spr.* 102. 參照。

ται). 之に對して子音の後では -*ṇtai: Skt. -ate, Gr. -αται
(Skt. śay-ate, Gr. Hom. κέ-αται《橫になる》; Skt. ā́s-ate,
Gr. Hom. εἵ-αται, ἥ-αται《坐る》).
Dual の形には各語派間に全く一致なく，共通基語の再建は不可能
である．

		Thematic			
		Praesens		Imperfectum	
		Skt.	Gr.	Skt.	Gr.
Sg.	1.	bháre《運ぶ》	φέρομαι	ábhare	ἐφερόμην
	2.	bhárase	φέρεαι, -ῃ	ábharathāḥ	ἐφέρεο, -ου
	3.	bhárate	φέρεται	ábharata	ἐφέρετο
Pl.	1.	bhárāmahe	φερόμεθα	ábharāmahi	ἐφερόμεθα
	2.	bháradhve	φέρεσθε	ábharadhvam	ἐφέρεσθε
	3.	bhárante	φέρονται	ábharanta	ἐφέροντο
		Athematic			
Sg.	1.	ā́se《坐る》	ἧμαι	ā́si	ἥμην
	2.	ā́sse	ἧσαι	ā́sthāḥ	ἧσο
	3.	ā́ste	ἧσται	ā́sta	ἧστο
Pl.	1.	ā́smahe	ἥμεθα	ā́smahi	ἥμεθα
	2.	ā́ddhve	ἧσθε	ā́ddhvam	ἧσθε
	3.	ā́sate	ἥνται (Hom. εἵαται)	ā́sata	ἥντο (εἵατο)

c. r を含む人稱語尾

上述の人稱語尾の外に Lat. 3. sg. pass. -tur, pl. -ntur, 1. sg. -or, pl. -mur; Skt. Pf. 3. pl. act. -ur (cikit-ur《彼らは認めた》), Av. -ərəš (čikōit-ərəš); Opt. Skt. -ur (sy-ur, as《存在する, あ

る》= Av. hyārə）; 3. pl. med. -re (Skt. cakri-re = Av. čaxrare, kṛ-《作る》, śe-re = Av. sōire, śī-《横たわる》）の如くに，r を含む一群の人称語尾がある。これは又ケルト語派に於ても OIr. sechur = Lat. sequor, sechethar = sequitur, sechemmar = sequimur, sechetar = sequuntur (sg. 1. 3., pl. 1. 3.)《従う》の如くにラテン語と非常によく似た具合に用いられる。イタリック語派では r は全方言に用いられ，オスク・ウムブリア語に於ては之はケルト語派と同じく，非常に古い非人称的受動の意味を有する。例えば Umbr. fera-r (=Lat. feratur)《それは運ばれるであろう》=《人は運ぶ》には接続法語幹 fera- に人称語尾なしに直接に -r が附せられ，この點で Lat. fera-tu-r の -tu-<-*to- (3. sg.) と全く異り，Ir. berir《人は運ぶ》, Breton. gweler《人は見る》と同じである。之に反して Osc. SAKRATER (=Lat. sacrātur), Marruc. ferenter (=Lat. feruntur), Umbr. herter (=Lat. oportet) の如き -ter, -nter は 3. sg. 及び pl. であって非人称ではない。r- 形は恐らく上述の如き非人称の用法 (Lat. itur《人は行く》, pugnātur《人は戰う》) に發し，之が他の人称語尾に及んだもので，Lat. -tur, -ntur は -*to, -*nto に -r を附したもの，一人称の -or, -mur は act. -*ō, -*mo に同じく -r が類推によって入った形であろう。インド・イラン語の形はサンスクリット語とアヴェスタ語の形より察するに *r̥ の要素を含むらしいが，未だ確實な説明がない。r- 語尾はなおこの外にトカラ語 (Toch. B. weñāre《彼らは言った》, kal-tr《彼は止る》), ヒッタイト語 (ešir, eš《存在す，…である》の indic. 3. pl. praeter., kuennir, kuen-《打つ》) の如き新發見の古い印歐語にも見出され，Arm. berēr《彼は運んだ》(Impf.) や，アルメニア語の祖と言われるプリュギア語 ($\alpha\delta\delta\alpha\kappa\varepsilon\tau o\rho$ = Lat. afficitur)[1] にも類似の形の存在があり，この形が非常に古い共通基語のものであることを

---

(1) この外に $\alpha\delta\delta\alpha\kappa\varepsilon\tau\alpha\iota$ の如く Gr. -$\tau\alpha\iota$ と同じ語尾を有する形もある。Calder: *Journ. of Hellenic Studies.* 31 (1911), 209. 参照。

示している．r が非人称として他の人称語尾の組織とは隔離された存在であったことに，この形が medio-passivum の組織中にばらばらにしか残らなかった原因があると思われる．(1)

動詞語幹

102. 共通基語に於ける動詞語幹，特に現在語幹の形成法は驚くべく多様であって，これらは本来各〻異る意味や aspectus を表わすための手段であったと思われるが，歴史時代の言語に於てはその意味の大部分は失われ，単なる造語法上の一形式，又は語根の一部となって仕舞っている．これらの語幹形成法はサンスクリット語などに於てはなお相当によく保存されているけれども，大部分の語派に於ては音の変化や類推によって互に混同し，或はある形のみが勢力を得，簡単化されている．従って共通基語の情態を詳らかにすることは不可能であるが，その中で特に重要なもののみを拾って次に述べる．

I. 語根動詞

之は語根がそのまま人称語尾を附する語幹として用いられるもので，現在と Aoristus の語幹として用いられる．現在と Aoristus との差はこの場合にはなく，第二次人称語尾を取る Imperfectum と Aoristus との間には形態上の相違は認められない．現在語幹は第一・二次人称語尾を，Aoristus 語幹は唯第二次人称語

---

(1) この問題に関しては Brugmann: *Grundr.*² II. 3. 657.; Meillet,《Désinences verbales de l'indo-européen》, *BSL.* 23. 68.; 《Sur les désinences en -r》 *BSL.* 24. 189.; Vendryes,《Sur les formes verbales en -r du tokharien et de l'italoceltique》, *Rev. celt.* 34 (1913). 129 f.; A. Walde: *Ueber älteste sprachliche Beziehungen zwischen Kelten und Italikern* (Innsbruck 1917), 7 ff.; J. Friedrich, *Festschrift Streitberg*, 314.; H. Pedersen: *Hitt. und die and. i-e. Spr.* 105 ff. を見よ．

尾を取り得るものであるにすぎない。ある種の動詞に於ては現在を Aoristus と區別する特別の接辭その他の特徴がないことによって Aoristus が示されるのであって，例えばサンスクリット語では Imperfectum は asi-ñ-cam であるのに對して，Aor. asi-cam《注ぐ》(Gr. Impf. ἐλά-μ-β-αν-ον : Aor. ἔ-λαβ-ον《取る》) であるけれども，同じ形の adiśam《示す》は Imperfectum である。これらの二つの區別はその言語の中に於けるその動詞の組織によるのであって，Skt. abudham《目醒める》が Aoristus であるのは，Impf. abodham と相對しているからであり，ギリシア語に於ても ἔτραπον《方向を轉ずる》と ἔγραφον《書く》とは同じ母音交替の階梯を有する形態であるにもかかわらず，前者は現在語幹の τρέπ-ω に對して Aoristus であり，後者は Imperfectum，また ἔβην《歩む》は Aoristus であるに對して ἔφην《言う》は s- Aoristus ἔφησα (295 頁參照) の存在によって Imperfectum となっている。恐らくこれは本來は Imperfectum と Aoristus の區別なしに單なる過去であったものが，各々の語幹が組織化されるに從って，Imperfectum と Aoristus とに區分されたものであろう。しかし次第に現在語幹は Aoristus の語幹の弱階梯に對して強階梯を取る傾向を有するに至った。

1. **Athematic**

    a. 單音節語基では之が現在か Aoristus かはその語根の有する意味によって異る。從ってあるものは現在のみ，あるものは Aor. のみを形成し得るのであって，それ以外の時稱語幹は特別の方法によって造らなければならない。例えば Skt. sthā-, Gr. στα-《立つ》は Aor. asthām, ἔσταν を造り，現在は ti-ṣṭhāmi, ἵ-σταμι の如くに重複によっている。また *es-《存在する，ある》は Skt. asti, Gr. ἐστί の如くに現在であって，Aor. は Skt. bhū (abhūt), Gr. γεν- (ἐγένετο) なる全く別の語根によっている。語根はアクセントの交替によ

って變化する．Gr. εἶ-μι : ἴ-μεν, Skt. é-mi : i-máḥ, OLith. ei-mì : eĩ-me (*əi- : *i-《行く》の sg. 1., pl. 1.); Skt. ás-mi, á-si, ás-ti : s-máḥ, s-thá, s-ánti, Gr. εἰμί (=ēmi), Hom. ἐσσί, ἐστί (ἐσμέν, ἐστέ, εἰσί は sg. の類推), Lith. es-mì, e-sì, ēs-ti (pl. esmè, estè も類推), Lat. es(s), es-t, s-umus, s-unt, Hitt. ešmi, ešzi : ašanzi<*ₑšanzi (?) (3. pl.) (*əs- : *s-《存在する，ある》)．上例によって明らかな如く單數では語根に，複數では語尾にアクセントがある．

  b. 二音節語基の場合には現在語幹の最初の音節にアクセントを有するものが多い．Skt. ródi-ti《彼は咆える》: rud-ánti 3. pl.; Gr. κρέμα-μαι《ぶら下がる》．之に對して Aor. は Gr. ἔ-δρᾱ-ν《走った》, ἔ-γνω-ν《知った》, ἔ-φῦ-ν《生じた》の如くに弱階梯を有する．しかし之には Skt. yāti《行く》, prāti《みたす》(Ved. áprāt Aor.), drāti《走る》, snāti《浴する》の如くに多くの例外があり，かかる二音節語基中の單音節形は屢ミ Skt. yāti, yāmaḥ, yānti, Gr. ἔδρᾱν, ἔβᾱν の如くに，本來の單音節語基とは異り，語根交替を行わない．之はある一部の二音節語基では共通基語の古い時代に語根が長母音のままで固定したものらしく，この形が類推によって擴がったためである (123, 137 頁參照).[1]

---

  (1) Lat. vidēre, Goth. 3. sg. witaip (<*widē-yeti)《…に注意する》, Gr. Hom. (Ϝ)ειδή-σειν (Fut. inf.), OChSl. viděti (inf.); Lat. rubēre, OChSl. rŭděti sę《赤くなる》; Lat. tacēre《默る》, habēre《持つ》: Goth. 3. sg. pahaip, habaip; Gr. Aor. intr. ἐμάνην (inf. μανῆναι)《氣が狂う》, ἐφάνην (φανῆναι)《現われる》に見出される -*ē/ō- に關しては諸説があって，一致しない．-*ē/ō- は二音節語基に於ては語根に屬するが，上例の場合には之は明らかに語根の -*ē/ō- による擴大である．かかる擴大は Lith. pasrùvo (<-āt)《流れた》: inf. sravéti の如き形に現われ，-*ē/ō- 以外に -*ā- による擴大も認められ，之は部分的にラテン語の -āre に

2. Thematic

　名詞の場合と同じく e/o 母音附加によって語根は安定し、最早や母音交替は行わない。e/o 母音は本來は恐らく語根の一部であった母音が遊離した結果生じたもので、之は後に一音節と考えられている語根が時折二音節の形を取って現われることによって推知される。動詞語幹は e/o の附加によって二音節となる。之に二種ある。

a. アクセントが語根にあり、從って之は強階梯を取るもの。例 Skt. bódh-a-ti《目覺める》, Gr. πεύθ-ο-μαι《知る》; Skt. bhár-a-ti : Gr. φέρ-ω ; Lat. leg-ō, dīc-ō, dūc-ō.

b. アクセントが e/o 母音にあり、從って語根は弱階梯を取るもの。例 Skt. diś-á-ti《示す》, tud-á-ti《おす》(Aor. á-sic-a-t《注ぐ》); Gr. γράφ-ω《書く》, Aor. λιπ-εῖν, φυγ-εῖν ; Lat. rud-ō (Skt. rud-á-ti《さけぶ》, ródi-ti). ギリシア語では e/o 母音上のアクセントが Aor. inf. λιπεῖν, part. λιπών, imper. λιπέ によく殘っている。

終る活用組織中に混入しており、更にスラヴ語その他の -ā- 語幹に名殘が認められる。Gr. εὑρ-ί-σκω : εὑρ-ή-σω (Fut.), εὕρ-η-κα (Pf.)《發見する》や Lat. tac-ē-re, dol-ē-re《痛む》: per-dol-ī-sco《ひどく痛む》, con-tic-ī-sco《默る》; Lat. ex-perg-ī-scor《目覺める》, Av. frazr-isəmnō《目覺めつつ》: Av. frazr-ātō, Gr. ἐ-γρή-σσω の如き形の中にも同じ -*ē/ō- による語根擴大の結果生じた -*ēi- : -*ī- の交替を認めなくてはならず、この關係は Gr. Att.-Ion. πιπί-σκω《飲ませる》: Pf. πέ-πω-κα, Pres. πί-νω《飲む》(語根 *pōi-) にも認められる。M. Leumann–J. B. Hofmann: *Lat. Gramm.* 318 ; Schwyzer : *Griech. Gramm.* I. 709., 675 f., 742 f., 756 ff. 參照。しかしこれらの形は類推による作用と本來の二音節語基及び不變化長母音語基 (starre Basen) と ē, ō, ā による擴大語基との間の混同によって、識別が甚だ困難となっている。現在語幹ではこの長母音擴大語幹は athematic と thematic の兩方に用いられ、Aoristus では athomatic に多い (288 頁, IV. *ye/yo 語幹參照)。

a. は主として現在，b. は Aoristus に多い。(1)
II. 重複 (reduplicatio) によるもの．
之は重複によって語幹を形成するもので，現在にも Aoristus にも用いられる．これにも亦 athematic と thematic の差がある．
 a. Athematic
  Skt. dá-dhā-ti, dá-dā-ti, ti-ṣṭha-ti 《彼はおく，與える，立つ》
  Gr. τί-θη-σι, δί-δω-σι, ἵ-στη-σι (-σι < τι)
この場合にも dádhāmi, -āsi, -āti, τίθημι, -s, -σι に對して pl. dadh-máḥ, dhat-thá, dádh-ati, τίθε-μεν -τε, -ασι の如くにアクセントの動きによって語根母音交替が行われている．
 b. Thematic
  Skt. pibati 《飲む》, Gr. γίγνομαι 《生ずる》, Lat. gignō, sistō 《立つ》．この形は又 Aoristus を造るにも用いられる．
  Gr. πε-φν-εῖν 《殺す》, Skt. Ved. á-jī-jan-a-m 《生む》．
サンスクリット語に於ては重複はこの外に强意の現在語幹を造る文法的な形となっている．Skt. vé-ved-mi, ve-vid-máḥ (vid-《知る》)．
III. 鼻音の挿入によるもの．
之は鼻音 n を含む形によって造られる現在語幹で，共通基語には少くとも三つの型があった．
 a. *ne/n 語幹 之は Skt. yu-ná-k-ti 《彼は結ぶ》, yu-ñ-j-maḥ

---

(1) tudáti の形は a. よりは後に，主として下位諸言語に獨立に生じたものらしい．E. Leumann, *KZ.* 34. 587 f.; Renou, *Mélanges Vendryes.* 309 ff.; A. Debrunner, *Bulletin of the School of Oriental Studies.* 8. 487 ff.; E. Benveniste: *Origines.* I. 167 参照．インド・イラン語派では tudáti 型は瞬間的な aspectus を有するが，ギリシア語ではこのような意味上の區別は認められない．

(1. pl.), yu-ñ-j-ánti (3. pl.) に見られるように語根 *yeug-, *yug-《結合する》に *yu-ne-g-, *yu-n-g- の如くに *ne/n を挿入することによって作られる。これは又 Hitt. šar-ni-ik-zi《再建する》(3. sg.) の如き形にも見出される。[1] しかしこの athematic な形は古い時代に既に thematic 活用に移り、サンスクリット語に於て yu-ñ-j-ánti＜*yu-n-g-ónti であると同じく、ヒッタイト語も亦 3. pl. šar-ni-in-kan-zi の如くに thematic 活用となっている。ラテン語に於ては iu-n-gō, ru-m-pō の如くに thematic な形のみが残り、ギリシア語に於ては λα-μ-β-άν-ω《取る》, πυ-ν-θ-άν-ο-μαι《知る》(: Aor. ἔ-λαβ-ον, ἐ-πυθ-ό-μην) の如くに更に第二次の -n- が挿入せられている (nā/nə 語幹 287 頁参照).[2]

b. *neu/nu

之も Skt. su-nó-ti, su-nu-máḥ, su-nv-ánti《しぼる》, str̥-nó-mi, str̥-ṇu-maḥ = Gr. στόρ-νῡ-μι, στόρ-νῠ-μεν《擴げる, 撒く》, śr̥-nó-ti, śr̥-nu-máḥ《聞く》の如くにアクセントの動きと共に母音交替を伴っている。ギリシア語で *neu/nu の代りに νῡ : νῠ となっているのは、次に述べる νᾱ : νᾰ の類推によるものである。*neu/nu の交替は、Skt. śr̥-nó-ti の inf. śró-tum, pass. pt. śru-tá の示す如くに、*neu/nu の交替と言うよりは、むしろ śro-, śru-＜*kleu-, *klu- (Gr. κλέϜos《名聲》, κλυ-τόs《名高い》) の *eu/u- が -*n- と共に母音交替となって現われたもので、之が恰も *neu/nu の交替の如くに感

---

[1] ヒッタイト語ではこの現在語幹はすべて causativus の意味を有し、-k- 語幹に屬する。E. H. Sturtevant: *Comparative Hitt. Gramm.* 234 ff., 274.

[2] *yu-ne-g-mi は又 *yu-n-eg-mi とも考え得るのであって、この場合には語根 *yeug-, *yug- は *yw-eg- に分解し、-*eg- は語根 *yeu- に着いた接尾辭と考えなければならない。次の *neu/nu 語幹参照。

じられるに至ったのである。從って本來は a. の *nə/n と同じものであったと思われる。之より推察すれば *ne/n の交替も或は *yeug-, *yug- の形に於ける交替が *ne/n に移行したもので、この交替の源も亦 *yw-n-eg-, *yu-n-g- と分解すべきものかも知れない。[1]

この形も旣に 3. pl. su-nv-ánti に於て thematic への一歩を踏み出しており、純粹の thematic の活用に於ては -nu-o-, -nw-o- の形を取っている。Skt. ci-nv-áti : ci-nó-ti (ci-《集める》), Gr. τί-ν-ω (Hom. τί-νω)<*τι-νϝ-ω《敬う》, Lat. minu-ō《少くする》。

c. *nā̆/nə

*nə/n が二音節語幹の中に挿入された時、例えば *pelə-, *pleə-《みたす》は *pḷ-ne-ə- (或は *pḷ-n-eə-?), *pḷ-n-ə->Skt. pṛṇā-, pṛni- となり、之より *neə/nə>*nā̆/nə の交替をもつ鼻音語幹型が出來上った。例 Skt. pṛ-ná-ti, pṛ-nī-taḥ, pṛ-n-ánti《みたす》, Gr. δάμ-νᾱ-μι, δάμ-νᾰ-μεν《征する》。Gr. -νᾱ- : -νᾰ- は Av. -nā- : -n- (<-*nə-) とよく一致するが、之に反して Skt. -ni- (<-*nə-) の代りに -nī- となっている。之は -ni- の變形であるかも知れないが、Skt. Ved. gṛbhnámi《摑む》: gṛbhāyámi の如き形は *y を含む二音節語基の弱階梯たる -*yə->-ī- が -*nī- の中のある場合にはあったことを示し、-ā- : -āy- の交替は Hitt. ḫatrāmi《私は書く》: 3. sg. ḫatrāizzi, 3. sg. Praet. ḫatrāit にも認められ、之が類推によって全體に擴がったとも考え得る。というのは -*nāi- は屢〻 -*nā- となり、從って -*nāi- : -*nī- は -*nā- : -*nī- の交替を示

---

(1) F. B. J. Kuiper: *Die idg. Nasalpräsentia. Ein Versuch zu einer morphologischen Analyse* (Amsterdam 1937, 但し 1934 年の Diss. Leyden), 70 ff.; Benvenistə: *Origines* I. 159 ff. なお Kuiper 1-34 のこの問題の歷史を參照。

すことが多いからである (122 頁母音交替參照).(1)

　*nā/nə 語幹も亦 thematic な活用にむかう傾向があり，之は例えば Skt. mr̥-ṇá-ti : mr̥-ṇ-áti《死ぬ》, Gr. κάμ-ν-ω《疲れる，まいる》: κάματος《病》, κμητός《つかれた》の如き形によって明らかである．之は更に -*ne/o- の形に於て Gr. -άνω, Arm. -anem, Lith. -inu (Gr. λα-μ-β-άνω《取る》, λι-μ-π-άνω《殘す》, Arm. lkhanem《捨てる》語根 lik-, cf. 3. sg. elikh ; Lith. bùdinu, bùdinti《めざめる》1. sg., 3. pl.) となっている．

IV. *y 語幹

a. 語根を *y によって延長して現在語幹を形成する方法は，母音に終る語根に於ても子音又は子音群に終る語根に於ても，合成に際して發音上の困難を招來することがなく，甚だ都合がよいために，印歐語族の各語派に廣く用いられている．インド・イラン語派とギリシア語の *ye/o に對して，他の語派では Lat. capio, -pis, -pimus《とらえる》: facio -cīs(2), -cīmus《作る》; Goth. hafja《持ち上げる》, hafjis, -jip (=*hafis, -*fip), hafjam, -jap, -jand : sōkja《求める》, sōkeis, -keip, kjam, -keip, -kjand ; Lith. láukiu《待つ》, láuki, -kia, -kiame, -kiate : sė́džiu《坐る》, sė́di, -di, -dime, -dite ; OChSl. borjǫ《戰う》, -ješi, -jetū, -jemū, -jete, -jǫtū : sěždǫ《坐る》, sědiši, -ditū, -dimū, -dite, -detū (-i- < -*ī-) なる二型を有する．之に對してバルト語とスラヴ語の形を根據として IE. -*yō, -*yesi, -*yeti, -*yom-, -*yete, -*yonti と -*yō, -*ĭsi, -*ĭti, -*ĭm-,

---

(1) Meillet : *Mél. Vendryes.* 281 f.; Kuiper : *Nasalpräs.* 21, 66 ; Brugmann : *Grundr.*² II. 3. 297 ; Hirt : *Idg. Gramm.* IV. 199 ; Meillet : *Introd.*⁸ 216 f. 參照．

(2) 古い時代のラテン語では -ĭ- と -ī- とは屢ミ混同している．cupīs, facīs etc.

-*īte, -yonti の二つの型を考え得る。バルト語とスラヴ語に於ては更に第二の型に對する不定形は Lith. sėdė́ti, OChSl. sě-děti であるに對し, 第一の型は Lith. láukti, OChSl. brati を有し, 第二型は ē を語幹に含んでいるために, -*ī- は -*ēi- の弱階梯と想像され, この -*ē- は既に述べた如く (283 頁註 (1) 參照), Gr. ἐφάν-η-ν (: Pres. φαίνω), ἐκλίν-η-ν (: Pres. κλίνω) 等の Aoristus の形にも見出されるのであって, *y を含む現在形には *ēi (*ey) : ĭ と *ye/o とが傳存諸言語中に混在し, その間に類推が働き, 屢〻區別を困難ならしめている。ラテン語に於ては -i- と -ī- の形は capio (inf. capere) : venio 《來る》 (inf. venīre) の二つの文法的に異る種類の動詞を造るに至っており, この -ī は又 reminīscor 《思い出す》の如き -*sk- 現在に見出される。Gr. εὑρίσκω 《見出す》 (: Fut. εὑρ-ή-οω), θνῄσκω 《死ぬ》の如き形も亦同じく -*ēi- 型に屬するものであろう。(1) 上述の例によって知られる如くに, この型には *ye/o の thematic な語幹と *ēi : *ī の athematic な語幹が並存したらしいが, ギリシア語とインド・イラン語派に於ては thematic な活用のみであり, *ye/o にアクセントがある場合とない場合とがある。

A. 語根にアクセントがあり, 從って強階梯をもつもの. Skt. páś-ya-ti : Lat. spec-i-ō 《見る》, Gr. στέλλω<*στελι̯ω 《送る, 遣わす》, δείρω<*δέρι̯ω 《皮をはぐ》, Lat. operiō.

B. *ye/o にアクセントがあり, 語根は弱階梯を取るもの. Skt. med. mri-yá-te (mr̥ 《死ぬ》), kri-yá-te (kr̥ 《作る》); Gr. βάλλω<βάλι̯ω 《投げる》, βαίνω<βάνι̯ω 《歩む》。この

---

(1) Brugmann: *Grundr.*² II. 3. 178. ; Pedersen: *Études lituaniennes* (DVS/M. 19. 3, Kopenhagen 1933) 57 ; Specht, *KZ.* 62. 29 ff., 78 參照。なお上述の外に -*éye-, -*eyé- の deverbativa と denominativa をも考える必要がある。

型はサンスクリット語に於ては常に中間態活用をなし，自動又は受身であるが，この別は他の言語では認められない．

b. 名詞語幹より造られる ye/o 動詞語幹

名詞より動詞を造るに普通に用いられる形は名詞語幹に *ye/o を附するものであって，之は甚だ便利であったため多くの語派に廣く用いられている．

子音語幹 -s Skt. apas-yá-ti 《活動する》（: apas- 《仕事》)，Gr. *τελεσ-ιω > τελείω 《完了する》（: τέλος 《終り》)，Lat. fulgur-i-ō 《閃く，輝く》（: fulgur 《稲妻》).

-n Skt. ukṣan-yá-ti (: ukṣan- 《牡牛》), Gr. ὀνομαίνω (: ὄνομα 《名》) = Goth. namnja (namo, namin- 《名》).

-d Gr. ἐλπίζω 《望む》(ἐλπιδ- 《希望》), Lat. custod-i-ō 《護衛する》(custōd- 《護衛者》).

母音語幹 -ā Skt. pr̥tanā-yá-ti 《闘う》（: pr̥tanā- 《戦闘》)-Gr. τῑμάω 《尊ぶ》（: τῑμά 《尊敬》), Lat. cūrāre 《世話する》（: cūra 《注意》), OChSl. kotorajǫ 《闘う》（: kotora- 《闘争》).

-e/o Skt. vasna-yá-ti (: vasna- 《値》), Gr. ὠνέομαι 《買う》（: ὦνος), Lat. albeō 《白くある》（: albus).

-i Skt. janī-yá-ti[1] 《妻を求める》（: jani- 《妻》), Gr. μηνίω 《怒る》（: μῆνις), Lat. fīniō 《終る》（: fīnis).

-u Skt. vasū-yá-ti 《富を求める》（: vásu), Gr. μεθύω 《酔う》（: μέθυ), Lat. metuō 《怖れる》（: metus).

かくの如くに形成された *ye/o による denominativa のあるものは，又それだけで遊離して，獨立の接尾辭となって用いられることがある．ラテン語に於ては -ā-ye/o- が特に denominativa を造る形として擴がり，所謂第一活用の大部分は之であ

---

(1) ヴェーダに於ては -ya- の前の i, u は ī, ū となる．

る。例えば cūra《心配》: cūrāre, planta《植物》: plantāre の外に、dōnum《贈物》: dōnāre, levis《輕い》: levāre, laus《賞讚》: laudāre, genus (gen. gener-is)《生れ》: generāre の如き形が名詞語幹の形の如何にかかわらず -āre によって動詞化されている。ギリシア語に於ては母音間の -*y- が消失した結果 -*āye/o-, -*eye/o-, -*oye/o- の如き形は -άω, -έω, -όω の contracta となっている上に、上掲の例にも認められる如くに、-*y- と他の子音との結合が様々の形となって變化している。

  c. *éye/o による deverbativa

    之は thematic な名詞語幹より造られた動詞 -eyé/o- とアクセントの差によって區別される (Skt. causativa -áya-: denominativa -ayá-)。語根は一般に o- 階梯を取る。Gr. ποτάομαι, πωτάομαι: πέτομαι《飛ぶ》。しかしこの差はサンスクリット語に於ても既に部分的に混同され、pat-áya-ti《飛び廻わる》, pāt-ayá-ti《飛ばせる》: pátati《飛ぶ》の如き deverbativa の形の外に、明らかに denominativa である mantrá-ya-ti, arthá-ya-ti: mantra-《祈》, artha-《目的》の如くに e/o にアクセントを移している名詞語幹より造られた動詞がある。ギリシア語では兩者の差は全く無視されている。意味は多くの場合に《…させる》で、從って causativa と一般に呼ばれているが、また繰返し行われる動作を示すことも多い。この現在はサンスクリット語に於ては文法的な範疇となり、ゲルマン語派に於ても Goth. lagjan《横たえる》: ligan《横たわる》; satjan《坐わらせる》: sitan《坐わる》の如くに、非常に多くの弱變化動詞に見出される。

V. *s 及び *ske/o 現在語幹

  a. 印歐共通基語には *s, *es による現在語幹があったらしいが、之は個々の語派に於ては既に動詞の語幹を形成する要素としての意味を失って仕舞っている。例 Gr. ἀέξω (<*ἀϝεκ-σ-

古くは Praes. と Impf. のみ), Lat. augeo 《増す，ふやす》,
Goth. aukan 《ふえる》 (cf. NHG. wachsen : Wucher, NE.
wax), Toch. A. oksismān 《大きくなりつつ》 (pt.), okar 《大
きくなったもの》, Av. vaxšt, Skt. ukṣati 《大きくなる》, Lith.
áugti 《大きくなる》.(1) かかる *s による形はまた s-Aoristus
(295 頁参照) 及び s- 未來 (294 頁参照) にも見出される.

b. *ske/o による所謂 iterativa の現在は上述の *s- 現在と何等
かの關係にあるらしい. この形は Hitt. -škizi (3. sg.), -škanzi
(3. pl.), Skt. -(c)cha-, Av. -sa-, Gr. -σκω, Lat. -scō, Toch.
B. -ṣṣ- (<-sk-) となって現われている. 例 Skt. gaccháti (gam-
《行く》), iccháti (iṣ- 《欲する》), pṛccháti (prach- 《要求する》);
Av. jasaiti 《彼は行く》, isaiti 《彼は欲する》; Gr. βάσκω 《歩
む》, ἀρέσκω 《氣に入る》, εὑρίσκω 《見出す》; Lat. crēscō 《増
大する》, nōscō 《…を知る》, poscō 《要求する》, Umbr. eiscu-
rent (=《poposcerunt》); OHG. eiscōn 《要求する》; 重複を
伴った形 Gr. γι-γνώ-σκω 《知る》, Lat. discō 《學ぶ》.

ヒッタイト語の例によれば鼻音の n の挿入及び重複を伴っ
た -*ske/o 語幹は古く印歐共通基語に遡るものであるらしい.
Hitt. ar- 《到達する》, arnu- 《もって行く》: arnu-šk- 《度々も
って行く》, valḫ- 《打つ》, valḫannāi- 《續けて打つ》: valḫan-
nešk- 《續けて繰返し打つ》. 他の語派に於ても例えば Gr. γι-
γνώ-σκω 《知る》=γνώσκω, Lat. (g)nōscō, OPers. xšnāsātiy
(=Lat. 《noscat》) に對して, Skt. jānáti, Lith. žinaũ の如き
形は鼻音を挿入する形である.(2)

---

(1) Kuiper: *Nasalpräsentia* 36 ff., 40 ff.; ib. *Acta Orient.* 12.,
210 ff.; Brugmann: *Grundr.*[2] II. 3. 336 ff.; Schwyzer: *Griech.*
Gramm. I. 706. 参照.
(2) Sturtevant: *A Comparative Grammar of the Hittite Lan-*
guage.[2] 236 ff.; J. Friedrich: *Hethitisches Elementarbuch.* (Hei-
delberg 1940), 33 f. (§ 154) 参照.

-*ske/o はヒッタイト語では動作の反覆と繼續とを表わすが，ギリシア語では特にイオーニア方言に於て反覆(iterativa)現在を造る一つの文法的範疇の形態にまで發達した．ラテン語では rubēre《赤い》：rubescere《赤くなる》の如くに所謂 inchoativa の意味をもつ場合が多く，之はギリシア語に於ける同じ意味の -σκω 現在と對應している．

*ske/o 現在の語根が古くは弱階梯であったらしいことは Skt. gaccháti, Av. jasaiti《行く》; Skt. pṛccháti, Av. pərəsaiti, Lat. poscō (<*porscō), Arm. harçi《要求する》, OHG. forscōn《探す》<*pṛk-ske/o- の如くに印歐語族に廣く認められる對應によって察し得るが, -*ske/o- は多くの場合に第二次的で，總括的に語根の形を規定し難い．

VI. 子音による擴大現在語幹

Gr. Hom. ἐέλδομαι, ἔλπομαι《欲する》, ἐλπίς《希望》: Lat. velle (inf.), vult (3. sg.) < *wel-si, *wel-ti《欲する》; Skt. spṛháyati (3. sg.)《欲する》, Gr. σπέρχομαι《急ぐ》: Skt. spárdhate (3. sg.)《競爭する》, Goth. spaúrds《競走場》, Av. sparəd-《鬪う》; Gr. κεύ-θω《かくす》: Lat. obs-cū-rus《ぼんやりした》の如き普通語根と考えられている語幹は，例えば *wel-p-, *wel-d-; *sper-gh-, *sper-dh-; *keu-dh- の如くに更に分解し得ることを示している．これらの語幹を形成する子音は各語派に於て區々に現われ，最早や生きた文法的な力をもっていないが，かつては各々が實際に動詞語幹形成要素として用いられたものと想像される．[1]

---

(1) このような語根を擴大する要素を Wurzeldeterminativa と稱し，之は動詞のみならず，例えば Gr. πί-μ-πλη-μι《みたす》, Skt. pṛ-ná-mi, prā-ti《みたす》: Gr. πλή-θω《みたす》, πλῆ-θος《一杯であること，大量》, πλή-θᾱ の如くに名詞にも同じく見出される．しかしこのような子音は，本來は子音だけではなくて，母音を

VII. 未來語幹 (-*se/o-, -*sye/o-)

　共通基語に於て特別な時稱として未來が存在していたか否かは疑わしい。ヴェーダに於ては未來形を -s- によって造る動詞は未だ甚だ少ない。また未來は共通基語時代に現在の直說法（例えば Gr. εἶμι《私は行く［であろう］》）や接續法（例えば Gr. ἔδομαι《私は食べるであろう》, πίομαι《私は飲むであろう》）或は *s による desiderativa の形によっても表わされたであろう。

　未來はインド・イラン語派に於ては Skt. vak-ṣyā-mi (vac-《言う》), Av. Gāθā vax-šyā の如くに -*sye/o- によって造られ、この形は Lith. dúosiu《私は與えるであろう》(inf. dúoti), liksiu《私はそのままにおくであろう》(inf. likti) の形によく對應するが、之に對して Gr. λείψω (λειπ-《殘す》), δείξω (δεικ-《示す》); Lat. faxō (fac-《作る》), capsō (cap-《捕える》), Osc.-Umbr. fust (=Lat.《erit》)<*fuset 等は -*y- をもっていない。更に *se/o- は Skt. desiderativum pi-pā-sā-mi《私は飲みたい》の如き形にも見出される。

　一般に行われている說[(1)]によれば s- 未來は s- Aoristus の短母音接續法形（298 頁參照）であって、之は未來とアオリスト接續法との意味上の著るしい相似及び Gr. δείξω : Aor. ἔδειξα《示す》, Lat. dīxō : Pf. dīxī《言う》, aspexō : aspexī《見る》等の形

伴っていた接尾辭であったに相違ない。P. Persson: *Studien zur Lehre von der Wurzelerweiterung und Wurzelvariation.* Upsala 1891.; ib. *Beiträge zur idg. Wortforschung.* 1. 2. Upsala 1912.; A. Cuny: *Etudes prégrammaticales sur le domaine des langues indo-européennes et chamito-sémitiques.* Paris 1924. (Coll. lingu. 14); Hirt: *Idg. Gramm.* III. 236 ff.; Benveniste: *Origines.* この方面の研究が進めば共通基語の造語法は更に古い時代の形が明らかとなるであろう。

(1) Brugmann: *Grundr.*² II. 3. 336 f., 383 ff., 414 ff., 423 ff.; Leumann: *Lat. Gramm.*² 343.; Thumb: *Gesch. der idg. Sprachwiss.* I. (Griechisch) 73. 等。

態上の一致によって支持されているが，之には多くの難點があり，s-Aoristus 以外の語根 Aoristus と結びついた多くの s- 未來や，Aoristus に對して現在と同じ語根を有する s- 未來を說明出來ない。(1) ギリシア語の se/o- 未來はアイルランド語の重複のない s- 未來と，また上記のサンスクリット語の重複を伴う desiderativa は同じくアイルランド語の重複を伴う s- 未來と完全に一致する (OIr. lilsit 《なめる》: ligid; Skt. vivitsati 《さがす》: vid-). 同じ s- 形は願望の意味を有する Lat. quaesō 《願う，望む》, vīsō 《眺める，訪れる》, Goth. gaweison 《氣を配る，訪れる》, OHG. wīsōn にも現われている。從って se/o- 未來は s-desiderativa の現在の athematic な形に對する thematic な活用又は單母音接續法形であり，-*s- より更に -*ye/o- によって擴大されたのが -*sye/o- 未來であろう。

流音と鼻音に終る語根の未來は Gr. τενέω 《張る》, βαλέω 《投げる》< -*έσω の如くに -έ-, -ά- をもっているが，これは二音節語基の語根に本來屬していた母音が類推によって然らざるものにも用いられるに至ったもので，サンスクリット語に於ても二音節語基であると否とを問わず，すべての r 又は r̥ に終る語根は未來形に於て kariṣyāmi : kr̥ 《作る》の如くに -i-ṣya- を取り，更に desiderativa に於ては cikīrṣa- の如くに -īr- (-ūr-) をもっているが，之は -*r̥ə-s- に由來するものである。

VIII.　s-Aoristus

印歐共通基語に於ける Aoristus の特別な形は -*s- を附して造るものである。語根は Skt. á-vākṣ-am, OChSl. věsu, Lat. vēxī

---

(1) 主なる反對者は B. Delbrück: *Vergl. Synt.* II. 242; W. Schulze: *Kleine Schriften* 101 ff.; Meillet, *MSL.* 15. 337 ff.; Pedersen: *Les formes sigmatiques du verbe latin et le problème du futur indo-européen.* (DVS/M. III. 5.); ib. *Etudes lit.* 3–21; Magnien: *Futur grec.* II. 285 ff.

《私は運んだ》の如くに能動態では延長階梯，medium では Skt. mámsi《私は考えた》, ámamsta《彼は考えた》, Av. Gāθā mastā の如くに e- 階梯の場合と，Skt. adikṣi《私は示した》の如くに弱階梯の場合とがある．ギリシア語ではこの別がなくなり，一般に e- 階梯が全時稱組織を通じて用いられ，弱階梯の場合にも全體を通じてこの階梯が現われる．

s-Aoristus は Skt. act. indic. 1. sg. anaiṣam《私は導いた》, 2. sg. Ved. ánais, 3. sg. Ved. ánais (<-*ss, -*st); Av. Gāθā dāiš (<*dēikss 2. sg.)《貴方は示した》; OChSl. 2. 3. sg. pę (<*penss, *penst)《貴方(彼)は吊した》; Skt. 1. pl. anaiṣma, 2. pl. anaiṣṭa; OChSl. něste; med. indic. 3. sg. Skt. Ved. ámamsta; Av. Gāθā mastā の如くに -*s- に直接人稱語尾が附加されているのであって，共通基語に於ける形は act. -*sm, -*ss, -*st, -*sm-, -*ste, -*sṇt (OIr. cursat《彼らは愛した》, OChSl. něsę《彼らは運んだ》[-ę<-*ṇt 又は -*ent]); med. 3. sg. -*sto, 3. pl. -*sṇto (Skt. Ved. 3. sg. á-sto-ṣṭa, 語根 stu-《ほめる》; 3. pl. á-sto-ṣata, á-bhut-sata《彼らは目醒めた》)であったと思われる．Gr. aor. 1. 2. ἔλυσα, -σας《解いた》等のすべての人稱の前に -σα- を有する形は 1. sg. ἔ-λυ-σα<-*sṃ, 3. pl. ἔ-λυ-σαν<-*sṇt の -σα が類推によって全體に擴がったものである．

アクセントは s-Aoristus が元來 athematic であるにもかかわらず，augmentum のない形に於て常に語根上にあり，從って活用に際して語根は母音交替を行わない．

s-Aoristus には上述の外に Skt. á-kram-iṣ-am《私は歩んだ》, Av. xšnəvišā subj. 1. sg.《私は滿足させたい》の如くに -*is- を取る形があり，之は Lat. pf. 2. sg. -isti, 2. pl. -istis, 3. pl. -erunt 及び plpf. subj. dīx-is-sem《言う》中の -is- と同じものと考えられる．-*is- の形は元來二音節語基に由來するものかと思

われるが，之は子音に始まる人稱語尾をつける際に生ずる不便を除くに役立つ．[1]

Gr. ἐτίμησα《私は尊敬した》, OChSl. dĕlaxŭ《私はした》, OIr. ro charus《私は愛した》の如き名詞から造られた動詞の s-Aor. の形は -*s- のかかる場合に於ける音變化の法則を破っていることによって，各語派中に別々に發達したものであることを示している．

IX. Perfectum

この時稱は次の諸點で他の時稱と異る．

1. 人稱語尾　單數の一人稱は -*a[2] (Skt. veda : Gr. οἶδα《私は知っている》), 三人稱は -*e (Skt. veda : Gr. οἶδε, cf. OLat. fēced, Praenest. fhefhaked) は完了に特有の形である．

2. 語根は現在が e- 階梯であるに對して o- 階梯を取り，現在の語根動詞と同じくアクセントの動きと共に母音交替を行う．
Gr. Pres. πείθομαι《言うことを聞く》: Pf. 1. sg. πέποιθα, 1. pl. πέπιθμεν; Fut. ἐλεύσομαι《行く》: Pf. Hom. εἰλήλουθα, Att. ἐλήλυθμεν (1. pl.); μένος《心》: Hom. μέμονα《…しようとする》, μέμαμεν (1. pl.) (<*me-mn̥-); φθείρω《破壞する》: ἔφθορα, ἔφθαρμαι (1. sg. med.) (<*ἐφθr̥-).
強階梯を有するのは Skt. 1. 2. 3. sg. tutóda, tutóditha, tu-

---

[1] Brugmann : *MU*. III. 16 ff.; M. Leumann : *Lat. Gramm*. 239 f.; Meillet : *Introd*.[8] 214 參照．なお Hitt. 3. sg. naišt《彼は導いた》, 2. pl. naišten, Toch. 2. sg. weñaṣt《貴方は言った》の形を比較．

[2] Hitt. ḫi 動詞の 1. sg. šaggaḫḫi (šak-, šek-《知る》), arḫi (ar-《到達する》) の -ḫ(ḫ)- の存在より察するに, pf. -*a は更に古くは laryngeal *h(=ə)+e に由來するものであろうか (?). 3. sg. šakki, ari で -i を有するが，之も亦 mi- 動詞形の -zi<-*ti と相對して，他の印歐諸語の形 -*e と關係あるものの如く思われる．完了の 1. 3. sg. の最古の形は -*əe, -*e か．122 頁以下參照．

tóda : du. pl. act., med. tutud-《打つ》, Gr. du. 2. 3. τέθνα-τον, pl. 1. 2. 3. τέθναμεν, -τε, -σαν《死ぬ》, 1. sg. οἶδα : du. pl. ἴσ-, subj. εἰδ-, part. εἰδ- によって, 1. 2. 3. sg. indic. と subj. 及び分詞であることを知り得る. o- 階梯はまた Skt. cakā́ra《私はなした》, jagā́ma《私は行った》の如き e を含む重複の音節と o を含む語根の音節とに於ける gutturales の異る取扱いに於ても明瞭に認められる (103 頁註 (1) 参照).

3. インド・イラン語派とギリシア語に於ては重複が完了を示す一つの大きな特徴をなしている. 之は又 Lat. tutudī《打つ》, meminī《覺えている》の如き形にも認められるが, 共通基語に於ける完了の必須の條件ではなかったことは Skt. veda, Gr. οἶδα, Lat. vidī, Goth. wait, Arm. gitem (i<*oi), OChSl. vědě, OPruss. waissei (2. sg.)《知っている》の如き, 印歐語族全體に保存されている古い重複をもたない完了の存在によって知られる.

4. 分詞は -*we/os- (fem. -*us-) を e- 語幹 (fem. 弱語幹) に附して造る (185 頁参照).

この完了形はインド・イラン語派とギリシア語ではよく保存されているが, ラテン語やゲルマン語派の過去形は完了と Aoristus との混合體であり, 兩者は一つの時稱に融合し, 更にこの外にも他の方法による過去形をもっている.

X. 接續法と希求法の語幹

a. 接續法の形はインド・イラン語派とギリシア語によく殘っている.

1. Athemathic な活用に於ては, 時稱語幹に thematic 母音 *e/o (Gr. ε/o, Skt. a, Lat. -ō, -is 等) を附して造られる. 例えば Skt. indic. 3. sg. ás-ti (<*és-ti) : subj. ás-a-ti, ás-a-t (<*es-e-t[i]), Av. aṇhaiti, aṇhat, Lat. Fut. erō, eris (<*es-ō, *es-e-s), Gr. Hom. ἴ-ο-μεν (ind. ἴ-μεν 1. pl.), φθί-

ε-ται (indic. ἐφθιτο 3. sg. med.). s-Aor. に於ては Skt. indic. 3. sg. ánaiṣ《彼は導いた》: subj. neṣ-á-ti, Gr. Hom. indic. ἔ-τεισ-α (1. sg.) : subj. τείσ-ο-μεν (1. pl.)《尊ぶ》の如くである．完了に於ても Gr. indic. οἶδα : subj. εἴδ-ο-μεν (1. pl.)．ラテン語に於てはこの形は上例の如くに未來になっているが，ギリシア語に於ても ἔδ-ο-μαι《私は食べるであろう》, πί-ο-μαι《私は飮むであろう》の如き例外的に接續法形が未來となっているものもある．語根の階梯は e- 階梯が多い．

2. Thematic な語幹に於ては Skt. ā, Gr. η/ω, Lat. ē となっており，共通基語では長母音 *ē/ō を語幹と人稱語尾の間に挿入したものと思われる．Skt. Ved. bhár-ā-ti, bhár-ā-t (3. sg.), Gr. φέρ-ω-μεν, φέρ-η-τε (1. 2. pl.), Lat. Fut. fer-ē-s (2. sg.)《運ぶ，もたらす》．ラテン語に於ては一人稱 -am 以外には -ēs, -et, -ēmus, -ētis, -ent の如くに全人稱に -ē- が用いられ，之は Gr. η/ω と一致せず，Skt. ā は *ē か *ō か不明であるが，pacā(ni), pacās(i), -āt(i)《料理する》(1. 2. 3. sg.) の如くに guttural がすべて口蓋化をうけている點より，ここにも *ē を認めるべきか (?)．しかし Skt. の場合には語根の形が同一の活用の中で變化する (*pakā : pacās etc.) のを嫌って，類推によってすべて同一に統一したものとも思われるし，subj. ē/ō は indic. e/o と關係ありと考えるべきであるから，indic. *e/o と同じく *ē/ō が接續法として用いられたと考えてよいであろう．[1] 從って Lat. ē のみの形も，之を原形の保存と解すべきか，それとも *ē/ō より *ē のみが出來上ったのか

---

(1) Brugmann : *Grundr.*² II. 3. 530 f. (ē/ō 說，但し彼の *Griech. Gramm.*⁴ 385. 參照); Hirt : *Idg. Gramm.* IV. 295 (ē 說); Schwyzer : *Griech. Gramm.* I. 791 f.; Meillet : *Introd.*⁸ 224. (*ē/ō 說); Vaillant, *BSL.* 38. 99 (*ē<*əh=*eə₁).

疑問である(1).

b. 希求形の語幹は時稱語幹に athematic の場合には -*(i)yé/ī を附して造る. *ī は *yē の弱階梯 *yə の融合した形である. *yé は athematic な直說法形と同じく act. sg. のみで, act. du. pl. 及び中間態のすべては人稱語尾にアクセントがある結果 *yē>*yə>*ī となる. 時稱語幹は Skt. s-yā́-t, OLat. siet <*siēt (3. sg.), s-ī-mus (1. pl.), OHG. s-ī-m (es-《存在する, ある》の opt.)(2): indic. Skt. ás-ti, Gr. ἐσ-τί, Lat. es-t; opt. Skt. vid-yā́-t, da-dh-yā́-t, va-vr̥t-yā́-t (*weid-《見る》, *dhē-《置く》, *vert-《廻わす》) の如くに弱階梯を取り, 人稱語尾は第二次である. しかし多くの言語に於て *yē/ī の交替は類推によっていずれか一方に纏められ, サンスクリット語に於ては旣にヴェーダ時代に能動形で *ei-《行く》: opt. i-yā́m, -yā́s, -yā́t, pl. -yā́ma, -yā́ta の如くに -yā- が全人稱に用いられ, 中間態の -ī- の形と相對している. 之に對して Lat. sim, sīs, sit は古い siem, siēs, siet を逆の方面に統一し, ゲルマン語派, バルト語派, スラヴ語派, トカラ語 (A) も -ī- のみを有する. OHG., OE. sī (但し Goth. 2. sg. sijais, 1. pl. sijaima は -*yē-); Goth. 2. sg. nēmeis, 3. sg. nēmi, 1. pl. nēmeina《取る》; OChSl. 2. pl. imper. dad-i-te《與えよ》, ĕd-i-te《食え》.

---

(1) Lat. habe-ā-s, leg-ā-s, audi-ā-s の ā による接續法形は Osc. pútíad, deicans《dicant》, fakiiad, Umbr. emantur の如くにイタリック語派全體のものであり, 同じ形は OIr. -bera《ferat》にも認められるが, 之は共通基語に遡るものではなく, むしろ二音節語基の長母音の形 (例えば Lat. fuam, tulam) より -ā- を得た特殊の發達である. M. Leumann: *Lat. Gramm.* 325 參照.

(2) Gr. εἴην, εἴης 等は indic. の ἐ- が類推によって opt. に入ったものである. しかしここにも sg. εἴην: pl. εἶμεν<*ἐσ-ιη-ν, *ἐσ-ī-μεν に *iē:*ī の交替が認められる.

Thematic な活用に於ては opt. 語幹は -*oi- を附して造られる。この形は恐らく -*e/o- 母音の -*o- に -*i- が加わつて出來上ったものと思われる。(1) Skt. 2. 3. sg. bháreḥ, bháret, Av. barōiš, barōit, Gr. φέροις, φέροι (<-*οιτ), Goth. baírais, baírai, OChSl. beri, berěte (Lith. te dirbiē, dìrbti《働く》の opt.). -*oi- はすべての人稱に用いられる。1. sg. act. の形は Gr. Arcadia 方言 ἐξελαύνοια《私は追い出す》によって -*oy-m̥ が原形であり、Skt. bharey-am, Gr. φέροιμι の如き形はすべて類推によって出來た變形である。3. pl. は Av. barayən<-*n̥t であるが、Skt. bhareyur, Gr. φέροιεν の如くに變っている。

XI. 命令法

命令法には接續法や希求法のように特別に之を作る語幹はなく、ある形は直説法第二次人稱語尾に（例えば 2. pl. imper. Skt. bhárata, Gr. φέρετε, Lat. legite)、ある形は接續法に（例えば 1. pl. imper. Skt. bhárāma)、希求形に（例えば 2. sg. imper. OChSl. beri) に等しく、あるものは更に Lat. 2. pl. pass. imper. -minī (=Gr. -μενοι) の如くに分詞形に等しい。從って之を語幹形成法中に入れるのは當を得ていないのであるが、命令形中のあるものは、Gr. φέρε, Skt. bhára 2. sg. の如くに語幹そのままの形を取り、また athematic な形では母音の階梯に特徴があるので、別項を立てたのである。以下に述べるのは共通基語形と考えられるもののみである。

---

(1) Meillet (*BSL.* 32. 199; *Introd.*[8] 225) は Skt. Ved. 1. sg. dr̥śeyam, 3. sg. dr̥śet (<*dr̥koi-): indic. adr̥śma の如き形より、-*oi- それ自身が本來 opt. の athematic な活用に用いられたものとしている。とにかく -*oi- (Skt. -e-, Gr. -οι-, Goth. -ai-, Balt. -ie-, Slav. -ē-) が歴史時代の言語に於て最早や thematic な母音とも、thematic な活用とも考えられていなかったことは事實である。なお thematic な場合の -*oi- は Meillet は -*o+i- であるとする。

a. 2. sg. act. は多くの場合に時稱語幹のみ．
Skt. bhára, Gr. φέρε, Goth. baír＜*bhere《運べ》
Gr. ἔξ-ει, Lat. ei, ī, ex-ī, Lith. eĩ-k＜*ei《行け》
Gr. ἵστη, δείκνῡ etc.; Lat. es, cape (＜*capi) etc.
b. 2. sg. act. は athematic な形で時としては特別の人稱語尾を取ることがある．
Gr. ἴσ-θι, Skt. edhí, Av. zdī : *es-《存在する》
Gr. (ϝ)ἴσ-θι, Skt. viddhí : *wid-《知る》
Gr. κλῦ-θι, Skt. śruddhi : *kleu-, *klu-《聞く》
この形は本來は -*dhí で，アクセントを有し，從って語根は弱階梯．
c. Lat. -tō (OLat. -tōd, Osc. -tud=-tōd), Skt. Ved. -tād＜-*tōd.

これは本來は恐らく代名詞 *to- の Ablativus で，之が動詞語幹について命令形となったものと思われる．-*tōd は未來の命令の意味を有し，[1] 人稱の制限のなかったことは，この形がラテン語に於て 2. 3. 人稱に，サンスクリット語に於て古くは 2. sg. du. pl. 及び稀に 3. sg., (2. du., pl.,) 1. sg. にも用いられ，ギリシア語に於ても時には二人稱の意味となっていることによって窺われる．

不定形と分詞に關しては名詞語幹の項 183 頁以下及び 186 頁以下を見よ．

---

(1) 例えば Plautus Pseudolus 647 tu epistulam hanc a me *accipe* atque illi *dato*.《お前はこの手紙を私から受け取れ，そして彼に與えるようにするのだ．》Delbrück: *Vergl. Synt.* I. 360; Wackernagel: *Vorlesungen über Synax.* I. 128; Leumann-Hofmann: *Lat. Gramm.* 323, 576.

第10章 不變化詞

103. 名詞（實體詞，形容詞），代名詞，數詞の一部，動詞に對して，共通基語には全く曲折をもたない語群があった。その中には名詞のある格が曲折組織より遊離して出來上ったものもあり，また特別の接尾辭を取るものもあるけれども，名詞や動詞の如き意味での文法體系中の群を形成せず，樣々の形態のものが，むしろその意味と機能とによって夫々の群に纏められているのであって，從って形態的には一致がない。それ故に或はむしろ語彙とか意味論に屬すべきものとも考えられるが，しかし矢張りあるものには形態的な共通點があり，また廣く形態以外の，例えば機能や語順等からも一致があるので，これらの説明を兼ねてここにその各々について述べる。

104. 副　詞　副詞は主として動詞にかかって動作の行われる時，場所，樣子その他を限定すること形容詞が名詞にかかって之を限定するのと同じであるが，副詞は又形容詞或は副詞の意味をも限定する。その用法に於ても形に於ても副詞は前置詞及び小辭と根本的な相違はなく，三者を明確に分つことは不可能である。

副詞のあるものは名詞のある格形が曲折組織より遊離したもので，之にはあらゆる格の形が用いられる。例えば

Nom.　Lat. adversus《…に對して》

Acc.　Gr. δωρεάν《無償で》, χάριν《…のために》, ταχίστην (ὁδόν)《速かに》, πρῶτον=Lat. primum, Skt. prathamám《最初に》

Gen.　Gr. Ion. Att. αὐτοῦ《その場で》, τηλοῦ《遠くに》, νυκτός《夜に》=Goth. nahts

Loc.　Gr. χαμαί《地上に》, οἴκοι《家に》, Skt. ahar《晝間に》, Lat. domī《家に》, vesperī《夕方に》

Instr.　Skt. sáhasā《突然》, uccā《上方に》, paścā《後に》, Gr.

λάθρᾱ《祕かに》, οὔπω《未だ…ぬ》
の如くである。副詞的用法の由來については§79, 格の用法の項參照．

副詞の第二の造り方は接尾辭による方法で，之には色々の形が各々の語派に用いられているが，廣く多くの語派に共通するのは僅かである．例えば

-*dh-: Gr. ὕπερ-θε(ν)《上に》, πό-θεν《何處から》, πό-θι《何處に》; Skt. kú-ha《何處に》, Av. ku-dā, OChSl. kŭ-de, Osc. pu-f (<-*dhe 又は -*dhi, Lat. u-bi), Skt. á-dhi《…に，…の上に》

-*r: Gr. ἄτερ, Skt. antár, Lat. inter.

この外にも各語派の形を全部は滿足に音韻的にも意味上からも說明出來かねるが，互に關聯があるに相違ない相當數の副詞を造るに用いられる接尾辭がある．

副詞はまた Gr. ἔν-ωπα《…に面して》, ἐκ-ποδών《邪魔にならないように》, ἐμ-ποδών《邪魔になる》, Skt. prati-doṣám《夕方に》の如くに合成によっても造られる．

かかる副詞が名詞の格や或は合成より一つの別箇の語と感じられるに至るには，古い格形が忘れられて唯副詞としてのみ殘って（例えば Gr. πῇ, πω の如き具格），そのために副詞を造る特別の語尾と感じられるに至ったり (Gr. οἴκοι《家に》, Μεγαροῖ《メガラに於て》)，或は Gr. ἀμέλει の如くに本來《心配するな》という意味より《勿論》という意味に轉じて，そのまま副詞化した如くに（英語の no matter 參照），本來の文法組織中よりの孤立が最も有力な原因となる．英語の for ever, at any rate, 獨乙語の anstatt, ギリシア語の εἰς ἀεί《永久に》の如くに未だ半ば獨立の語の群或は合成は副詞化の過程をよく示し，更に副詞より一步を進めば前置詞的になり得るのであって，Gr. -δε《…へ》, …δω《…に》(οἶκον-δέ《家へ》, ἡμέτερον δῶ《我々の所に》) はゲルマン語に於ては ze, zu

の如くに眞の意味での前置詞となっており，Lat. circum《…の圍りに》, secundum《…に從って》, coram《…の面前で》, causā《…の故に》(cf. 佛 à cause de, 英 because of), retro《後に》(佛 derrière<de retro) の如きはすべてこの經過を經たものである．

105. 前置詞 前置詞 (praepositio) 又は praeverbium と呼ばれる一群の非常に短い語は，一つには Gr. $\dot{\alpha}\pi o\text{-}\tau\acute{\iota}\theta\eta\mu\iota$《別の所に置く，しまって置く》, $\pi\rho o\text{-}\tau\acute{\iota}\theta\eta\mu\iota$《前に置く》, Lat. ab-dere《別の所に置く，かくす》, pro-ficio《進む》(pro+facio) の如くに，動詞の前に附せられて動詞の意味を限定したり，ある意味の方向に轉じたりするための praeverbium《動詞の前に置かれる語》と，名詞の前にあってその格を支配する（主として場所の限定を與える）ために praepositio《前に置かれる語》と名付けられたのである．共通基語に於ても旣にこのような用い方があったことは確實であるが，この種の語は本來は名詞とも動詞とも特別に關係はなく，獨立に動作の行われる場所などを限定したのである．しかし副詞が Lat. hic sum, Gr. $\dot{\varepsilon}\nu\theta\dot{\alpha}\delta\varepsilon\ \varepsilon\dot{\iota}\mu\acute{\iota}$《私はここにいる》の如くに *es-《…である，存在する》の如き，所謂 copula を用いる文に於ても用いられるように，前置詞を含む語群も亦この種の文の述部となり得た．この種の語は，ある意味では副詞であるけれども，旣に前置詞となったものは，praeverbium と praepositio として特殊な一群を形成する．

　　この種の語の自由かつ獨立の用法は，
　　　($\ddot{\iota}\pi\pi o\iota$) $o\breve{\upsilon}$s $\pi o\tau$' $\dot{\alpha}\pi$' $A\dot{\iota}\nu\varepsilon\acute{\iota}\alpha\nu\ \dot{\varepsilon}\lambda\acute{o}\mu\eta\nu$. Hom. Θ. 108
　　　《私がかつてアイネイアースより奪い取った（馬）》
　　　$\mu\varepsilon\tau\dot{\alpha}\ \delta$' $\dot{\iota}\dot{o}\nu\ \ddot{\varepsilon}\eta\kappa\varepsilon$. Hom. Λ. 48
　　　《彼は矢を（彼らの間に）放った》
や Lat. sub vos placo《私は貴方方に願う》の如き，所謂 tmesis と呼ばれる，後代の語感では動詞の直前にあって，之と一語を形成

すべき前置詞が動詞と分離している用法に認められ，之はゲルマン語に於て現在もなお極めて普通の現象である。前置詞がかつては動詞とは獨立のアクセントをもっていたことは，ヴェーダに於ては遊離した前置詞が主文の中で，á gamat (subj.)《彼が來るように》，gávām ápa vrajáṃ vr̥dhi《牝牛の小屋を開け》の如くに，それ自身がアクセントをとり，動詞が却って之にアクセントの上ではかかっている形を取っていることによって知られる。前置詞は又古くは

κατὰ πίονα μηρι' ἔκηα. Hom. A. 40
《私は肥えた腿を燒いた》
τότε δ' ἤδη ἔχεν κατὰ γαῖα μέλαινα. Hom. B. 699
《しかしその時には既に黒い大地が彼をしっかりと摑んでいた》
jáyema sáṃ yudhí spŕ̥dhaḥ. RV. I. 8₃
《我々は戰鬪で敵を征服するであろう》

の如く動詞の前にも後にも立ち，之はヴェーダやホメーロスの用法によって非常に古いものであることを知り得る。後置せられる形はラテン語では mecum《私と共に》，quoad《何時まで，…まで》の如き形に，なお歷史時代まで殘存している。

このような自由な位置より前置詞は Lat. ob vos sacro《貴方方に願う》，sub vos placo (Festus 190 b 2) (=obsecro vos, supplico vos) の如き僅かに短い語のみを動詞との間に置き得る段階に達し，之は Gr. Hom. κατ' ἄρα ἕζετο《彼は坐った》の如き古い印歐語中の多くの例によって知られる。かくして遂に前置詞は動詞と一體となり，アクセントを失い，様々の派生的意味を生ずるに至ったのである。

名詞との結合は，本來名詞が前置詞とは關係なしにもっていた格が，前置詞と密接に關聯するが如くに感ぜられた結果である。

ἐκ δ' ἄγαγε κλισίης. Hom. A. 346
《テントから連れ出した》
ἐπὶ κνέφας ἤλυθε γαῖαν. Ω. 351

《闇が地上に來た》の如き文に於ては，gen. κλισίης は ἐκ とは直接に關係なく，それ丈で《テントから》の意味を表わしているのであるが，之が ἐκ《…から》によって更に明瞭に限定されているために，ἐκ…κλισίης《天幕から，内から外へ》という元來二重の表現が普通となって，屬格の獨立の意味が稀薄となり，ἐκ が屬格を支配するに至ったのである。このようにして格の表わす意味が明確化されるために，前置詞はすべての印歐語に於て格との關聯に於て發達し，格が本來獨立に有する意味は漸次忘れられる傾向を辿っている。格の中で具格，於格，奪格のように場所その他の具體的な意味を表わす格が夙く消失したのは，上述の如き前置詞の發達徑路に關係している。名詞の場合にも古くは前置詞が名詞の後に置かれることが多かったことは，ヴェーダやギリシア語の古い文獻の示す所であり，ラテン語にも珍らしくない。

　前置詞は語源的には樣々の形より發達している。あるものは Lat. secundum《…に從って》, adversus《…に對して》, Gr. ἐναντίον《…に對して》, Skt. paścād《…の後に》, OChSl. meždu《…の眞中に，間に》の如くに本來名詞の格であり，あるものは Gr. μετά, Goth. miþ, OHG. mit《…と共に》の如くに特殊の副詞形成接尾辭をもった形であるが，このような説明のつかないものが多く，殊に全語派に共通で，共通基語に遡り得るものの多くは最後の種類に屬する。前置詞には次の如きものがある。

*anti《…に對して》: Gr. ἀντί, Lat. ante, Goth. and-, ONorse and-, OE. and-, ond-, OHG. ant-, Skt. ánti, Lith. anta (《…の上に》).

*anō (?)《…の上に》: Skt. ā, Av. ana, OPers. anā, Gr. ἀνά, ἄνα, Lat. an-, Goth. ana, OE. on, OHG. ana; Gr. ἄνω, OChSl. na, Lith. nuõ, nu (《…から，…下に》), OPruss. no, na《…の上に，…に從って》.

*(a)po 《…から》: Skt. ápa, Av. apa-, Gr. ἀπό, ἄπο, Lat. ab (abs), Goth. af, OHG. aba, ab, Hitt. āppa(n) (《後方へ》); Av. pa-, Lith. pa-, OPruss. pa-, po-.

*ambhi, *m̥bhi 《…の兩側に, 周圍に》: Gr. ἀμφί, Lat. amb-, OHG. umbi, Goth. bi; Skt. abhí (abhi-táḥ 《兩側に》), Av. aibī, aiwi, OPers. abiy, Lat. ob, OChSl. o(b)-, obŭ, obĭ も亦之に屬するものと考えられる.

*ad 《…に, …へ》: Lat. ad, Goth. at, OHG. az, OIr. ad-.

*awe, *au, *wĕ 《…から》: Skt. áva, Lat. au-, vĕ-, OChSl. u, OPruss. au-.

*en, *n̥ 《…の中に》: Gr. ἐν (ἔνι, ἐνί), ἐν-ς > Att. εἰς, Lat. in, Goth., OHG. in, Lith. į̃, OPruss. en, OIr. ini- (Ogham inigena < *eni-genā 《娘》).

*enter, *n̥ter 《…の中に, 間に》: Skt. antár, Lat. inter (Osc. anter), OHG. unter.

*epi, *opi, *pi 《…に, …の上に》: Skt. ápi, pi-, Gr. ἐπί, ἔπι, Lat. ob (《…にむかって》), Osc. op, úp (《…の間に, の中に》), Gr. ὄπι-θεν 《後に》.

*eks (<*egh-s) 《…の中から》: Gr. ἐξ, ἐκ, Lat. ex, ē, Umbr. e, eke, Cont. Celt. ex- (人名 Ex-obnus 《恐れなき人》).

*eti, *oti 《…を越えて》: Skt. áti, OChSl. otŭ (<*oti 《…から》), Lith. āt-laikas 《殘り》 (Skt. ati-rékaḥ), これは又 Gr. ἔτι 《更に, なお》, Lat. et 《…と, そして》, OPruss. et-, at- 《再び》, Goth. iþ 《しかし, そして》等の小辭となっている.

*met-, *medh- 《…と共に》: Gr. μετά, Goth. miþ, ONorse með, OE. mid, mið, OHG. mit, miti.

*n̥dher(i) 《…の下に》: Goth. undar, ONorse, OE. under, OHG. untar, Av. aδairi (Skt. adhara-, Lat. infer-us, OHG. untaro), Toch. A. āñc.

*prŏ 《前方に》: Skt. prá-, pra-, Av., OPers. fra-, Gr. πρό, Lat. prŏ-, Osc. pru-, Umbr. pro-, pru-, Goth. fra-, OHG. fra-, ONorse, OE. for-, Lith. pra-, OChSl. pro-, OIr. ro-.

*proti, *preti 《…に對して，むかって》: Skt. práti, Gr. πρότι, προτί, πρός, Aiol. πρές, Pamph. περτ-εδωκε (<*πρετι-), Lett. prett'.

*poti=*proti: Av. paiti, Gr. Hom. πότι, ποτί.

*peri, *per 《…を越えて》: Skt. pári, Av. pairi, OPers. pariy, Gr. περί, πέρι, πέρ (方言), Alban. pεr, Lat. per, Goth. faír-, OE. fyr-, Lith. pér-, peř, OChSl. prĕ- (Russ. pere-), OIr. er-, ir- (Hitt. pariyan, pāriyan).

*kom 《共に》: Lat. com-, cum, Osc., Umbr. com, Celt. *kom (cf. Gr. κοινός 《共同の》<*kom-yos).

*ŭpo 《…に，下に》: Skt. úpa, Gr. ὑπό, ὕπο, Lat. s-ub, Goth. uf, OHG. ūf " auf ", OChSl. oba (《上に》).

*ud 《高みに，上に》: Skt. úd, Goth. ūt, OHG. ūz, OIr. ud-, od-, Av. us-, uz- (=ud-s), Gr. Kypr. ὐ- (=ἐπί), Lith. už-.

*uperi, *uper 《上に》: Skt. upári, Gr. ὑπέρ, ὕπερ, Lat. s-uper (cf. s-ub), Goth. ufar, ONorse yfer, OE. ofer, OHG. ubar, ubir.

106. 小辭 (particula) 前置詞に於ても Hom. Σ 178 ἀλλ' ἄνα, μηδ' ἔτι κεῖσο 《さあ立て，最早や横になっているな》の如くに，ἄνα が全く一つの文を形成していて，他の文の部分と直接の關係をもっていない極めて自由な位置にあるものがあるが，これと似て文中にある他の語とは文法的に直接の關係をもたずに甚だ自由に用いられる，一群の大部分は非常に短い語がある．例えば上例の文に於て ἀλλ' 《しかし，さあ》, μηδ' 《そして…ぬ》, ἔτι 《なお，更に》は之であって，このような語を小辭と稱する．

小辭の由來は前置詞と同じく樣々である。あるものは Lat. et《そして》, Gr. ἔτι, Skt. áti《その上に》, Goth. iþ《そして，しかし》の如くに，*eti 卽ち *et- の locativus と思われる形であり，あるものは Gr. ὅμως《とはいえ》, Lat. vero《本當に，しかし》の如くに形容詞より造られた副詞形であるが，ある場合には Gr. οἴμαι《思うに，蓋し》=Lat. credo; Gr. ἀμέλει《勿論》の如くに動詞がそのまま他より遊離して感情を表わす小辭となることも多く，殊に之は Lat. amabo, oro, quaeso, rogo, obsecro《どうか》, mihi crede《本當に》, nihil refert, nihil interest《かまやしない》の如くに日常會話語又は之に近い言語に多く，之は近代語に於ても，佛 n'importe, 英 I think の如くに用いられる。かかる形が小辭的に用いられた場合には，Gr. ἐν, οἴμαι, πολλοῖς《大衆の間ではね》, Lat. hic, rogo, non furor est?《これは狂氣ではないかね?》の如くに全く挿入的に，文の他の部分と關係なく，おかれる。以上の外に多くの小辭は前置詞と同じく形態的には全く說明がつかない。印歐語族の各語派に廣く共通であり，從って共通基語に遡り得ると思われる小辭中主なるものは次の如くである。

*an 疑問詞: Lat. an, Goth. an, Gr. ἄν.

*at《しかし》: Lat. at, Goth. aþ-pan, Gr. ἀτ-άρ. Skt. ati, Av. aiti, OPers. atiy-, OIr. aith-, aid-, ad-(《再度》), Lith. at-, ata-, ato (《再度》) も亦之と同じか (?).

*au《また，之に反して》: Lat. aut, autem, Gr. αὖ, αὖτε, αὖτις, Osc. aut, Goth. au-k《なんとなれば，しかし，も亦》(cf. Gr. αὖ-γε《再度》). Skt. u, u-tá《そして，しかし》, Umbr. ute, ote =Lat. aut も亦 *au の弱階梯を含むか (?).

*iti《このように》: Skt. iti, Lat. iti-dem《同じく》.

*-ī 指示的強意: Gr. νυν-ί《今や》, οὗτοσ-ί《正にこの》, Osc. iz-i-c, íd-i-k《その》, Umbr. po-ei=Lat. qui, OIr. -ī 及び Skt. i-va《…のように》, Gr. Hom. ἰ-δέ (=ἠδέ)《そして》.

*uti 《かく》: Av. uiti 《このように》, Lat. ut, uti-nam (《どうか》).
*eti 前置詞の *eti の項を見よ.
*nŭ 《今, 今や》: Skt. nu, nú, nūnám, Av. nū, Gr. νῦν, νυν, νυ, Lat. nū-per, num, nun-c (<-*m-c), Goth. nu, OIr. no-, nu- (現在の接頭辭), Lith. nù, nū-naĩ, nù-gi, OChSl. nynja, Toch. A. nŭ, B. no.
*kʷe 《そして, …と》: Skt. ca, Av. ča, OPers. čā, Phryg. κε, Gr. τε, Lat. -que, ne-que, Osc. ni-p, ne-p, Umbr. nei-p, ne-p= Lat. neque, OIr. na-ch, Goth. -h, -uh.
*kʷid (代名詞 *kʷi- の中性?): Skt. cid, Lat. quidem, equidem, Osc. -píd, -pid.
*wĕ 《又は, …と同じく》: Skt. vā, Gr. ἠ-Fέ>ἠέ>ἤ (又は ἦε>ἦ), Lat. -ve, si-ve, ceu, Skt. i-va.
*tu: Skt. tú, tū́, Goth. þau, ONorse þō, OE. þēah, OHG. dōh 《doch》.
*nē 否定辭: Skt. Ved. nā́, Gr. νη-, Lat. nē, OIr. nī, Goth. nē; Skt. ná, Av., OPers. na, Lat. ne-, OIr. ne (ne-ch<*ne-kʷo-), Lith. nè, OChSl. ne; Skt. nḗd, Av. nōit, OPers. nay, Av. naē-čiš (cf. Lith. niē-kas 《誰も…ぬ》), OLat. nei, Lat. nī, Lith. neĩ, OChSl. ni…ni 等は *nei (<*ne-ī?) の形も亦古くよりあったことを思わしめる. *nĕ はまた弱階梯 *n̥- (Skt., Av., OPers. a-, an-, Gr. ἀ-, ἀν-, Lat. en-, in-, Osc., Umbr. an-, OIr. in-, ē-, Goth. un-, Arm. an-) となって, 合成語第一要素を形成する.
*mē 否定辭: Skt. mā́, Av., OPers. mā, Arm. mi, Gr. μή. この否定辭はヴェーダに於ては命令法の否定には用いられず, 常に所謂 injunctivus (265 頁参照) と共に用いられているが, 一度接續法と, また希求法とも用いられている例がある. 従って mā́ は更に廣く禁止の意を表わす小辭であったに相違ない. ギリシア語

に於ては *μή* は一般的に命令法の否定の外に，何らかの主觀的な感情を含む文の否定に用いられる。この *mē と *ně との古い時代にあった差はサンスクリット語では保存されているが，ギリシア語では *ně の代りに語源不明の *οὐ* (*οὐκ, οὐχ*) が用いられるに至った。ラテン語では *ně の代りに *ne-oinom 《一つも…ぬ》>*n'oinom>OLat. noenum>nōn (cf. Gr. *οὐδ-έν*, NHG. nicht) がより強い表現力を有する形として用いられ，*ně は僅かに合成語中に殘るにすぎず，*mē は全く忘れられて，この二つの否定辭の差はなくなっている。ゲルマン語やスラヴ語に於ても *mē は *ně によって排除されている．

以上の外に各言語には甚だ多くの小辭があり，之が文に樣々の感情上の陰影を與えている。サンスクリット語やギリシア語に於ける小辭の働きは大きいものがあり，共通基語に於ても同じく小辭は會話に於て大きな役割をもっていたと考えられる。なおこれらの語の文中に於ける特殊な位置に關しては 331 頁を參照．

第3部 語　群

第11章　文と語群

107. 文法の單位としての文　言語が實際に用いられる時には，唯一語丈が發せられることもあるが，多くの場合に幾つかの集りによって話手は自己の言わんとする所を表明する。その中のある單位に我々は文なる名を與えている。文はそれが慣用的に用いられる時には，少數の例外的な場合を除いては常識的に割合に明らかな單位であるが，之を完全に定義することは甚だ困難である。極めて漠然としているけれども，文とは，一語又は數語より成る，音韻的な型によっても，文法的な型によっても規定せられた，傳達の最大の單位である，と言い得るであろう。

文には例えば肯定，命令，疑問，或は主文より從屬節への移りの場合の如きものを表わす調子，抑揚に各々の言語に習慣的な型が存在する。このような型によって行われた傳達が，ここで話手の心の中に一つの單位を形成し，それだけでは未だ言いたいことの全部でもなく，かつ纏った一つの發言でもない場合にも，なおかつここに單位の切れ目が存する。またこのような單位にはこれを形式化する文法上の型がある。このような型は極めてゆるやかに，かつ伸縮が自由である場合にも，とにかくそこには型があることは爭われない。文は心理的に或は論理的に多方面より定義することが出來るが，文法としての文には必ずその言語に於て認められた型を問題とすべきで，之を無視して，ただ單に意味が通ずるからというだけの理由で，あらゆる發言を文法的な文と認めることは出來ない。之はもとより正しい言葉遣いというような意味ではなく，ある言語に於て一般に認められている型の問題なのである。ある言語を用いる者はその言語の型によって文を形成する。之を聽く者も相手がその言語の認めている文の型を用いることを豫期している。會話の《場》というも

のが大きな力となって理解を助け，例えば唯一語《汽車！》と怒鳴ったゞけで線路上やトンネル內を歩いている者の間では明らかに意味が通じるであろうけれども，之は文法的な意味では文ではない．《汽車！》というのは一つの指示にすぎないのであって，之は本の表題や看板の《おもちゃや》などと同じ種類のものである．意味が通じれば言語としての役目は完全に遂行されるとしても，之はそれだけのことで，言語の組織中の文と實際の言語活動に於ける傳達の完全性の有無とは別個に考えなくてはならない．とはいえ文は論理學的な判斷の形式でなくてはならないというのではない．

　言語は音による符號であり，理性的かつ有意味なものであり，卽物的な（例えば身振り）ものとは異り，我々の知覺の直接な對象とならない物や事柄をも表わし得るという抽象性を有する．持定の幾つかの音の連續によって形成される言語はいうまでもなく音を時間的な繼續の中に發するより外に手段がなく，從って音韻の連續は次々に發せられ，聞かれるのであるから，我々は言いたいと思うことを先ず幾つかの符號に分ち，之を順次に相手に與える．このためには我々は先ず頭の中で言うべき事柄を抽象化された符號に分けて，之を一定の型に從って發しなければならない．從って發言にはどうしても一種の判斷が伴う．判斷がかかる言語による表出と同一であると言うのではないが，言語行爲中には常に上述の如くに言語符號に分つ行爲が伴うのであるから，符號と傳達の內容との一致を求める意味に於て判斷なのである．勿論言語には常に感情の要素が力強く働いていて，上例の《汽車！》の如くに，唯の叫びに近いことも多く，更にこの外のより平靜な場合にも感情は言語のあらゆる面に働いている．とはいうものの言語の本質が上述の如くに非卽物的な理性的なものである以上は，ここには必ず理性的な，感情に支配されない部分があり，之が言語組織の基礎をなしていなくてはならず，また實際に基礎をなしている．そして感情の要素でさえもその代表的な種類が各〻抽象されて，之が各個の言語に於て一定の型を形成

している．幾つかの符號を連ねて話者は一つ一つを次々に發し，相手は之を順次聞く．これを發する順に一定の型を求め，次々に發せられた語の相互關係を誤りなく知り得る方法を豫め定めておくことは，言語が個人の恣意的なものではなく，一つの言語共同體の有する多くの人々に通用すべきものである以上は當然である．話手はまた一定の方法，例えば文の終りを示す一定の調子や抑揚や休止によって，文法形式によった自己の發言が一應一つの終止に達したことを示す．つづいて話す場合にはまた同じ手順が踏まれる．そして一定の型に應じて之を如何に變化させるかによって感情の要素が表わされ，之が語の用い方や抑揚によって高められる．以下に言う文とはこのような意味での文を指す．

108.　文の種類　文は話者の感情，相手に對する態度等の心的情態の如何によって，單なる發言文の外に感情文（叫び，命令，願望等），疑問文に分類し得る．しかし實際の會話に於ては調子，身振，感情等によって，同じ敍述形式の文にも樣々の感情を附與し得るのであるから，上述の如き分類は粗雜であるをまぬかれない．從って之は Brugmann (Syntax 187 ff.) の言うが如くに，反對に叫び，願望，威嚇等の如き實際の會話に於ける話者の心的情態より出發して，各々の場合に於ける發言を分類する方がより實際に近いのであるが，しかしかかる方法は何らの體系的なものを得るに至らないであろう．その上比較方法による如き，實際に扱う資料が旣に死滅した，或は文獻以前の言語である場合には，この方法は不可能である上に，共通基語の如き實際に之を用いた未開社會の民族の中に認められていた言語の使用上の樣々な調子，抑揚，陰影の型を現代の言語の型より推測することは極めて危險と言わざるを得ない．從って言語を心理的な面より攻究する事の危險を一應度外視するとしても，死語の文法組織の研究には日常會話に於ける感情要素を如實に摑むことよりは，文獻に殘された言語の型による方が更に實際的

である。[1]

　單なる發言の文は敍述し物語る文であって，之に用いられる動詞は主として直說法であることは言うまでもないが，可能性を表わす場合には未來，接續法，希求法が用いられることもある。この種の文に於ては平滑な調子が主となっている。

　感情文とここに呼んだものの中の主なる種類は叫び，呼びかけ，命令であって，命令文に命令法が用いられることは明らかであるが，この外に要請には未來，接續法，希求法が用いられ，また直說法も抑揚によっては命令の意味になり得る。要請願望には實現の可能性又は期待の度合によって段階があり，之は法或は副詞や小辭によって表出せられる。單なる叫びや呼びかけは，それ自體では文の形式をもっていないことが多い。しかし例えば驚きとかその他の叫びの表出には，例えば Lat. hoc tu—sed quanto blandius—ipse facis! Martialis X. 10. 6 《これをお前が―だがなんとうまく―自分でやるのか》, quae cenae! quae deliciae! res interea fortasse transacta est. o miros homines! Cicero ad Atticum XII. 2. 2 《なんという宴會，なんという素晴らしいもの。その間に多分事が運ばれたのだ。おお素晴らしい人達だ!》, Gr. ὡς ἀστεῖος ὁ ἄνθρωπος. Plato Phaedrus 116 d 《あの男はなんと氣のきいていることか!》の如くに關係詞の使用によることが多いが，また單なる敍述形式の文も亦そのまま用い得るのである。禁止の文には共通基語に於ては *mē (Skt. mā, Gr. μή) が用いられたのであるが，旣に述べた如く (311頁) *mē と *nē との二つの否定辭は，下位諸言

---

(1) J. B. Hofmann: *Lat. Gramm.* 639. 參照。なお Brugmann 等の所謂靑年文法學派の人々の，言語硏究には實際に話されている言語の觀察を基礎とすべきであるという主張は，根本的には正しいものであり，之によって言語の硏究は大いに進步したのであるが，印歐語比較文法の如くに何千年も昔の新石器時代の未開社會の言語の硏究にあたっては，現代の文明社會の言語をそのまま基礎とすることは誤りで，むしろ未開社會の言語の觀察によるべきである。

語に於てはいずれか一方を選ぶ傾向が強く、また新しい合成による力強い表現を生み出していることが多い。

疑問文には、疑問が之を肯定否定によって答えるべきものか、或は不明のものを補うべきものか、によって二種に分類し得る。後者は主として疑問詞によって導入される文であって、共通基語に於ける疑問詞は *kʷe/o-, *kʷi-, *kʷu- (248 頁參照) を語根とする語が用いられた。これらの語は不定詞とそのアクセントを異にする以外は同一であり、疑問詞と不定詞は常に共通する概念の群を形成している。然りか否かの決定を求める疑問文には共通基語には特別の型がなかったと思われる。唯疑問を示すための調子（之には敍述文と異り、その文が未だ終っていない感を與える型が用いられる）によって表わされるにすぎず、Lat. ibo igitur intro? Plautus Truc. 205《それじゃ中に入りますかね?》, etiam taces? Plaut. Curc. 41《默っているのか?》, non pudet? Plaut. Men. 708《恥しくないのか?》の如くであり、之はすべての印歐語族の古代語によって證されている。なおこの外に疑問を示す小辭も用いられたらしく、かかる小辭は廣く各言語に見出されるが (Gr. ἦ, ἆρα, Lat. ne, nonne, num, Skt. kim, api, Goth. u, ibai, Slav. li [ili] 等)、共通基語に於ける疑問の小辭と斷定し得るものはない。この外に《…であるか、或は…であるか?》の選擇を求める疑問文があるが、之を示す小辭 (Gr. ἦε(ἦ)…ἦε(ἦ), Slav. li…li, Lat. utrum…an 等) も亦共通基語に求めることが出来ない。

109.　名詞文と動詞文　印歐共通基語の文は以上の如き分類による種類の外に、重要な二つの型をもっている。それは名詞文 (Nominalsatz, phrase nominale) と動詞文 (Verbalsatz, phrase verbale) の別である。前者は述部に於ける主なる語が名詞（實體詞、形容詞）、代名詞、數詞であり、動詞をもたず、またもっていてもそれは單なる結辭 (copula) たる *es-, *bheweə- の如き動詞にすぎず、

後者は動詞が述部の主なる語であるものを指す。[1] 例えば Hitt. attaš aššuš《父は良い》, Lat. nemo malus felix. Juvenalis IV. 8《如何なる惡人も幸福ではない》, verum《本當だ》, Skt. tvaṃ varuṇaḥ《汝は Varuna である》, OPers. manā pitā Vištāspa《わが父は Vištāspa である》, Gr. οὗτος δ' αὖ Λαερτιάδης πολύμητις Ὀδυσσεύς. Hom. Γ 200《これは Laertes の子, 智にみてる Odysseus である》, の如くに, その中には動詞的なものがなく, 單なる二つの名詞的なものの並置であり, 從ってここには動詞の有する法, 態, 時の觀念はすべて除外されている. このような場合には後代に於て旣に結辭を用いることが多くなった言語に於ても, なお諺の如き一般的な事柄を述べる場合には, Gr. οὐκ ἀγαθὸν πολυκοιρανίη《頭の多いことは良いことでない》(=《船頭多くして船山に登る》), Lat. omnia praeclara rara《立派なことは稀である》の如くに用いられていた.

　結辭が用いられるに至った原因には種々考えられるが, 之には先ず動詞が人稱, 時, 法, 態の如くに名詞の表わし得ないものを表わし得ることが大きく働いている. 例えば ὑμεῖς μάρτυροι ἔστε. Hom. Γ 280《お身達は證人となってくれ》の如き命令の場合には, 結辭はどうしても必要であり, また過去や未來を表わすにも同樣で, 從って直說法現在以外に於ては結辭は古くより用いられていたのである. 印歐語族に於て結辭の役目をしているのは, 特に *es- であるが, 之は本來《存在する》という意味を有し, この意味が弱められて遂に《…である》という單なる結辭となったもので, 直說法現在の場合でも, 例えば Lat. homines qui nunc *sunt*.《今存在する人々＝現在の人々》の如くに特に時間が問題とか, 或は qui tu *es*?《お前は誰だ?》の如き疑問の時には, *es- は必要となる. 更に本當に《存在する》という意味の場合には言うまでもなく之は常に明瞭

---

(1) A. Meillet: *Introd.*⁸ 356-362 ; ib., *MSL.* 14, 1 ff. 參照.

に表明せられることは，Lat. sunt qui…, Gr. εἰσίν οἵ…《…である（する）人がある＝ある人々は…》の如き場合に明らかに認められる．三人稱以外の，卽ち一・二人稱が主格の場合に *es- がどの程度用いられたかは疑問である．例えば Lat. *ego* (*tu*) bonus と bonus *sum* (*es*)《私（貴方）は立派である》の如き文に於ては，ego, tu の如くに主格が明瞭に表出されている場合は別として，單に bonus のみの場合には，結辭は屢々明瞭に表出されなくてはならなかったであろう．このようにして，直說法現在に於ても亦結辭を必要とする場合より *es- の內容空虛な結辭化への第一步が踏み出されたものであると思われる．

名詞文に於て結辭をもたない古い形式は大部分の印歐語族の言語に於ては消失し，*es- のない形はむしろ省略と考えられるに至っている．しかしバルト語派に於ては，例えば Lith. výras rìmtas《その男は眞面目である》, vaĩkas mãžas《その子は小さい》, aš žmõgus《私は人間である》の如くになお古い形を殘し，又スラヴ語に於ても OChSl. prostrana vrata i širokŭ pǫtĭ (=πλατεῖα ἡ πύλη καὶ εὐρύχωρος ἡ ὁδός. Mt. 7. 13)《門は廣くそして道は幅廣い》の如くに結辭のない形を伴っているが，しかし旣に *es- は veliě estŭ věra tvoě (=μεγάλη σου ἡ πίστις. Mt. 15. 28)《汝の信仰は大きい》の如くにギリシア語の原文に結辭のない場合にも estŭ を入れているのであって，ここにも旣に結辭の慣用化が認められるのである．しかしロシア語は名詞文を全面的に一般化し，普通の場合には現在直說法に於ては結辭を全く用いていない．[1]

名詞文に挿入せられる結辭としては *es- が最も普通であるが，この外にも *bhewə- (Skt. bhū-) や，《…と成る》，《…と呼ばれる》，《…と考えられる》，《…と見える》の如き意味の動詞も亦用いられることがある．

---

(1) A. Meillet: *Slave commun.*[2] 474 f. 參照．

動詞文は上述の如くに動詞が述部の主體となっているものを言い，この場合には人稱が明らかに表出されるために，一・二人稱では主格の表出は必要でない。例えば Lat. amo, amas《私は（貴方は）愛する》では，ego《私》, tu《貴方》の如き代名詞は更にこの人稱を特に強調する場合にのみ必要なのである。之に反して三人稱では，既に先に指示があったか，或は《場》によって知られている以外の主格は之を明白に示す必要がある。

しかし印歐語族には古くより所謂《非人稱》と呼ばれる，三人稱の動詞に對して主格を明らかにしない文の一種がある。これは Skt. várṣati, Gr. ὕει, Lat. pluit, Goth. rigneiþ, OChSl. duždítŭ《雨が降る》, Gr. νείφει, Lat. ninguit, Lith. sniẽkti《雪が降る》, Gr. βροντᾷ, Lat. tonat, Hitt. tethāi《雷が鳴る》の如くに自然現象（主として氣象學的な）を表わす動詞唯一つより成る文で，之は現代に於ても英 it rains, 佛 il pluit の如くになお主格の明らかでない形式を保っている。この型の文には以上の外にも多くの例があり，明らかに一群を形成している。サンスクリット語やギリシア語の最も古い例ではこの種の動詞は Skt. devo varṣati《神が雨を降らせる》, Gr. Hom. M 25 (=ξ 457) δὲ δ'ἄρα Ζεύς《ゼウスが雨を降らせた》(M 279 f. ὅτε τ' ὤρετο μητίετα Ζεὺς|νιφέμεν《ゼウスが雪を降らせた時》參照) の如くに最古の例では主格としてかかる自然現象を支配する者と信ぜられていた神が表出されている。更に《雨が降る》,《雪が降る》の如き意味の語は語源的に《降らせる》という意味を表わす形又は能動の動作動詞であり，《雨が降っている》の如き情態を表わすものではないのであって，この事は共通基語時代の印歐語民族がかかる自然現象の行動主として常に人格者たる神又は超人的なある存在を擬人化した者と考えていたことを示している。これは又印歐語族の名詞に性があり，動詞には人稱別がありながら，自ら行動をなし得ないものと考えられる物に對する特別な形がなく，物を表わす中性名詞には主格がなく，從って動作を行う者

は常に人或は擬人化されたものでなくてはならなかった事實によく一致する．このようにして《雨を降らせる》という意味の語が後に經過や情態を示す《雨が降る，降っている》の意味に轉じたのである．(1) Lat. pudet, paenitet, taedet me《私を恥かしがらせる》，《後悔させる》，《嫌がらせる》の如き感情，感覺を表わす動詞に於ける非人稱用法は，Skt. ná mā śramat《私を疲らせない》: áśramat《彼は疲れた》，Goth. paúrseip mik《私は腹がへった》，Hitt. ištarkiyazzi kuinki《誰かを病氣にする》: ᴳᴬᴸGaššuliyaviyaš ištarkiat《G. は病氣になった》(2) の如き形の存在と，これらの動詞が對格を取るという極めて特異な用法の一致によって，恐らく共通基語時代よりの型の繼承であろうと思われる．ここにはある情態の主が之を蒙る者となって，卽ちかかる情態にさせられている者として表わされているのであるが，かかる推移に類推的な源となったのは上述の自然現象の表現であったと思われる．恐らくここにも本來は漠然たるかかる感情や身體の情態を誘致するある者が考えられたのであろう．Gr. χρή μέ τινος《私は…の必要がある》，Goth. mik kara ist《私は心配する》の如き用法も亦並行的であって，その源

---

(1) この問題に關しては E. Hermann,《Die subjektlosen Sätze bei Homer und der Ausdruck der Tätigkeit, des Vorganges und des Zustandes》, *Gött. Nachr.* 1926, p. 265 ff. 中 p. 282. を見よ．なおこの外に K. Brugmann,《Der Ursprung des Scheinsubjektes in den germ. und rom. Sprachen》, *Sächs. Ber.* 1917, Heft. 5.; ib.: *Syntax des einf. Satzes im Idg. IF.* 43, Beiheft (1925), 17 ff.; B. Delbrück: *Vgl. Synt.* III. 23 ff.; J. Wackernagel: *Vorles. über Syntax.* I² (Basel 1928), 113 ff.; H. Corrodi,《Das Subj. der sog. unpersönlichen Verben》*KZ.* 53. 1 ff.; J. E. Heyde,《Zur Frage der Impersonalia》, *KZ.* 54. 149 ff.; W. Havers,《Primitive Weltanschauung und Impersonalien》*IF.* 46. 1 ff.; E. Schwyzer: *Griech. Gramm.* II. 621 f. 參考．

(2) J. Friedrich: *Hethit. Elementarbuch.* I. 67. (§ 213. b), 75. (§ 250).

の古いことを示し，ここから又 Lat. me veretur, me misereretur の如き受身の非人稱が引き出されたのであろうが，この推移は r による動詞が本來非人稱であったと考えられるから，極めて容易であったであろう。(1)

動詞文の主語に並置せられた實體詞，形容詞等は言わば動詞文主格の客語であり，かかる文は動詞文と名詞文の混合と解することを得るであろう。(2) 之は印歐語族の古い言語に於ては非常に廣く用いられている。

ἠερίη δ' ἀνέβη μέγαν οὐρανὸν Οὔλυμπόν τε. Hom. A 497
《(テティスは) 朝まだきに大いなる天へ，オリュムポスへと登った》
πεμπταῖοι δ' Αἴγυπτον ἐυρρείτην ἱκόμεσθα. ξ 257
《五日目に我々はよき流れのエジプトに來た》

の如き場合に ἠερίη《朝早い》，πεμπταῖοι《五日目の》は主格にかかる形容詞でありながら，主格とはそれ自身ではその屬性と無關係で，むしろ動詞を修飾する副詞的な意味を有する。このような形容詞は Gr. πεζός《徒歩の》，δρομαῖος《走っている》，ὕπτιος《あおむきの》，Lat. praeceps《眞逆様の》の如き直接に主格の情態を示す場合の外，時間，空間の關係を表わす場合，更に，ラテン語の

Infert se saeptus nebula. Verg. Aen. I. 439
《雲に包まれて入った》
Non ignara mali miseris succurrere disco. ib. 630

---

(1) K. Brugmann: *K. vgl. G.* 629 f.; ib. *Syntax* 27 f. なおラテン語に於てこの種の動詞がすべて -ēre に終る第二變化に屬することは注意を要する。E. Hermann,《Die subjektlosen Sätze》284 ff., 290 f.

(2) J. Wackernagel: *Vorl. über Syntax.* II. 67 f.; J. B. Hofmann, *IF.* 42. 79.; ib.: *Lat. Gramm.* 458 f., 628 f.; A. Meillet: *Introd.*[8] 359.; E. Schwyzer: *Griech. Gramm.* II. 179 參照。

《不幸を知らないことはないので私は人を助けることを學び知っている》

の如くに，この用法は言わば副文を成す關係文の代りにも用いられ，ここに明らかに認められるように，本來は主格に並置されたものである。これは代名詞的な形容詞，例えば Lat. unus《唯一人の》, solus《ひとりの》, medius《眞中の》の如き場合に最も明瞭に認められ，solus sum《私は一人である》と solus eo《私は一人で行く》は全く並行的である。このように主語と並置せられたものは名詞の格と常に同格で，ここに例えば Gr. στρατηγὸν αὐτὸν ἀπέδειξε. Xen. Anab. I. 1.2《彼は彼（=Kyros）を將軍に任じた》, σοφιστὴν ὀνομάζουσι τὸν ἄνδρα εἶναι. Plat. Prot. 311e《人はこの男がソフィストであると言う》, Lat. volo te consulem esse.《私は貴方がコンスルであることを欲する》の如き二つの對格及び之に伴う不定形の用法を生じた源がある。

110. 文中の語群 印歐語の文は，旣に述べた如く一語より成るものもあるが，大部分の場合に主部と述部との二要素を含んでいる。これらの部分の中心をなすのは名詞（實體詞と形容詞），代名詞と動詞であり，これには更にその表わす意味を限定する種々の要素が加わり得る。かかるものが夫々群を形成するのであるが，これらの群の關係は文法的形態や意味の關係によって結ばれている。例えば並置の關係にある名詞群はその性數格に於て Cicero consul（主格），Ciceronem consulem（對格）の如くに一致し，これは名詞文に於ても Cicero consul est《キケロはコンスルである》の如くに同樣である。動詞を述部に有する場合にも動詞はその數と人稱に於て主語と一致しなくてはならない。更に domus regis《王の家》, domum reditio《家への歸還》の如くに名詞と名詞との異る格による結合，Deus mundum gubernat.《神は世界を支配する》の如くに動詞と名詞との結合にも多くの型がある。かかる結合には名詞を

中心とするもの，動詞を中心とするものがその主なる結合型を成している．また例えば主語として Gr. ἐνθυμεῖσθε καθ' ἑκάστους τε καὶ ξύμπαντες. Thuc. VII. 64《諸君は個々に，また全體として考えよ》中の καθ' ἑκάστους の如き前置詞的な語群や，Πελληνεῖς δὲ κατὰ Θεσπιέας γενόμενοι ἐμάχοντό τε καὶ ἐν χώρᾳ ἔπιπτον ἑκατέρων. Xen. Hell. IV. 2. 20《テスピアイ人と相對峙したペレーネー人は戰い，その場で兩軍中の幾人かが斃れた》の中の ἑκατέρων の如くに部分を表わす屬格が立ち得ることもあるが，これらは主語というよりは，主語となるべきものは動詞によって既に表わされているのであって，ここに表出された主語と見えるものは更に之を限定すべく並置された語と言い得る．同じ關係は述部に於ける語群中にも認められる．

　名詞（實體詞，形容詞等）を中心とする群の中には，實體詞と實體詞とが同じ格に立ち，一方が他方によって限定される場合である並置 (appositio) と，實體詞が形容詞（代名詞，數詞，分詞）と並置される場合 (attributio) とがある．語の獨立性の强い印歐語の古い時代に於てはあらゆる語は本來並置の關係にあったと言い得る（326 頁參照）．Gr. κόλακι, δεινῷ θηρίῳ καὶ μεγίστῃ βλάβῃ. Plat. Phaed. 240 b.《恐るべき猛獸にして大いなる害たる追從者に》，Lat. Rhodanus flumen《ローヌ河》の如くに實體詞の並置の場合には格の一致のみが要求されるのに對し，實體詞と形容詞との，卽ち attributio の場合には，Gr. σοφὸς ἀνήρ《賢い人》, Lat. vir sapiens の如くに性・數・格の一致が求められる．

　實體詞は他の實體詞によって限定される．例えば Lat. domus regis《王の家》, Gr. ὁ Κύρου στόλος《キューロスの遠征》の如き名詞格による場合のみではなしに，domum reditio《家への歸還》の如くに，その意味と機能とによって殆んどあらゆる格によって限定され得るし，更に Lat. ascensus ad munitiones《防壘への登り》, reditus in patriam《故國への歸還》, magna inter Gallos auctoritas《ガリア人の間に於ける人望》の如くに前置詞を伴う副詞句も名詞と共に群をなし得る．分詞や動形容詞も名詞群に於て著るしい存在で，古い印歐諸言語に於ては之は實體詞や代名詞と共に殆んどあらゆる關係を示すに用いられる．形容詞を中心とする群も亦副詞，實體詞と様々な群を形成する．動詞は名詞のすべての格，副詞，前置詞，小辭と群を形成する．

　上述の如きある語を中心として，之を限定し補って行く位置に立つ語を伴う語群とは異り，語と語とが對等の位置にあって群を成すことがある．例えばギリシア語で

οἱ δ' ἀμφὶ Πρίαμον καὶ Πάνθοον ἠδὲ Θυμοίτην
Λάμπον τε Κλυτίον θ' Ἰκετάονά τ', ὄζον Ἄρηος,
Οὐκαλέγων τε καὶ Ἀντήνωρ, πεπνυμένω ἄμφω.

Hom. Γ 146–8

《そしてプリアモスとパントオスとテュモイテースとラムポスとクリュティオスとアレースの子孫なるヒケターオーンの部下の人々と，智に秀れたウーカレゴーンとアンテーノール》の如き場合には，プリアモスよりヒケターオーンに至る人名はすべて對等の關係にあり，ウーカレゴーンとアンテーノールは又 οἱ ἀμφὶ… と對等の關係に立っているが，ὄζον Ἄρηος はヒケターオーンの，πεπνυμένω ἄμφω は最後の二人を限定するものである．このような對等の並置による文の擴大は實體詞，形容詞，代名詞，數詞，動詞，副詞，前置詞，小辭に於て行われ，また文に於て

τοὺς δ' ἐγὼ ἐξείνισσα καὶ ἐν μεγάροισι φίλησα. Γ 207
《彼らを私は饗應し，そして私の廣間に於て歡待した》
yánti vā́pa, éty ādityā́, eti candrámā, yánti nakṣatrāṇi
Śatap. Brahm.
《水は動き，太陽は動き，太陰は動き，諸星は動く》

の如くに文を並置することによって無限に擴大し得る．《そして》とか《或は》の意味の小辭はかかる意味での並置を示すに用いられる

が，特に急速な調子を示すため，或は日常會話に於ける自由な表現では省略されることが多い．かかる對等の並置詞に對して從屬的關係におかれる並置詞があるが，之に關しては後に述べる（335 頁以下參照）．

111. 語の位置 印歐語族の古い時代の言語に於ては語はすべてそれ自身で纏った獨立の單位で，それ丈である定った明瞭な意味と機能とをもっている．例えばラテン語で rosa は《ばら》という意味の實體詞で，女性で單數で主格であり，rosam はその對格である．文の中の如何なる位置にあっても語の表わす所の形態は明白にその語の意味する所を表わしている．從って印歐語では《ばら》というだけの意味のみを表わすことは出來ないのであって，それには常に形態的な意味と機能を伴っている．このために語の形態並びにその意味と機能を個々の語が獨立に扱い得る限りに於て形態論に於て取扱った．中には語と語との關係に於て述べなくてはならない場合もあったが，之は各々の語が獨立性をもたないという意味ではなくて，之が他との關聯に於て現われることの多い，即ち文法的な結合の型を論じなくてはならないためであった．例えばある動詞に二つの對格が結合する場合に於ても，二つの對格は決してそれ自體の獨立性を失っているというのではなくて，むしろ動詞の表わす所を補足して，加えられたものと考えるべきである．

  pṛchāmi tvá ántaṃ pṛthivyáḥ. RV. I. 164$_{34}$
  《私は貴方に地の果を尋ねる》

に於ては，tvá も ántam も pṛchāmi にかかってはいるが，それは《私は尋ねる》に對してその對象が二つの對格の形をとって並置されているのであって，對格の形をとっているのは，この格がこのように動詞の動作をうけるものを表わす機能をそれ自身でもっているからである．從ってこの二つの對格は英語の I ask you the end of the earth という時に，you と end とが目的であることが文中の

第 11 章 文 と 語 群

位置や前後關係によって初めて判るのとは全く異るのである。之は
  ἔρχεσθον κλισίην. Hom. A. 322
  《(彼ら二人は) 幕舍に赴いた》
という時に，《(彼ら二人は) 赴いた》という動詞の後に，《幕舍に》という意味を表わす對格の語が附加されているのと全く等しく，このような副詞的用法に於ては語の獨立性が更によく認められるにすぎない。從って古い印歐語に於ては現代の英語やフランス語の如くに二つ以上の語が集って始めて一つの纒まった意味や機能を表わしたりすることはないと言ってよいのである。例えば
  ἐκ δ' εὐνὰς ἔβαλον, κατὰ δὲ πρυμνήσι' ἔδησαν·
  ἐκ δὲ καὶ αὐτοὶ βαῖνον ἐπὶ ῥηγμῖνι θαλάσσης,
  ἐκ δ' ἑκατόμβην βῆσαν ἑκηβόλῳ Ἀπόλλωνι·
  ἐκ δὲ Χρυσηῒς νηὸς βῆ ποντοπόροιο. Hom. A. 436–9
  《彼らは錨石を投げ出し，とも綱をしっかと結んだ。彼ら自身も海の波打際に下りた。遠矢を射るアポローンに捧げる百頭牛の犧牲を下ろした。クリューセーイスが海を渡る船から下りた》
という時，行の頭に繰返えされた四つの ἐκ《…から外に》の中，最初の三つは之にかかる實體詞はなく，《船から外に》の意味が ἐκ βάλον《投げ出した》，ἐκ βαῖνον《から外に歩み出た》，ἐκ βῆσαν《から外につれ出した》という ἐκ と動詞とによって表わされているにすぎない。この場合の ἐκ は獨立の副詞的前置詞である。第四番目の ἐκ βῆ《から外に歩み出た》には，何から出たかを νηός《船から》という出發點を表わす genetivus-ablativus によって明示したのであるが，νηός は ἐκ によって支配されているというよりは，これだけ獨立で《船から》の意味を表わし，ἐκ βῆ と並置 (appositio) の關係にある。

勿論共通基語にも歴史時代の言語と同じく，ある種の結合に型があったに違いないのであるが，ヴェーダやホメーロスの示す所によ

れば之は常に極めてゆるやかな自由なものであった．更に，例えば實體詞と形容詞との結合に於ける Lat. bonus filius《よい息子》, bona filia《よい娘》の性・數・格の，また動詞に於ける人稱と數の一致の如きものは，如何にも定まった結合の如くであるけれども，これとても矢張り古くは並置的なものと考えるべき理由がある．これは例えば Gr. ῥοδοδάκτυλος ἠώς《ばら色の指もてる曙》の如き所謂 bahuvrihi- 合成語によく表われている．ῥοδοδάκτυλος はこれ丈では《ばらの指》の意味の實體詞であり，之が ἠώs と並置されて，ここに始めてかかる指を所有するものの意味に轉じたのであって，女性名詞たる ἠώs と共にあろにもかかわらず，元のままの男性の形を保っているのである．之は女性形が本來共通基語に於ては男性形と明らかに區別されていなくて，生物無生物の別の方が主であったことの名殘りでもあるが，一方に於て性の一致が必ずしも必要でなかったことを示している．印歐語族に於て實體詞と形容詞の區別が極めて不明瞭であるのも，このような並置の關係に大きな原因があったと思われる．

このように非常に獨立性の強い語が集って文を成すのであるから，文中の語の位置は極めて自由で，その自由さは，例えば Gr. ὑφ' ἑνὸς τοιαῦτα πέπονθεν ἡ Ἑλλὰς ἀνθρώπου. Demosthenes 18. 158《唯一人の男（の手）によってギリシアはこのような事を蒙ったのだ》に於ける如くに，散文に於ても ἑνός《一人の》と ἀνθρώπου《男の》の間に多くの語を自由に挿入することを許すのである．

しかし如何に自由であっても，そこには自ら一定の語順の型があったのであって，之が自然と主語—述語の關係に於て，最初に與えられるべき指示たる主語が最初に立ち，述部が之に續くのが常であったであろうと想像される．しかしこの形式は極めてゆるやかなものにすぎない．ヴェーダやホメーロス中の語の位置の自由さは極めて自然で，それには韻律によって束縛される詩の中のことであるか

ら，散文よりは自由であったことは言うまでもないが，例えばホメーロスの自由さは後代の詩（特に抒情詩）に於けるが如き極端なものではなく，語の位置は殆んど常に作者が意圖する所の意味（例えば強調）とよく一致している．共通基語に於てもヴェーダやホメーロスより察するに，語の位置には常に強調その外の感情上の因子が大きく影響したのであろう．例えばヴェーダに於て agním iḷe puróhitam I. 1₁《アグニを我はたたえる，プローヒタ僧官を》と先ず最初に讃歌の主神を置き，後に動詞及びアグニ神の屬性をおくという如き型は散文にも常に用いられたであろう．それ自身でアクセントをもたず，常に先行する語と共に發音せられる encliticum と稱する小辭及び代名詞のあるもの以外のすべての語が文頭に立ち得たことは

Hom. *A* 10 νοῦσον ἀνὰ στρατὸν ὦρσε κακήν, ὀλέκοντο δὲ λαοί
17 ὑμῖν μὲν θεοὶ δοῖεν
26 μή σε…κιχείω
35 πολλὰ δ' ἔπειτ'…ἠρᾶθ' ὁ γεραιός
53 ἐννῆμαρ μὲν ἀνὰ στρατὸν ᾤχετο κῆλα θεοῖο

の如くに，ホメーロス中の文頭（或は詩行の頭）には常に強調のある語が立っていることによってよく示され，ヴェーダ文獻中に於て，例えば散文中でも

prayājáir vái deváḥ svargáṃ lokáṃ āyan (Śatap. Brahm.)
《プラヤーヂャによって神々は天界に赴いた》

の如き多くの例によって，之が單に詩の自由ではないことが示されている．

動詞はヴェーダでは主文章に於てはアクセントがないのであるが，之に強調があり，從って文頭に立った時には yánti vápa《水は動く》の如くにアクセントを取っている．命令形が文頭に來ることの多いのも亦當然である．動詞の無アクセント，卽ち encliticum 的

性質は動詞が否定辭とか前置詞にかかっている時に，Skt. á gamat, Gr. συμ-πρό-ες, Skt. á-bharat, Gr. παρ-έ-σχον の如くに，アクセントが動詞直前の音節以上に遡らないことによって最も明らかに認められ，恐らく他の場合（例えば動詞の目的となっている名詞，代名詞に後置された時）にも同じ現象があったのであろう。ヴェーダ散文の例によれば動詞にかかる對格はその直前に置かれることが多かった。結辭としての *es- の直說法現在形がすべて encliticum であるのも赤この語の意味の弱さから考えて當然である。動詞文の場合はよいが，名詞文では，從って，屢ゝ主語と客語との關係が曖昧となる。之は前後關係や抑揚等によって限定をうけたのであるが，この曖昧さはまぬかれなかった。ケルト語やスラヴ語に於ける文頭に動詞をおく傾向はこのように自由な位置を許す所の動詞を強調する場合を一般化したものである。

　形容詞とその限定する實體詞との位置は甚だ疑問である。實體詞に先行しても，後置されても，その間に大した差は認められない場合が多い。しかし，恐らく先行が普通であったらしく，この位置は Lat. magnanimus《大きい心の》, Gr. Νεάπολις《新しい町＝ナポリ》の如き合成語の中に残っている。形容詞と類似の働きを有する實體詞にかかる屬格については，いずれの位置が正常であったか定め難い。後置された場合には之は appositio 又は名詞文に近い意味となる。appositio は例えば Skt. sómo rája《ソーマ・王》, Gr. Ζεὺς πατήρ＝Lat. Iū-piter《ゼウス・父》＝《父なるゼウス》の如くに後置が普通であった。前置詞はヴェーダに於ては單に副詞的に用いられる場合には名詞に先行するが，特に名詞の格の意味を明らかに限定するために用いられる時には後置されている。之はギリシア語に於て περὶ τούτων : τούτων πέρι《之に關して》の如くに，前置の場合には前置詞にはそれ自身のアクセントがないのに，後置の時には獨立のアクセントを取ることによっても認められる。ヴェーダに於て mitráya satyáya. Tait. Saṃh.《信義あるミトラ》の

如くに神々の稱呼が後置されているのは，ホメーロス中の $πολύμητις$ $'Οδυσσεύς$《智にみてるオデュセウス》, $ποδάρκης$ $δῖος$ $Ἀχιλλεύς$《足速き氣高きアキレウス》の如き場合とは反對に，一つの appositio と感じられたからであろう．

代名詞中指示代名詞が實體詞に先行するのは，之が先ず指示を與えて後に，之と並置的に實體詞が置かれることが多いためで，

$αὐτὰρ$ $ὁ$ $βοῦν$ $ἱέρευσεν$ $ἄναξ$ $ἀνδρῶν$ $Ἀγαμέμνων$. Hom. B 402
《しかして彼は牛を殺した，人の君アガメムノーンは》

の如くに，$ὁ$ が先ず指示代名詞として示され，之につづいてアガメムノーンの名が附加されている例によく現われている．本來印歐語にはなかった冠詞が生じたのはこのような用法からであった．

非常に自由であった共通基語に於ける語の位置にも，しかし，一二の例外的に定まった型がある．その中で最も著るしいのは，それ自身ではアクセントをもたない一音節或は二音節の小辭又は代名詞の位置である．これらは，特にそれが附加された語の後に來る場合(例 Skt. ca, Lat. -que, Gr. $τε$《そして》, Skt. vā, Lat. ve《或は》; Skt. Ved. śatám ékaṃ ca RV. I. 117$_{13}$《百と一つ》, náktā ca...uṣásā I. 73$_7$《夜と朝》, áta ā́ gahi divó vā rocanā́d adhi I. 6$_9$《ここから又天の輝かしき所より》) を除いて，之が文全體を限定する場合には，文頭より第二番目の位置を取る．之は特にギリシア語とインド・イラン語派によく保存せられ，

$οὐ$ $γάρ$ $πώ$ $ποτ'$ $ἐμὰς$ $βοῦς$ $ἤλασαν$. Hom. A 154
《彼らは決して私の牛を追ったことはなかった》
$καὶ$ $δή$ $μοι$ $γέρας$ $αὐτὸς$ $ἀφαιρήσεσθαι$ $ἀπειλεῖς$. A 161
《お前は自分で私の褒美を奪うと嚇す》
$οἱ$ $γάρ$ $μιν$ $Σελινούσιοι$ $ἐπαναστάντες$ $ἀπέκτεινον$. Herod. V. 46. 11
《セリヌース人達は立って彼を殺した》

sárve ha vái devā́ ágre sadṛ́śā āsuḥ. Śatap. Brahm.

《すべての神々は誠に最初は相似ていた》
の如くであり，之は更に古ロシア語 plaka bo sja memĭ vĭsĭ gradŭ
《彼を市全體が嘆いた》の如き例にも認められ，この規則は上例の
Herodotus V. 46. 11 に認められる如くに，οἱ Σελινούσιοι の如
き定冠詞と實體詞との密接な關係をさえ破り，かつそれに直接にか
かる動詞を遠く引き離してまで μιν《彼を》を文の初めに置かしめ
ている事によって，如何に強い規則であったかを推知せしめる．こ
の位置におかれるこの語の數には上例にみえる如くに制限がない．
文頭にない，從って強調のない呼格はヴェーダに於てアクセントを
取らないが，かかる場合には呼格も亦文の第二の位置を取る傾向が
あった．(1) しかし呼格が本當には文の一部として考えられていなか
ったことは，ホメーロスに於て

Ἀτρείδη, σὺ δὲ παῦε τεὸν μένος. A 282
《アトレウスの子よ，お前は怒りをやめよ》
Ἕκτορ, ἀτὰρ σὺ μοί ἐσσι πατήρ. Z 429
《ヘクトールよ，貴方は私の父である》

の如くに，上述の小辭や代名詞の定まった位置が呼格を文頭におく
ことによって何らの影響をうけていないことによって知られる．(2)

疑問文に於て，疑問詞が用いられる場合には，これが文頭に強い
アクセントを伴って立つことが多いのは言うまでもない．そして疑
問詞は Lat. considera…, quis quem fraudasse dicatur. Cicero
pro Roscio 21《誰が誰をだましたと言われているかを考えよ》, quo
ex loco in quem locum ne portarent? ib. Verr. II. 3. 191《如
何なる場所から如何なる場所へ彼らは運ばないか》の如くに，二つ

---

(1) 之に關しては J. Wackernagel, *IF*. 1. 333 ff. 參照．
(2) E. Kieckers, *IF*. 23. 358 ff. ; J. Wackernagel: 《*Ueber einige antike Anredeformen*》, Progr. Göttingen (1912) ; K. Brugman : *Grundr.*² II. 2. 646 ff. ; Brugmann-Thumb : *Griech. Gramm*. 430 ff. ; E. Schwyzer : *Griech. Gramm*. II. 692. 參照．

以上が用いられる場合には，之が同じ場所に重ねられる傾向があったことは，Gr. τίς πόθεν εἰς ἀνδρῶν;《お前は一體誰で何處の人か》の如くに他の古い印歐語族の言語にすべて同じ例が見出されることによって知られる．

　否定辭 (*nĕ, *mĕ) は本來文全體を又は主動詞を否定するに用いられたもので，この場合には常に主動詞より前におかれ，屢ゞ文頭に立っている．之は極めて自然で，主動詞より後におかれた否定辭は大部分の場合に Gr. οὐδέν = οὐδὲ ἕν 《一つも…ぬ》= Lat. nōn (<*ne oinom) の如くに，否定辭と名詞や代名詞の結合が否定辭として用いられている場合に限られている．形容詞の直接の否定には *n̥- が用いられたらしいが，しかし既に古くより *nĕ も亦用いられ始めていた．[1]

---

　(1) 之に關しては J. Wackernagel: *Vorles. ü. Synt*. II. 250 ff. を參考．

第12章 文 の 結 合

112. Parataxと Hypotax　二つ以上の文が並置された時に，最も簡單な方法は，カイサルの有名な言葉 Veni, vidi, vici《我は來り，見，勝てり》の如くに，文を結ぶべき何らの方法を用いずして，並置するにあり，このような文の結合形式を asyndeton（不結合）と呼ぶ．しかし二つ以上の文が一體を成すことを表わすには，文の切れ目に於てもなお終止を示すための抑揚がなく，或は非常に短い休止を伴うのみで次に移るとかいうような外形的な方法が用いられる．文が結合されるのは多くの場合に二つ以上の文が何らかの理由によって內容的にも關聯があるからで，例えば

$$\mathrm{\mathring{α}λλ' \mathring{α}γε\ ν\tilde{υ}ν\ \mathring{ε}πίμεινον,\ \mathring{α}ρήϊα\ τεύχεα\ δύω.}\ \mathrm{Hom.\ Z\ 340}$$

《さあ暫くまて，私は戰の道具を身につけよう》という時には，《武具を身につけるまでまってくれ》という意味であって，この兩文の間には單なる並置以上の關係が存在する．即ち一方が他を限定するという從屬關係が文と文との間に生ずるのであって，之は最初は上例の如くに單なる二つの文を並べることによって示されたのである．日常の會話に於てはこのような方法が多く用いられるけれども，兩者の關係を示すべき方法（小辭，接續詞，關係代名詞，或は時稱，人稱，法の推移等）が用いられるに至った．かかる方法によって主從の關係におかれた場合を hypotax，並置の場合を parataxと稱する．

Parataxに於ける場合に文を結ぶものは《そして》とか《或は》とかの意味を有する語であって，このような語で結ばれた文は對等の關係にある．しかし同じく並べおかれても，語と語との關係に於て appositio の如くに一方が他方を限定する役目を行うことがあったのと同じく，文にもかかる從屬關係は單文の擴大と同じく，無限に擴大し得る．

113. Hypotax 明らかな手段によって表わす從屬關係の文構造は既に述べた如く，paratax より生じたもので，共通基語に於ける有樣は未だ paratax 的な面が強く，之はホメーロスやヴェーダに於てよく示されている．そして我々は hypotax が漸次複雜な長文構成へと進んで行った樣子を特にギリシア語に於てよく認めることを得る．

αὖθι μένειν, μή πως ἀβροτάξομεν ἀλλήλοιιν. Hom. K 65
《ここに留まれ，我々は互に見失うことないようにしよう》
παύεσθον κλαυθμοῖο γόοιό τε, μή τις ἴδηται. φ 228
《悲嘆をやめよ，誰か人が見ないように》

の如き場合に用いられた μή 以下の文は共に接續法による禁止の意味を表わすもので，これらは殆ど獨立していると言ってよいのである．之は

θάπτε με, ὅττι τάχιστα πύλας Ἀίδαο περήσω. Ψ 71
《私を葬ってくれ，速やかに冥府の門をくぐりたい》

と全く並行的であり，この場合にも第二の文は獨立とも考え得る．

また疑問文に於て，例えば Lat. quid faciam? nescio.《どうすればよいのか？私は知らない》＝Gr. τί ποιῶ; οὐκ οἶδα. の如くに獨立の疑問文が何か他の動詞と關係づけられた場合に，paratax は直ちに hypotax となる．

同樣に

ναὶ μὰ τόδε σκῆπτρον, τὸ μὲν οὔ ποτε φύλλα καὶ ὄζους
φύσει… Hom. Α 234 f.

《この笏に誓って，それは決して葉や枝を出すことはあるまい…》

の如き場合に，τό は關係代名詞とも指示代名詞とも考え得るのであって，かくの如き二つの文の關聯より關係文が生じ，本來指示代名詞とか疑問不定代名詞であったものが關係代名詞として用いられるに至った．從って例えばインド・イラン語派やギリシア語では指示代名詞であった *yo- (Gr. ὅς, Skt. yáḥ, Av. yō) が，又ギリシ

ア語の方言やゲルマン語派などでは今一つの別の指示代名詞 *so-, *to- (Gr. ὁ, ἡ, τό; Goth. sa-ei, so-ei, pat-ei) が關係代名詞となった．イタリック語派では疑問代名詞 *kʷ- が關係代名詞となったが，之は Plautus Miles 1222 audin, quae loquitur? のように並べられた疑問文が《聞いたかね？ 何を言っているのか？》より《何を言っているのかを聞いたかね》と感ぜられるに至ったり，また Festus 166 pecuniam quis nancitor, habeto.《誰か金を得たか．それならそれでその金を持っているがよい》の如き quis の不定代名詞的用法から《金を得たものはそれを持っているがよい》の意味に感ぜられて，自然と之が承前詞 (anaphoricum) と感ぜられるに至って，ここに關係代名詞が發達したのである．從って承前の代名詞はすべて關係代名詞になり得る可能性があるわけで，スラヴ語はこの點で興味ある例を示している．古代敎會スラヴ語では je- は一方では承前の指示代名詞として，一方では že を附して iže (<*ji-že), fem. jaže が關係代名詞として用いられている．(1) しかしこの古い關係代名詞は現代スラヴ語に於てはセルビア語 kò, štò (stä̀), kòjī, ブルガリア語 kójto, štóto, ロシア語 kotóryj, ポーランド語 który (=Skt. kataráḥ, Gr. πότερος) の如くに，すべて疑問代名詞によっておき代えられている．承前代名詞としての je- の方は Skt. ayám (acc. imám, gen. asya), Lat. is (acc. eum), Goth. is (acc. ina) と關係ある指示代名詞に由來するものらしいが，(2) この *i- はゴート語に於ても izəi (=Gr. ὅστις) の形に於て關係代名詞となっている．バルト語派に於ても，リトアニア語の kàs, katràs, kurìs (kur̃s) の如くに疑問代名詞が關係代名詞となり，西ゲルマン語に於ても同樣であることは周知の如くである．

---

(1) že は Skt. ha<*ghə と同語源で，サンスクリット語でも yó ha の如くに同じく關係代名詞の後について之を强めるに用いられている．

(2) A. Meillet: *Slave commun.*² 437 f.

第12章 文 の 結 合

以上の如き關係代名詞による文の結合の外に，例えば *yod (Skt. yad, Av. yat, Gr. ὅ<*ŏδ), *yōd (Skt. yād, Gr. ὥs) の如くに古い，恐らく共通基語に遡ると思われる關係文を結ぶ接續詞があるが，これも Lat. quod, Umbr. pirs-i, pers-ei, per-e (<*kʷid-), Lat. quom, cum, OHG. daz, Goth. þat-ei, Lith. kàd, kaĩ, OChSl. jako, Hitt. kuit の如くに，關係詞に異る代名詞語幹が用いられるに從って，各々の語派に於て異っている。また Lat. tam—quam, tantus—quantus, Gr. οὕτως—ὥs, Skt. yávad—távad (例 Skt. yávad dyávāpr̥thiví távad it tat. RV. X. 114₈《天と地がある丈，それ丈それは擴がっている》) の如き所謂 correlativa も亦共通基語時代に遡る用法であるが，分化以前に用いられていたのが如何なる語幹であったかは明らかでない。かかるもの以外にも文を結ぶ小辭があったことは確かであるが，少數の例外 (例えば *kʷe>Skt. ca, Gr. τε, Lat. -que) を除いては，之も亦語派によって異り，古い時代のものを知ることは困難である．

このように文を主從の關係におくことによって多くの文は，丁度單文の場合に
　　agním iḷe puróhitam
　　yajñásya devám r̥tvíjam
　　hótāram ratnadhā́tamam. RV. I. 1.
《我はたたえる，アグニを，プローヒタ，犠牲の神なるリトヴィヂ
　　祭官，最も富をもたらすホートリ祭官 (たるアグニ) を》
の如くに擴大し得るのと同じく，
　　yá vyúṣúr yáś ca nūnáṃ vyuchán. RV. I. 113₁₀
《輝き出たもの，そして今や輝き出るであろうもの》
の如くに二つの關係文を並べることも出來るし，又 yády áhainaṃ prā́ñcam ácaiṣīr, yáthā párāca ā́sīnāya pr̥ṣṭhato 'nnā́dyam upāháret (Śatap. Brahm.)《もし貴方がそれを前方に積み上げるならば，それは顔をそむけて坐っている者に後から食物を手渡すに等し

い》の如くに更に複雑にもすることが出来る．しかし古い時代の印歐語には paratax 的傾向が強く，文にも餘り複雑なものはなく，之は例えばヒッタイト語では naš UL tarnaḫḫun nankan UL kuennir KBo. VI. 29. II. 27 f.《そして私は彼らに許さなかった，そして彼らは彼を殺さなかった》によって《そして私は彼らに彼を殺すことを許さなかった》を，nu taškupāi nu URU-aš dapiyanza išdammašzi. XXIV. 7. IV. 46《さあ叫べ，そして全市は（それを）聞くであろう》によって《…全市がそれを聞くべく》の意を表わしており，[1] サンスクリット語に於ても prajāpatyó vái púruṣaḥ; prajápatiḥ khálu vái tásya veda; prajápatim evá svéna bhāgadheyéna úpa dhāvati《さて人間は Prajāpati より出ている．そしてまた P. は彼に關して知っている．それだから P. に彼に屬する（犠牲の）分前をもって近づくのである》の如き單文の並列によく現われている．

---

(1) J. Friedrich: *Heth. Elementarbuch.* I. 93 (§ 325).

附　印歐諸言語の近親關係

　印歐諸語の近親關係と分類は印歐語比較文法の研究にとっては缺くべからざる重要な問題である．歴史時代の諸言語中に見出される部分的な一致は共通基語に於ける方言の存在を想わせるのであるが，かかる方言を規定すべき同語線の中で最も著るしいのは gutturales によるものである．

　印歐語族の gutturales の對應は少くとも二つのものを想定することを要求する．その一つは palatales で，之は Brugmann 等によって k̂, ĝ, ĝh (本書中では單に k, g, gh，特に明示する時には k_1 等) で表わされている．これは西方のヨーロッパの諸言語 (ギリシア語，イタリック語派，ケルト語派，ゲルマン語派) では元のまゝ k, g, gh として保たれているが，東の群 (インド・イラン語派，スラヴ語派，バルト語派，アルメニア語) では s, š の如き音となっている．しかしこの外に，西方群では palatales と全く同じ形で現われるが，東方群では $*k^w, *g^w, *g^wh$ で本書では表わされている labio-velares と稱せられる別の一群の gutturales と全く等しい形で現われる一群があり，更に labio-velares は西方群では前の二つの gutturales とは全く異り，唇音の要素を歴史時代にもなお留めている．その對應は大凡次の如くである (66 頁以下參照)．

	$*k^w$	$*k_1$	$*k_2$		$*k^w$	$*k_1$	$*k_2$
Gr.	π(τ)	κ	κ	Skt.	k(c)	ś	k(c)
Lat.	qu	c	c	Av.	k(č)	s	k(č)
Ir.	c	c	c	OChSl.	k(č, c)	s	k(č, c)
Goth.	h(w)	h(g)	h(g)	Lith.	k	š	k
Toch.	k(ś)	k(ś)	k(ś)	Arm.	kh	s	kh
Hitt.	ku	k(g)	k(g)				

従って各々の言語に關する限りではこのように三つの gutturales を區別する必要はないのであって，實際には二つしかないのであるが，全語族を合すると上表の如くに三つを立てることを必要とする。東群の s, ś 等は *k の前方口蓋に於ける發音に由來しているらしく，これは例えば Caesar, Cicero 等に於ける c=[k] が現代の英佛獨伊等に於て如何に發音されているかを比較すれば直ちに了解されるであろう。口蓋化は，しかし，*k に限って稍々完全なのであって，*g, *gh はイラン語派とバルト語派，スラヴ語派では sibilant となったが，サンスクリット語では j 及び h となって現われ，完全には行われていない。しかしこの *k の現われ方は都合よく東西の諸言語の地理的位置と一致し，ここに共通基語を東西に分つ方言的區別が存在したものと考えられ，Lat. centum : Av. satəm なる《100》を意味する語によって二群を代表せしめて，Centum 群と Satəm 群と稱する。[1] しかしながらかかる印歐語族全體を兩分する同語線はこの一點に留まらず，同語線は互に交錯している。しかし Satəm 語群同志，Centum 語群同志の間にはこの外にもかなり多くの共通點が認められるので，この分類は共通基語に於ける相當に明瞭な區分を意味していたと考えてよいであろう。[2] しかし上表にも明らかな如くに，當然東の群に地理的に屬すべきトカラ語とヒッタイト語とは明らかに Centum 群に屬するのであって，ここにこの分類の大きな困難がある。

東西兩群相互間の一致には，例えば次の如きものがある。Satəm 群の間には ă, ŏ>ă (但し之はゲルマン語派に於ても部分的に認め

---

[1] この名稱の提唱者は P. von Bradke (*Beiträge zur Kenntnis der vorhistorischen Entwicklung unseres Sprachstammes*. Berlin 1888. 及び *Ueber Methode und Ergebnisse der arischen Altertumswissenschaft*. Giessen 1890, p. 64) である。

[2] H. Hirt: *Idg. Gramm*. I. 54–61 を見よ。この兩群への分類には，しかし，Sturtevant, *Language*. 2. 2 ff.; Whatmough, *Language*. 4. 132. の如き有力な反對がある。

られる), i, u, r, k+s>i, u, r, k+š (スラヴ, インド・イラン, バルト語派) はその中でも著しく, インドとイラン兩語の間には古くは殆んど方言とも言うべき差しか認められず, 兩者は明らかに同一の源に歸し得る. スラヴ語派とバルト語派との間にも著るしい一致があり, この兩者をインド・イラン語派の如くに一つに歸することには A. Meillet の如き人の有力な反對があるけれども, とにかく非常に近い關係に兩者があることは否定し難いであろう.[1]

Centum 群の間ではイタリック語派, ゲルマン語派, ケルト語派の間に特に共通點が多く, ギリシア語のみ孤立し, 以上の三語派と Satəm 語群, 特にインド・イラン語派との間の橋を形成している.

ゲルマン語派とケルト語派との間には特に語彙的な一致が多いが, 之は兩語派が歷史以前に隣接していたことを考えれば當然である. しかしこの外にも

1. 第一音節に強いアクセントがあること, その結果アクセントを有する音節がよく保存せられ, 他の音節の母音が弱まった.
2. 音韻推移

の如き著るしい一致がある.

ゲルマン語派とイタリック語派との間の一致は, 例えば

1. -*tt->-s(s)-, Lat. vīsus (<*vissos), OHG. gi-wis : Skt. -tt-, vittáḥ, Gr. -στ-, ἄ-ιστος
2. 指示代名詞 Lat. is, ea, id, Goth. is, ija, ita[2]

---

(1) A. Meillet : *Les dialectes indo-européens.*² Paris 1922, 40–48 ; ib. *Slave commun.*² Paris 1934, 8 f. ; *Rocznik slawistyczny.* 5. 153–163. 之に反して Pedersen : *Le groupement des dialectes indo-européens.* DVS/M. XI. 3. 1925, §3 は兩者の單一源を認めているが, その分化の年代をインド・イラン語派のそれよりも古いと考える.

(2) J. Whatmough : *The Foundation of Roman Italy.* London 1937. 116–7 ; H. Hirt : *Handbuch des Urgermanischen.* I. Heidelberg 1931. 13 f. ; F. Altheim : *Geschichte der lat. Sprache.* Frankfurt am Mein 1951, passim. 參照.

の如きものが認められる．またゲルマン，ケルト，イタリック語派には上述の語頭アクセントが共通である．

しかしかかる一致の最も著るしいのはケルト語派とイタリック語派との間のそれで，A. Walde によればラテン語とアイルランド語，オスク・ウムブリア語とブリタニック語との間には特に深い一致があり，從つてイタリック・ケルト語單一時代を考えるよりは，むしろイタリック・ケルト語派の共通基語中にラテン・アイルランドとオスク・ウムブリア・ブリタニックの二派があり，これらが各々二つに別れたとすべきであるという．(1)

1. アイルランド語とラテン語との關係
    a. r-deponentia (279 頁以下參照)
    b. b- 未來
    c. IE. *n̥>en
    d. Labio-velares がそのまま殘つている (67 頁參照)．
2. ブリタニック語とオスク・ウムブリア語との關係
    a. IE. *n̥>an
    b. Labio-velares>labiares p 等 (67 頁參照)．

この外にもケルト語派とイタリック語派の間には

1. Gen. sg. -ī, Lat. agrī, Ogham maqi 《息子の》(230 頁參照)．
2. -ti- 語幹の -on- 語幹による延長，Lat. mentio, Ir. (er)-mitiu (語幹 -ti-n-)：Skt. mati- (178 頁參照)．
3. -*is_emo- による形容詞最上級．Lat. aeger-rimus<-*simos, Cont. Celt. Ουξισαμα 《最高の》, Welsh uchaf (f<-*m-)．
4. 受身の -r, OIr. sequithir：Lat. sequitur (280 頁參照)．
5. 語彙上の一致

---

(1) A. Walde: *Ueber älteste sprachliche Beziehungen zwischen Kelten und Italikern.* Rektoratsschrift Innsbruck 1917.

の如き著るしい共通點があるが，しかし之がインド・イラン語派の如き意味でのイタリック・ケルト語派單一時代の想定を許すか否かは，A. Meillet の如き人の有力な主張にもかかわらず甚だ疑問である。(1)

ギリシア語は上述の如くにインド・イラン語派との間に著るしい共通點がある．
1. *n̥->a-, an- (89 頁以下參照)．
2. 重複．之はラテン語その外にも部分的に認められる (268, 285 頁參照)．
3. 接續法形の一致 (298 頁以下參照)．
4. Augmentum. 之はアルメニア語とも共通 (§ 99 參照)．

しかしこれらは或はこの二語派が非常に古い時代から文獻を殘しているので，そのために他の語派では傳わらない形が兩語派のみに保たれているのではないかとも考えられるが，ギリシア語とアルメニア語とが又多くの點で一致していることは，ギリシア語の位置が Centum 語群中東にあり，從って東印歐語群に近いためであるとも思われ，またインド・イラン語派の民族が紀元前一千年代には小亞に廣く住んでいたことが知られているのであるから，この兩語派の間に近い關係のあるのは當然であると考えられる．(2)

---

(1) A. Meillet: *Esquisse d'une histoire de la langue latine.*² Paris 1931. 16–47, 283–292 を見よ．更に J. Whatmough: *Foundation of Roman Italy.* 116; H. Pedersen: *Groupement.* §§ 10 ff., 24 ff.; A. Meillet, *BSL.* 32. 1 ff.; Marstrander: *Norsk Tidsskrift for Sprogvidenskap.* 3. 241 ff.; Devoto, *Arch. glottol. ital.* 22/23. 200 ff.; F. Altheim: *Gesch. der lat. Sprache*, passim. 參照．

(2) ギリシア語と他の語派との關係については P. Kretschmer: *Einl. in die Gesch. der griech. Sprache.* 153 ff.; H. Hirt: *Handbuch der griech. Laut- und Formenlehre.*² Heidelberg 1912. 25 ff.; Ed. Schwyzer: *Griech. Gramm.* I. 55 ff. を見よ．

ギリシア語とラテン語の關係は既に古くより認められ，古代の文法家はラテン語がギリシア語のアイオリス方言より出たと考えていた。その後も兩古典語の近親關係は度々學者によって主張せられ，例えば G. Curtius, P. Corssen, L. Meyer, A. Fick の如き言語學者，Th. Momsen, E. Curtius, M. Duncker, H. Kiepert, W. Leist 等の歷史家が兩者の文化的背景が相似していることを根據として，ギリシア人とローマ人とを太古の時代には一つの民族であったと主張した。[1] 兩者の共通點としてよく擧げられるのは

1. アクセントが語末より三音節以上に遡らぬこと。但しラテン語では文獻時代直前には語頭にアクセントがあったことが明らかであり，從って三音節の法則はそれ以後に屬し，之はギリシア語との古い一致を示す資料とはならない。
2. mediae aspiratae＞tenues aspiratae. 例えば Skt. dhāka-《保護者》: Gr. θήκη, Lat. facio (＜*dh-) (60 頁參照)。
3. 名詞 ā- 語幹の Gen. pl. 及び o- 語幹の Nom. pl. が代名詞よりの借用形であること。卽ち -*āsōm＜Gr. -άων, -ῶν; Lat. -ārum, *-oi＞Gr. -οι, Lat. -ī. 但しオスク語では -ús.
4. 3. pl. imper. Gr. -όντω : Lat. fer-untō(d).
5. Gr. οἰνοφ, Lat. atrōx, ferōx の如き合成語型。しかし之はサンスクリット語その外にもある。
6. 語彙の一致。但し之にはローマ人やギリシア人の先住民族より兩者に與えられたために共通しているものが多いと考えられる。

上述の共通點はこのようにいずれも兩語のかつての單一性を證明するものとは言い難いのに反して，ギリシア語はアルメニア語，インド・イラン語派と，イタリック語派はケルト・ゲルマン兩語派と

---

[1] 之に關しては P. Kretschmer: *Einl.* 154 ff.; H. Hirt: *Handb.*[2] 25 ff.; W. von Christ: *Münch. ASB.* 1906, 151 ff.; Ed. Schwyzer: *Griech. Gramm.* I. 57 ff. を見よ。

の間に共通點が多く，從ってギリシア語とラテン語或はイタリック語派との特別な關係は認められないのであるが，古い說の反動として全く之を否定するのも亦當を得ず，兩者の間にはなお相當な近親性があると言ってよい．

ゲルマン語派とスラヴ語派の間には，古くより認められていた如くに，かなり密接な關係があり，A. Schleicher は兩者をもって北歐語群 (nordeuropäische Gruppe) を形成するものとした．(1) 之に反して A. Leskien はこの關係が特に近いことを否定した．(2) しかし兩者の關係に對する特に有力な證據は，兩者共に Instr. sg. -*mi, Dat.-Abl. pl. -*mos, Instr. pl. -*mis を有する點で，之は Skt. Lat. -*bh- の形と著るしく相違している．更にゲルマン語派とバルト語派との間にも共通點が多く，數詞には特に Goth. ainlif, twalif : Lith. vienuólika, dvýlika; Goth. pūsundi : Lith. túkstantis の如き著るしい一致があるが，之は借用の疑いが濃い．

この外最近では J. Kuryłowicz(3) は印歐語族を南北二群に母音の取扱い方によって分類しているが，之は sonant の變化に於てよく認められ，この點で彼の考え方は Schleicher のそれに近づいていると言い得る．

上述の諸言語の近親關係は大凡印歐語族の諸言語が歷史時代の初めに占めていた場所の關係によく一致するのであって，この事實は，これら諸言語の相對的位置に相當する位置を印歐共通基語中に占めていた方言があって，之が分化し，その分化と分散の方向も亦この情態を餘り攪亂することなしに行われたと推定することを許すようである．しかしこれは傳存の諸語派が共通基語に於て互に相接していたというのではなく，歷史時代には隣接していた語派と語派との

---

(1) *Beitr. zur vergl. Sprachforschung.* I. 12 ff., 107 ff. ; *Compendium der vergl. Gramm. der idg. Sprachen.* 6.
(2) *Die Deklination im Slaw. Lit. und Germ.* 1876.
(3) *Etudes indo-européennes.* I. Kraków 1935. 106 ff.

間にも亦色々な言語が存在し，これらは何らの痕跡も殘さずに消滅して仕舞ったものと考えられる．最近發見されたトカラ語やヒッタイト語の如きは，それまでは夢想だにしなかった印歐語族の言語であって，これらと同じく我々の知らない多くの他の印歐語族の言語が消滅したものと想像される．我々の知っている限りでも，ギリシア語とイタリック語派，ケルト語派との間にはイリュリア語，マケドニア語，トラーキア語の如き多くの言語があり，イリュリア語の如きは廣く東中部歐洲に擴がっていて，ゲルマン・ケルト兩語派と隣接していた．從って共通基語最新層に於ける傳存諸語派の關係は，H. Pedersen の示した如くに，廣い地域內に於ける島のように

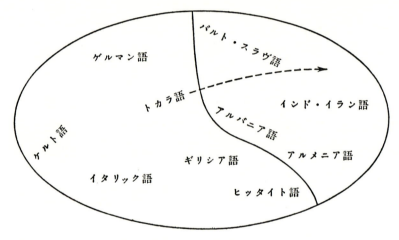

表わすべきであり，この關係は同語線の著るしいもの，例えば

1. *k>s, ś Balt., Slav., Arm., Ind.-Ir. (Alban. ?)[1]

---

[1] アルバニア語の Centum と Satəm 群に於ける位置に關しては問題がある．この言語が眞に古代のイリュリア語の後であるとすれば，イリュリア語はその僅かの殘存物より察するに未だに *k を保存しており，またアルバニア語と同じく labio-velares をも保存していた．例えば Ill. Acrabamus: Gr. ἄκρος, Argyruntum Vesclevesis Gen. sg.: Skt. vásuśravasaḥ, Gr. Εὐκλέεος の如くであり，イリュリア語の一方言と考えられているが，實はラテン語との混合體であるらしい Veneti の言語は，同じく e·χo=Gr. ἐγώ,

2. *a, *ə, *o>a Ind.-Ir. *o>a Germ.
3. *ə>i Ind.-Iran.
4. Augmentum Ind.-Ir., Gr., Arm.
5. Perfectum と Aoristus の結合による過去. Kelt., Germ., Ital.
6. Fem. o- 語幹 Gr., Ital.
7. *s>h Gr., Arm., Iran.
8. Gen. sg. -ī Ital., Kelt.
9. r- deponentia 及び pass. Ital., Kelt., Toch., Hitt., Ind.-Iran.
10. Dat. pl. -*bh- Skt. -bhyaḥ, Lat. -bus, Ir. -ib, Gr. -$\varphi\iota(\nu)$.
    Dat. pl. -*m- Goth. -m, Lith. -mus, OChSl. -mŭ.

の如きものをとって，實際の地圖上に之を引いてみれば直ちに明らかとなるであろう．

---

vhaχ·s·θo=Lat. fecit, 父稱 -χnos, -gnus, e·kupeθari-s《馬追い》: Lat. equus, Ecco=Cont. Celt. Eppo, 河名 Liquentia, misquilenses pagani の如くに Centum 的であり，またイリュリア語の南部イタリアに於ける一派 Messapii の言語も klohizis opt. 3. pl. is-aor.《開け》: Gr. κλύω, penkaheh[es] Gen. sg.: Osc. Pompaiio-, Osc.-Lat. Pompeius<*penkʷe《5》の如くに同じ特徴を示している．この問題に關しては Helbig, *Hermes* 11 (1876), 257 ff.; Kretschmer: *Einleitung* 244 ff.; Jokl の Ebert: *Reallexikon der Vorgeschichte* 中の《Albaner》と《Illyrier》の項, Herbiʒ の同書《Veneter》の項, Sommer, *IF.* 42. 90 ff.; A. Mayer, 《Der Satem-Charakter des Illyrischen》. *Glotta* 24. 161–203 及び *KZ.* 66. 75–127; Georgiev: *Die Träger der kretischmyken. Kultur.* I. *Urgriechen und Urillyrier.* Annuaire Sofia 1937; Pokorny: *Zur Urgeschichte der Kelten und Illyrier.* Zeitschr. f. celt. Philol. 20, 21; C. Schuchardt: *Die Urillyrier und ihre Indogermanisierung.* Berl. Ak. Abh. 1937, Nr. 4 及び Jokl: *Mél. Pedersen.* 127 ff.; Altheim: *Gesch. d. lat. Sprache.* 參照．

なおこの問題に關しては次の書がよい參考となる．

Joh. Schmidt: *Verwantsschaftverhältnisse der idg. Sprachen.* Weimar 1872. (方法論上重要)

P. Kretschmer: *Einleitung in die Geschichte der griech. Sprache.* Göttingen 1896. 93 ff.

O. Schrader: *Sprachvergleichung und Urgeschichte.*[3] Jena 1906-7. 53 ff.

H. Hirt: *Die Indogermanen.* Strassburg 1905, 89 ff., 579 ff.

E. Hermann: 《Ueber das Rekonstruieren》. *KZ.* 41. 1 ff.

A. Meillet: *Les dialectes indo-européens.*[2] Paris 1922.

H. Pedersen: *Le groupement des dialectes indo-européens.* DVS/M. XI. 3. 1925.

G. Bonfante, 《*I dialetti indo-europei.*》 Annali dell' Istituto Orientale di Napoli. 4 (1931), 69-185.

V. Pisani: *Studi sulla preistoria delle lingue i.e.* Atti Ac. Lincei, ser. 6, vol. 4. fasc. 6 (1933).

V. Pisani: *Geolinguistica e Indoeuropeo.* Atti Ac. Lincei, ser. 6, vol. 9. fasc. 2 (1940).

W. Porzig: *Die Gliederung des indogermanischen Sprachgebiets.* Heidelberg 1954. (從來のこの問題に關する諸説の紹介と共に，新材料を驅使した，最も重要な論文)

Hirt: *Idg. Gramm.* I. 45-61.

参　考　書

I.　比較文法の方法論の入門書

B. Delbrück: *Einleitung in das Studium der indogermanischen Sprachen. Ein Beitrag zur Geschichte und Methodik der vergleichenden Sprachforschung.*[6] Leipzig 1919. 特に言語學史的展望にすぐれている．

A. Meillet: *La méthode comparative en linguistique historique.* Oslo et Paris 1925. (泉井久之助氏の邦譯あり)

H. Pedersen: *Sprogvidenskaben i det Nittende Aarhundrede: Metoder og Resultater.* København 1924 (英譯 Linguistic Science in the Nineteenth Century: Methods and Results, transl. by J. Webster Spargo. Cambridge USA. 1931.)

P. Kretschmer: *Sprache. Einleitung in die Altertumswissenschaft.* I.[3] 6. Leipzig 1923. ギリシア・ラテン語を主として扱っているが，著者の素晴らしい諸問題の提起と取扱いによって，言語の史的研究一般に關する興味深い説が展開されている．

高津春繁:　比較言語學　岩波・昭和二十七年．

J. Schrijnen: *Handleiding by de Studie der Vergelijkende Indogermaansche Taalwetenschap.*[2] Leiden 1917. (獨譯 Einführung in das Studium der indogermanischen Sprachwissenschaft, mit besonderer Berücksichtigung der klassischen und germanischen Sprachen. Heidelberg 1921.) 之は文獻，史的展望，一般理論，音論を含み，內容豐富で解り易い．

P. Kretschmer: *Die indogermanische Sprachwissenschaft. Einführung für die Schule.* Göttingen 1925. 之はアルバニア文部省の依頼により，學校家庭用一般むきの科學書中の一册として，その中の第二卷として書かれたもので，アルバニア語版は K.

Gurakuqi 譯 Ditunija gjuhore indogjermane. Tirana 1923 となって出ている．之は非常に簡潔ではあるが，解し易い本當の意味での入門書としてはよく，本書のスペイン語版もあり，Bonfante による地圖一葉と Hrozný によるヒッタイト語に關する一文が加えられている（高谷氏による邦譯あり）．

H. Hirt: *Die Hauptprobleme der indogermanischen Sprachwissenschaft, hrg. und bearbeitet von Helmut Arntz.* Halle/Saale 1939. Hirt の歿後遺稿及びノートを整理して，弟子の Arntz が編纂したもの．Hirt の後に擧げる「印歐語文法」に基き，その說を Arntz が發展せしめた觀があり，どの程度まで Hirt 自身の說とみなしてよいかに疑問があるが，印歐語族比較文法研究の重要な點に關し非常に興味ある說が多い．

II. 印歐語比較文法

印歐語比較文法の基礎をなし，資料をあます所なく擧げている大著述は

K. Brugmann: *Grundriss der vergleichenden Grammatik der indogermanischen Sprachen.*² I. II. 1. 2. 3. Strassburg 1897-1916.

であるが，之は音論，形態論及び形態の用法と意味のみで，文論の部分は著者の死によって中絶された．なお單文に關しては彼の死後

K. Brugmann: *Die Syntax des einfachen Satzes im Indogermanischen. Beiheft IF.* 43. 1925.

として出ている．從って本當の意味での文の比較研究は

K. Brugmann und B. Delbrück: *Grundriss der vergleichenden Grammatik der indogermanischen Sprachen*¹. 中の III. IV. V. (Delbrück による Syntax). Strassburg 1893–1900 の V. によらなくてはならない．III. IV. は上揭の Brugmann による第二版の II. Morphologie 1. (1906), 2. (1909–1911), 3. 1. (1913),

2. (1916) によって大部分改訂されている．

H. Hirt: *Indogermanische Grammatik*. I-VII. Heidelberg: I. Einleitung. Etymologie. Konsonantism 1927; II. Der Vokalismus 1921; III. Das Nomen 1927; IV. Doppelung. Zusammensetzung. Verbum 1928; V. Der Akzent 1929; VI. Syntax I. 1934; VII. Syntax II. 1937. (但し VII. は 1936 年に著者が世を去ったため校正を最後まで見ることは出來なかった）は，同じく大規模な印歐語比較文法であるが，著者一流の個人的色彩の濃いもので，Brugmann と異り，共通基語再建への努力が著るしい．この中 II の母音交替，V のアクセントに關する研究はその後の印歐語比較文法の構成に新しい指針を與えた重要なもので，この二點では Brugmann の文法を遙かに凌いでいる．(1)

印歐語比較文法のから得た成果を手頃に纏めたものとしては，次の如きものがよい．

K. Brugmann: *Kurze vergleichende Grammatik der indogermanischen Sprachen*. Strassburg 1902–1904. (佛譯 *Abrégé de grammaire comparée des langues indo-européennes* par J. Bloch, A. Cuny, A. Ernout, sous la direction de A. Meillet et R. Gauthiot. Paris 1905) 之はサンスクリット語，ギリシア語，ラテン語，ゲルマン語，スラヴ語の主なる言語のみを取扱った，上揭の Grundriss を簡拔要約したもので，既に內容的に古くなっているが，印歐語比較文法への入門としては最もよいものの一つである．之と並んで

A. Meillet: *Introduction à l'étude comparative des langues indo-*

---

(1) 但し本書の説は上記 Hirt: *Hauptprobleme* 及び同じく Hirt の死後 Arntz が多少解説を附して出版した H. Hirt: *Indogermanica. Forschungen über Sprache und Geschichte Alteuropas*. Ausgewählt und hrg. von H. Arntz. Halle/Saale 1940 によってチェックする必要がある．

européennes.⁸ Paris 1937. (第二版からは獨譯 W. Printz, Heidelberg 1909) がある．之は印歐語比較文法の要點のみを極めてよく消化した形に於て述べたもので，Brugmann の書の如くに各個の下位諸言語への推移變遷の説明よりは，むしろ共通基語の姿の再建と敍述に重點をおき，今まで出たこの種の概説中最も秀れたものである．難點は餘りによく整理されているために，本書によっては印歐語比較文法の未解決不明の點を知ることがむずかしいことであって，この意味では Brugmann の書がまさっている．この外に

E. Kieckers: *Einführung in die indogermanische Sprachwissenschaft*. I. *Lautlehre*. München 1933. は第一卷のみで著者の死によって中絶したが，之は Brugmann の *Grundriss* の要約で，小型の中に非常に大量の資料を集約している點が便利である．

H. Krahe: *Indogermanische Sprachwissenschaft*. (Sammlung Göschen 59.) Berlin 1948. 極めて簡單な Brugmann 流の印歐語比較文法の要約．

P. Giles: *A Short Manuel of Comparative Philology for Classical Students*. London 1895. 英語による Brugmann の Grundriss の極めて簡單な祖述．個人的見解は全くなく，又既に古くなって，大部分は役に立たない．

C. D. Buck: *Comparative Grammar of Greek and Latin*. Chicago 1933 は英語で書かれたもので一番秀れている．表題はギリシア語とラテン語の比較文法であるが，内容は印歐語族の比較文法に及んでおり，最初の部分では史的研究の方法論に觸れている．著者の見解も中庸を得て，しかも凡俗ではなく，獨自の立場に立ち，論述も明快で，入門書として最も秀れている．最近改訂版が出る豫定．

T. Hudson-Williams: *A Short Introduction to the Study of Comparative Grammar*. Cardiff 1935. は Meillet の本の拔書の

如きもので，餘り役に立たない．

この外に Syntax に關しては

J. Wackernagel: *Vorlesungen über Syntax, mit besonderer Berücksichtigung von Griechisch, Lateinisch und Deutsch.* I.² II². Basel 1926, 1928. (第一版 1920, 1924.) がある．之は約束されていた第三卷が遂に出版されなかったために，不幸にして文そのものには本當の意味で及んでいないが，語の形態と結合に關して最も素晴らしい，あらゆる點で獨自の研究と考慮の及んだ論述である．

III. 印歐語比較語源辭典

A. Fick: *Vergleichendes Wörterbuch der indogermanischen Sprachen*, 4. Aufl., bearbeitet von A. Bezzenberger, A. Fick und Wh. Stokes. 1. Teil: Wortschatz der Grundsprache, der Arischen und der Westeuropäischen Spracheinheit von A. Fick. 2. Teil: Wortschatz der Keltischen Spracheinheit von Wh. Stokes und A. Bezzenberger. 3. Teil: Wortschatz von Germanischen Spracheinheit von H. Falk und A. Torp. Göttingen 1890, 1894, 1909. 之は既に古く，之を使用するには相當の注意を要する．

A. Walde-J. Pokorny: *Vergleichendes Wörterbuch der indogermanischen Sprachen.* I. II. 及び索引. Leipzig-Berlin 1928-1933. は索引が便利で利用價値が大きいが，しかし又多くの點で甚だ危險な語源が與えられていると言わざるを得ない．

J. Pokorny: *Indogermanisches etymologisches Wörterbuch.* Bern 1949. (目下進行中) は上記を簡略にしたものに，著者の專門のケルト語關係の語源及びその語の文獻を補ったもの．語源に關しては同じ事が言い得る．

なおギリシア語，ラテン語，ゴート語等，各言語には良い語源辭典があるものがあり，これに關しては第2章「印歐語族の諸言語」

中の各語派の歷史の後に擧げた文獻參照．また印歐語民族の文化の研究については第2章末に擧げた文獻參照．

IV. 印歐諸言語の研究史及び現在の立場 に關しては，W. Streitberg が編者となって出發し，現在進行中の
Geschichte der indogermanischen Sprachwissenschaft. Berlin-Leipzig 1916- (古くは Strassburg).
  I. Griechisch, A. Thumb; Italisch, A. Walde; Vulgärlatein, K. von Ettmayer; Keltisch, R. Thurneysen. Strassburg 1916.
  II. Germanisch. I. Allgemeiner Teil und Lautlehre, W. Streitberg, V. Michels, M. Herm. Jellinek. *Berlin-Leipzig* 1936.
  III. Slavisch-Litauisch, A. Brückner; Albanisch, N. Jokl. Strassburg 1917.
  IV. 1. Indisch, W. Wüst. Berlin-Leipzig 1927.
      2. Iranisch, H. Reichelt; Armenisch, H. Zeller. Berlin-Leipzig 1927.
  V. 1. Hethitisch und „Kleinasiatische" Sprachen, J. Friedrich. Berlin-Leipzig 1931.
      2. Tocharisch, E. Schwentner. Berlin-Leipzig 1935.
      4. Etruskisch, Eva Fiesel. Berlin-Leipzig 1931.
に詳しい．之は未完であり，ある部分は既に古くなっているが，研究者に多くの示唆を與えるであろう．

V. 專門雜誌
　印歐語比較文法及び一般の言語の研究に捧げられた定期刊行物中，特に注目すべきは次の如きものである．
KZ= Zeitschrift für vergleichende Sprachforschung auf dem Ge-

biete der indogermanischen Sprachen. 1852 年以降。最初に A. Kuhn によって起され (從って KZ=Kuhns Zeitschrift と呼ばれる), Berlin, Gütersloh, Göttingen と發行地が變っている。A. Kuhn の後の編輯者は Ed. Kuhn と J. Schmidt, ついで E. Kuhn と W. Schulze.

BB=Beiträge zur Kunde der indogermanischen Sprachen. Göttingen 1879-1907. A. Bezzenberger 創刊 (從って BB=Bezzenbergers Beiträge と呼ばれる), ついで B. と Prellwitz が編輯者となったが, 第三十卷で KZ と合併, その後先ず A. Bezzenberger と W. Schulze, 次に W. Schulze, E. Schwyzer, H. Oertel が編輯.

IF=Indogermanische Forschungen. Zeitschrift für idg. Sprach- und Altertumskunde. 1892-. 創刊者は K. Brugmann と W. Streitberg, ついで F. Sommer と A. Debrunner 編輯. 發行地は初めは Strassburg, ついで Berlin-Leipzig. 本誌に附屬して *Indogermanisches Jahrbuch.* Berlin 1914- があり, 之は一般言語學及び印歐語學に關する文獻目錄である。

MSL=Mémoire de la Société linguistique de Paris. Paris 1868-.

BSL=Bulletin de la Société linguistique de Paris. Paris 1868-. 之は 1908 年以後便利な書評を含んでいる。

Glotta. Zeitschrift für griech. und lat. Sprachen. Göttingen 1909-. 創刊者は P. Kretschmer と F. Kroll. ギリシア, ラテン兩語の研究に捧げられたものであるが, 印歐語族全般に關する論文をも含み, かつ便利な書評がある。

Language. Journal of the Linguistic Society of America. Baltimore 1925-. 之は印歐語族を中心とするものではないが, 印歐語族に關する論文及び書評を多く含んでいる。

RIGI=Rivista indo-greco-i'alica. Napoli 1917-.

なお各語派, 各言語に關する專門誌も非常に多いが, 之は省略する。

更に

MU = Morphologische Untersuchungen auf dem Gebiete der idg. Sprachen, von H. Osthoff und K. Brugmann. I-VI. Leipzig 1878–1910.

なおこの外多くの論文集，記念論文集，モノグラフの類があるが，その中本書に引用したもののみを擧げる．

Ἀντίδωρον. *Festschrift Jacob Wackernagel zur Vollendung des 70. Lebensjahres gewidmet von Schülern, Freunden und Kollegen.* Göttingen 1923.

Festschrift Hermann Hirt. Germanen und Indogermanen. Volkstum, Sprache, Heimat, Kultur. I. II. Heidelberg 1936.

Mélanges E. Boisacq. Annuaire de l'institut de philologie et d'histoire orient. et slaves. V. VI. 1. Bruxelles 1937, 1938.

Mélanges de linguistiques et de philologie offerts à J. v. Ginneken. Paris 1937.

Mélanges linguistiques offerts à M. Holger Pedersen. Aarhus 1937 (= Acta Jutlandica Aarsskrift for Aarhus Univ. IX. 1.).

Mélanges linguistiques offerts à M. J. Vendryes. Paris 1925.

Mélanges linguistiques offerts à M. F. de Saussure. Paris 1908.

Stand und Aufgaben der Sprachwissenschaft. Festschrift für W. Streitberg. Heidelberg 1924.

Streitberg Festgabe. Leipzig 1924.

Symbolae grammaticae in honorem I. Rozwadowski. I. II. Cracoviae 1927, 1928.

Symbolae philologiae O. A. Danielsson oblatae. Uppsala 1932.

W. Schulze Kleine Schriften. Göttingen 1933.

Festschrift für P. Kretschmer. Beiträge zur griech. und lat. Sprachforschung. Berlin usw. 1926.

Festschrift A. Bezzenberger zum 14. April 1921 dargebracht von seinen Freunden und Schülern. Göttingen 1921.

Donum natalicum Schrijnen. Verzameling van opstellen door oud-leerlingen en bevriende vakgenooten opgedragen an Mgr. Prof. Dr. Jos. Schrijnen. Nijmegen-Utrecht 1929.

1953年に英國の Michael Ventrís は, 從來未解讀であった, クレータ島クノーソス Knossos の宮址及びミュケーナイ時代のピュロス Pylos (ペロポネーソス半島西南岸) その他の遺跡より出土の線文字 B, Linear Writing B (凡前 1450—1150 年)を解讀. その言語はギリシア語のアルカディア方言に近いものであることが判った. これについては

M. Ventrís and J. Chadwick: "Evidence for Greek Dialect in the Mycenaean Archives". Journal of Hellenic Studies. LXXIII[1953], pp. 84–103.

M. Ventris and J. Chadwick: *Documents in Mycenaean Greek.* Cambridge, 1956.

高津春繁:"ミノア文字の解讀" 西洋古典研究 IV[1956], pp. 1–12 を參照.

補　遺

p. 9 脚註(1)　T. Burrow : *The Sanskrit Language.* London, 1955.

p. 13　Manfred Mayrhofer: *Kurzgefasstes etymologisches Wörterbuch des Altindischen.* Heidelberg, 1953-. Lfg. 1-12 (繼續出版中).

p. 21 参考書　N. S. Trubetzkoy: *Altkirchenslavische Grammatik. Schrift, Laut-und Formensystem.* Wien, 1954.

p. 36　Hjalmar Frisk: *Griechisches etymologisches Wörterbuch.* Heidelberg, 1954-. Lfg. 1-8 (繼續出版中).

p. 39 脚註(2)　M. Pallotino: *The Etruscans.* London, 1955.
　　　　　　R. Bloch: *Les Etrusques.* (Que sais-je?) Paris, 1954.

p. 43　L. R. Palmer: *The Latin Language.* London, 1954.
　　　K. Büchner und J. B. Hofmann: *Lateinische Literatur und Sprach.* Bonn, 1951.

p. 46 参考書　J. Pokorny und V. Pisani: *Allgemeines und vergleichendes Sprachwissenschaft-Indogermanistik und Keltologie.* Bern, 1953.

p. 52 脚註(1)の最後へ　J. Friedrich : *Entzifferung verschollener Schriften und Sprachen.* Beriln, Göttingen, Heidelberg, 1954, 72-75.

p. 126 脚註(1)　J. Kuryłowicz: *L'apophonie en indo-européen.* Wrocław, 1956.

J. Kuryłowicz: *L'accentuation des langues indo-européennes.* Kraków, 1952.

索　引

 I 事　項　索　引

 II 歐文事項索引

 III 引用單語索引

注　意

1. 該當箇所が該當頁の本文ではなく脚註部分に屬する場合には，とくにそれを明らかにした．たとえば 9^1 は9頁の脚註 (1) を示す．
2. 引用單語索引についてはとくに次の點をお斷りしておきたい．

 （イ）古代インド語の場合もアルファベット順に排列した．

 （ロ）ギリシア語の場合，Fにはじまる語はFを除いた形で排列した．

 （ハ）ゲルマン語の場合，þはtの後に排列した．

I 事項索引

ア 行

アイルランド語　7[1], 43, 45, 66, 342
アヴェスタ聖典　9, 14, 55, 66
アクセントと合成語　188
アクセントの性質とその變化 120
阿育王　11
アナトリア諸言語　85
アフガン語　16
アーリア語　7[1]
アーリア人　8, 55
アルバニア語　24, 66, 346[1]
——とイリュリア語　24[1]
アルメニア語　30, 63, 66
——の音韻推移　31, 63, 145
——の文字　30[3]

イタリア語　41
イタリアという名稱　36[1]
イタリック語派　36, 43, 54, 56, 341, 342
イタロ・ケルト語派　43, 44[1], 342
イベリア文化とイベリア語　37, 40
イラン族とアルメニア語　31, 346, 346[1]
イリュリア語　24, 25, 28, 29

イリュリア人　17[1], 25, 33, 43
イリュリア人の大移動　26, 28, 56
印歐共通基語 (又は祖語) 4, 50[1], 53, 340
——に於ける $*\overset{\circ}{e}$ の消失 100–101, 116, 127, 131, 138
——のアクセント　64, 100, 101, 111, 112, 120, 150, 151, 157, 162, 174, 177, 196, 223, 283, 285, 286, 289, 291, 296, 297, 306, 329
——の音韻　59
延長による長母音　101
音節を形成する流・鼻音 59, 85

氣音の喪失　64, 146
語頭の *s　76, 77
子音　59, 140–141
子音としての sonant と半母音　86
子音の連續　143–145
齒音　60, 65
唇音　60, 64
唇・後口蓋音　27, 44, 60, 67–70, 82, 100, 339, 342, 346[1]
中・後口蓋音　27, 60, 66,

I 事項索引

66¹, 67–70, 81, 103¹, 298, 339
長二重母音　106, 108–109
長母音　98, 100–102, 115–116
長 sonant と二音節語基の關係　119
長 sonant と *ə　94–96, 116, 125, 128
二重子音　137, 137¹
二重母音　105–108, 116
半母音　59, 85
鼻音　59, 85
閉鎖音　59, 139
母音　59, 96, 103¹
母音と喉音の關係　98¹, 85, 97, 100, 126, 127
母音としての sonant と半母音　89, 142
母音の連續　143
母音の *ə̣　127, 129
摩擦音　59, 75
無聲帶氣音　60, 61, 61¹, 74, 146, 344
無聲閉鎖音　59, 63
融合による長母音　101
有聲帶氣音　29, 60, 60¹, 63, 74, 146, 344
有聲閉鎖音　59, 63
流音　59, 85
palatales　66, 68–70, 339
palatales と velales の區別　69, 70
sonant　86, 113, 123, 136, 140, 141, 145, 345
sonant と *ə の關係　98–99, 115–116, 123
velares　69–70
*ă　59, 96, 102, 103¹, 106, 347
*ai　12, 106, 107
*āi　12, 106, 108–109
*au　12, 106, 107–108
*āu　12, 106, 108–109
*b　59, 60, 62, 63
*bh　59, 60, 62, 63, 65
*d　59, 60, 62, 63, 66
*ḍ　59, 82
*dh　59, 60, 62, 63, 66, 344
*ĕ　59, 96, 102, 103¹, 106, 347
*ē, ā, ō と *ə　97–99, 100, 115, 125
*ei　86, 105–106, 107, 113
*ēi, ōi, ēu, ōu　92, 106, 108–109, 116, 220¹
*em, en (*om, on)　86, 89, 106
*er, el (*or, ol)　86, 89, 106
*eu　86, 105–106, 107–108, 113
*g　59, 60, 62, 63, 340
*gh　59, 60, 62, 63, 80, 340
*gʷ　38¹, 59, 60, 61, 62, 63,

67–68, 87
*gʷh 59, 60, 61, 62, 63, 67–68
*h 75
*i 59, 85, 86, 90, 92, 93, 103¹, 105–106
*ī 59, 92, 93, 128, 155¹, 197², 283¹, 287, 300
*ī, ū と *r̥, l̥, m̥, n̥ の關係 94, 116
*j 59, 79, 81, 81²
*k 59, 60, 62, 63, 67, 70, 74, 339, 340, 346
*kˢ, *gᶻ 83
*kh 59, 60
*kj, gjh 81
*kʷ 38¹, 59, 60, 61, 62, 63, 67–68, 339
*l 59, 85, 86, 88, 89
*l̥ (el) 59, 85, 86, 89, 90, 91¹, 106, 142
*l̥̄ 59, 94, 95, 96, 125, 128
*m 59, 85, 86, 88
*m̥ (em) 59, 85, 86, 89, 90, 91, 142
*m̥̄ 59, 94, 96, 125, 128
*n 59, 85, 86, 88
*n̥ (en) 59, 85, 86, 89, 90, 91, 142, 159
*n̥̄ 59, 94, 96, 125, 128
*ŏ 59, 96, 102, 103¹, 106, 347

*oi 106, 107
*ou 106, 107–108
*p 59, 60, 62, 63, 64, 74
*ph 59, 60
*r 59, 85, 86, 88, 89
*r̥ (er) 59, 85, 86, 89, 90, 91¹, 106, 117, 136, 142
*r̥̄ 59, 94, 95, 96, 125, 128
*re, le, me, ne 86
*rə, lə, mə, nə (*erə, r̥ə) 94
*s 59, 75, 137, 144, 145, 347
*s 以外の摩擦音 78
*s>[ʃ] 77
*t 59, 60, 62, 63, 65, 74
*th 59, 60
*t-t(h)-, *d-d(h)- の變化 144
*p 59, 82
*u 59, 85, 86, 90, 92, 93, 103¹, 105–106
*ū 59, 92, 93, 128, 155¹, 197²
*w 59, 85, 86, 87, 90
*wə 92, 116
*y 59, 85, 86, 87, 90
*yə, *wə 86
*yə 92, 116, 287
*yə>*i=*r̥ə>*r̥̄ 116
*ə 59, 80, 97–99, 115–117, 118, 125, 127, 129, 158,

197², 219, 224, 347
*ə₁　59, 80, 98, 126, 127, 129, 130, 131, 163
*ə₂　59, 97, 98, 126, 126², 127, 129, 130, 131
*ə₃　59, 98, 126, 127, 129, 130, 131, 145¹, 163
*ə₄　126, 126², 127, 129, 130
*ə² (e,o,a)　59, 99
*əi (əy)　92, 107, 116
*əu (əw)　92, 108, 116
——の音節　137–140
——の語　147–153
——の再建と Laryngales　133

印歐語族　7
——單一時代の年代　55
——の故土　53
——の人名　189

印歐語の《雨が降る》を意味する語　320–321
——の《海》を意味する語　54
——の强意, 繰返しの意味の表現　193, 193¹
——の近親關係　339
——の造語法　135, 143
——の否定辭　91, 190, 311, 312, 316, 333
——の《百》を意味する語　67
——の《雪》を意味する語　53

インド・イラン語派　8, 55, 341, 343
インド・イラン語派と Bartho-olmae の法則　146
　——に於ける *ə の證明　100
　——の kh, th, ph と Laryn-gales　127
インド・ゲルマン語族なる名稱　7¹
インド・ヒッタイト語族　7¹, 50¹

ヴェーダ語　10, 12, 35
ヴェネティ　17¹, 24¹, 38
ヴェネト語　26, 27¹, 346
ウェールズ語　43, 45–46
ヴェンド語　19
ウクライナ語 (ルテニア語)　20
ウムブリア語　37, 41
ウパニシャッド　10

英語　47, 48
エトルリア語　39, 39²

オスク・ウムブリア方言　37, 342
オスク語　36¹, 37, 38, 41
オセット語　16
オランダ語　47
音韻推移　31, 60, 63, 341

音韻轉置 83
音韻の結合 143
音韻變化 136
音節 135, 137-140
音節と母音交替 111, 117
音論 59

カ 行

華語 10
カタロニア語 41
ガリア人 37
關係文，關係代名詞の成立
　　　　　335-336
關係文を結ぶ接續詞 337

北ゲルマン語 47, 48
強意動詞 268
曲折語尾 143, 148, 149, 150, ⎫
キリキア方言 32　　　⎩152⎭
ギリシア語 33, 40, 47, 54, 66,
　　343, 344
　——とインド・イラン語派
　　　　　343
　——とラテン語 344
　——のアイオリス方言 33,
　　34, 344
　——のアッティカ方言 33,
　　34
　——のアルカディア・キュプ
　　ロス方言 33, 34
　——のイオーニア・アッティ
　　カ方言 33, 35

　——のイオーニア方言 33,
　　34
　——のエリス・アカイア・ド
　　ーリス方言 33
　——の共通語 34
　——のテッサリア方言 29
　——のドーリス方言 33, 34
　——の西ギリシア方言 33
　——の東ギリシア方言 33
　——の北西ギリシア方言 33
　——の contracta verb 291
　——の F 35, 87
　——の ζ と Laryngales
　　　　　133[1]
　——の ζ の音價 79
　——の ϙ (koppa) 35
ギリシア人 35, 37, 56
ギリシア文字 28, 30, 35, 41, 44
近親關係 56, 339
近代アルメニア語 32
近代インド語 11

グリムの法則 64[1]
クルド語 15
クレータ・ミュケーナイ文化
　　　　　33

形態論 147
形容詞 151, 154, 157, 158, 163,
　　173, 184, 196, 197, 241,
　　243, 244, 248, 310
　——と實體詞の區別 197

――と名詞の屬格　207
　　――の語幹　159, 160, 162, 164, 169, 170, 171, 175, 181, 182, 183, 196
　　――の最高級　164, 169, 176, 243, 342
　　――の對格の副詞的用法　20^3
　　――の比較級　164, 243
結辭　205, 317, 318–319
ケルト語　40, 48
ケルト語派　43, 46, 54, 341, 342
ケルト人　17, 27, 46
ゲルマン語　40, 46
　　――の名詞の弱變化　160
ゲルマン語派　43, 46, 54, 63, 341, 345
　　――とイタリック語派との關係　341
　　――とケルト語派との關係　341
　　――の音韻推移　47, 63
ゲルマン民族とスラヴ族　17, 19, 345
言語と民族　54
　　――の地理的分裂　3
現代イラン語　15

古アイスランド語　47, 48
喉音とその學說　78^1, 80, 83–85, 97, 114, 122–133, 138, 141
口蓋化　68, 69, 80, 100, 103^1, 299, 340

合成形容詞とアクセント　157
合成語　154, 156, 163, 164, 173, 188–196, 198
　限定合成語　193
　所有合成語　195–196, 243
　動詞的限定合成語　193–195
　並列合成語　189, 192–193
　名詞的限定合成語　193
合成接尾辭　176
合成名詞の型　192–196
合成名詞の構成要素　189–192
古英語　48
語幹　148, 150, 151 (名詞・動詞の語幹の項參照)
語群　313
古高地ドイツ語　47
語根　134–135, 140–143, 147–148, 150, 154, 183
　　――と音節の構造　134–146
　　――名詞, 動詞　名詞, 動詞の項參照
古サクソニア語　48
古サベリ語　38
古代イラン語　13–14
古代インド語　10
古代敎會スラヴ語　18, 66
古代スラヴ語　18^2
古代ブルガリア語　18^2
古低地ドイツ語　48
ゴート語　49, 48, 66
ゴート人　24
古典サンスクリット語　10, 53,

66, 74, 103¹
語と母音交替　150
語の曲折　150, 151
古ノルド語　47
古プロシア語　22
コリニィ曆　44

サ 行

サカ族とその言語　15²
作詩法と音節　138
サルディニア語　41
三音節の法則　344
サンスクリットに於ける pala-
　tales の口蓋化　69, 298

實體詞　154, 160, 164, 170, 173,
　　197, 241, 243, 244
　──と形容詞　328, 330
　──相互の限定　325
自動詞　202, 263
ジプシー　11¹　　　　　「345
借用と借用形　29, 54, 55, 233,
集合名詞　158, 198¹, 199, 233
重複　193¹, 268–9, 285, 298, 343
縮小，愛稱名詞　168, 182
小辭　303, 309–312
　──-*d　251
　──-*i　224²
　疑問を示す小辭　317
承前詞　246, 247, 336
小ロシア語　20

スウェーデン語　47
數詞　151, 173, 180, 200, 255–
　　261
　基數詞　255
　集合數詞　255
　序(順序)數詞　169, 176¹, 180,
　　255
　數副詞　255
　配分數詞　255
　倍數詞　255
スキュティア人　14, 15¹
ストライトベルクの法則　101,
　　120, 128¹
スペイン語　40, 41
スラヴ語派　16, 46, 54, 341, 345
スラヴ人　17, 24, 41
スラヴという名稱　17, 18¹
スロヴァキア語　19
スロヴェニア語　19

接中辭　149
接頭辭　143, 149, 189
接尾辭(語幹形成接尾辭)　111,
　　143, 147, 148–149, 150,
　　154, 304
　──と語根　134, 148
　──の母音交替(名詞語幹の
　　　各項參照)
セム語　50, 111, 123, 249¹
セム語の喉音と Laryngales
　　　　　　　　124, 125
セルボ・クロアティア語　19

前置詞　191, 204, 303, 305, 320
前置母音　127, 171¹

ソグド語　15
ソルビア語　19

タ 行

對應　5　　　　　　　「138」
代償延長　101, 116, 120, 128¹,
代名詞　151, 154, 197, 244, 337
　關係(指示)代名詞(語幹 *yo-,
　　yā-)　247, 335-336
　疑問代名詞　244, 317
　疑問, 不定代名詞(語幹 *kʷ-,
　　kʷe/o-, *kʷi-, *kʷu-)　248
　再歸代名詞　(語幹 *swe-,
　　*swe, *se-)　250
　指示代名詞　200, 244, 331, 336
　——の語幹 (*al-, *en-, -*en-,
　　*i-, *ey-, -*k-, *so, *sā-,
　　*to-, -*u-)　245-247
　代名詞の語尾 -*oi (nom. pl.)
　　　　　232, 234, 236, 244
　人稱代名詞　154, 244, 249-
　　254
　不定代名詞　244, 317
大陸ケルト語　44, 46
大ロシア語　20
他動詞　263
ダルマティア語　41

チェック語　19

中期ペルシア語　15, 31
抽象名詞　156, 158, 161, 169,
　　　　171, 177, 178, 181, 185,
　　　　241, 260
中世インド語　11

定動詞　183, 184², 266
デムマルク語　47
轉位された合成語　195, 195¹,
　　196

ドイツ語　47
同系の言語　4
動形容詞　163, 168, 170, 180,
　　　　181, 183-186, 267
同語線　77, 340, 346
動詞　151, 262, 310
　語根動詞　281
　-*ēi-, -*ī- による語根の擴大
　　　　　　　　　283¹, 289
　-*ē/ō, *ā による語根の擴大
　　　　　　　　　283¹, 289
　——と語根名詞との關係　156
　——と前置詞との關係　305-
　　306
　——の活用　152
　athematic 活用から thema-
　　tic 活用への推移　286, 287,
　　288, 295
　——の語幹　183, 191, 281
　——の語幹と二音節語基
　　　283, 287, 295, 296-297,

300¹
thematic 動詞語幹　270, 284, 285, 289, 299, 301
athematic 動詞語幹　270, 282, 285, 289, 295, 296, 298, 300, 302
　單音節語基の athematic 語幹　282
　二音節語基の athematic 語幹　283
　アオリスト語幹　184, 269, 281, 285, 294, 295
　完了語幹　120, 185, 266, 269, 297
　希求形の語幹 $\begin{cases} \text{-*oi-} \\ \text{-*(i)yé/i-} \end{cases}$ 92, 116, 300
　現在語幹　184, 266, 269, 281, 285, 288, 291, 292, 293
　子音による擴大現在語幹　293, 293¹
　重複による現在語幹　185, 285, 298
　接續法の語幹　298
　反覆現在語幹　292, 293
　鼻音挿入による語幹 (*nā/nə-, *ne/n-, *neu/nu-)　285-288
　不定形語幹　178, 179, 186-187
　未來形語幹(-*se/o, -*sye/o)

184², 266, 292, 294
　命令法の語幹　301-302
　*s, 及び -*ske/o 語幹　289, 291-293
　*y 語幹　288
　*ye/o 語幹　289
　*éye/o 語幹　292
　*ye/o 語幹（名詞語幹より作られる）290, 291
――の時稱　152, 266-267
――の時稱と母音交替　110
――の數　267-268
――の態　262
　中間受動態　262, 281
　能動態　262
――の人稱　152, 267
――の人稱語尾　139, 269
　動詞の能動形の人稱語尾　270-276
　動詞の中間受動態の人稱語尾　276-279
　第一次人稱語尾　269, 281
　第二次人稱語尾　269, 281, 300
――の完了形の人稱語尾　269
――の命令法の人稱語尾　269
――r を含む人稱語尾　279-281
――s-Aorist の人稱語尾　296

――― *y 語幹の人稱語尾
　　　　288-289
――― の法　263
　願望法　266, 294-295
　希求法　92, 116, 263-265,
　　269
　接續法　263-265, 266, 269,
　　294, 343
　單母音接續法　294, 295
　直接法　263, 294
　命令法　263, 269
――― の名詞への延長　204
――― の樣相　266, 267, 281
　完了形　265[1], 266, 267, 297-
　　298
　不完了形　266, 281, 282
　不限定形　266, 281, 282
　未來形　266, 294
　s-Aorist　266, 282, 292,
　　294, 295-297
――― の encliticum 的性質
　　　　329-330
動名詞　186, 187, 191
トカラ語　7[1], 49, 66, 340
トラーキア語　24[1], 28, 29, 346

ナ 行

二音節語基に於ける語根の固定
　　化　283, 283[1]
西ゲルマン語　47
西スラヴ語　19

ノールウェー語　47

ハ 行

白ロシア語　20
バスク語　40
ハッティ人　50
パーリ語　10
バルト語派　21, 54, 341
バルト・スラヴ兩語派の關係 ⎫
バローチー語　16　⎣22[1], 341⎭

東ゲルマン語　47
ビザンティン帝國　17, 24, 34
ヒッタイト語　50, 55, 66, 78[1],
　　83, 109[1], 122, 131, 133,
　　340
　――― の ḫ(ḫḫ)　61[1], 75, 84,
　　84[3], 85, 97, 99, 122, 126[2],
　　130, 131

フィン・ウゴル語族　55
フィンランド語　47
附加語的限定　194, 324
複合語　127, 147　⎡303
副詞　160, 191, 194, 203, 204, ⎭
　――― の接尾辭 *ter (-r)　175
　――― の接尾辭 -*dh-　304
不定形　186-187, 267
　――― と語根名詞　156
不變化詞　303
プラークリット語　10, 11
ブラーフマナ　10

フランコニア方言　48
フランス語　41, 48
フリジア語　47, 48
フリト人　50
プリュギア語　28, 29, 30
ブルガリア語　18, 19
ブルークマンの法則　103
ブルトン語　43
プロヴァンス語　41
文　313
分詞　183–186, 243, 267
　　──の語幹　183–186
　-*meno-, -*mno- 語幹　172, 186, 278
　-*we/os, -*we/ot, -*us 語幹　185–186, 298
　-*e/ont,-*n̥t- 語幹　184–185, 217
文中の語群　323
文と語群　313
文に於ける小辭，代名詞の位置　331
文に於ける疑問詞の位置　332
文に於ける語の位置　326
文の種類　315
　感情文　315, 316
　疑問文　315, 317, 332
　動詞文　317, 320
　動詞文と名詞文の混合　322
　名詞文　202, 317–319, 330
　非人稱文　320–322
文の結合，不結合　334
文の從屬關係　334

並置　194, 243, 324, 327, 330, 334
　　──の關係にある名詞群　323
ペラスギ語　24[1]

母音交替　109, 109[1]–122, 135, 139, 142, 143, 150, 216
　質的母音交替　111, 216, 241
　量　111, 216
　　──の發生條件　119–122, 216
　　──の階梯　111
　　延長階梯　112, 115, 120–121, 128[1], 220, 236, 別表 (1)
　　強又は基礎階梯　112, 117, 141, 別表 (1) (2)
　　弱階梯　112, 118, 別表 (1) (2)
　　零階梯　112
　　低減階梯　112, 128[1], 別表 (2)
　　──の強階梯をとる名詞の格　216
母音交替の基又は幹　111
　二音節語基の母音交替　117, 283, 別表 (3)
　第二音節に長母音を有する二音節語基の母音交替　118–119
　a を正常階梯とする母音交替　114
　e 階梯のない母音交替　113–

I 事項索引

114
*ē, ā, ō 系列の母音交替 111, 115
e/o 階梯の母音交替 111–113, 121, 157, 229, 別表 (2)
*e+ sonant の基の母音交替 113
北歐語群 345
ポルトガル語 40, 41
ホメーロス 10, 35, 56
　——の言語 34
ポーランド語 19

マ 行

マケドニア語 29, 346
マケドニア語 19[1]
マンクス語 45

名詞 151, 154
　語根名詞 154–156, 191, 223
　　語根名詞の e/o 母音による延長 156–158
　　——の格 152, 197, 201, 249, 303
　　　名詞の格と副詞の關係 303
　　　名詞の格と不定法 187
　　　名詞の格の融合 210–211
　　　於格 201, 209–210
　　　具格 201, 207–208
　　　呼格 201, 202, 332
　　　主格 201, 202
　　　屬格 201, 204–207
　　　屬格と受身の分詞 189[1]

部分屬格 205
屬格と奪格 213, 219, 231
對格 201, 202–204, 206, 263
奪格 201, 204, 208–209
與格 201, 207
——の格語尾 139, 212–215
——の曲用 151–152, 197
thematic 曲用 157, 229
athematic 曲用 154, 157, 204[1]
子音語幹とその曲用 120, 157, 216–223, 241
-*ā-, *yā/ə- 語幹の曲用 223–229, 245
-e/o 語幹の曲用 204[1], 229–236
er-, en- 語幹の曲用 220–223
-i-, -u- 語幹の曲用 237–241
s- 語幹の曲用 223
——の語幹 154, 290
名詞の語幹とアクセントの位置 157, 162, 174, 177
名詞の語幹の e/o 母音による延長 163, 171, 176, 192
女性名詞語幹 156, 158, 164, 183, 197, 223–229
中性名詞の異語幹曲折 166
中性名詞の特徴 198–200

中性名詞の複數形と女性
 -*ā- 語幹の關係 158,
 198–199, 233
-*ā-, -*ə- 語幹 156, 158,
 197, 198, 199, 223–227,
 233
-*bho- 語幹 182
-*do- 語幹 181
-*e/o 語幹 156–158, 199
-*ei-, -*i- 語幹 158, 191,
 212, 236
-*ĕn-, -*ŏn-, -*n̥-, -*n- 語
 幹 160–161, 174, 178, 222
-*ĕr-, -*ŏr-, -*r̥-, -*r- 語幹
 159–160, 220
-*ĕ/ŏs 語幹 159, 161–163
-*et-, -*ed- 語幹 173–174,
 182, 192
-*eu-, -*u- 語幹 158, 159,
 212, 236
-*ī-, -*ū- 語幹 237, 241
-*iko-, -*uko- 語幹 181
-*(i)yes-, -*(i)yos-, -*is-,
 -*istho- 語幹 164–165
-*(i)yo- 語幹 163–164, 175
-*is-ko- 語幹 181–182
-*is-to- 語幹 165, 176
-*ko-, -*go- 語幹 181–182
-*lo-, -*lā- 語幹 168
-*men-, -*mon-, -*m̥n- 語
 幹 166[1], 171–172
-*meno-, -*mno- 語幹 172

-*mo-, -*mā- 語幹 169,
 176, 255
-*no-, -*nā- 語幹 170–
 171, 181, 186, 267
-*r/n- 語幹 158, 159, 160,
 166–167
-*rō-, -*rā- 語幹 167–168
-*tei-, -*ti- 語幹 177–178,
 177[3], 179, 191, 260
-*ter-, -*tr̥-, -*tr- 語幹
 150, 159, 160, 174, 176,
 220, 別表 (1)
-*tero/ā (-tomo-) 語幹
 165[2], 175–176, 246, 257
-*teu-, -*tu- 語幹 177[3],
 178, 180
-*tó- 語幹 170, 176, 177[3],
 180–181, 184, 186, 255,
 267
-*tro- (-*tlo-), -*dhro-
 (-*dhlo-) 語幹 176–177
-*went-, -*wont-, -*wn̥t-
 語幹 183
-*yā-, -*yə- 語幹 164,
 183, 197, 197[2], 223, 229
——の語頭音の重複 193[1]
名詞の數 197, 249
——の性 152, 197–200, 249
——の性の轉位 200
——の兩數 152–153, 192
名詞文 (文の項參照)
メッサピア語 26, 38, 346[1]

ラ行

ラウジッツ文化　26
ラテン語　36, 38, 39-40, 41, 66,
　　342, 344
　——とヴェネト語　27[1]
　——の第一活用　290-291
　——の第二活用と非人稱文
　　　　　　　322, 322[1]
　——の分化　4
　——の supinum　179
ラテン・ファリスキ方言　36
ラトヴィア語　22

リグ・ヴェーダ　10, 55, 88
リグリア人　37, 37[1]
リトアニア語　22, 66

　——のアクセント　23, 94
類推と類推形　162, 165, 181[1],
　　183[2], 184[3], 185, 216, 221[1],
　　225, 225[2], 228, 229, 232,
　　237, 246[1], 250, 252, 253,
　　258, 272, 277, 283[1], 286,
　　289
ルヴィア語　51, 51[1], 52, 56, 85
ルーマニア語　41
ルーン文字とその轉寫　47, 48

歴史比較文法　6
　——の方法論的基礎　1
レト・ロマン語　41, 41[1]

ローマ人　24, 39
ロマン諸語　40-41

II 欧文事項索引

ablativus 201, 204, 208–209
ablativus comparationis 209
Ablaut, alternance vocalique 109, 109¹–122, 135, 139, 142, 143, 150, 216
Abstufung 111, 216
Abtönung 111, 216, 241
accusativus 201, 202–204, 206, 263
Achaia (ギリシア方言) 33
activum (動詞の態) 262
A. Cuny と Laryngales 125
Adverbia numeralia 255
Afghān 16
Aiolis (ギリシア方言) 33
Albanian, Albanisch, Albanesisch, albanais 24, 66, 346¹
allophone 97, 100¹
Altbulgarisch 18²
Altkirchenslavisch 18, 66
Altnordisch 47
Altpreussisch 22
Altslavisch 18²
A. Meillet と語根説 141, 143
āmreḍita 合成語 193
anaphoricum 246, 247, 336
aoristus 266, 281, 282
Apabhraṃśa 11

appositio 194, 243, 324, 327, 330, 334
Arcado-Cyprian, Arkadisch-Kyprisch, arcado-cypriote 33, 34
Armenian, Armenisch, arménien 30, 63, 66
Ārya 8, 55
Aśoka 11
aspectus (動詞の様相) 266, 267, 281
asyndeton (文の不結合) 334
athematic 曲折 150, 151
attributio 194, 324
augmentum 265¹, 268, 268¹, 296, 343, 347
Avesta 9, 14, 55, 66

bahuvrīhi 合成語 162, 195, 328
Balōčī 16
Baltic, Baltisch, baltique 21, 54, 341
Bartholomae の法則 146
blanc-russe 20
Bohémien 11¹
Boiotia (ギリシア方言) 33
Brāhmī 文字 49
Brāhmaṇa 10

Breton, Bretonisch, breton 43
Brythonic, Britannic 44, 342

cardinalia 255
Case, cas 152, 197, 201, 249, 303
Case endings 139, 212–215
causativa 291
Celtic, celtique 43, 46, 54, 341, 342
Centum 語 24¹, 27, 62, 67–70, 340, 346¹
cerebral (cacuminal retroflex) 12²
cognate 4
collectiva 255
Consonant Shift 31, 60, 63, 341
correlativa 337
Coligny 44
Compound, Compositum 154, 155, 163, 164, 173, 188–196, 198
Conjunctivus 263–265, 266, 269, 294, 343
contracta (ギリシア語動詞) 291
contractio (母音) 101
copula 305, 317, 318–319
Copulative compounds 189, 192–193

compensatory lengthning 101, 116, 120, 128¹, 138
correspondence, correspondance 5
Czechisch 19

dativus 201, 207
Declination, Deklination, déclinaison 151–152, 197
degré (母音交替) 111
Dehnstufe (母音交替) 112, 115, 120–121, 128¹, 220, 236, 別表 (1)
denominativa 290, 201
dentales 60, 65
deponentia 262, 263, 279, 342, 347
desiderativum 266, 294–5
désinence 143, 148, 149, 150, 152
désinences casuelles 139, 212–215
de Saussure と Laryngales 122–123, 125
Determinative Compounds, Determinative Komposita 193
Devanāgarī 文字 12
deverbativa 292
diphthongs 105–108, 116
diathesis 262
distributiva 255

dualis 152-153, 192
dvandva 合成語 189, 192-193

Elis (ギリシア方言) 33
encliticum 249, 250, 268, 329, 330
Endocentric Compounds 195[1]
Entsprechung 5
Ersatzdehnung 101, 116, 120, 128[1], 138
Etrusci 38-39
Exocentric Compounds 195[1]

Flexionsendung 143, 148, 149, 150, 152

Galli 37
Gāθā 14
gallois 43, 45-46
genetivus 201, 204-207
genetivus adnominalis 206
Genetivus partitivus 205
Gender, Genus, genre 152, 197-200, 249
Germanic, Germanisch, germanique 43, 46, 54, 63, 341, 345
Goedelic, Gaelic 44
Gothic, Gotisch, gotique 47, 48, 66
Grade (母音階梯) 111
Greek, Griechisch, grec 33, 40, 47, 54, 66, 343, 344
gutturales 27, 60, 66, 66[1], 67-70, 81, 103[1], 298, 339
Gypsy 11[1]

Herodotos 15[1], 30[1], 39, 172
heteroclitica 166
hiatus 4, 5[1]
Hittite, Hethitisch, hittite 50, 55, 66, 78[1], 83, 109[1], 122, 131, 133, 340
Hypotax 334, 335

Ilias 33
Illyrian, Illyrier, illyrien 17[1], 25, 33, 43
imperativus 263, 269
imperfectum 266, 281, 282
inchoativa 293
indicativus 263, 294
Indo-European, Indogermanisch, indo-européen 7
Indo-iranien, Indoiranisch, indo-iranien 8, 55, 341, 343
infinitivus 178, 179, 186-187, 267
Infix 149
Inflexional ending 143, 148, 149, 150, 152
injunctivus 263, 265, 265[1], 311
instrumentalis 201, 207-208

instrumentalis sociativus 207
intensivum 268
intransitivum 202, 263
Ionic-Attic, Ionisch-Attisch, ionien-attique 33, 35
Italia 36¹
Italic, Italisch, italique, italiote 36, 43, 54, 56, 341, 342

Kasus 152, 197, 201, 249, 303
Kasusendungen 139, 212-215
karmadhāraya Compound 193
Keltisch 43, 46, 54, 341, 342
Kleinrussisch 20
κοινὴ διάλεκτος 34
Kopulative Komposita 189, 192-193
Kymrisch 43, 45-46

labiales 60, 64
labio-velares 27, 44, 60, 67-70, 82, 100, 339, 342, 346¹
langue commune 4, 50¹, 53, 340
Laryngales 78¹, 80, 85, 97, 100, 114, 122-133, 138, 141
Latin-Faliscan, Lateinisch-Faliskisch 36
Lausitzkultur 26
Lautverschiebung 31, 60, 63, 341
lengthened grade 112, 115,

120-121, 128¹, 220, 236, 別表 (1)
Lepontii 38²
Lesbos (ギリシア方言) 33
Lettic, Lettisch, lette 22
Ligures 37, 37¹
Lithuanian, Litauisch, litauien 22, 66
Little Russian 20
locativus 201, 209-210
locativus-dativus 210
Lokris (ギリシア方言) 33
Luwili 51, 51¹, 52, 56, 85

Macedonian, Makedonisch, macédonien 29, 346
Manx 45
mediae aspiratae 29, 60, 60¹, 63, 74, 146, 344
medio-passivum 262, 281
medium (動詞の態) 262-263
Messapic, Messapisch, messapien 26, 38, 346¹
modus 263
multiplicativa 255
mutiert された合成語 195, 195¹, 196

nomen 151, 154
nomen agentis 149, 156, 157, 220
nomen actionis 157

Nominativus 201, 202
noms radicaux 154–156, 191, 223
nordeuropäische Gruppe 345
Number, Numerus, nombre 197, 249

Ogham 45
Odysseia 33
Old Prussian 22
Old Bulgarian 18[2]
Old Church Slavic 18, 66
Old Norse 47
Old Sabellian 38
optativus 92, 116, 263–265, 269
ordinalia 169, 176[1], 180, 255
Osco-Umbrian, Oskisch-Umbrisch, osco-umbrien 37, 342
Ossetan, Ossetisch, ossète 16

Pāhlavī 15, 31
palatales 66, 68–70, 339
Palatalization 68, 69, 80, 100, 103[1], 299, 340
Palatalgesetz 103[1]
Pāli 10
Paratax 334, 338
parent speech, primitive language 4, 50[1], 53, 340
parent (同系の言語) 4
participium 183–186, 243, 267

particula 303, 309–312
passivum 263
Pelasgisch 24[1]
perfectum 265[1], 266, 267, 297–298
perfectum と Palatalgesetz 103[1], 298
petit-russe 20
Phrygian, Phrygisch, phrygien 28, 29, 30
Polish, Polnisch, polonais 19
Possessive Compounds, Possessivkomposita 195–196, 243
potentialis (希求法) 265
praepositio, praeverbium 191, 204, 268, 303, 305, 330
praesens-aoristus 267
Prākṛtam 10, 11
prothetic vowel (voyelle prothétique) 127, 171[1]
Protoindogermanen 51[1]
Puštu 16

qualitative vowelgradation 111, 216, 241
quantitative vowelgradation 111, 216

Raeti 38
Rektionskomposita 193

related 4
reduced grade, Reduktionsstufe 112, 128[1], 別表 (2)
reduplicatio 193[1], 268–9, 285, 298, 343
R̥gveda 10, 55, 88
Rhaeto-Romance, Rhätoromanisch, réto-roman 41, 41[1]
Rhotacismus 77[1]
Rinksmaal, Landsmaal 47
root, racine 134–135, 140–143, 147–148, 150, 154, 183
root-nouns 154–156, 191, 223
Runic inscriptions, Runeninschriften, inscriptions runiques 47

Sabelli 38
Sabini 37
Śaka 15[2]
Samskr̥tam 10
sandhi 127, 128[1]
Sanskrit 10
Satəm 語 27, 62, 67–70, 80, 340, 346[1]
Satzkomposita 195[1]
Satzgliedkomposita 195[1]
schwa (primum) 97
schwa consonanticum 83, 122–133
schwa secundum 100, 127, 137

Schwachstufe (Tiefstufe)(Nullstufe) 112, 118, 別表 (1), (2)
Serbo-croatian, Serbo-kroatisch, serbo-croate 19
Siculi 36[1], 38
Slavic, Slavisch, slave 16, 46, 54, 341, 345
Slavonic 18, 66
Slovak, Slovakisch, slovaque 19
Slovenian, Slovenisch, Slovène 19
sonant 86, 113, 123, 136, 140, 141, 145, 345
sonant vocalique 123
Sorbian, Sorbisch, sorabe 19
Starre Basen 283, 283[1]
Stufe (母音交替) 111
Streitbergsgesetz 101, 120, 128[1]
strong, normal, fundamental grade 112, 117, 141, 別表 (1), (2)
subjunctivus 263–265, 266, 269, 294, 343
substantiva 154, 160, 164, 170, 173, 197, 241, 243, 244
Suffix, Stammbildungsuffix 111, 143, 147, 148–149, 150, 154, 304
supinum 179

syncretismus 210–211

Tacitus 17
tempus primitivum 265
tenues aspiratae 60, 61, 61¹, 74, 146, 344
thematic 母音 e/o 156, 185, 229, 270, 284, 299, 301
thematic 曲折 150, 151
tmesis 305
transitivum 263
Tschechisch, tchèque 19

Umlaut 218⁴
Upaniṣad 10
Urartu 30²
Ursprache (Grundsprache) 4, 50¹, 53, 340

Veda 10, 12, 35
velares 69–70
Veneti 17¹, 24¹, 38
Venetic, Venetisch, vénète 26, 27¹, 346
verbal adjective 163, 168, 170, 180, 181, 183–186, 267
Verbalsatz, phrase verbale 317, 320
verbum finitum 183, 184², 266
Verner の法則 64

verwandt (同系の言語) 4
vieux bulgare 18²
vieux norrois 47
vieux prussien 22
vieux slave 18²
vocativus 201, 202, 332
Vollstufe (Grundstufe, Starkestufe, Hochstufe) 112, 117, 141, 別表 (1), (2)
Volsci 37
Vowel Gradation 109, 109¹–122, 135, 142, 143, 150, 216
Vṛddhi 121

weak grade 112, 118, 別表 (1), (2)
Welsh, Welsch 43, 45–46
Wendish, Wendisch, vende 19
White Russian Weissrussisch, blanc-russe 20
Wurzel 134–135, 140–143, 147–148, 150, 154, 183
Wurzelnomina 154–156, 191, 223
Wurzeldeterminativus 148, 293¹
zero-grade, Schwachstufe, Nullstufe 112

III 引用單語索引

印歐共通基語

*ad 308
*ambhi, *m̥bhi 308
*an 310
*anō 307
*anti 307
*at 310
*au 310
*awe, *au, *wĕ 308
*bheidh- 64
*bher- 271, 274 (活用)
*bheudh- 64
*bhewə-, *bhū- 266, 317, 319 別表 (3)
*bhrū 155
*de-də-mós 116
*de-dhə-mós 116
*dei-w-, *dy-eu- 143
*dékm̥, *dekm̥-t- 71, 91, 105, 259, 260
*derk-, *dr̥k, *drek- 142
*dhē/-ō-, *dhə, *dh- 115, 125, 126, 269, 300, 別表 (2)
*dhēi 92, 別表 (2)
*dhughətĕr- 99
*dhūmos 66, 88
*dhur 93
*dō-(<*deəз-) 125, 126, 127, 132, 132¹, 134, 別表 (2)
*dus- 190
*duo(u), *dwō(u) 254, 256
*dyĕu-, *diyĕu-, *dyu-, *diw- 101, 109, 155
*e-(augmentum) 268
*eg- (*egh-?) 250
*ei- 107, 141, 300, 302
*ed- 141
*en, *n̥ 308
*eks 308
*enter, *n̥ter 308
*epi, *opi, *pi 308
*es- 137, 138, 143, 274 (活用), 282, 302, 305, 317, 318, 330
*eti, *oti 308, 310, 311
*gᵉ/onə-, *gnō- 177¹, 別表 (3)
*gen(ə)-, *gonə-, *gnē/ō 71, 99, 104, 179, 198, 別表 (3)
*genə-tŏr 99
*geus- 72
*ghesl- 261
*ghom- 72
*gʷem-, *gʷm̥- 72, 92, 178
*gʷenā, *gʷnā-, gʷₑnā 223
*gʷerə- 177²

*$g^w{_e}$r-ús 159
*g^wér-bh-, *g^wre-bh- 143
*g^weyə-, g^wyē/ō 別表 (3)
*$g^w h^e/_o n$- 73, 別表 (1)
*g^wŏus 73, 109, 155
*-ĭ 310
*-is$_e$mo- 342
*iti 310
*kei-, *ki- 123, 125
*kerd- 142
*keu-, *ku(w)-, *kw- 161
*kléu, klu- 89, 286, 302
*km̥tóm, <*dkm̥tó- 67, 71, 91, 260, 261[1]
*kom 309
*kred- 141
*k^we 38[1], 201, 311, 337
*k^we/o 67, 69, 72, 176, 317, 336
*k^wē/ō 231
*k^weklo- 193[1]
*k^wetwer-, *k^wetur-, *k^wetr̥- 44[2], 105, 258
*n̥k^wh 59, 60, 61
*k^wi 67, 72, 248, 317
*k^wid 69, 311, 337
*k^wu 248, 317
*k_2 70, 339
*$k_2$reu- 73
*leik^w- 72
*leng^{w}h-, *ln̥g^{w}h-,* leg^{w}h- 73
*leuk-, *louk, *luk- 89

*mātēr 6, 88, 175
*mē 311, 312, 316, 333
*mē, twē 252
*med- 144
*medhyos 66, 88
*men- 269
*met-, *medh- 308
*moi(n)- 140
*mr̥t- 54[1], 90
*mūs 77, 88, 92, 155, 155[1]
*n̥- 91, 190, 190[1], 311, 333, 342, 343
*nău̯s 109, 155
*n̥dher 308
*ně 91, 190[1], 311, 312, 316, 333
*new- 197[2]
*newn̥, *enwn̥ 259
*ni-zd-as 76, 145
*nōmen 88
*nŭ 311
*oi-(*oi-no,*oi-wo-,*oi-ko) 256
*oktō(u) 259
*ostw-er 103
*pĕ/ŏd 65, 101, 105, 112, 132, 141, 144, 155, 217
*pelə-, pleə-, pl̥-ne-ə- 287, 別表 (3)
*pelu- 159
*penk^{w}e 72, 258, 346[1]
*petə-, *ptē/ō 別表 (3)
*peri, *per 309
*pl̥th-ús 75

*(a)po 308
*pōi-, *pī 92, 145, 145¹, 283¹, 別表 (2)
*pot-n-yə- 197²
*prŏ, *proti, *preti 309
*pr̥(k)- 293, 別表 (1)
*pr̥-tus 178
*pətĕr 101, 105, 120, 220
*rēis (<*reəi-) 109, 127
*rudh- 89
*sāwel, *sūl-ni, *suw-an-s, *swen-s 167
*sə 78
*sed- 144, 145
*segh-, *sghe-, *segh- 110, 112, 128, 142, 143, 別表 (1)
*s(w)eks 258
*sekʷ- 別表 (1)
*sem-, *sm̥-, *sm- 190, 190², 256, 261²
*semos 90
*septm̥ 259
*skʷh- 74
*(s)pek- 135
*sreu- 88
*st(h)ā- 115, 125, 126, 137, 179 別表 (2)
*steigₒh- 74
*swād- 172, 197²
*swĕkuros 121
*swep- 別表 (1)
*(s)tegₒ 73

*teksnā 82
*ten- 142
*ter- (*ters-, *tres-, *trem-, *trep-) 142, 148¹
*terə-, *trē- 別表 (3)
*terp- 141
*(s)teur-, *(s)taur 77
*teut- 108
*trei, *tri-, *trey-əs 87, 257
*-tt- 341
*tu 311
*tū- 261³
*twᵉ/ois 141
*ud, *uperi, (*uper) 309
*ŭpo 309
*uti 311
*vert- 300
*wĕ 311
*wegh- 72
*wĕkʷ-, wŏkʷ- 155
*werg- 117, 142
*wik-, woik- 71
*wĭros 77, 88, 93
*wᵉ/oid, *wid- 74, 88, 144, 300, 302
*wrē 87
*wreg-, *wr̥g- 1161, 17, 142, 143
*wrēg-, *wrəg- 116
*yeug-, yug- 141, 145, 198, 286, 286², 287
*yod, *yōd 337
*yos 87

インド・イラン語派

古代インド語

a-, an- 91, 190, 311
ā (praepositio) 307
abhí 308
abhūt 282, 319, 別表 (3)
á-bhuvam 別表 (3)
ádarśam, ádṛśam 86, 別表 (1)
adhara 308
ádhi 304
ádmi, atti 141, 262
ādyáḥ 163
agni- 9[1], 221[1], 237, 238 (曲用) 240
agní-tejas- 196
ahám 80, 250, 251, 253[1]
ahar, ahnáḥ 166, 192, 213, 303
áhar-ahar 193
ahar-jāta- 194
aho-rātrāṇi 192
airyaka 8[2]
airyāna 8
a-kram-iṣam (aor.) 296
a-kṛtaḥ 91
ajaḥ 157
ajāmi 104, 114
ajījanam (aor.) 285
a-jītaḥ 180
akṣi, akṣṇaḥ (gen. sg.) 114,
 152, 158, 166
amba 224
a-mítra 194
anaiṣam (aor.) 296
antaḥ 181
antamaḥ 176
antár, ántara- 175, 246, 304, 308
antara-káḥ 181
ántareṇa (adv.) 208
anti 307
anudraḥ 91, 190
anu-kāma- 191
anyáḥ 175, 246
áñjasā (adv.) 208
ap 183
apa- 104, 128, 308
apāc- 127
a-pád- 196
apas- 290
ápa-vant- 183
ápi, pi- 308, 317
arjunáḥ 84
artha-, arthayati 291
Ārya 8
āsam (impf.) 268, 272, 273, 274
asáu 246
ási (2. sg.) 143
asmā́n, yuṣmā́n 253, 253[1]

asmi, asti　76, 103, 148, 185,
　　262, 270, 272, 274 (活用)
　　282, 283, 298, 300, 302
asṛk, asnáḥ (gen. sg.)　83, 166
āse, āste　104, 278, 279 (活用)
asthi-, asthnaḥ (gen. sg)
　　　　　　　　　　83, 166
āse, āste　104, 278, 279 (活用)
asthi-, asthnaḥ (gen. sg.)　84,
　　103, 158, 181
aśman-　69, 104, 222
aśnoti　117
a-śruv-am　113
āśu-pátvam-　190, 194
aśvā　226 (曲用)
aśvaḥ　68, 77, 152, 183, 210
aśvă-vant-　183
aśvyaḥ　163
aṣṭắ(u)　233, 259
aṣṭamá-　259
áti　308, 310
áti-kṛṣṇa-　194
ati-rekaḥ　72, 308
ātiya　139
attā　137[1]
áva　308
áviḥ, avyaḥ (gen. sg.)　114,
　　158, 212, 238
ayám, anena, asya　244, 246,
　　336
ayase (inf.)　187
bāhú-　159

bahuḥ　168
bahulaḥ　168
bálbalíti　269
barbaraḥ　65, 193
bharāmi　65, 103, 151, 268, 271,
　　272, 273, 274 (活用), 284,
　　299, 301, 302
bharant-　184
bharantī　116, 228 (曲用)
bhare (med.)　277, 278 (曲用),
　　279
bharítram　176
bhárman　172
bhavitum　118, 別表 (3)
bhinná-　186
bhrắtar-　64, 65, 198, 221
bhrúḥ　155, 242 (曲用)
-bhṛt-　173
bhūtáḥ　118
bibharmi　151
bodhati　64, 284, 別表 (1)
brahma-ṛṣi-　193
bṛhat-　164, 217, 219
budh-　93, 278, 282, 296
buddháḥ　別表 (1)
ca　69, 72, 201, 311, 337
cakāra (pf.)　103[1], 298
cakrám　193[1], 199
cakrire　280
cakṛván, cakrúṣī　185
cáritum (inf.)　118
catur-　258

caturtha- 256, 258
catvāraḥ 105, 145, 258
chid- 74
cid- 69, 93, 248, 311
cikīrṣa- (desid.) 295
cikitur (3. pl.) 279
cinóti 287
cīrṇáḥ 118
da-dā-mi, a-di-ta (aor. med.) 127, 134, 185, 187, 263, 278, 285, 別表 (2)
da-d- (dadmaḥ) 116, 185, 別表 (2)
drdarśa (pf.) 86, 別表 (1)
dadé (pf. 1. sg. med.) 276
da-dh- (dadhmaḥ) 116, 185, 269, 273, 285, 300, 別表 (2)
da-dhā-mi, adhāt (aor.) 104, 115, 185, 268, 269, 270, 271, 285, 別表 (2)
dādharti 269
dadhé 278
dakṣiṇaḥ 170
dāmáne, dāváne (inf.) 187
dami-tár- 118, 別表 (3)
dāṃtáḥ 118, 別表 (3)
dānam 105, 134, 168
dāsyant- 184
daśa 66, 71, 91, 259
daśamaḥ 169, 256, 259
daśa-t- 173, 182

daśatiḥ 178
dātā́, dātár- 134, 155, 175, 216
dātiḥ 178
dā́ti-vāra- 191, 195
dattá- 127
dehi (imperative) 144, 144[1]
deśaḥ 107
deva-, devī 143, 164, 224, 228, 232
devár- 160
deva-stut- 173
deva-ttaḥ 129, 194
déyaḥ 163
dhāka- 344
dhák-ṣat- (aor.) 184
dhāman- 172
dhar- 269
dhārayat-kavī- 195
dhāyaḥ 別表 (2)
dhayati 別表 (2)
dhenuḥ 別表 (2)
dhīḥ 242 (曲用)
dhītaḥ 92, 別表 (2)
dhṛśánt 159
dhūmáḥ 66, 93, 169
diś- 282, 284, 295
dīrghá- 95
dīví-yoni- 196
dṛ- (dar-dṛ-) 268
dṛbdhaḥ 146
dṛś- 163, 187, 別表 (1)

dṛśa-d- 174
dṛśíḥ 158
dṛṣ- 90
duh- 186, 277¹
duḥ-, dur, dus- 190
duhitár-, 6, 80, 99, 174, 221
dur-manas-, -manāḥ 162, 189,⎫
drāghmā (instr.) 95 ⌊190⎭
drāti 283
dvā-daśa 193, 260
dvāraḥ, duráḥ 216
dváu, dvā́, d(u)vā́ 140, 152, 233, 256
dvayá- 257
dviḥ 257
dvi-pat- 257
dvitīya- 257
dviśatam, triśatam 261
dyām (acc. sg.) 101, 109, 155
dyauḥ, dyavi (loc.) 109, 143, 155, 216, 217
dyā́vā-pṛthivī́ 153
dyávi-dyavi 209
edhaḥ 107, 114
eka 8, 107, 248, 256
é-mi, é-ti 107, 119, 141, 151, 187, 283, 300
gam-, gacchati 73, 262, 268, 292, 293, 298
gantúḥ 178
gara-gīrṇá- 194

garbhaḥ 143
-gat- 173
gatáḥ 92
gatiḥ 92, 178
gauḥ, gām (acc.sg.) 73, 109, 155, 216
-gava- 192
ghanáḥ 別表 (1)
ghn-ánti 73, 84¹, 186, 別表 (1)
giráti, giláti 177²
giri-kṣit- 192
gīrṇáḥ 96
gnā- 223
gnās-páti- 195, 224
go- 192
go-ghná- 191
go-jā́- 194
gṛbhāyā́mi 287
gṛbhnā́mi 287
gṛhé-gṛhe 193
guruḥ 89, 159
ha 336¹
hánti 73, 186, 別表 (1)
hanu- 80, 159
háraḥ 162
hataḥ 84¹, 183, 別表 (1)
havir-ád- 191, 194
hiraṇya-tejas- 196
hitáḥ 84¹, 97, 115, 別表 (2)
hṛd 219
hu- 186
hyáḥ 81

idam, iyam 246
iddhaḥ 114
i-(maḥ) 119, 283, 300
indra 8
indra-śatru- 196
indra-vāyú- 192
iṣ-, iccháti 292
iṣṭā-pūrtám 192
-iṣṭha- 165
iti 310
iva 310, 311
ja-ghān-a (pf.) 103[1]
janā 157
janaḥ 71, 99, 104, 155, 161, 198, 別表 (3)
janasaḥ 77, 161
jānā́ti 292
jāniḥ 100
jani-tā́, -tar- 99, 118, 別表 (3)
janīyáti 290
jātáḥ 96, 118, 別表 (3)
jānu 159
jās-páti- 195, 225
jīvaḥ 別表 (3)
jñātáḥ 別表 (3)
jñā́tum 別表 (3)
jnu-bādh- 190
juhvāna 186
juhve (pf.) 113
juṣ-, joṣati 72, 108
ka- 246, 248
kad 244

kaḥ 68, 72
kakhati, kakkhati 74, 137[1]
kāmam (adv.) 204
kariṣyāmi (fut.) 266, 295
kaśca 248
katamaḥ 176
kataráḥ 176, 336
ketas 149
kim 246, 317
kratu-, krátvaḥ 212
kraviḥ 69, 73
krīṇāmi 116
kriyáte (pass.) 289
kṛṣṇá- 91[1]
kṛṣṇa-śakuni 194
kṛta-vant- 183
kṣāḥ 82, 155, 223
kṣaṇóti 82
kṣapáḥ (gen.) 206
kṣatrám 82
kṣáyati 82
kṣéti, kṣiyáti 82
kṣiṇóti 82
kṣitiḥ 82
kú-ha 304
kutra, kutaḥ 248
lubdhaḥ 146
mā (否定辭) 104, 265, 311, 316
mā 251
mád 252
mádhu 237, 238
madhv- (adj.) 200, 237, 238

madhyaḥ 66, 88
madhyamáḥ 169
máhaḥ, mahás- 162
mahi 80
mahyam 252
mā́m 251, 252
máma 251
mamnā́te (3. dual. med.) 269
maṃsi (aor.) 296
-māna- 172
manasaḥ 76
mantra- 291
maryādā 54[1]
maryaḥ, maryakáḥ 182
matáḥ 180
mātár- 6, 105, 134, 174, 198, 216, 220
mātárā-pitárā 192
matíḥ, mátiḥ 177, 178, 212, 342
máyā 252
máyi 252
me 252
mīḍhám 76
mitra 8
mitrā́-váruṇā 192
mriyáte 289
mṛṇā́ti, mṛṇáti 288
mṛtáḥ 90
mūrdhan 213, 217
mūṣ- 77, 93, 155
nă 91, 190[1], 311
nabhaḥ 65, 162

naḥ 253
nā́k, nā́ktam 173, 204
nakhá- 74
nā́man 88, 171, 200, 204, 233
naptīḥ 212
naraḥ (ved. nā́) 127, 222
nāsatya 8
nāsti 143
naśati 117
nau 254
nāus, nāvam (acc. sg.) 109, 155
nava 8, 259
nava- 164, 171
nava-jvāraḥ 194
navīnaḥ 171
néd 311
neṣaṇi (loc. inf.) 187
neṣati (subj.) 299
nīḍáḥ 76, 145
nṛ-pati 194
nu, nú, nūnám 311
ojáḥ 108
pacā(ni), pacās(i), -āt(i) 299
pā́d- 65, 128[1], 216, 217, 218
（曲用）
pad-áḥ (gen. sg.) 105, 141, 149, 150, 155, 216
padodaka- 194
panthāḥ 61
pāntu 127
pányaṃ-panyam 193
pañca 8, 258

pañca-pañca 193
paraśu 54
pári 309
pari-j-man 114
parut- 188
paś- 78, 135, 289
paścā, paścād 231, 234, 303, 307
paśu, paśv- 69, 212, 237, 238
pat- 291, 別表 (3)
pā́t 149, 150, 155
patiḥ 164, 238, 241
patitáḥ 別表 (3)
patnī 161, 164, 197²
pātram 177¹
pātum 別表 (2)
pāyayati 別表 (2)
phalgú 74
pibati 127, 145, 285
pi-pā-sā-mi (desid.) 294
pītaḥ 92, 別表 (2)
pitár 6, 64, 105, 174, 198, 216, 220, 221 (曲用), 別表 (1)
pītaye (inf.) 178, 187
pitryaḥ 163
pra- 65, 140, 309
pra-napāt- 194
praśnaḥ 別表 (1)
prathamá- 256, 303
práti 309
prāti, piprati (3. pl.) 118, 283, 293¹, 別表 (3)

pratīc- 127
prati-doṣám 304
prayasta 78
pṛccháti 292, 293, 別表 (1)
pṛṇā́mi, pṛṇí- 123, 287, 293¹
pṛtanā- 290
pṛthúḥ 61, 75, 91, 123, 127
pūrṇáḥ 118, 170, 別表 (3)
puróhita 194
purū (nom. pl.) 241
purúḥ 159
puru-putrá- 190
puruṣa-vyāghrá- 193
pūrva- 256
pūrva-kāma-kṛtvan- 189
rā́j- 156
rājan 190, 217
rājá-putra- 195¹, 196
rāja-putrá- 190, 194
rā́s, rā́yaḥ (gen. sg.) 109, 127
rā́thas-pátiḥ 231¹
rathe-sthā́- 195, 223
ric-, riṇákti 72, 別表 (1)
rit- 173
rocate 89, 108
róditi 283
róhita- 108
rucíḥ 158
rudáti 284
rudhiráḥ 89, 200
ṛdhad-ray- 191
ṛjráḥ 167

ŕkṣaḥ   82
(v)ṛṣabhá-   182
sa, sā, tad   190, 244, 245
sa-   190
sac-   68, 263, 別表 (1)
sah-   64
saḥ   245¹
sáhas   128, 231, 別表 (1)
sáhasā   231, 303
sahasram   261
sakṛt-   190, 256
sak-ṣa-   128
samád-   174
samaḥ   90
sam-idham   187
samī-kṛ   230
saṃskṛtam   10
sána-   76, 231
sánā (adv.)   231
sant-, sat-   185
santi (3. pl.)   273, 274, 283
sapta   8, 76, 84¹, 145, 256, 259
saptatíḥ, aśītíḥ, navatíḥ   260
sáraḥ   161
sarasvatī   9
sarva-   248
sātayé (inf.)   178
satrám   144, 144²
senāyāḥ   225¹
sic-   282, 284
sīm   245
skhalāmi   74

snā́van   167, 167¹
snuṣā   76
soma   84
spárdhate   293
spaś-   78, 135
sphal-   61
srāvaḥ   157
sravát-   173
sravati   88, 140
sthā-   61, 75, 123, 127, 186, 282
sthágati-   69, 73
sthā-raśman   191
sthitáḥ   97, 115, 123, 179, 別表 (2)
stighnóti   69, 74, 別表 (1)
stīrṇá-   95
stṛṇómi   286
stu- (astoṣata)   296
-stut-   173
sukha-kara-   194
sūnu-, sūnoḥ (gen. sg.)   212, 215, 237, 238 (曲用), 240, 241
sunóti, sunumáḥ   286, 287
su-parṇá-   196
suptáḥ   別表 (1)
sū́ryaḥ   167
svádanam   171
svādīyas-   164
svāduḥ, svādvī   197², 228
svapnaḥ   113, 170, 別表 (1)
svar-   167

svásar- 6, 160, 198, 222
svayám 251
syām, syāt, syur (opt.) 92, 116, 272, 279, 300
śakr̥t, śaknaḥ (gen. sg.) 168
śankha 74
śatám 67, 71, 91
śatrūṇām (gen. pl.) 221[1]
śaye 277[1], 278, 279
śere 280
śikṣā-nará- 195
śrávaḥ 162
śrad-dhatta 141
śrotum, śrutáḥ 89, 118, 180, 183, 302
śr̥ṇoti 286
śuc- 237, 238
śuśruve 113
śvā, śunaḥ 93, 161, 214, 222 (曲用)
śvaśrūḥ 212
śviti-, śvitra- 191
śyenaḥ 81
ṣaṣṭha- 258
ṣaṣṭíḥ 260
ṣaṭ 258
tad 190, 244
takṣā, takṣan- 82, 220
-tama- 176
tanóti 142
tanuḥ 66
tarád-dveṣaḥ 191

tāráḥ 157
tarpáyati 141
tasmai, tasmin, tasmāt 245, 253
tataḥ 104
táva 251
tavīti, tauti 261[3]
te 252
te, teṣām, teṣu 244, 245
tisraḥ 257
tiṣṭhāmi 93, 115, 269, 282, 285, 別表(2)
trasa-dasyu 191
trasati 142
trayaḥ, tri (nom. acc. neut.) 8, 65, 87, 141, 215, 238, 257
tríḥ 257
trīṃśat- 260
tri-pád- 190
tr̥práḥ 142
tr̥ṣṇā 77
tr̥tīya- 257
tu, tū́ 311
tubhyam 252
tudáti, tutóda (pf.) 284, 285[1], 297
tulā́ 90
turīya- 258
tvá, tvám 251, 252
tvád, tváyā, tváyi (tvé) 252
tvam 250, 253[1]

tvát-pitāram 104, 別表 (1)
tveṣáḥ 141
u, u-tá 310
ubhau 152, 257
ubháya- 257
ucāná- 186
uccā 303
ud- 176, 309
údhar, ūdhnaḥ (gen. sg.) 166
udnáḥ (gen. sg.) 166
ugrá-bāhu- 196
ukṣan- 290
ukṣati 292
uktaḥ 別表 (1)
úpa 309
upa-bdaḥ 65, 128¹, 144, 別表 (1)
upamáḥ 169, 176
upari 160, 309
ūrṇā 96
uṣáḥ 162
úttara 176
vā 311
vac- 186, 294
vácaḥ 162, 別表 (1)
vad- 262
vāghát- 173
vah- 72, 295
vaḥ 253
vāk, vācáḥ (gen. sg.) 149, 155, 別表 (1)
vám 253¹, 254

vāri 237, 238
várṣati 320
vartakáḥ, vartikáḥ 182
vartana 8
varuṇa 8
vásati 159
vasna- 290
vastu 159
vásu, vasūyati 290
vásuśravasaḥ 346¹
vatsáḥ 162
va-vṛt-yāt 300
vayám 253
vettha (2. sg.) 61, 74, 75, 272
veda 88, 119, 297, 298
veśaḥ 107
vid-, ved- (vivedmi, vidmá) 119, 187, 272, 285, 295, 300
vīráḥ 88
viśva- 248
viśvāc- 127
viśva-víd- 156
vittáḥ 144, 341
viṭ 71
vratám 88
vṛkaḥ 90, 157, 210, 232, 233, 234（曲用）, 236
vṛṇomi 123
yad 337
yād 337
yād-rādhyam 188

yáh, yā́, yád 87, 244, 247, 335
yájati, yajate 262
yájyaḥ, yajīyaḥ 163
yákr̥t, yaknā́ḥ (gen. sg.) 166
yā́ti 283
yauti 78
yáva- 78
yayastu 78
yugám 78, 93, 141, 157, 198, 199, 233, 234 (曲用), 236
yuktáḥ 145
yunájmi, yunjánti 123, 149, 285, 286
yūṣa- 78
yuvám 253[1], 254
yūyám 253
yuvatíḥ 178

アヴェスタ語

a-, an- 311
aḏairi 308
aēiti 107
aēsmō 107
aētaḗṣąm (gen. pl), aētaḗšu (loc. pl.) 245
aēva 107, 256
aēvō 248
ahe (gen.) 246
ahi (2. sg.), aṅhat (subj.) 272, 298
aibī, aiwi 308
aiti 310

aivi-gaiti 178
ana 307
ana- 246
antara 175
anyō 175
aogah- 108
aōji 277
apa 308
Arghandāb 9
arəšō 82
aspaēšu 77
aš-bərə-t 192
ava 246
azōiš (gen. sg.), ažibya (dat. instr. du.) 212, 215
azzata- 190
azəm 80, 250
baire 277
bairišta- 165
barāmi 65, 277, 278, 301
bāzuš, bāzu- 159, 214, 215
biš 257
bit(i)yō 257
brātar- 65
brāθrō (gen. sg.) 221[1]
bravat-byąm (dat. instr. du.) 215
bərəzaitīm (acc.) 164
ča, ka- 248
ča 311
-čarāt- 173
čatarō 258

アヴェスタ語　395

čaθru- 258
čaxrare 280
čaxrəm 193[1]
čikōit-ərəš (3. pl.) 279
čiš, čit̰ 72, 248
čiš-ča 248
dāiš (2. sg. aor.) 296
dantam 66
darəga 95
dasa 66, 71, 91, 259
dazdi 144, 144[1]
drajō 95
duγədā, duγdar- 80, 99, 174
duš-, duž- 190
duš-manah- 162, 190
d(u)va 256
dərəzi, dərəzra- 191
frabdō 144
frazr-ātō, -isəmnō 283[1]
gar- 177[2]
garəma- 169
gāuš 73
gayō 別表 (3)
gənā 223
ha- 190
ha-kərət- 190, 256
hamō 90
hana 76
haoma 84[1]
hapta 76
harahvati 9
harōyu 9

hāu 246
ha-zaṇrəm 261
hē (sē) 252
hō, has 245[1]
hunavō (nom. pl.), hunaoš (gen. sg.) 212, 240
hyārə (opt.) 280
isaiti 292
-išta- 165
jainti 73
jam- 73
jātū (adv.) 237, 238
j́asaiti 292, 293
kā 232
kaēnā 170
katarō 176
kudā 304
mā 311
maiδyo- 66, 88
maitiš 178
mąm 251
mama 251
manaṅhō 76
māta 220
mat̰ 252
mąstā 296
mē 252
mazō 80
mərətō 90
na 311
nā 254
naē-čiš 311

nāma 88
narə 222 (曲用)
niđə-snaiθiš 191
nōit 311
nū 311
pa- 208
pađəm 65
paiti 209
paskāt 231
pasvąm 240
pašcā 231
pouruš 159
puxđa 258
pitar- 64
pərəsaiti 293
pərəθuš 91
pəšuš, pərətus 178
raočā, raočah- 89, 108
raoiđitō 108
saēnā 81
satəm 67, 71, 91, 340
snāvarə 167
sōirə 280
spa-ka- 181
spān-, span-, sū- 161, 214, 222
sparəd- 293
spasyā 270
srutō 180
šaēiti 82
šitiš 82
tašan 82
tava 251

tē 252
tišarō 257
tūriyō 258
t(u)vəm, tūm 250
θrāyō 65, 87
θrisat- 260
θritiyō 257
θvąm 251
θvat 252
ubē 257
upəma- 176
us-, uz- 309
vā 254
vaēm (vaxyom) 253
vāxš 155
vaxšt 292
vax-šyā (fut.) 294
vaz- 72
vīdvanōi 187
viđvah-, viđus 185
vīrō 88
vis- 71
vīsaiti 260
vīspō 248
vistō 144
vōis-ta (2. sg.) 272
vəhrkō 90, 157, 231, 232, 233, 236
xraθvō (gen. sg.) 212
xrūm 73
xšaθrə (nom. acc. neut. du.) 236

アヴェスタ語

xšayo 82
xšnəvīšā (subj.) 296
xšvaš 258
xšvaštiš 260
xvə̄ng 167
-yā̊ 165
yākarə 166
yās-ta 78
yazaēša (med. 2. sg.) 278
yat 337
yō, yā, yat 247, 335
yuš, yūžə̄m 253
yuxtō 145
yə̄, yō 87
zå, zmō (gen. sg.) 82, 155
zaṅa- 71
zānu- 159
zaoša 72, 108
Zaraθuštra 14
zāto 96
zdī (imperative) 302
zəmō 72, 223
γn-āna- 186
ə̄hmā, ahma 253
ərəzra- 167

古代ペルシア語

a-, an- 311
abiy 308
adam 250
aitiy 107
amuθa 246
aniya- 175
Armina-, Arminiya- 30
asmān- 104
atiy- 310
axšata- 82
brātar- 65
bagā- 232
čā 311
deiw- 230, 232
duxt 99
haināyā (gen. sg.) 225[1]
hauv 246
hšayarša (=Xerxes) 191
mā 311
maiy, taiy 252
mām, θuvām 251
na 311
nay 311
Pārsa 14
pariy 309
paru- 159
pasā 231
raučah- 89
šaiy 252
tuvam 250
vayam 253
xšaθrə- xšāyaθya- 82
xšnāsātiy 292

中期ペルシア語

dī, dīg 81

スラヴ語派

ne 190[1]

古代敎會スラヴ語

agnę, agnĭcĭ 182
azŭ 80, 250
berǫ 65, 103, 301
bery 184
bogatŭ 180
bol-je 164
borjǫ 288
bradatŭ 180
brati (inf.) 289
bratrŭ, bratŭ 65, 221
brěmę 172
brŭvĭ 156
buděti 93
byxŭ 77
če- (če-so), ko-(ko-mu) 248
čena 170
česo 230
četveri 258
četyre 105, 258
čĭ 248
čĭto 72, 93, 244, 248
črŭnŭ 91[1]
darŭ 105, 134, 168
datĭ 178
dedętŭ (fut.) 116
dělalŭ 168
dělanŭ, dčlaxŭ 186, 297
desęt-, dsętĭ 66, 71, 91, 173, 178, 180, 259
desĭ-nŭ 170
děti 104
děverĭ 160
deždǫ 269
dĭnĭ, dĭne (gen. sg.) 166
dobrŭ-jĭ 247
drŭzŭ 90
dŭštĭ 80, 99, 174, 221
dŭvojĭ 257
duždĭtŭ 320
d(u)va, dŭvě, dŭvojĭ 140, 236, 256, 257
dymŭ 66, 93, 169
ěd- 300
imę 88
-ixŭ, -uxŭ 77, 240
i-že, ja-že, je-že 246, 247, 336
jadŭšĭ 185
jako 337
jego, jemu 247
jelenĭ 182
jes-mĭ, jestŭ 76, 103, 270
jidže (nom. neut. dual) 235
jiga (nom. pl.) 233, 235
juxa 79
kamy 222

kotora, kotorajǫ 290
kotoryĭ, koteryĭ 176
krŭma 91¹
krŭvĭ 69, 73
kŭ-de 248, 304
kŭ-to 68, 72, 248
lani 247
li 317
je 336
luča 89
mater- 216
mati 105, 220
mę, mene 251
mežda 66, 88
mętŭ 180
meždu 88, 307
mi 252
milŭ 168
mĭně 90, 252
mĭzda 76
mladŭ, mladěnĭcĭ 182
morje 54
mŭnojǫ, tobojǫ, sobojǫ 252
my 253
myšĭ 77, 93
na 254
na 307
ne 311
nebesĭkŭ 182
nebo 65, 162, 182
nesenŭ 171
neslŭ 168

nesti 187
něstĭ 143
něste (aor.) 296
noštĭ 173, 212
nynja 311
o(b)-, obŭ, obĭ 308
oba 257
oba (praepositio) 309
oči 152
onŭ 246
osmĭ, osmŭ 259
o-stegŭ 73
otĭcĭ 104, 182
otŭ 308
otŭ-lěkŭ 72
ovŭ 247
pad- 271, 273
pa-mętĭ 178
pę (aor.) 296
pętu 258
plŭnŭ 170
pǫtĭ 240, 241
pravŭ, pravŭda 181
prě- 309
pro- 65, 103, 309
prosixŭ 77
ralo 177
rĭdrŭ 89
rŭděti 283
rudŭ 108
sę 251
sebe 251

sebě 252
sedmǐ, sedmŭ 76, 145, 259
sěmę 104
sen 76
sestra 166, 222
sěždǫ, sěděti (inf.) 288, 289
si 252
sǐ (šego) 247
slovo 162, 214
sluga 198
slŭnǐce 167
sněgŭ 53
snŭxa 76
sŭmrŭtǐ 90
sŭnŭ 170
sŭto 67, 71, 91
sy 185
syno-, synŭ- 214, 215, 240, 241
šestŭ 258
tę, tebe 251
tebě 252
tesati 82
těxŭ 245
ti (nom. pl.) 244
ti (dat. sg.) 252
tǐnŭkŭ 66
to 244
toju 236
tretǐjǐ 257
trǐje 65, 87, 257
trǐ-xŭ (loc. pl.) 215
troji 257

turŭ 77
tvoriti 181
tvrŭdŭ 181
ty 250
tysǫn šta, tysęšta 261
u 308
vě 254
vědě 88, 276, 277[1], 298
věstǐ 144
vezǫšti 229
vezǫ, věsu (aor.) 72, 295
viděti (inf.) 283
vlŭkŭ 90, 158, 210, 231, 233, ⎫
vlŭna 96   ⌊235 (曲用), 236⎭
voje-voda 198
vračǐ 88
vŭtorŭ 256
že 336, 336[1]
zělězǐnŭ 171
zělǫndŭkŭ 174
zemlja 72, 223
žena 223, 227 (曲用)
ži-vŭ 別表 (3)

ロシア語

buzina 54
cërnyj 91[1]
golová 223 (曲用)
jazù 250
jes-tǐ 272
korma 91[1]
kotóryj 336

pere- 309
tonkij 66

スロヴェニア語

brbrati 65

ポーランド語

który 336

łoni 247

ブルガリア語

kójto, štóto 336

セルビア語

kò, štò, (štä), kòji 336

バルト語派

リトアニア語

akmuō 69, 220, 222
abù 257
anàs 246
anta 307
añtras 175, 246, 256
árklas 177
àš (èš) 250
aštuo-nì 259
aštumtas 259
at-, ata-, ato 310
ãt-laikas 308
at-mintìs 178
augmuō 108
áugti 292
áuksìnas 171
avìs 158
barzdótas 180
baurdžiù 別表(1)
bérnas 103

bir̃bti 65
broter-ėlis 65
bruvis 156
budéti 93, 別表(1)
bùdinu, bùdinti 288
búti 187
bùvo (pret. 3. sg.) 別表(2)
dantìs 66
dedū 269
desim̃tas 176[1], 180, 259
dešimtìs 66, 71, 91, 173, 259
dešine 243
déti 104
diẽvas 182
dieverìs 160
dieviškas 182
dirbti 276, 301
dręsù 90
dukte̋ 6, 80, 99, 174, 221
dúmai 66, 93, 169
dúosius 184

dúoti 105, 129, 134, 178, 187, 294
dúotis 178
dvejì 257
dvì-dešimt 260
dvýlika 345
eimì 107, 283, 302
élnis 182
esmì, ēsti 76, 103, 272, 273 (活用), 275, 283
galvà 223 (曲用)
geràs-is 247
gìrtas 94, 96
gírti 94
gyrà 198
gý-vas 別表 (3)
guléti 89
į̃ 308
jãknos (f. pl.) 166
jãvas 78
jì 246
jìs 247
jù-du 254
jùnktas 145
júosta 78
jūs 253
jušė̃ 79
ka- 248
kàd, kaĩ 337
kàs 68, 72, 336
katràs 176, 336
keturì 105

ketverì 258
ketvir̃tas 258
kìrsna 91[1]
kraūjas 69, 73
kuō 232
kurìs (kur̃s) 336
lañksmas 169
láukiu (inf. láukti) 288, 289
leñgvas 73
lenkiù 169
liekù 72, 別表 (1)
lìkti (inf.) 294
liñkusį̃ 185
lizdas 76
manè, tavè, savè 251
mãrės 54
martì 229 (曲用)
mēdis 88
mergà 227 (曲用)
mēs 253
míelas 168
mìne 90
mintìs 178
mirtìs 90
mótė 105, 220
móter- 216
naktìs 173, 212, 215, 241
nãmas 231
naš-ta 117
nè 311
nei 311
nėsti 143
neš-ù 117

niẽ-kas 311
nù, nū-naĩ, nù-gi 311
nuõ, nu 307
pa- 308
par̃šas 168
paršẽlis 168
pasrùvo 283¹
pati, pačiõs (gen. sg.) 164
pažìnti (inf.) 別表 (3)
peñktas 258
pér-, per̃ 309
pìl-nas 170, 別表 (3)
pírmas 169, 256
pra- 65, 103, 309
pràmintas 180
puskainu 170
ragúotas 180
rankà 243
raũdas 89
seldès-nis 165
sáulė 167
savę 251
sė́džiu, sėdė́ti (inf.) 288, 289
sékmas 259
sekù 別表 (1)
sė́menys 104
sẽnas 76
septynì 76, 259
sesuõ 6, 160, 222
-si 245
sniẽkti 320
sniẽgas 53

sravà 88, 157
sravéti 283¹
staigýtis 69
stė́gti 73
stógas 69, 73
sūnùs, sūnaũs (gen. sg.) 212, 214, 215, 239 (曲用), 241
šeši 258
šim̃tas 67, 71, 91
širdìs, širdiẽs (gen. sg.) 237, 239 (曲用), 240
šìs 247
šuõ, šuñs (gen. sg.) 93, 214, 222
tašíti 82
taũras 77
tenvas 66
tiẽ 244
tiom 251
tìrštas 77
trẽčias 257
trejì, trí-su 215, 257
trỹs 65
tù 250
tū́kstantis 261, 345
tunkù 261³
tvìrtas 181
už- 309
var̃das 88
vè- (du) 254
velk-ù 270
vežù, vežant- 72, 184, 229

vienuólika 345
viẽšpats 71
vil̃kas 90, 158, 210, 231, 232,
　　233, 234, 235 (曲用)
vilna 96
výras 88
žavéti 173
zĕmė 72, 223
žénklas 177¹, 別表 (3)
žinaū 292
žmuō 160, 182
žuvìs 81

ラトヴィア語

desmits 259
guows 73
lūkuot 89
prett' 309
saūle 167
steigtis 69
tūkstuotis 261
vìlkus 90

古プロシア語

ackins (acc. pl.) 240
ainan (acc. sg.) 107, 256
au- 308

brote, brāti 65
emmens, emnes 88
en 308
esmai 276
et-, at- 308
ious 253
kai 244
mennei, tebbei, sebbei 252
mes 253
mien, tien, sien 251
newīnts 259
no, na 307
pa-, po- 308
pecku 69
pirmann-ien, -in 247
quai 244
saptmas 259
-sin 245
smūnenisku 182
stai 244
stēison (gen. pl.) 245
tirtis 257
tou 250
tūsimtos (acc. pl.) 261
uschts 258
waidimi, waissei (2. sg.) 88

アルバニア語

bie 65
djetɛ 259

emɛn 88
kë 68

kint 67[1]	tre 87
n'er 222	ul'k 91, 153
pɛr 309	

イリュリア語

| Acrabamus 346[1] | sg.) 346[1] |
| Argyruntum Vesclevesis (gen. | Tiliaventus 183[1] |

メッサピア語

| klohizis(opt. 3. pl. is-aor.) 346[1] | ‛Yδροῦs 183 |
| penkaheh [es] (gen. sg.) 346[1] | |

ヴェネト語

Ecco 346[1]	Liquentia 346[1]
e·kupeθari-s 346[1]	misquilenses pagani 346[1]
e·χo 250, 346[1]	vhaχ·s·θo 346[1]

プリュギア語

| αδδακετορ 280, 280[1] | ιos 247 |
| κοσ 248 | κε 311 |

マケドニア語

| Βερενίκη 29 | Βίλιππος 29 |

アルメニア語

| acem 104 | ail 247 |

air 222
akn 166
an- 91, 190, 311
anun 88, 171
aṙnem, ar-ari 268
ayn, na 246
berem 65, 103, 268, 280
cin 71
c̣in 81
con 222
čorkh 258
dnem 104
dustr 99
ē 103
ed (aor.) 268
ełbayr 222
ełn 182
es 250
ewthn 76
fra- 309
gan 73
geto-v (instr.) 232
gitem 88, 298
harc̣i 293
hariur 67[1]
harsam-b (instr. sg.) -bkh 213, 215
Hay 30
hayr 64, 105, 220
heru 188
hete-w (adv.) 232
hin (gen. hnoy) 76

hnge-tasan 258
hot 114
im 251
inn 259
is 250
juhn 81
khe-z 250
khoyr 222
khsam 260
khun 別表(1)
kov 73
lkhanem, elikh 288
loys 108
luc̣anem 89
mard 90
mayr 220
meǰ 66, 88
mekh 253
mi 256
mi 104, 311
neard 167
nist 145
nu 76
oskr 103
ost 76
sini (gen. sg.) 82
sireal 168
stri-wkh (instr. pl.) 215
t- 190
tasn- 66, 71, 91, 105, 259
t-gēt 190
tur 168

tur-kh　105
-un-　172

uth　259
veç　258

ギリシア語

ἄ　190
ἀ-, ἀν　91, 149, 190, 311
ἄγαρρις　177⁴
ἀγείρω　91¹, 113, 177
ἄγερσις　177, 177⁴
ἅγιος　163
ἁγνός　170
ἀγνωτ-　173, 192
ἆγον (att. ἦγον)　101, 143
ἀγορά　177
ἀγός　157
ἀγρόμενος　113
ἀγρότερος　176
ἀγρότης　198
ἄγυια　224
ἄγυρις　91¹
ἄγω　104, 114, 202
ἀγωγή　114
ἀδμητ-　192
ἄδος　181, 181¹
ἀέξω　291
ἄζομαι　163
ἀϊδ-　156
αἰδέομαι　162
αἰδώς, αἰδοῦς (gen. sg.)　121, 162, 225²
αἰϝεί, αἰϝέν　213, 217

αἰθέρι (dat.)　210
αἴθω　107, 114
αἴξ　200
ἄ-ιστος　144, 341
ἄκμων　104, 222
ἄ-κοιτις　121
ἀκρόπολις　188, 189, 194
ἄκρoos　114, 346¹
ἀλλά　309
ἄλλος (Kypros 方言 αὖλος)　163, 247
ἄλφι　158
ἀλφός　182
ἄμα　256
ἄμβροτος　90
ἀμέλει　304, 310
ἄμμε (Lesb.) ἀμέ (Dor.)　253
ἀμφί　211, 308
Ἀμφί-μαρος　54¹
ἀμφί-μελας　194
ἄμφω　152, 257
ἀνά　307, 309, 310
ἀνάθημα　172
ἀναιδής　162
ἀνασσειν　208¹
ἀνα-τεθήκατι (Dor.)　273
ἀνδάνω　172

ἄνεμος 169[1]
ἀνήρ, ἀνέρα 121, 127, 222, 曲用), 243
ἄνθος 138
ἀνίκητος 180
ἄντα 84
ἀντί 84, 128, 163, 307
ἀντί-βιος 163
ἄντιος 163
ἄν-υδρος 91, 190
ἄ-παις 195[1], 196
ἅπαξ 256
ἀ-πατορ- 192
ἄ-πιστος 91
ἁ-πλοῦς 190
ἀπό 104, 128, 147, 176, 308
ἀπό-θετος 191, 194
ἀπό-τερος 176
ἀπο-τίθημι 305
ἀπρόσιτος 180
ἆρα 317
ἀραρίσκω, ἀραρεῖν 268
Ἀραχῶτος 9
ἀργι-κέραυνος 191
ἀργ(ρ)ός 84, 167
ἀργυρό-πεζα 155
ἄργυρος 191
ἄργυφος 182
Ἄρειος 9
ἀρέσκω 292
ἀρήν 161
Ἀριάνη 8[2]

ἀριστερός 175
ἄρκτος 82, 193
Ἀρμένιοι 20
ἄροτρον (Creta 方言 ἄρατρον) 177
ἄρτι 163
ἄρτιος 163
ἀρτῦς 178
ἀρχέ-κακος 195
ἄσμενος 172
ἀστήρ, ἄστρα 199
ἄστρον 138
ἄστυ 159, 237
ἄ-σχετος 190
ἀτάρ 310
ἄτερ 204
ἄ-τερος 246[1]
Ἀτσίγγανοι 11[1]
ἄττα 104, 137[1], 182
αὖ, αὖτε, αὖτις, αὖ-γε 310
αὐξάνω 108
αὐτή 181
αὐτό 244
αὐτό-ματος 180
αὐτοῦ (adv.) 303
ἀφέωκα (pf.) 別表 (2)
ἄ-φρων 別表 (1)
βαθύς 159
βαίνω 72, 262, 289
βάλλω, βαλέω (fut.) 89, 289, 295
βάραθρον 96

βάρβαρος 65, 193
βαρύς 89, 159
βασιλεύς 243
βάσις 92, 178
βάσκω 292
βατός 92
βέλος 89
βένθος 159
βέομαι (Hom. fut.) 別表(3)
βέρεθρον (Att. βάραθρον, Arkadia. δέρεθρον) 177, 177²
βίος 163, 別表(3)
βοό-κλεφ 194
βορά 177²
βού-πληξ 194
βοῦς (Dor. βῶς) 73, 109, 155, 216
βρέφος 143
βροντιᾷ 320
βροτός 54¹, 90
βρύξ, βρύχιος 54¹
βρῶμα 177²
βρωτύς 178
γάλα 218
γάργαρος, γαργαρίζω 193¹
γάστρων, γαστήρ 161
-γε (εμέ-γε) 250
γενέτωρ 99, 別表(3)
γέγονα (pf.) 別表(3)
γεν- (ἐγένετο) 282
γένος, γένεος (gen. sg.) 71, 77, 99, 121, 161, 192, 198, 別表(3)
γένυς 80, 159
γέρας 180
γέρων 243
γεύω, γεύομαι 72, 108
γίγνομαι 269, 285
γιγνώσκω, ἔγνων 283, 292, 別表(3)
γλαφυρός, γλάφυ 167, 168¹
γλύκων, γλυκύς 161
γνήσιος 別表(3)
γνύ-πετος 190
γοητ- 173
γονή 157
γόνος 104, 157
γόνυ (Hom. gen. γουνός) 121, 159, 190, 212, 237, 238, 240
γραπτύς 178
γραῦς 181
γράφ- 282, 284
γυνή (Boiotia 方言 βανά) 223
δαήρ 160
δαίμων 160
δαιτ- 173
δάκρυ 238, 240, 241
δάμνᾱμι 287
-δε 304
δέδοται 278
δείκνῡμι 107, 294, 302
δειράδ- 174

δέκα 66, 71, 91, 105, 259
δεκάδ- 173, 182
δέκατος 176[1], 259
δέκομαι 172
δεξαμενή 172
δεξιά 243
δεξιτερός 175
δείρω 289
δέρκομαι, δέδορκα, ἔδρακον 86, 110, 142, 別表 (1)
δεσ-πότης 195, 212
δεύ-τατος 257
δεύτερος 256
δεύω 256
δέχομαι 172
δηδέχαται 269
διαλέγεσθαι 262
διδάσκω 262
δί-δω-μι 97, 125, 126, 129, 134, 147, 150, 184, 263, 278, 285, 別表 (2)
Διει-τρεφής 213
διο-γενής 192
Διόσ-δοτος 189, 194, 195
Διόσκουροι 188
δί-πους 257
δίς 257
Δί-φιλος 195, 213
διωγμός 169
διώκω 169
δμᾱτός 96, 別表 (3)
δόϝεναι (Kypros 方言), δόμε-ναι (inf.) 187
δοιώ, δοιοί (Hom.) 257
δόρυ, δουρός (gen. sg.) 159, 237
δόσις 134, 150, 178
δοτός 97, 125, 129, 134, 別表 (2)
δοῦπος 145
δρᾱ- 283
δρομαῖος 322
δρόμων, δρόμος 161
δυσ- 149, 190
δυσ-μενής 162, 189, 190
δυσ-ωδής 114
δύω, δύο 152, 256
δώ-δεκα 193, 260
δωρεάν 303
δῶρον 104, 134, 147, 168, 別表 (2)
δῶτις 178
δώτηρ, δώτωρ 121, 134, 147, 150, 174, 175
ἕ, ἑ, ϝε 250
ἔαρ 83
ἑβδομήκοντα 260
ἕβδομος 145, 145[1], 169, 256, 259
ἔβην 282
ἐ-γρήσσω 283[1]
ἐγώ 80, 249, 250, 346[1]
ἐδάμασα 96, 別表 (3)
ἔδομαι 141, 294, 299

ギリシア語

ἔδω 262
ἔθνος 138
εἰ 143, 147
εἰαμενή 172
εἰαρινός 170
(F)ειδή-σειν (Hom. inf.) 283[1]
εἶδον 272
(F)ειδώς, (F)ιδ-υῖα 185
εἴκοσι 145, 260
εἰκοστός 180
εἰμί, ἐ̓μί 138, 148, 270, 272, 274(活用), 283, 298, 300[2], 302
εἶμι, εἶσι 107, 119, 141, 151, 283, 294
εἶο 251
εἰς, ἕν 256
ἐκ, ἐξ 307, 308, 327
ἐκεῖ 231, 247
ἐκεῖνος 245, 254[1]
ἐκ-ποδών 304
ἕκτος 180, 258
ἐκτός 110, 112, 128, 別表(1)
ἐκφέρω 139
ἑκών 183
ἔλαφος 182
ἐ-λαφρός 73
ἐ-λαχύς 73
ἐλεύσομαι (fut.) 297
ἐλήλυθμεν (pf.) (Hom. εἰλήλουθα) 297
ἑλκε-χίτων 191

ἐλλός 182
ἕλος 161
ἐλπίζω 290
ἔλπις 138, 290, 293
ἔλπομαι (Hom. ἐελδομαι) 293
ἐ-μάν-η 90
ἐμ-βα-δ- 174
ἐμε, με 250
ἐμεῖο 251
ἐμοί 252
ἐμ-ποδών 304
ἐν (ἔνι, ἐνί) ἐν-ς>Att. εἰς 308
ἐν- 190[2]
ἐναντίον 307
ἔνατος (Hom. εἴνατος) 176[1], 259
ἕν-δεκα 192, 260
ἐνεγκεῖν 117
ἐν-έστιος 163
ἔνετρον 175
ἔνη (sc. ἡμέρα) 76
ἐννέα (Hom.) (Argolis, Creta 方言 ἤνατος, Att., Boiot. 方言 ἔνατος) 259
ἐννυχος 173
ἐνῶπα 114, 304
ἔξ, Fέξ 258
ἔξ-ει 302
ἐξελαύνοια 301
ἑοῖ (οἷ, Fοι) 252

ἐόντ-, ὄντ- (Dor. ἐντ-) 185
ἔπεφνον 113, 別表 (1)
ἐπηλυδ- 174
ἐπι 147, 308
ἐπι-βδ-αι 65, 144, 別表 (1)
ἐπί-θετος 194
ἔπιθον 110, 別表 (1)
ἐπιξένιος 83
ἐπίσκοπος 188
ἐπι-στάτης 174
ἕπομαι 68, 263, 別表 (1)
(ϝ)έπος 162, 別表 (1)
ἑπτά 76, 84[1], 145, 259
(ϝ)έργον 117, 142, 157
ἔρεβος 162
ἐρίγδουπος 145
ἔρις 158
ἑρπητ- 173
ἔρρωγα 269, 別表 (2)
ἐρρωμένος 183
ἐρυθρῖνος 171
ἐρυθρός 89, 200
ἑσπόμην 269
ἐσ- (ἐστί) 76, 103, 185, 262, 282, 283, 300, 302
ἑστία 163
ἔσχατος 176, 176[1]
ἕταιρος, ἕταιρα 200
ἔ-τεισ-α, τείσομεν (subj.) 299
ἕτερος 246[1]
ἔτι 308, 309, 310

ϝέτος 162, 188
εὐ-γενές 121
Εὐκλέεος 346[1]
εὐ-πάτωρ, -πατορ- 121, 104, 160
εὑρίσκω, εὑρήσω 283[1], 289, 292
ἔφην, ἔφησα 282
ἐφῡ- (aor.) 283, 別表 (3)
ἐχέτλη 177
ἐχῖνος 171
(ϝ)έχος 162
ἔχω 64, 110, 112, 128, 142, 143, 177, 別表 (1)
ζειά 78
ζευκτός 145
Ζεύς 109, 143, 155, 216
ζέω 78
ζήσω (fut.) 別表 (3)
Ζῆν 101, 109
ζυγόν 78, 87, 93, 157, 198, 199, 233, 234, 236
ζωμός 78
ζωός 別表 (3)
Ζωροάστρης 14
ζωστός 78
ἤ 317
ἤ(<ἤ-ϝɜ) 311
ἦα, ἦ-εν, ἦν 268, 272, 273, 274
ἤγρετο 113
ἡδέω 164
ἡδύς, ἡδεῖα 172, 197[2]

ἡδονή 171
ἦλθον 101, 143
ἥλιος 167
ἡμᾶς 254¹
ἡμεῖς 249, 254¹
ἡμέτερος 175
ἡμῖν (Lesb. Hom. ἄμμι(ν), Dor. ἁμίν) 254¹
ἧπαρ, ἥπατος (gen. sg.) 84¹, 166, 166¹
ἧμαι, ἧσται 104, 279 (活用)
ἠώς 162, 243
θάνατος (Dor.) 96, 181
θανατο-φόρος 194
θάρσος, θράσος 90
θαῦμα, θαυματός 180
θεά 200, 226 (曲用), 245
θέατρον 177
θείνω 73, 113, 別表 (1)
θελκτήριον 154, 177
θεο-είκελος 194
θεός 189, 198
Θεόσ-δοτος 189
θερμός 169
θέρος 162
θετός 84¹, 97, 115, 125, 別表 (2)
θήκα 344
θῆλυς 92, 別表 (2)
θητ- 173
θνᾱτός 96
θνῄσκω 289
θρασύς 159

θυγάτηρ 6, 80, 99, 174, 221, 243
θῡμός 66, 93, 169, 169¹
θύρα 93
θύω 169¹
θωμός 126, 別表 (2)
ἴ (Sophocles) 245
ἴα(ν) (Hom. Lesb. Thess. Boiot.) 256¹
ἰατρό-μαντις 193
ἰ-δέ (Hom.) 310
ἵημι 別表 (2)
Ϝίκατι (Dor.) 260
ἴκμενος 172
ἱκνέομαι 172
ἰκτῖνος 81
ἴ-μεν (1, pl.) ἴομεν (Hom. subj.) 119, 283, 298
ἴν 245
ἵππιος 163
Ἱππο-μέδων 190
ἵππος 68, 152, 198
(Ϝ)ίς 242
ἴσθι (imperative) 137, 302
ἵστημι, ἵστᾱμι 61, 93, 97, 115, 123, 125, 126, 269, 282, 285, 302, 別表 (2)
-ιστο- 165
ἴτυς 178
ἰχθῦς 81
καγχάζω 74, 75, 137¹
καθαρμός 169

καλέω 181
καλλί-παις 195
καλός 241
κάματος 96, 181, 288
κάμνω 288
κάπρος 69
καπρός 168
καρδία (Hom. κραδίη) 84¹, 142
(ἑ)-κατόν 67, 71, 91
κεῖνος 246
κεῖται 121, 278, 279
κέλαδος 181
κελητ- (Dor. κεληκ-) 181
κεύθω 293
κέχυται 113
κιδνόν (Pamphilia 方言) 247
κίς 242 (曲用)
κλέϝος 113, 162, 286
κλέπτω 156, 194
κλίνω 289
κλοπός 157
κλυτός 89, 180, 183, 286
κλυτό-τοξος 190
κλύω 113, 302, 346¹
κλώψ 156
κμητός (Dor. κμᾱτός) 96, 288
κόγχος 74
κοινός 309
Κόρινθος 198
-κόσιοι (Dor. NW. Gr. Boiot. -κάτιοι, Arc. -κάσιοι)

261
κρατερήν 174
κράτιστος, κρέσσων 165, 165¹
κρατύς 159, 165
κρέ(ϝ)ας 69, 73
κρεμά-δ- 174
κρέμαμαι 283
κρέτος 159
κρίνω 177
κριός 200
κρυφᾶ 225, 226
κτάομαι 82
κτείνω (κτεν-) 82, 192
κτῆμα 82
κτίζω 82
κτίσις 82
κτυπέω 145
κτύπος 145
κύκλος 193¹, 199
κυνικός 181
κύντερος 243
κυνός 93, 222
κύων 161, 214, 217, 222, 243
κῶ (Ion.) 232
λάθρᾱ 304
λαμβάνω 282, 286, 288
λᾶνος (Dor.) 96
λαταγ- 182
λέγω 96, 110, 111, 157
λειμών 171, 174
λείπ-, λιπ- 72, 86, 92, 96, 113, 123, 284, 294, 別表 (1)

λέκτρον 177
λελγκώς, λελακυῖα 186
λέλοιπα 86, 92, 96, 103¹, 別表
(1)
Δεόντιον 200
λευκός 89, 108
λέων, λέαινα 200
λιθό-βολος 157
λιθο-βόλος 157
λιμήν 171, 174
λίμνη 138, 171
λιμπάνω 149, 288
λιπαρός, λίπα 167, 168¹
λογάδ- 174
λόγος 96, 110, 111, 148, 157
λοιπός 96
λούω, -ομαι 262, 263
λυκός 90, 157, 210, 229, 231, 233, 234 (曲用), 245
λυσί-πονος 195
λύω, λύειν 150, 151, 184, 229, 272, 296
μανῆναι 283¹
μάτηρ (μήτηρ) 6, 105, 121, 134, 149, 174, 216, 220
μάχη 202
μέγα 80
μεγα-λο- 168
Μεγαροῖ 304
μέθυ 200, 290
μεθύω 290
μείζων 165

μεῖραξ 182
μέ-μον-α 103¹, 269, 297
-μενο- 172
μένος, μένεος (gen. sg.) 76, 297
μέσος 66, 88
μετά 307, 308
μέτρον 144, 144²
μή 104, 311, 312, 316
μηδέ 309
μηκάδας 174
μῆνις, μηνίω 290
μηρός, μῆρα 199, 199¹
μητρό-πολις 193
(σ)μία 164, 190², 256, 261²
μιμηλός 168
μισθός 76
μῦς 77, 93, 155
ναῦς 109, 155
νἔ- 190¹
νεᾱνίᾱs 198
Νεάπολις 188, 330
νείφει 320
Νεγοπόλεις (Pamphilia 方言) 237
νεο-γνός 157
νέομαι 181
νέος, νέᾱ 197²
νευρά, νεῦρον 167
νέφος 65
νηϊδ- 156
νῆσος 198

νέφα (acc.) 53
νόστος 181
νύμφᾰ (voc.) 224
νῦν, νυν, νυ 311
νυν-ί 310
νύξ, νυκτός (gen. sg.) 173, 206, 303
νυός 76
νύχα 173
νώ 254
ξυ-στάδες 173
ὁ, ἡ, τό 200, 245, 336
ὅ<*ὅδ 337
ὄγδοος 138, 145, 145¹, 259
ὀγδοήκοντα 260
ὄγκος 117
ὄγμος 114
ὀδμή 114
ὀδοντ- 66
ὀδυρμός 169
ὄζος 76
ὄζω 114
οἵ, οἱ (方言 Ϝοι) 252
(Ϝ)οἶδα 88, 185, 297, 298, 299
οἴκοι (adv.) 209, 303, 304
(Ϝ)οἶκος 71, 107
οἰκο-φόρος 192
(Ϝ)οἴκω (adv.) (Delphi) 231, 234
οἶμαι 310
οἴνη 107, 256
οἰνοψ 344

οἶος (Kypros οἶϜος) 256
οἶς, οἰός (gen. sg.) 114, 158, 200, 212, 237, 238
οἶσθα (2. pl.) 61, 74, 75, 272
ὄκνος 170
ὄκρις 114
ὀκτώ 145, 259
ὄλλυμι 172
ὀλυμπιονίκᾱ 198
ὁμαλός 168, 190
ὅμως 310
ὄνομα 88, 166¹, 171, 171¹, 200, 290
ὀνομαίνω 172, 290
ὀνυχ- 74
ὄπιθεν 308
ὀπό-εις 183
ὀπός 183
ὄπυι (Kreta 方言) 248
ὄπωπα (pf.) 114
ὀρεσί-τροφος 196
ὀρεσ-τερος 176
ὀρτυγ- 182
ὀρφνός 170
ὅς, ἥ, ὅ 87, 244, 247, 335
ὄσσε 114, 152
ὀστακός 181
ὀστέον 84, 103, 158
ὄτῑμι (Kreta 方言) 245
ὅστις 336
οὐ (οὐκ, οὐχ) 312
ουδαμοί 90

οὐδέν 333
Οὐενέδαι 17¹
οὖθαρ, οὔθατος (gen. sg.) 166
οὐλόμενος 172
οὔπω (adv.) 304
οὐρανῷ (dat.) 210
οὗτοσ-ί 310
οὗ-τος, αὔ-τη 247
ὀφθαλμός 243
ὀφρῦς 155, 242 (曲用)
(F)όχεα 162
ὄχος 128
ὄψ, ὀπός (gen. sg.) 149, 155, 別表 (1)
ὄψομαι (fut.) 114
πάθος 162
παιδεύω 152
παῖς, παιδίσκος 182
πάππας 137¹, 224
πάππος 137¹
παρα-στάδες 173
παρ-έσχον 268
παρθένος 243
πάρος 256
πάσχω 146
πατήρ 6, 64, 105, 117, 121, 149 150, 174, 192, 216, 220, 221 (曲用), 別表 (1)
πάτριος 163
πατρό-κτονος 157, 196
πατρο-κτόνος 192, 196

παύσομαι (fut.) 266
παχυλός 168
παχύς 168
πέδον 157, 236
πεζός 322
πείθ- 64, 110, 297, 別表 (1)
πέλεκυς 54
πέμπτος 180, 258
πέμπω 121
πένθος 162
πέντε 72, 258
πέποιθα (pf.) 110, 297, 別表 (1)
πε-πτη-ώς, πε-πτω-κα 別表 (3)
πέπυσται 278
περί, πέρι, πέρ 309
πέρυσι (Dor. πέρυτι) 188
πετέομαι (fut.) 別表 (3)
πέτομαι 291
πευθ- 64, 284, 別表 (1)
πε-φυ-εῖν (inf.) 285
πεφύκασι (pf.) 273
πηδόν 157
πή-ποκα 231, 234
πῆχυς 159, 237, 238 (曲用), 240
πίμ-πλη-, -πλα- 148¹, 293¹, 別表 (3)
πί̄νω 92, 145, 283¹, 294, 299, 別表 (2)
πιπίσκω 283¹
πίπτω 別表 (3)

πίσυρες (Hom.) (Lesb. πέσ-συρες) 105, 258
πίτνω 別表 (3)
πλάγιος 163
πλατύς 61, 75, 91, 123
πλέκω 169
πλῆθος 148¹, 293¹
πλήθω 148¹, 293¹
πλήσσω 163, 194
πλοχμός 169
πνεῦμα 169¹
πο- (ποῦ) 248
ποδηνεκής 117
ποδ- 101, 105, 141, 149, 150, 155, 216, 219, 別表 (1)
πόθεν 72, 304
πόθι 304
ποιμην 160, 217
ποινή 170
πολέμιοι (pl.) 241
-πολι (neut.) 237, 238
πολιοῦχος 111
πόλις 237, 238 (曲用), 240
πολυ-κερδής 190
πολύς 159, 別表 (3)
πομπός 121, 157
πόντος 61, 210
πόσις 164
ποσσί (Hom.), ποσί 145
ποτάομαι, πωτάομαι 291
πότερος 176, 336
πότι (Hom.), ποτί 309

πότνια 161, 164, 197²
ποῦ 72, 248
πούς 65, 149, 150, 155
πράττω 202
πρίαμαι 116
πρό 65, 103, 104, 256, 309
πρότι, προτί, πρός (Aiol. πρές, Pamph. περτ-εδω-κε) 309
προ-τίθημι 305
πρύμνη 91¹
πρῶτος 256, 303
πτήσσω 157
πτωχός 157
πυνθάνομαι 286
πῦρ 84, 166
πῶμα 92, 145, 別表 (2)
πώποτε 231, 234
πώς (Dor.) 101, 155, 216, 217, 218 (曲用), 別表 (1)
πῶς 68
ῥαγῆναι 116
ῥαιστῆρα 174
ῥέζω 116, 117, 142, 143
ῥέ(ϝ)εθρον 177
ῥέω 88, 121, 140, 157
ῥήγνῡμι 116, 別表 (2)
ῥήτρᾱ (Kypr. ϝρήτᾱ, El. ϝράτρᾱ) 87
ῥήτωρ 147, 160
ῥhoϝαῖσι (Korkyra) 88
ῥοδό-δακτυλος 195, 243, 328

ῥοή 121, 157
ῥόος 157
Σάκας, Σάκης, Σάκκαι 15²
σακεσ-πάλος 190
σάμερον 247
σέ, σε (Dor. τέ) 250
σεῖο 251
σεισμός 169
σείω 141
σέλας 170
σελασ-φόρος 190
σελήνη (Lesb. σελάννα) 170
σθένος 137
σῖγᾱλός (Dor.) 168
σῖτος, σῖτα 233
Σκλαβηνοί, Σκλαβοι 18¹
Σκύθαι 14, 15¹
σοί (τοί) 252
σορός 157
σπαρνός 170
σπέρχομαι 293
στᾱ- 75, 283
στατός 97, 115, 123, 125, 別表 (2)
στέγος 69, 73, 77
στείχω, ἔστιχον (aor.) 69, 74, 別表 (1)
στέλλω 289
στοῖχος 別表 (1)
στονό-Ϝεντ- 183
στόρνῡμι 286
στράβων, στραβός 161

στράτος 138
στρεβλός 161
στρέφω 161
στρωτός 95
στυγέω 163
στύγιος 163
Στύξ 163
σύ (τύ) 249, 250, 251
σύ-ζυγ- 156, 192
σύν-δουλος 194
σφάλλω 61, 74
σχέσις 129
σχε-τός, σχεῖν 129, 142
σχήσω (fut.) 143
σχίζω 74
σχισμός 169
σχολή 129
σωρός 157
σωτήρ 160
σώφρων 160
τάλαντον 90, 96
τᾰναός 66
τάνυται 142
ταρφύς 159
τάτα 104
-τατος 176
ταῦρος 77
ταχίστην (adv.) 303
τε 38¹, 69, 72, 201, 311, 337
τε-, τέο, του (gen. sg.) 230, 248
τέθηκα 269

τεθηλώς, τεθαλυῖα 186
τέθναμεν (pf.) 298
τείνω, τενέω (fut.) 142, 295
τέκτων, τεκτον- 82, 217
τελείω 290
τελεστήριον 177
τέλος 290
τέρετρον 別表 (3)
τέρπω 141
τέρσομαι 77
τέταρτος 258
τετρα- 176[1], 258
τέττα 137[1]
τέτταρες, τέσσερες 105, 145, 258
τέχνη 82, 83
τηλοῦ 303
τήμερον 247
-τηρ, -τερ-, -τρ- 149
τί 69, 93, 244, 248, 249[1]
τί-θη-, τί-θε- 97, 104, 115, 125, 126, 150, 269, 270, 271, 273, 285, 別表 (2)
τιθήνη 別表 (2)
τῑμά, τῑμάω 290, 297
τίνω (Hom. τίνω) 287
τίς 68, 72, 244, 248, 249[1]
τλᾱτός 96
τό 244, 245
τοί 244
τομός 162, 163
τόμος 162, 163

τονθρύς 193[1]
τόρμος 別表 (3)
τορός 157, 別表 (3)
τράγος 200
τρᾱνής 別表 (3)
τρεῖς (τρēς, τρῖς), τρι- 65, 87, 141, 215, 238, 240, 257
τρέπω 282
τρέφω 159
τρέω 142
τρῆμα 95
τρηματίκτᾱs 95[1]
τρήρων 142
τρητός 95, 95[1], 別表 (3)
τριᾱ́κοντα 260
τρίβω 別表 (3)
τρί-ποδ- 190
τρίς 257
τρίτος 256, 257
τύπτω 138, 139
Τυρσηνοί, Τυρρηνοί 39
τῶδε 231
-τωρ, -τορ- 148
ὑ- (Kypr.) [=ἐπί] 309
ὕδωρ, ὕδατος (gen. sg.) 166
ὕει 320
υἱύνς (acc. pl. 方言形) 238, 240
ὑμᾶς 254[1]
ὑμεῖς, ὑμές (Dor.), ὕμμες (Lesb.) 79, 249, 253, 254[1]
ὑμέτερος 175

ὑμῖν, ὔμμι(ν) (Lesb.), ὑμίν (Dor.) 254¹
ὔμμε, ὑμέ (Dor.) 253
ὕπατος 176
ὑπερ 160, 309
ὕπερ-θε(ν) 304
ὕπερος 160
ὕπνος 113, 170, 別表 (1)
ὑπό, ὕπο 309
ὕπτιος 322
ὕστερος 176
φᾱγός, φηγός 54, 198
φάγων, -φαγος 161
φαεινός 170
φαίνω 289
φᾱμι, φατός 別表 (2)
φανῆναι, ἐφάνην 283¹, 289
φάος 170
-φατος 183, 別表 (1)
φέρ- 65, 103, 121, 148, 155, 181, 268, 270, 271, 272, 273, 275 (活用), 277, 278, 279, 284, 299, 301, 302
Φερενίκη 29
φερέ-οικος 195, 196
φέρετρον 176
φέριστος 165
φέρμα 172
φέροντ- 184, 217, 219
φευγ-, φυγ- 92, 96, 113, 174, 284
φερουσα 116, 228 (曲用)

φήγινος 171
φήμη (Dor. φᾱμᾱ) 169
φθείρω, ἔφθορα (pf.) 297
φθίω, φθίνω, φθινύθω 82, 298
Φίλιππος 29
φλεγυνεῖ 74
φόνος 73
φόρτος 181
φρᾱτηρ 64, 65, 121, 221
φρήν 160, 161, 別表 (1)
φυγάδ- 174
φύσις 別表 (3)
φωνή 170, 別表 (2)
φώρ 121, 156
χαμαί 72, 155, 209, 209¹, 213, 222, 224, 303
χαρί-Ϝεντ- 183
χαριν (adv.) 204, 303
χειμέρινος 170
χείρ 243
χειρο-ποίητος 194
χέρνιφ 156
χεῦμα 113
χέ(Ϝ)ω 113, 177
χθαμαλός 82, 155, 222
χθές 81
χθών 82, 155, 222
χέλιοι (Ion. χείλιοι, Lac. χήλιοι, Lesb. χέλλιοι) 261
χο(Ϝ)ή 113
χολάδ- 174

χολιξ, χολικος (gen. sg.) 174
χορδή 156
χρυσο-κόμης 196
χύτλον 177
χώρᾱ 148
ψεῦδος, ψευδής 162

ὦ(-δε) (Hom.) 234
ὠκυ-πέτης 190, 194
-(ι)ων 165
ὦνος, ὠνέομαι 290
ὥς 337
ὧπλον 101, 143

イタリック語派

ラテン語

ab 104, 303
abdere 305
absens 185
ācer 114
aciēs 114
ad 309
adventus 178
adversus 303, 307
aedēs 114
aeger- 342
aēnus 170
aes 170
aeteis (gen. abl. sg.) 237, 239
afficitur 280
agō 104, 114
agricola 198
aide 107
albeō 290
albus 182, 290
alius 163, 175, 247
alter 175, 256

alumnus 172
amabo 310
amātor 148
amātus 186
ambāges 114
ambi- 211, 308
ambo 233, 234, 257
an 310
an- 307
angor, angustus 163
anima, animus 169[1]
ante 128, 307
anti-stit- 192
arātrum 177
argentum 84
Ariana 8[2]
aries 200
armi-ger 194
arti-fex 194
artus 178
aspexō 294
at 310
atrōx 344

atta 104, 137[1], 182
au-, vĕ- 308
auditōrium 177
augeo 292
augmen 108
aurorā 162
auspex 156
aut, autem 310
-bā- (impf. 語幹) 別表(3)
-bō- (fut. 語幹) 別表(3)
balbus 65
barba, barbātus 180
barbarus 193[1]
bellator 243
bibō 145
bibulus 168
bīnī 257
bi-pēs 257
bis 257
bōs 73, 109, 155
caedō 77
Caesar 340
canum 214
caper 69
capio 288, 289, 294, 302
caro, carnis (gen. sg.) 222
castra, castrum 177, 177[1]
causā 305
ce-(do) 247
centum 67, 71, 91, 340
Cicero 340
circum 211, 305

cis, citrā 247
cognitus 別表(3)
com-, cum 309
commentus 180
commūnis 140
con-iug- 155, 192
conticīscō 283[1]
conventiō 92, 178
cor 84[1], 142, 218
coram 305
cornu, cornūtus 180, 237
crēdō 141, 310
crēdulus 168
crēscō 292
crībrum 177
cruor 69, 73
cubiculum 177, 177[1]
cum 337
cūra 290, 291
cūrāre 290, 291
custōdiō 290
dator 175
datus 97, 134, 150, 186
dea 200, 227, 245
decem 66, 71, 91, 105, 259
decimus 169, 256, 259
dent- 66
deus 200, 234
dexter, dextra 175, 243
dīc- 107, 194, 284, 294, 295
diēs, diem 109, 155
dignus 170

discō 292
dō 134, 263
dolēre 283[1]
domī 303
domi-porta 196
dōnāre 291
dōnum 104, 134, 168, 291, 別表 (2)
dōs 178
du-centī, du-centum 257, 261
dūcō 284
duo 256
dūx 148
edo 262
ego 80, 249, 250, 320
en-, in- 91, 190, 311
eo 262, 302
equus 68, 210, 243, 346[1]
esco 143
es- (est, erō) 76, 103, 185, 262, 272, 275 (活用), 283, 298, 300, 302
et 308
ex, ē 308
exercitus 243
ex-ī (imperative eo) 302
ex-pergīscor 283[1]
ex-torris 192
faciēs 228
facilumēd 231
facio 110, 115, 194, 288, 294, 344, 別表 (2)

fāginus 171
fāma 169, 別表 (2)
fateor 別表 (2)
fēci 104, 110, 115, 268, 297, 346[1], 別表 (2)
fēmina 172, 別表 (2)
(de-)fendō 73
ferculum 176
ferent- 184, 217, 219
ferō 65, 103, 156, 270, 273, 299, 344
ferōx 344
fidēs 11, 別表 (1)
fīdō 64, 110, 別表 (1)
filiolus 168
fīlius 168, 別表 (2)
flōs, flōra 162
foedus 110, 別表 (1)
formus 169
frāter 65, 121, 198, 221
fuam 300[1]
fulgur, fulguriō 290
fūmus 66, 93, 169
fūr 156
futūrus 別表 (3)
generāre 291
genitor 99, 別表 (3)
genu 159, 239
genus, generis 71, 77, 99, 161, 198, 別表 (3)
genus, genu-(īnus) 80, 159
gignō 269, 285, 別表 (3)

gnārus 別表(3)
gnātus (nātus) 96, 別表(3)
gravis 159
gurges 193[1]
gustus 72, 179
habēre 283[1], 300[1]
hae 247
haec 244
haruspex 156
hebet- 173
heri 81
hibernus 170
hic 244
hoc 244
homō, homin- 160, 220, 222
homunculus 168, 182
honōs, honestus 163, 180
humī (loc.) 223, 234
humilis 223
humus 72
id 244
iecur 84[1], 166, 166[1]
ille 247
ilud 244
-imus 176
in 308
in-clutos 89, 180, 183
inferus 308
inimici 241
inquam 271
inter 175, 304, 308
interior 175

intimus 176
invictus 180
is, ea, id 246, 256[1], 336, 341
istī 244
it 107
iti-dem 310
itur 280
iu-dex 194
iugum 78, 87, 93, 157, 198, 199, 233, 234
iunctos 145
iungō 149, 286
Iūpiter, Iovis 155
iūs 78
lac 218
lāna 96
latic- 182
Latīnus 171
Latium 4
lātus 96
laus, laudāre 291
legō 275 (活用), 284, 300[1]
levāre 291
levis 73, 291
(re)-linquō 72
locus 199, 233
lūctor 262
lūmen 89
lupus 90, 157, 198, 231, 234 (曲用), 245
magnanimus 330
manus, manūs 212, 240, 243

mare 54, 237, 239, 241
māter 6, 105, 121, 134, 174, 198, 220
maximus 162
mē 251
mē(d) 252
medius 66, 88, 323
meī 252
melior 165
meminī 269, 298
mens, mentis 178
mentiō 178, 342
metus 290
meus 252
mī 252
mihi 252
mīlle 261, 261²
minuō 287
mollis 91¹
mortalis 54¹
mortuus 90
mulier 91¹
mūs 93, 155
nactus 117
nātus 179
nāvis 155
nĕ̄ 190¹, 311, 317
nebula 65
nēcubi 248
nefās 91
nemō 160
ne-que 311

nescio 190¹
nī (<nei) 311
nīdus 76, 145
ninguit 320
nix 53
noctū (loc.) 239, 240
nōmen 88, 171, 200
nōn 312, 333
nōnāginta 260
nonne 317
nōnus 250
nōs 249, 253
nōscō 292
noster 175, 253
novem 259
nox, noctis 173
num 317
Numasiōi (dat. sg.) 231, 224
nūn-diae 166
nūper, num, nunc 311
ob 308
obscūrus 293
obsecro 310
ocris 114
octavus 145, 259
octo 145, 259
oculus 114
odor 114
offendo 別表 (1)
oino 107
ollus 247
operiō 289

oro 310
os, ossis 84, 103, 158
ovis 114, 158, 200
pater 6, 64, 105, 174, 198, 220, 221 (曲用)
patrius 163
pecus 69, 239
ped- 101, 105, 149, 150, 155, 211, 216, 別表 (1)
peior 164
pendō 162
per 309
perdolīscō 283[1]
pēs 65, 101, 149, 150, 155, 216, 218 (曲用), 別表 (1)
petō 別表 (3)
planta, plantāre 291
plēnus 別表 (3)
pluit 320
pōculum 177[1]
pondus 162
porcus 168
Pompeius 346[1]
porculus 168
portus 178, 179
poscō 292, 293
postumus 169
pōtus 別表 (2)
praeceps 322
praecō 161
praedō, praeda 161
prae-sens 185

precor 113, 別表 (1)
prīmus 169, 256, 303
pro 65, 103, 140, 309
procus 157, 別表 (1)
prōdigus 157
proficiō 305
pronepos 194
pugnātur 280
quadrā-ginta 145
quadru 258
quaesō 295, 310
quārtus 256, 258
quattuor 44[2], 105, 145, 258
-que 38[1], 72, 201, 311, 337
qui 310
quī, quae, quod 244, 248
quī (nom. pl.) 244
quid 72, 93, 244, 248, 249[1]
quidem, equidem 311
quīnque 72, 258
quīntus 180, 256, 258
quis 68, 72, 244, 248, 249[1]
quis-quam 248
quis-que 248
quō 68, 232
quod 244, 248, 337
quom 337
quo-tumus 176
rectē(d) 234
regō 156
reminīscor 289
rēs 109

retro 305
rēx, regīna 148, 156, 200
rogō 310
Rōmae (loc.) 209, 225, 226
rosa 211
ruber, rufus 89, 200
rubēre 283¹, 293
rubēscere 293
rudō 284
rumpō 286
Sac(c)ae 15²
sacerdōs 別表 (2)
sacros 230
sā-psa (=ipsa) 245
satis 181
Sclavēnī, Sclavī 18¹
scrība 198
scrīptor 149
scrīptōrium 154, 177
sē 251
sē(d) 252
secundum (adv.) 305, 307
secundus 257
seget- 173
semel, semper 190², 256
sēmen 104
senātus, -ūs (gen. abl. sg.) 239
senior 165
senis, senex 76
-sens 185
septem 76, 84¹, 145, 259

septimus 256, 259
sequor, sequitur 68, 257, 263³, 278, 280, 342, 別表 (1)
sex 258
sextus 180, 256, 258
sibi 253
siem, siēs (opt.) 92, 116, 272, 300
silō, silus 161
sim- 190
simi-lis 168
simplex 190
simul 256
sinister 175
sistō 93, 269, 別表 (2)
sitis 158
situs 82
socius 別表 (1)
socrus 212
sōl 167
sōlus 323
somnus 170
soror 6, 160, 198, 222
spatiārus (2. sg. med.) 277³
speciō 78, 135, 270, 289
stabulum 177
stāre, sta- 61, 75, 115, 177, 別表 (2)
status 97, 115, 179, 別表 (2)
sub 309
suī 252
suīnus 171

sum 148, 271, 275 (曲用)
sunt 273
su-ove-tam-ilia 189
super 160, 309
superus 160
sūs 171, 242 (曲用)
suus 252
svādior 164
tacēre 283[1]
tata 104
taurus 77, 200
te 512
tē(d) 252
tegō 69, 73, 77, 110
tendō 142
tenuis 66
terebra 別表 (3)
teret- 173
terō 別表 (3)
terra 192
terreō 142
tertius 257
texere 82
tibi 252
tiro 243
toga 110
tonat 320
topper 245
totus 248
tremō 142
trepidus 142
trēs, trī 65, 240, 257

trescentum, tre-centī 261
tribus 237, 239 (曲用), 240
trīgintā 260
trīnī (ternī) 257
tri-ped- 190
tū 249, 250, 320
tuī 252
tulam 300[1]
tumeo 261[3]
turris 237, 239 (曲用), 240
Tusci 39
tutudī (pf.) 298
tuus 252
ūber 166
ubi 304
ulcus 161
ultrā 247
un-decim, duo-decim 193, 260
ūnus, -a, -um 107, 200, 243, 256, 323
ursus 82
ūtā-ru-s (2. sg. med.) 277[3]
uter 176
vacca 200
-ve, si-ve, ceu 311
vehō, vēxī 72, 295
velle (inf.), vult (3. sg.) 293
veniō 72, 262, 289
ver-bum 88
vērnus 170
vero 310
vesperī 303

vester 175, 253
via, -ās (gen. sg.) 224, 226 (曲用)
victor 243
victrīc- 164
vīcus 71, 107
vid-ēre (inf.) 283¹
vīdī (pf.) 277, 298
vīginti 145, 260
vīnōsus 183¹
vīnum 183¹
vir 77, 88, 93
vīs 242 (曲用)
vīsō 295
vīsus 144, 341
vitus 178
vīvus 別表 (3)
vocō 別表 (1)
vōs 249, 253
vōx, vōcis 149, 155, 別表 (1)
yugum 141

オスク語

an- 311
aut 310
com 309
deicans 300¹
deikum 107
e-kas 247
e-tanto 254¹
fakiiad 300¹
fust 294

í, ú 42
ius-c 232
iz-i-c, íd-í-k 310
medíss, medikeí (dat. sg.) 213
niir, nerum (gen. pl.) 222
ni-p, ne-p 311
Núvlanús 232, 233
op, úp 308
pām (paam) 224
pai 244
petiro-pert 44²
-píd, -pid 311
pis 68
Pompaiio-, Pompeius 346¹
pru- 309
pu-f 304
pu-i 244
pútíad 300¹
SAKRATER 280
siom 251
tfeí, sifeí 252
touto 108

ウムブリア語

ahes-nes (gen.) 170
an- 311
ap- 104
com 309
dú-pla 257
e, eke 308
eiscurent 292

emantur 300[1]
e-smei, e-sme 245, 246
fera-r 280
fust 294
herter 280
í, ú 42
ius-c 232
mehe, tehe 252
nei-p, ne-p 311
pirs-i, pers-i, pers-ei, per-e 337
pisi-pum-pe 248
po-ei 310
pro-, pru- 309

pusmei 245
trio (non. acc. neut. pl.) 241
ute, ote 310

プラエネステ碑文

FHE, FHAKED 269
Quorto 258

マルキニ語

ferentur (=lat. feruntur) 280

イタリア語

gargarizzare 193[1]
peggio 164

ケルト語派

アイルランド語

ad- 308
aigim, agat 104
ainm, anmann (pl.) 88
air-mitiu 178
aite 104, 137[1]
aith-, aid-, ad- 310
athir 64, 105, 220
art 82
bēim 72
-bera 300[1]
berir 280
biru 65, 103
bō 73, 109

brāthir 65, 221
Brigti- 164
cēliu (nom. pl.) 232
cēt 67, 71, 91
cethir, cetheora (f.) 44[2], 258
cid 72, 93
cōic 258
con (gen.) 93, 214
crū 73
cū 222
cursat 296
dān 66, 104, 104[1]
deich 66, 71, 259
del 別表 (2)
dēr (nom; pl.) 241

do-dēcha 107
du-, do 190
du-chlu 190
dumach(ŭ) 66
er-, ir- 309
fer 77, 88, 93
fiche 260
firu (nom. pl.) 232
fiss 144
gonim 73
gus 179
-ī (part.) 310
ibim 145
il 159
in-, ē- 91, 190, 311
ini- 308
is 103
ligid, lilsit (fut.) 295
lōchet 89
-mainethar 90
maqi (gen. sg.) 230, 342
mathir 105, 174, 220
(er)-mitiu 342
mnā (gen.) 223, 225
muir 54
mūs 93
nau, nōe (gen. sg.) 155
na-ch 311
net 76
nī, ne 311
no-, nu- 311
nōi 259

ocht 259
ochtmad 259
ōi, ōe 114, 158
ōen, ōin 107, 256
rān 170
rigaib (dat.) 215
ro 65, 309
ro charus 297
rūad 89, 108
secht 76, 259
sechur 280
sequithir 342
sī 245
siniu 155
snechta 53
snī 254[1]
sūil 167
tan(a)e 66
tarathar 別表(3)
teoir 257
trī 65
trī-cha 260
tū 250
tūath 108
ud-, od- 309

ウェールズ語

cant 91
chwech 258
chwi 254[1]
crau 69
dawn 104

ゴート語　　　　433

dec　259
dede (pf.)　104
gwr　88
gwyddom　88
pedwar　258
petguar, pedwa　44[2]
pimp　72
pwy　68
Segomar-i　230
tarvos　230
tig　73
uchaf　342

大陸ケルト語

Allo-broges　247
Ateronius　64, 105

Eppo　346[1]
-gnātus　96
ex- (Ex-obnus)　308
Medio-lanum (Milano)　66, 83
oxtumeto(s)　259
$Ου\xi ι σαμα$　342
petru (decametos)　44[2]

ブルトン語

gweler　280
pevar　44[2]
tat　104

コーンウォール語

peswar　44[2]

ゲルマン語派

ni-　190[1]
un-　91, 190

ゴート語

af　308
ahtau　235, 259
ahtuda　259
ainlif　345
ains, aina, ain　107, 200, 256
aljis　163, 247
an　310
ana　307
and-　307

anst-　212, 240
asts　76
anpar　175, 246, 256
at　308
atta　104, 137[1]
ap-pan　310
augō　166
au-k　310
aukan　108, 292
bai　257
baíra, baíran　65, 103, 184, 270, 272, 273, 275 (活用), 301, 302

bandi 229 (曲用)
baúrgs (gen. sg.), baúrg (loc.)
　　　　　　　　217, 219
bi 308
bidjan 64
-biudan, -budans 別表 (1)
boka 54
bropar- 64, 65, 221
dag- 232, 233
daúhtar 6, 80, 99, 174, 221
daúr 93
fadar 6, 64, 105, 174, 220, 221
　　　　(曲用)
faír- 309
filu 159, 別表 (3)
fimf, fimfto 72, 258
fōtus 155, 218³, 別表 (1)
fra 65, 103, 140, 309
fulls 170
ga-dars 159
ga-deds 104
ga-mains 140
ga-munds 178
ga-nah 117
ga-nōh-jan 117
ga-qumps 92, 178
gasts 237, 239 (曲用), 240
ga-teíhan 107
gaweison 295
giba 227 (曲用)
gistradagis 81
gōdakunds 96

guma 160, 220, 222
-h, -uh 311
habaip 283¹
hafja 288
haidus 149
haírto 84¹
haitaza (2. sg. med.), haitai-
　　zau (opt.) 277, 278
handus 243
hi-mma 247
*hund 67, 71, 91
hunds 93
ha- (has, hō, ha) 248
has 68, 72
ha-par 176
haz-uh 248
hē 231
hileiks 93, 248
ibai 317
ik 80, 250
in 308
is, ija, ita 244, 246, 336, 341
ist 76, 103
-ists 165
-itan (inf.) 171, 187
ip 308, 310
izei 336
izwar, izwis 254¹
jabai 247
juk 78, 93, 157, 233, 235
jus 253
kaúrus 89, 159

kann 別表(1)
kausjan 108
kinnus 80, 159, 212
kiusan 72
kniu 159
kuni 71
kunnan 別表(3)
kustus 179
lagjan, ligan 291
lamb 182
leihan 72
liuhaþ 89
mannisks 181
marei 54
maúrþr 90
mawi 164
midja- 88
midjis 66
mik 250
miqi-ls 168
miþ 307, 308
mizdō 76
muneiþ 90
nahts 206
namnja 290
namo 88, 161, 290
nēm, nim- 276, 300
niun, niunda 259
nu 311
qēns, qenai (dat. sg.) 100, 239
qiman 72

raups, raudai (dat. sg. f.) 89, 108
rigneiþ 320
riqis 162
sa, sō, þata 244, 245, 336
saihs, saihsta 258
sakuls 168
sama-kuns 別表(3)
satjan, sitan 291
saþ 181
sauil 167
(mana)-seþs 104
si 245
sibun 76, 259
sigis 128
sijais (2. sg. opt.) 300
sik 250
simle 190²
sind 273
sin-teins 190²
skaidan 77
saniws 53
sōkja 288
spaúrds 293
steiga 69, 74, 別表(1)
stiur 77
sums 90
sunno 167
sunus, sunaus (gen. sg.) 212, 237, 239 (曲用), 240
swistar 6, 160, 222
taíhun 66, 71, 91, 259

taíhunda 180, 259
taíhswa 243
-tehund (sibuntehund) 260
tunpus 66
tuz- 190
tuz-werjan 190
twai 140, 256
twai-tigjus 260
twalif 345
þahaiþ 283[1]
þai 244
þat-a 244
þat-ei 337
þau 311
þiuda 108
preis-tigjus 260
prins (acc. pl.) 257
þu 250
þuk 250, 251[1]
þūsundi 261, 345
u 317
un- 311
uf 309
ufar 309
unatgāhts 180
undar 308
uns 253
un-weis 144
ūt 309
waír 77, 77[1], 88, 93
waist 74
wait 88, 298

waúrd 88
waúrpans 171
weihs 71
weis 253
(galiuga) weitwods (nom. pl.) 185
weitwops 185
wīt 254
wit- 272, 283[1]
wraiqs 140
wulfs 90, 158, 230, 232, 235
（曲用）
wulla 96

古ノルド語

aka 104
and- 307
bōk 54
faðer 105
for- 309
fōtr 217
hafr 69
hrar 69
it 254
lātr 177
men(n)skr 182
með 308
meðer 6, 105, 174, 220
orðenn 171
steina 230, 235
steinn 77[1]
sumr 90

sunna 167
tīund 178
þeira (gen. pl.) 245
þō 311
þogull 168
prīr 65, 87
pū 250
punnr 66
pūs-hund, pū-sund 261
under 308
veit 88
vi-t 254
yfer 309
ǣtr 163

古アイスランド語

fregna 別表(1)
steinn 77
stiōr-r 77
svefn 別表(1)

古高地ドイツ語

ab, aba 308
ali-lanti 247
ana 307
ant- 307
az- 308
buohha 54
dah 73
daz 337
dōh 311
dū 250
dūsunt, tūsent 261
eiscōn 292
forscōn 293
fra 309
funfto 258
furt 179
gern 170
gestaron 81
gi-wis 144, 341
gi-wortan 171
Hlot-hari 180
irdisc 182
in 308
jesan 78
mennisc 182
mūs 93
mit, miti 307, 308
nebul 65
nest 76, 145
si, sī 245
sibunzug 260
sīm (opt.) 300
snuor 167
snura 76
stal 177
stior 77
suoz-isto 165
te-ta 269
tor 93
ubar, ubir 309
ūf 309
umbi 308

untar 308
untaro 308
unter 308
ūtar 166
ūz 309
wazzar 166
wir 253
wīsōn 295
wolf-, wulfo 230, 235
wuo 232
wurchen 117
zwein-zug 105

中高地ドイツ語

bitten 64
Nebel 65
roh 69

現代ドイツ語

doch 311
elend 247
gewiss 144
gurgeln 193[1]
mich, dich, sich 250
nicht 312
Schwäher, Schwager 121
uns 253
wachsen, Wucher 292

古サクソニア語

gi-(t) 254
wliti 140

古代英語

ān 256
and-, ond- 307
cū 73
dor 93
dorste 90
dyrst 77
feolu, fealu 159
fet (nom. pl.) 218, 218[4]
folde 91
for- 309
forma, fyrst 256
fyr- 309
geostra 81
gōs 218[4]
hād, hǣd 149
hrēaw 73
hwaet 72
hwehhol 193[1]
hwilc 93, 248
hwō 231
ic (īc) 250
lēoht 89
mennisc 182
mid, midđ 303
ofer 309
on 307
rēad 89
seofon 259
stēor 77
sum 90

suna 167
twā 256
twi-fete 257
parā (gen. pl.) 245
p̱ēah 311
p̱ū 250
p̱ūsend 261
ūs 253
under 308
wāt 88
wīt 254
wlite 140
zit 254

近代英語

bishop 188
choose 72

foot 218[4]
goose 218[4]
gargle 193[1]
is 76, 103
kin 71
knee 159
light 89
some 90
thin 66
us 253
what 72
which 248
word 88
wool 96
yoke 78, 93, 198
wax 292

トカラ語

A

ālak 247
āmpi, āmpuk 257
āñc 308
ckācar 80, 221
känt 67
kanweṃ (dual. masc.) 159
ku 222
lukśam 89
mācar 220
nōm 88

nŭ 311
ñu 259
okät 259
oksismān, okar 292
pācar 220
pär- 65
poke 159
pracar 222
säs 245[1]
sas, säm (f.) 256
śäk 66, 259
šäk 258

špät 259
tkaṃ 82
tmāṃ 261
tre (tri) 257
tu 250
wiki 260
wŭ, we 257
ysār 166

B

kal-tr 280
keṃ 82
mācer 220
ñem 88

no 311
ñu 259
okt 259
pācer 64, 220
procer 222
ṣe 256
śak 66, 259
šukt, šuk 259
ṣñaura 167
tkācer 221
trai, tarya (f.) 257
tumane 261
weñāre (3. pl.) 280

ヒッタイト語

agniš 9[1]
aika 8
-akeššar, -akeššnaš 166
ammug 250, 251
aniš 246
antuḫš- 213, 235
apa (a-ap-pa) 104, 128
āppa(n) 308
ar-, arnu-, arnu-šk- 292
ašanzi 283
attaš 231[1], 235 (曲用)
dan 257
daššu, daššu-want 183
da-yuga- 257
epzi, epši 272, 278

ešhar (e-eš-ḫar) 83, 166
ešir (3. pl.) 280
e-eš-zi 103, 104, 270, 272, 275
　(曲用), 283
ḫanti 128
ḫanz (ḫa-an-za) 83
ḫarkis (ḫar-ki-iš) 84
ḫastai (ḫa-aš-ta-i) 84, 103, 153
ḫatrāeš (2. sg. praet.) 272
ḫatrāmi, ḫatrāizzi 287
Hayaša 30[2]
Indar 8
karuwariwar 204
kašt- 183
kenu 159

ヒッタイト語

ki- 263
Kikkuli 8
kiš- 263
kištu-want- 183
kuenzi, kunanzi 73
kuennir (3. pl. praet.) 280
kueši (2. sg.) 272
kuiš 68
kuid/t 248, 337
kup- 202
kururiyaḫti 272
lāman 88
Mattiwoza 8
Mitraššil 8
Nasa(ttiya)nna 8
nava (nā) 8
nekuz, nekuzi 173
nepiš 65
paḫur, paḫḫwar (pa-aḫ-ḫur, pa-aḫ-ḫu-ur) 84, 166
panza 8
pariyan, pāriyan 309
pedan 157
pra (pa-ra-a) 65, 103

šapta 8
šar-ni-ik-zi, -in-kan-zi 286, 286[1]
šaš 245[1]
šiptamiia 259
šumēs 254[1]
šuppiluliuma 8
šuppiyaḫ-mi 271
teekan 82, 83
tera 8
tri- 257
teriialla 257
tešḫit 235
tethāi 320
tug, tog 251
ug/k 250
Uruwaššil 8
valḫ-, valḫannāi-, valḫanneˇk- 292
wartana 8
watar (wa-a-tar) 166
weš 253
yugam 78

アッシリア語

pilakku 55

別 表 1

強階		o階		弱階		零階	延長階 ē		階 ō	
	e		o	低減階						
	e		o	e		0		ē		ō
	ei		oi	i		y		ēi		ōi
	eu		ou	u		w		ēu		ōu
	er		or	er̥	r̥	r		ēr		ōr
	el		ol	el̥	l̥	l		ēl		ōl
	en		on	en̥	n̥	n		ēn		ōn
	em		om	em̥	m̥	m		ēm		ōm
Gr. ἔχω《もつ》< *segh-《力》 Skt. sahaḥ《力》		-οχος		ἑκτός < *seghtós (p. part.)		ἔσχον (aor.) σχών (part.)				
Gr. ἕπομαι《従う》 Lat. sequor Skt. sace Lit. sekù < *sekʷ-		socius《仲間》				ἑ-σπ-όμην (aor.)				
Gr. πείθω《説得す る》 Lat. fido《信用する》		πέποιθα (pf.) foedus《約束》		ἐπιθον, ἐπέπιθμεν (aor.) fidēs《信頼》		sa-sc-úḥ (pf. ved.)				
Gr. λείπω《残す》 Lith. liekù		λέλοιπα (pf.)		ἔλιπον (aor.) Skt. ri-ṇá-k-ti						
Gr. στείχω《歩む》 Goth. steigan		στοῖχος《列》 -staig (pret. 3. sg.)		ἔστιχον (aor.) stigans (part.) Skt. stigh-nō-ti《登る》						
Gr. πείθομαι《知る》				ἐπυθόμην (aor.)						

別表　　　　　　　　443

							Gr. πώς (Dor. sg.) Goth. fōtus《足》	
							Skt. vāk《言葉》 Lat. vōx《聲》	
							ἄ-φρων (nom. sg.)	
							-*tōr	
							ἀ-πάτωρ (nom. sg.)	
						Lat. pēs《足》(nom. sg.)		
							φρήν (nom. sg.)	
							-*tēr	
							πατήρ (nom. sg.)	
							pitā (nom. sg.)	
		ἔ-πε-φν-ον (aor.) ghn-ánti (3. pl. pres.)			Skt. upa-bd-a《驅音》 Gr. ἐπί-βδ-αι《祭日の翌日》(<《犬の日》)			
							-*tr-	
							πατρός (gen. sg.)	
							pitr-é (dat. sg.)	
bubodha (pf.) Lith. baudžiù《責める》 -baup (pret.)	budd̄háḥ (p. part.) budéti (inf.) -budans (part.)	ἔδρακον (aor.) dr̥ṣ-táḥ (p. part.)	-φατος (p. part.) ha-táḥ (p. part.)	Gr. ὕπνος<*sup-nos Skt. sup-táḥ (p. part.)	posco<*porsco<*pr̥-pr̥cchāmi《尋ねる》		Skt. uk-táḥ (p. part.)	φρα-σί (dat. pl.)	*-tr̥- πατράσι (dat. pl.) pitŕ̥-ṣu (loc. pl.)
Skt. bodhāmi《目覺む》	Goth. -biudan (ana-biudan《命ずる》)	Gr. δέρκομαι《見る》 Skt. a-darś-am (aor.)	Gr. θείνω<*θεν-ιω<*gʷhen-《打つ》 Skt. han-tum (inf.) Lat. of-fen-do	Oisl. svefn<*swop-nos	Lat. precor《願う》 Skt. praśnaḥ《要求》 Oisl. fregna《要求する》	Lat. ped-em (acc. sg.)《足》	Gr. ἔπος<Fεπος《言葉》 Skt. vacaḥ	Gr. φρέν-α (acc. sg.)《心》	接尾辭 *ter- Gr. πάτερ (voc.) πατέρα (acc. sg.) Skt. pitar (voc.) pitáram (acc. sg.)《父》
			ghan-áḥ《人殺し》	Arm. khun<*swop-nos Skt. svapnaḥ《眠り》	procus《求婚者》	Gr. πόδ-α (acc. sg.)《足》	(F)ὄφ《聲》 Lat. vocō《呼ぶ》	ἄ-φρον-α (acc. sg.)《愚かな》	*-tor- ἀ-πάτορ-ες (nom. pl.) tvat-pitār-aḥ (nom. pl.)

別 表 2

	正 階				弱 階		零 階	
	常 階	梯	ō 階	梯	低 梯	減 階	零 階	梯
	ē		ō		e	e	○	i
	ō		ō		e	e	○	u
	ā		ā		e	e	○	i
	yē (yō, yā)				i̭<iḙ	i̭<ei̭	i̯	u
	wē (wō, wā)				u̯<eu̯	u̯<eu̯	u̯	i
	ēi (ōi, āi)							u
	ēu (ōu, āu)							
IE.	*dhē《置く》		*dhō		*dhe		*dh	
Gr. τί-θη-μι (pres.)			θω-μός《堆積》		θε-τός (p. pt.), τί-θε-μεν (1. pl.)			
Lat. fē-ci (pf.)			(sacer-)dōs <*-dhōts《供物をする〈者〉》		fa-ciō (pres.)			
Skt. da-dhā-mi (pres.)					hi-táḥ (p.pt.)<*dhə-tós		da-dh-máḥ	
Gr. ἵ-η-μι《投げる》(pres.)			ἀφ-ε-ω-κα (pf.)		ἐρ-ράγ-ην (aor.)			
Gr. ῥήγ-νῡ-μι《裂く》(pres.)			ἔρ-ρωγ-α (pf.)					
IE. *dō《與える》					*de		*d	
Gr. δί-δω-μι (pres.)					δο-τός (p.pt.), δί-δο-μεν (1. pl.)			
δῶ-ρον《賜物》								

Lat. dō-num 《賜物》 Skt. dá-dā-mi (pres.)		da-mus (1. pl.)	de-d-i (pf.) da-d-máḥ (1. pl.)
IE. *st(h)ā 《立つ》 Gr. Dor. ἵ-στᾱ-μι (pres.) Lat. stā-re (pres. inf.) Skt. ti-ṣṭhā-mi (pres.)		*stə στα-τός (p. pt.), ἵ-στα-μεν (1. pl.) sta-tus (p. pt.) sthi-táḥ (p. pt.)	*st si-st-ō (pres. redupl.)
Gr. Dor. φᾱ-μί 《言う》 Lat. fā-ri (inf.) fā-ma 《噂》	φω-νή 《音,聲》	φα-τός (p. pt.), φά-μεν (1. pl.) fa-teor (pres. 1. sg.)	
IE. *dhēi 《乳をしぼる,吸う》 Gr. θῆ-λυς 《女の》 τι-θή-νη 《乳母》 Skt. dhāy-aḥ a-dhā-t Lat. fē-mina, fē-lo		*dhəy-, *dhi dhāy-ati, dhī-táḥ (p. pt.) dhē-nuḥ 《乳牛》 fī-lius 《息子》	*dhi OIr. del < *di-lā
IE. *pōi 《飲物》 Gr. πῶ-μα 《飲む》 Skt. pā-tum, pāy-ayati Lat. pō-tāre, pō-tus	πί-νω 《飲む》, πῖ-θι (imper.) pī-táḥ (p. pt.)	*pī	*pi pi-py-uḥ (3. pl.)

別　表　3

	S+R	R+S	Z+S	Z+R	R+R	R	Z
IE. *petə《落ちる》		*petē	*ptē/ō	*ptə	*petə		*pt
	Gr. πετέ-ομαι (fut.)	πε-πτη-ώς (pf. pt.) <*πετεσσομαι			(πίτ-νω) (1. sg. pres.)		πί-πτ-ω (pres.) ἐ-πτ-όμην (aor.)
		πε-πτω-κα (pf. 1. sg.)					
	Lat. pet-ō						
	Skt. pát-ati				pati-táḥ (p. pt.)		
IE. *gʷeyə《生きる》			*gʷyē/ō			*gʷi	*gʷi
	Gr. Hom. βέομαι (fut.)		ζωός《生ける》 ζή-σω (fut.)			Lat. vi-vus《生ける》 Skt. ji-váḥ Lith. gýv-vas OChSl. ži-vŭ	Gr. βί-os《生命》
	Av. gayō <*gʷoy-《生命》						
IE. *bhewə《存在する》		*bhuwe	*bhwā˟		*bhue	*bhū	*bhu
	Skt. bhávi-tum (inf.)	Lith. bùvo (pret. 3. sg.)	Lat. -bā- (impf. の語幹) -bō- (fut. の語幹)		Skt. á-bhuvam	á-bhūt, bhū-táḥ Gr. ἔ-φῡ (aor. 3. sg.)	Lat. tu-tūrus (fut. pt.) Gr. φύ-σις
IE. *terə《貫く》			*trē		*terə	*tr̥	*tr
	Gr. τέρε-τρον《きり》 Lat. tere-bra ter-ō		τρη-τός (p. pt.)		OIr. tara-thar = Lat. tere-bra	Gr. τρᾱ-νής《突き刺すよう な》	(τρ-έβω?)

	*plē/ō, *gnē/ō	*gnə	*pl̥, *gn̥ə	*pl̥/*pl, *gn
Gr. τορός 《突き刺すように》 τόρ-μος 《孔》				
IE. *pele 《満たす》 Goth. fil-u 《非常に》 Gr. πολύς 《多くの》	*plē/ō Gr. ἐ-πλη-το (aor. pass.) Lat. plē-nus 《一杯の》 Skt. Ved. pa-prā <*-plō (pf.) Skt. á-prā-t (aor.)		*pl̥ Skt. pūr-naḥ 《一杯の》 Lith. pil-nas 《一杯の》	*pl̥, *pl Gr. πί-μ-πλα-μεν (pres. 1. pl.) Skt. pi-pr-ati (3.pl.)
IE. *gᵉ/ₒnə 《生む》 Gr. γενέ-τωρ 《生む者、両親》 Skt. jani-tár- Lat. geni-tor Gr. γέν-ος 《族》 Skt. jan-aḥ Lat. gen-us Gr. γέ-γον-α (pf.)	*gnē/ō γνή-σιος 《嫡出の》 γνω-τός 《血縁の》	*gnə Goth. sama-kuns <-*kunaz 《同族の》	*gn̥ə	*gn Gr. γί-γν-ομαι (pres.) Lat. gi-gn-ō (pres.)
IE. *gᵉ/ₒnə 《知る》 Lith. žén-klas 《符合》 Goth. kan-n <*gon- 《彼は知る》	*gnō Skt. jñā-tum (inf.) Gr. γι-γνώ-σκω (pres.)	*gnə Lat. co-gni-tus (p. pt.)	*gn̥ə Lat. gnā-tus 《知った》 Skt. jñā-táḥ (p. pt.)	*gn̥ Lith. pa-žìn-ti (inf.) 《知る》 Goth. kun-nan
Skt. dami-tár-		Gr. ἐ-δάμα-σα (aor.)	δμᾱ-τός (p. pt.) Skt. dām-táḥ (p. pt.)	

■岩波オンデマンドブックス■

印欧語比較文法

```
1954 年 7 月 6 日    岩波全書版第 1 刷発行
1980 年 4 月 15 日   岩波全書版第 11 刷発行
2005 年 11 月 22 日  岩波全書セレクション版第 1 刷発行
2019 年 3 月 12 日   オンデマンド版発行
```

著 者　　高津春繁

発行者　　岡本　厚

発行所　　株式会社　岩波書店
　　　　　〒101-8002　東京都千代田区一ツ橋 2-5-5
　　　　　電話案内　03-5210-4000
　　　　　http://www.iwanami.co.jp/

印刷／製本・法令印刷

© 城戸顯子 2019
ISBN 978-4-00-730855-0　　Printed in Japan